"İntikam hiç bu kadar tatlı olmamıştı"

SIR

Çeviri

Burçin Taylan

Sonsuz Kitap: 26
1. Baskı: Nisan 2011
ISBN: 978-605-384-330-6
Yayıncı Sertifika No: 16238

SIR

Yazar: Raven Hart
Çeviri: Burçin Taylan
Yayın Yönetmeni: Ender Haluk Derince
Görsel Yönetmen: Faruk Derince
Yayın Koordinatörü: Alev Aksakal
Yayına Hazırlayan: Erol Şahnacı
İç Tasarım: Tuğçe Gülen
Baskı: Melisa Matbaacılık

Çifte Havuzlar Yolu
Acar Sitesi No: 4
Davutpaşa/İSTANBUL

YAKAMOZ KİTAP © RAVEN HART

Orijinal Adı: The Vampire's Secret
Copyright © 2006, Raven Hart. Random House'a bağlı Ballatine Books tarafından basılmıştır.
Yayınevinden izin alınmaksızın tümüyle veya kısmen çoğaltılamaz,
kopya edilemez ve yayınlanamaz.

Sonsuz Kitap, Yakamoz Yayınları'nın tescilli markasıdır.

YAKAMOZ KİTAP / SONSUZ KİTAP
Gürsel Mah. Alaybey Sk. No: 7/1 Kağıthane/İSTANBUL
Tel: 0212 222 72 25 Faks: 0212 222 72 35
www.yakamoz.com.tr / info@yakamoz.com.tr
Yakamoz Kitap Facebook'ta!

SIR

Yazar Hakkında

Raven Hart'ın gerçek ismi Susan Goggins'dir. Washington D. C.'deki K Street PR firması için metin yazarlığı yapmış, ayrıca bir gazetede köşe yazarı olarak çalışmıştır.

Makale yazmak onu tatmin etmeyince roman yazarı olmaya karar vermiş ve Georgia Romance Writers ve Romance Writers of America gruplarına katılmıştır.

Yıllarca Harlequin ve Zebra için romans yazmıştır. Bu süreçte West Houston RWA's Emily ödülünü ve Virginia Romance Writers' Fool for Love ile Northwest Houston RWA's Lonestar yarışmalarında ödül kazanmıştır. Daha sonra Belle Books tarafından hikâyeleri basılmıştır.

Romans okumayı sevse de korku hikâyeleri onun favorisidir ve Anne Rice'ın zevk düşkünü, günahkâr vampirlerine tutkundur.

Sonunda Raven, kendi vampir serisini yaratmıştır.

Bu kitap, yetenekli bir yazar ve görsel sanatçı, birçokları için sevgili bir dost ve öğretmen olan Virginia Renfro Ellis'in anısına ithaf edilmiştir. "Gin, hâlâ seviliyorsun, özleniyorsun ve birçok kişiye zevk ve mutluluk veren kitaplarında, resimlerinde yaşamaya devam ediyorsun. Diğer tarafta görüşürüz."

Sevgi için yokluk,
 ateş için rüzgâr gibidir;
Küçük olanı söndürür,
 büyük olanı canlandırır.

COMTE DEBUSSY-RABUTIN

Bir Mektup, Vampir William'dan

Adım William Cuyler Thorne. Son zamanlarda Savannah'da yaşıyorum. Bir zamanlar, çok ama çok uzun zaman önce bir kocaydım... bir baba. Dünyada başka ülkelerde yaşayan kötü yaratıkları düşünmeden yaşayan ve seven bir ölümlü.

Şimdi ben de o kötü varlıklardan biriyim. Bir kan emici.

Bir vampir.

Yakın zamanda, asırlar sonra, hayatımın intikam sözünü tutmak zorunda bırakıldım. Yavrum Jack'in deyimiyle, "ya zorla ya da çeneni kapa." Hain babam Reedrek'i öldürme fırsatı elime geçince, bu kendi ölümsüz varlığımı sona erdirme anlamına gelse bile bu şansı değerlendirdim. Ancak, bizim dünyamızda da tıpkı ölümlülerde olduğu gibi evdeki hesap her zaman çarşıya uymaz. Yokolmanın eşiğindeyken Jack'in gizemli mantığıyla tekrar ölümsüzlerin arasına çekildim.

Bana ihtiyacı vardı.

Şimdi antik bir kitapta bir isim keşfettim. Aşırı yüklü hafızama dağlanmış yara gibi işleyen bir isim. Atmayan kalbimde daima sevgiyle özdeşleşecek, onu benden alan canavara karşı duyduğum nefretin yanında varlığını sürdürecek bir isim.

Kitap, bir Strigori soyağacı; vampirlere ait.

Kayıt, *Diana, İngiltere, 1528.*

Karımın görüntüsü -Diana'nın güzel yüzü- düşüncelerimi dolduruyor ve bir an için onu tekrar bulabilme umudu içimde canlanıyor. Diana'nın izini sürme işini Olivia'ya verdim. Ancak, Reedrek'in masum aşkımı kötücül bir yaratığa dönüştürmüş olabileceği düşüncesi içimi burkuyor. Dönüşümü tamamlamak için onunla yatması gerekirdi. Bu olasılık bile midemi ağzıma getirmeye yetiyor. Karımın ruhuna dokunmasına izin vermektense o saldırganı parça parça doğrardım. Onu öldürüşünü izlemek bile yeterince zordu.

Öyle olamaz. Tanrı aşkına, Reedrek benim ve sevdiklerimin karşısında böylesine tam bir zafer kazanmış olamaz.

Elbette ki, eğer doğruysa Tanrı'nın bununla bir ilgisi de yok.

Bir Mektup, Vampir Jack'ten

Adım Jack McShane. Usta bir tamirci, bir çapkın, bir NASCAR tutkunu ve bir vampirim; sıralamanın bir önemi yok. Bana bir araba gösterin, hemen tamir edeyim. Bana bir kadın gösterin, hemen baştan çıkarayım. Bana varlığımı veya sevdiklerimin güvenliğini tehdit eden bir yaratık gösterin -insan olsun ya da olmasın- Savannah'dan tek parça halinde çıkamamasını garanti edeyim; en azından, tam anlamıyla o parça çiğnenip tükürülmeden mümkün değil.

Yaşlı bir köpeğe yeni numaralar öğretilemeyeceği söylenir ama bu köpek İç Savaş'tan bu yana hareket halinde ve son birkaç haftada, kendim ve türüm hakkında, ölümsüz olduğumdan beri geçen bütün süre boyunca öğrendiklerimden daha fazlasını öğrendim. Örneğin, bütün vampirler eşit değildir. Hepsi ben ve babam William Thorne gibi barışçıl değildir. Doğrusunu isterseniz, sadece barışı korumak adına orada burada haydut vampirlerden payıma düşeni aldım... ve öldürdüm. Ama Avrupa'da sürüler halinde yaşayan kötüler olduğunu ve bazılarının bir gün peşimizden geleceğini bilmiyordum.

Ne var ki hepsi gün ışığına çıktı -deyimsel olarak- ve babam artık beni korumak için bu tür konularda beni cahil bırakmıyor. Böyle bir lüksü yok. Gerektiğinde yanında savaşmam için gerçeklerle silahlanmış ve savaşmaya hazır hâlde bana ihtiyacı var.

Kişisel olarak, her şey altüst olmadan önce aşk hayatım ilginçleşmeye başlamıştı. Oniks kadar siyah gözleri, ipek gibi simsiyah saçları ve rüyalarıma girecek kadar güzel yüzü olan Meksikalı-Amerikalı bir kadın beni cin çarpmışa çevirdi. Tam onunla yakınlaşırken sonucunda beni üzecek bir görev verildi. Bir kadını vampire dönüştürmeye çalıştım ve bu süreçte öldü.

Bu olay beni çok sarstı; sadece söz konusu genç kadının ölümünden dolayı değil aynı zamanda, bunun ben ve Latin güzeli Connie açısından taşıyabileceği anlamdan dolayı. Kendisi bilmiyor ama Connie özel biri. Gerçekten özel. Pek de insan olmayacak kadar özel. Nereden mi biliyorum? Hissedebiliyorum. Onun gücünü odanın karşı tarafından hissedebiliyorum, onu kollarıma aldığımda, titreşimini algılayabiliyorum. İyilik ve ışığın gücüyle titreşiyor. O gücün nereden geldiğini bilmiyorum fakat kendi gücümün geldiği karanlık ve lanetli çukurdan çok daha kutsal ve iyi bir yerden geliyor.

Connie insan olmadığından, birlikte olduğumuz takdirde neler olabileceğini bilmiyorum. Vampire dönüştürmeye çalıştığım kadın gibi zarar göreceğinden mi yoksa kendi doğamdaki kötülüğün onu kirletebileceği düşüncesinden mi korktuğumu bilmiyorum.

Ama onu istiyorum. Vücudumun bütün hortlak hücreleriyle onu istiyorum. Dolayısıyla, onunla birlikte olsam da olmasam da lanetlendim. Yani her durumda lanetlendim. Fakat bu kadarını zaten biliyordunuz.

1

Savannah, Georgia
Ocak 2007

William

Ben deri korsesinin dantellerini parçalarken Eleanor zevkten -acıdan değil- inliyordu. Pürüzsüz siyah kumaş, teninden ısınmıştı. Ön tarafını çözdüm ve sıkı deri önümde olgun bir nar gibi açılırken göğüslerinin ellerime dökülüşünü izledim. Başka bir gece olsa onları sıkıştırıp emer, dilimi uçlarında gezdirir, doğaüstü keskinlikteki dişlerimle hafif hafif ısırırdım. Göğüslerinden başlayıp karnına uzanan yılan dövmesinin günahkâr kıvrımını kana susamış ağzımla izler, sonra şehvetimi kalçalarının arasında söndürürdüm. Ama bu gece, seksin tatlı nektarından ziyade, kan emecektim. Bütün kanını.

Bu gece Eleanor ya bir vampir olacak ya da bunu denerken ölecekti.

Hayalet sesleri etrafımızda fısıldaşıyor, beni ya teşvik ediyor ya da durmam için yalvarıyorlardı. Duramazdım. Söz vermiştim. İnsanlar onuru pek ciddiye almazdı. Ama bir vampir için sözleri tutmak veya tehditlerin devamını getirmek çok daha önemliydi. En azından benim için. Tutulmayan sözler, birbiri ardına gelirdi. Asırlar önce, hain babam beni bu konuda eğitmeye çalışmıştı. Elbette ki bir kan emici olmak, yapamayacağım çok az şey olacağı anlamına geliyordu. Belki de sevdiklerimi savunmak dışında.

Diana, kalbim. Seni kurtarmanın bir yolu olsaydı...

Alger'ın değerli yavrusu Olivia'ya, antik kitapta adı geçen kadını -vampir- daha fazla araştırma görevini vermiştim. Olivia, başarısız olmayacağına dair onuru üzerine yemin etmişti.

Başarısız da olmamıştı. *Aradığın kişi değil... yemin ederim.*

Bu yüzden, Reedrek'in iddia ettiğinin aksine, karımın bir hortlak olarak varlığını sürdürdüğü konusunda dehşetimi ve umudumu bir kenara atmıştım. Olivia'nın açıklaması beni gerçeklere geri döndürmüştü. Sevgili Diana asırlar önce ölmüştü ve ben de onun intikamını almıştım. Şimdi onu düşünmekten vazgeçmenin ve Eleanor'a odaklanmanın zamanıydı.

Ve tam şu anda... Eleanor her ne kadar aksini düşünse de kendini benden kurtarmak zorundaydı. Bu vampire dönüştürme işinde, güzel sevgilimin duymak istediği tek şey sonsuza dek yaşayacağı ve gelecek iki asır boyunca bana bağlı kalacağıydı; öğretmenine, sevgilisine, yaratıcısına bağlı kalacağını. Bir evlilik bağıyla veya insani anlamda "ilişki" biçiminde değil. İkimiz de başkalarıyla birlikte olabilirdik. Ama daima yakınım olacaktı, ihtiyacım olduğunda yardımıma koşacaktı ve isteklerime boyun eğecekti. Onu tanıdığım süreçte çok az tavsiye dinlemişti; Jack'in, Melaphia'nın ve hatta benim uyarılarım dahil. Gelecek için kendi planları vardı, ona söz vermiştim... benim de ona ihtiyacım vardı.

Başlamak üzereydik. Melaphia, sokak kıyafetini çıkararak, lekesiz kanından örnek alıp uzun siyah saçlarından bir bukle keserek Eleanor'u hazırlamıştı.

Soğuk elimi Eleanor'un canlı ve atan kalbinin üzerine koydum. Sırtını gererek iç çekti ve gözlerime baktı.

"Emin misin?" diye sordum, son bir kez.

"Eminim."

Ellerinden birini tutup öptüm ve deri kayışlardan birini bileğine geçirdim. Elini başının üzerine bağlarken derin bir nefes aldı. Sol elini tutup aynı şeyi tekrarladıktan sonra bu kez ayak bileklerini bağladım. Çırpınmasını istemiyordum; ona olabildiğince az fiziksel zarar vermeye kararlıydım.

Heyecanının kokusunu alabiliyordum. Ancak, henüz korkması gerektiğini bilmiyordu. Daha önce de bu tür oyunlar oynamış, asla sembolik kan akıtmanın ve öfkeli bir şekilde sevişmenin ötesine geçmemiştik. O zamanları düşünerek, elimi kalçalarının arasına kaydırıp araladım. Arzudan sırılsıklamdı.

Ben de kötü niyetle sertleşmiştim.

Ona istediğini verecektim fakat önce ne olduğumu, kendisinin neye dönüşeceğini gerçek anlamda görmeliydi. Gözlerimi kapayarak, açlığımın yükselmesine izin verdim. Kan şehveti dişlerimi germişti ve ellerim titriyordu. Etrafımızdaki görünmez sesler toplanıp güçlenirken vahşi dişlerimin uzadığını hissettim. Gözlerimi açıp gülümsemek için bütün kontrolümü kullanmak zorundaydım.

Beni görünce Eleanor korkuyla yutkundu ve koyu renk çingene gözleri iri iri açıldı.

"Şimdi katil meleğini görebiliyor musun?" diye sordum, zor tanınan bir sesle.

"Evet" kelimesi sıcak bir üfleme şeklinde çıktı ağzından. Sesi titriyordu. "Beni ya kurtar ya da öldür. Umurumda değil."

O noktadan sonra artık ben de umursamıyordum.

Ah, babam Reedrek buna nasıl da bayılırdı. Sessiz, suların dibindeki mezarından kahkahalarının yankısını duyabiliyordum. Küstah yavrusu, masum bir insana sırf sevgisinden lanetli bir şey yapıyordu. Reedrek bir seviyede Eleanor'un dönüştürülmesinden kaynaklanan güç değişimini hissedecekti. Ama şimdi bu yeni enerji kaynağının tadını çıkaramayacak kadar derinlerde gömülüydü. Bu, kurtlanmış zihnine, üzerinde düşünecek lezzetli bir şey verecekti yine de. Haklı bir ölümün, lanet olasıca babam için fazla iyi olacağına karar vermiştik. Onu sürekli karanlıkta tek başına ve tamamen güçsüz bir şekilde bırakmak daha iyiydi; tam olarak, neredeyse bir kardeş gibi tanıdığım Alger için planladığı şey tam olarak buydu. Tabii onu öldürmek zorunda kalmadan önce. Reedrek uyanık ama bu dünya için ölü kalacaktı. Sürekli bir kan deposunun altında gömülü halde; yardımsever amaçlarla kurduğumuz yeni, teknoloji harikası kan bankasının altında. Sadece bu konudaki acizliğini düşünmek bile donmuş kalbimi sıcak bir duyguyla dolduruyordu.

Ve şimdi, kendisine itaat edilmesine alışmış sevgili Eleanor'um karşımdaydı. Ne istediğini anlamak ve gerçekleştirmek için özel biri gerekirdi. Eleanor beni istiyordu. Ve emirler vermeye alışmış bir kadın olarak, yıllar boyunca memnun etmek zorunda kaldığı erkekler üzerinde mutlak bir güce de sahip olmak istiyordu. İkisini de elde etme fırsatı için ölümü göze almıştı. Onu hayal kırıklığına uğratmamak benim için bir onur meselesiydi. Soyumun geleceği, sayımızın artmasına bağlıydı.

"Gözlerini kapa" diye fısıldadım, kandan çılgına dönmüş zihnimin bir yerlerinde bu anı asla unutmayacağını bilerek. Sevdiği birinin ihaneti yerine sadece acıyı hatırlaması daha iyiydi.

Çoktan birleşmişiz gibi söylediğimi yaptı ama fısıltımı kendisininkiyle yanıtladı. "Seni seviyorum."

Yüzümü tenine yaklaştırıp kokusunu derin derin içime çekerken zihnine yatıştırıcı, uyarıcı, büyüleyici, sessiz bir şarkı mırıldandım. Tüm insani kokuları yayıyordu: Güneş, sıcaklık, kan. Bu yönlerini özleyecektim ama kazanacağım başka şeyler vardı. Serin dudaklarım kokulu tenine dokunarak bir veda öpücüğü bıraktı. Sonra bir ceylanı avlayan aslan gibi, dişlerimi sertçe geçirdim.

Gurultulu çığlığı odada yankılanırken kayıp ruhların acıklı sesleri ona karıştı. Şimdi benden çok, onlara yakındı. Ruhu karanlıkta titreşiyor, bedeni ölümcül kucaklayışımda kıvranıyordu. Sıcak kalbindeki kan ağzıma dolarken odağımı kaybetmeye başladım. Son kez doyasıya içişimden beri uzun zaman geçmişti. Son bir sevgi hareketiyle elimi kalçalarının arasına ittim ve vücudunun orgazmla kasıldığını hissettim. Acının zevki. Tatlı Eleanor'um için... cesur kalp atışları giderek zayıflayan ve sonunda tamamen duran Eleanor'um.

Ölmüştü.

Altın bir bıçak alıp kendi bileğimdeki bir damarı kesmeden önce serin dudaklarına bir öpücük kondurdum ve karışmış kanımızı kullanarak dört rüzgârın işaretini çizdim.

Eleanor... Sevgilim, bana geri dön... şimdi.

Birkaç saniye sonra korkunç bir inilti çıkardı. Çocukluğundan beri bunu asla yapmadığından emindim. Boğucu bir suçluluk duygusuna direnmeye çalıştım. Bunu o istemiş, bunun için yalvarmıştı...

Uyan, Eleanor! Artık benimsin. Geri dön!

Vücudu ürpererek masadan yükseldi ve havada bana doğru süzüldü. Boşlukta sallanan siyah saçlarını tuttum ve yüzüme doğru çektim.

Eleanor, tatlım! Uyan!

Dudaklarında benim adımla inledi. Sırtı masaya değene kadar aşağı bastırdım ve dudaklarına kanlı bileğimi dayadım.

İç!

Gözlerini iri iri açarak, kurumuş dilini alt dudağında gezdirdi ve kanı yaladı. Dudakları ve ağzı ne yapması gerektiğini biliyordu. O çok tanıdık emme sesi vücudumu ürpertti ve beni başka gecelere, başka zevklere taşıdı. Erkekliğim taş gibi sertleşti ve ne olduğunu anlayamadan, beklenmedik bir şekilde kendim de orgazma ulaştım. Ben ayakta kalmak için direnirken kanımı emmeye devam etti. Nihayet ondan uzaklaşıp yere yığıldığımda, ikimiz de nefes nefeseydik.

* * *

Sessiz karanlıkta gözlerimi açtığımda, sırtıma vuran taşın soğukluğunu hissettim. Melaphia'nın tanıdık esmer yüzü, elindeki mumla aydınlanarak üzerimde belirdi. Endişeli görünüyordu.

"İyi misin, Kaptan?"

İyiden de öteydim. Tenim neredeyse alev alacak kadar sıcaktı. Ve birden hatırladım. Eleanor. Onun kanıyla, yaşamıyla doluydum. Olmak üzere yaratıldığım şeyin uzun zaman önce unutulmuş coşkusu; bir insan katili. Taş zeminden kalktım. Çaba bile harcamadan ayaktaydım.

"İyiyim" diye cevap verdim, bir an başkalarına nasıl göründüğümü merak ederek; en azından iyi beslenmiş olduğumu düşündüklerinden emindim. Melaphia hayranlık dolu gözlerle beni izledi ama başka yorum yapmadı. Mumu elinden aldım ve getirttiğim yeni tabuta yaklaştım. Eleanor tabutun içinde çıplak ve daha az solgun bir hâlde yan yatıyordu. Uyuyordu. Kalbinin üzerinde dişlerimin bıraktığı izlere dokunduğumda, yılan dövmesi hafifçe dalgalandı. İçeriden iyileşen derisi çoktan kapanmıştı. Melaphia döktüğüm kanı temizlemişti.

"Jack onu taşımama yardım etti. Kendisi yukarıda."

Kendi zihnimle Jack'inkine bir an için ulaştım ve endişeli olduğunu gördüm. Eleanor için değil; benim için.

"Teşekkür ederim" dedim, Melaphia'ya. "Lütfen ona beklemesini söyle. Birazdan yukarı gelirim."

Melaphia başıyla onayladıktan sonra uzaklaştı. Ayak seslerinin yankılarını duydum; sonra muhtemelen sunaklarla ilgilenmek için geçitte durdu. Eleanor bu en karanlık gecesinde acı çekerken ve -umarım- hayatta kalırken kimsenin yapabileceği başka bir şey yoktu. Tabutu nazikçe kapatıp kilitledim.

Bana gelince, kendimi huzursuz ve ateşli hissediyordum. Kendi adıma uyku olmayacak ve çok az acı olacaktı; tabii sevdiğin kişinin bütün hücrelerinin yok olup yeniden doğuşunu dinlemeyi saymazsak. Bu noktada artık engellenemez veya durdurulamazdı. Şimdi yıkanmam, Eleanor'un kanını üzerimden temizlemem ve üzerimde hâlâ etkisini hissettiğim güçlü cinsel çekiminden uzaklaşmam gerekiyordu. Belki beni geri çağırana kadar sokaklarda veya tünellerde dolaşabilirdim.

Bunu çığlıklarıyla yapacaktı.

Jack

William selamıma aldırmadan yanımdan geçip gitti.

"Gidelim" diye emretti.

Onun peşinden evden çıktım ve karanlıkta her iyi gece yaratığından bekleneceği gibi gözlerim hızla uyum sağladı. Aysız gece, neredeyse hatırladığım gündüz ışığı kadar aydınlıktı; sadece köşelerde gölgeler görünüyordu. Hâlâ güçlenen duyularıma alışamamıştım. Elbette ki William beni böyle bir gecede, İç Savaş sırasında cephede bulup vampire dönüştürdüğünden beri duyularım çok keskindi. Ama *mambo* rahibesi Lalee'nin kanını içtiğimden beri, bir vampir için bile olağanüstü güçlü hâle geldim.

Son birkaç ayda dünyamı sarsan o kadar çok şey oldu ki gerçekten bunları kaldırabilmek için süper güçlere ihtiyacım olduğunu düşünüyordum. Kartal gibi bir görüş ve av köpeklerini kıskandıracak bir koku duyusu, bunların en önemsizleriydi. Yüz elli yıllık varlığımda ilk kez neredeyse yok edilmenin eşiğine geldim. Tabii kendimi içinde bulduğum dünya çapındaki vampir politikalarını belirtmeye bile gerek yok. Daha kısa süre önce endişelenmem gereken tek şeyin bütün gece açık olan tamirhanem olduğuna ve sadece yanlış zamanda bir kıza yanlış isimle seslenmemeye çalıştığıma inanmak zor. Şimdi endişelerim de tıpkı güçlerim gibi çok büyümüştü.

"Bununla ilgilendiğin için şimdiden teşekkür ederim" dedi William, River Caddesi'ne yöneldiğimizde. "Birçok detayın gündüz saatlerinde halledilmesi gerektiğinden, uygun gördüğün işleri tamirhanendeki *arkadaşlarına* verebilirsin. Ve Eleanor'a daha sık danışmayı da unutma. Yerinin tam olarak istediği şekilde tekrar inşa edilmesini istiyorum. Maliyeti umurumda değil."

"Tabii, sorun değil. Senin ilgilenmen gereken yeterince şey olduğunu biliyorum."

"Konuları basite indirgemekte üstüne yok, Jack. Her zamanki gibi."

Bilinen şey dışında onu başka neyin rahatsız ettiğini sormak istiyordum; sanki belli olan yeterli değilmiş gibi. Ünlü Halloween partisinden -William ve babası Reedrek karşı karşıya geldiklerinden, gerçek bir patlamayla sona ermişti- bu yana geçen yaklaşık bir aylık süreçte, Kuzey Amerika'daki vampirleri, Avrupalı kan emicilerden oluşan grubun saldırısına dayanabilecek bir federasyon haline getirmeye çalışıyordu. Bizi neredeyse öldüren, Eleanor'un evini ve işyerini yakan Reedrek'in bizi ortadan kaldırmaya kararlı olduğu neredeyse kesindi.

William'la birlikte onun evine doğru yürürken Eleanor -William'ın son beş yüz yıldır sevdiği tek kadın olduğunu biliyordum- ölümle hortlaklık arasında gidip geliyordu. Bir tabuta kilitlenmiş hâlde, çoğu insanın dayanamadığı bir işkence sürecinden geçmek zorundaydı. Özellikle de dişilerin. Hayatta kalırsa William'la birlikte sonsuza dek yan yana olacaklardı. Vampir kültüründe dediğimiz gibi "dönüşemezse" cehennemin sonsuz alevlerine tek yönlü bilet almış olacaktı.

Evet, William'ın düşünmesi gereken çok fazla şey olduğu açıktı.

Ancak bütün bunların yanında başka bir şey daha vardı. Diğer duyularımla birlikte, William'ı anlamak konusundaki becerim de gelişmişti ama hâlâ zihnimi büyük ölçüde engelleyebiliyordu ve şu anda da bunu yapıyordu. Yine de sorunun ciddi olduğunu görebiliyordum.

William ve ben, birbirine iyi uyan eşekler kadar inatçıydık. Kendini iyi hissedip hazır olana kadar bana sorunun ne olduğunu söylemezdi.

Yanmış binanın bulunduğu yere ulaştık ve kiraladığım yıkım şirketinin çalışmasını, inşaatçının yeni inşaat için attığı temeli inceledik. William memnun görünüyordu ve her zamanki gibi bu iyi bir şeydi. Son zamanlardaki... anlaşmazlıklarımızdan sonra onun sağ kolu olarak eski rolüme geri dönmüştüm. Bu artık beni eskisi kadar rahatsız etmiyordu. William bana neredeyse eşitiymişim gibi davranıyordu. Bana en son ne zaman teşekkür ettiğini hatırlamaya çalıştım. Hatırlayamıyordum. Bu da bir başlangıçtı.

"En azından dış cephenin tasarımında SCAD çalışanlarından birkaçını kiralayacağımızı sanıyordum" dedim, meydanın kenarına sıralanmış banklardan birine otururken. Savannah Sanat ve Tasarım Akademisi'ndeki öğrenciler, eski binaları restore etmek ve Savannah'nın tarihindeki otantik mimariyi sıkı sıkıya izleyerek sıfırdan yenilerini tasarlamak konusunda uzmandılar. William, kendi deyimiyle *şehrinin* dokusunun korunmasını çok destekliyordu.

William bankın diğer ucunda oturmuş, boşluğa bakıyordu.

Devam ettim. "...ve sonra St. Patrick Günü için gelen birkaç sarhoş turistin iç dekorasyonla ilgileneceğini sanıyordum. Belki her yere yeşil tonlarda bira da kusabilirlerdi."

"Sence en uygunu hangisiyse" dedi William, başıyla onaylayarak.

Nihayet bana karşılık verene kadar gözümü ondan ayırmadım. William tanıdığım en güçlü yaratıktır; şu anda mezarında döndüğünü umduğum büyükbabam Reedrek hariç. Savannah'da sağlam tipler vardı; hem insan olan hem de olmayan. William aralarındaki en sağlamıydı. Ama o bile son olaylarda sarsılmıştı. Ölümsüz dünyaya veda öpücüğü vermek üzere olmak, sonra da sana gerçekten sadık olanlar tarafından ölümden vazgeçirilmek gerçekten zor olmalıydı. Jack McShane, asi oğul hizmetinizde.

"Üzgünüm" dedi ve gözlerini ovaladı. Midesini Eleanor'un kanıyla doldurmuş olduğundan, William'ın normalde kaymaktaşı rengi olan teni neredeyse kıpkırmızı görünüyordu. Hayattayken böyle görünüyor olmalıydı. Beş yüz yıl önce onu İngiltere kırlarında atıyla dolaşırken hayal edebiliyordum.

İç çekti. "Sorun şu ki; diğer her şeye ek olarak sana anlatmam gereken daha çok şey var."

Bir şey söylemedim. Bir asırdan uzun süredir, William benden vampir olmakla ilgili o kadar çok şey gizlemişti ki ne soracağım konusunda bile hiçbir fikrim yoktu. Bunun sonucu olarak, kırgınlığım yüzünden neredeyse Reedrek'in gücüne tav olmak üzereydim. Görünüşe bakılırsa, William sadece beni korumaya çalışmıştı. Ama şimdi ikimizin de hayatı söz konusuyken eğitimsiz bir yavrunun sahip olamayacağı bir lüks olduğuna karar vermişti.

"Evet" dedim sonunda, "bir dişi vampirle seks yapmadan *önce* kuşlar ve arılar hakkında bir konferans dinleyebilirdim. Bir insan kadınla yaşadığım şeye benzemiyordu."

William'ın dudaklarında anlık bir gülümseme belirip kayboldu. "Olivia'yla ayrılış konuşmanı duyduğumu itiraf etmeliyim; Melaphia da küçük kaçamağınla ilgili boşlukları doldurdu. Genellikle bir dişi vampir seks sırasında erkeğin gücünü emer. Anladığım kadarıyla bunun tam tersi oldu ve sen Olivia'nın gücünü belirgin bir şekilde azaltırken kendi gücünü artırdın."

"Evet, öyle de denebilir. İşimiz bittiğinde bulaşık bezinden farkı yoktu ve bunu iyi anlamda söylemiyorum. Sanırım ben bir ucubeyim" dedim, aptal aptal. "Yani, en başta bir vampir olduğum için ucubeyim elbette ve şimdi ucube ötesi oldum."

William bana düşünceli gözlerle baktı. "Aslında ben bunun bir… nimet olduğunu söylerdim."

"Ne? Ben hiç de öyle düşünmüyorum. Birini vampire dönüştürme girişimimde tam anlamıyla çuvalladım. Shari, hiçliğin karanlık tarafında kalmaktan daha iyisini hak ediyordu."

"Evet, Shari'yi kaybetmek talihsizlikti. Ama bir düşünsene Jack! Senin özel olduğunu hep biliyorduk. Daha düşük alemlerdeki ölülerle iletişim kurabilme becerin, Melaphia'nın en iyi büyüleriyle boy ölçüşebilecek seviyede. Ve daha ilk denememde bir insanı zihinsel etkin altına alabiliyorsun. Bazı vampirler, voodoo kanı olmadan bunu asla beceremeyebiliyorlar. Buna bir de Olivia'yla aranda olanları ekle. Daha önce bunun bir benzeri görülmedi."

"Ah, ben kendimi hiç de özel hissetmiyorum" diye homurdandım. "Neden farklı olduğumu düşünüyorsun ki?" Başımı yukarı kaldırarak esintiyi kokladım. Sokağın aşağısındaki fırından günün ilk kokuları gelmeye başlamıştı. Bazen normal yemekleri özlüyordum. Bir insanken, ekmeğin yağlı, mayalı ılık kokusu ağzımı sulandırırdı. Şimdi ağzımı sulandıran tek şey taze kan. Ya da çiğ et.

"Cevabı biliyorsun" diye devam etti William. "Seni dünyadaki diğer vampirlerden farklı kılan ne?"

"Ben nereden bileyim? Damarlarında voodoo kanı dolaşan bir tek ben değilim ki. Sen varsın; kendi kanını verdiğin şu Avruvamplar var."

"Ama o kanla *doğan* ilk sensin, Jack. İlk diriliş gücü olarak voodoo kanını alan ilk sensin."

"Peki, ya Werm? Onu da dönüştürdün."

"Onu zayıf durumdayken dönüştürdüm. Reedrek beni yakıp kanımı dökmüştü. Vücudumda kalan voodoo kanını sadece kendimi iyileştirmek için kullandım. Werm için çok fazla kalmış olamaz. Henüz keşfetmediğimiz bazı becerileri olabilir ama çok önemli olduklarını sanmıyorum. Ayrıca, başlangıçta da çok acınası biriydi. Vampir olmak için kesinlikle uygun değildi. Diğer yandan, şimdi benim gibi voodoo kana sahip birinci kuşak bir çocuksun ve Werm senden bir kademe aşağıda."

"Bunu nereden çıkardın?"

"Lalee'nin yaşama gücünü kaynağından alıp tüketerek kendi dozunu yüklendiğine ve antik kan artık kullanıldığına göre, bundan sonra yalnızca ikimiz kalacağız. Mambo kanı taşıyan birinci kuşak bir vampir olarak, başkalarında bulunmayan belli yeteneklere ben de sahibim; deniz kabuklarımla yaptığım şeyler gibi. Sen daha kanatlarını yeni açıyor olduğundan, kendinde başka ne tür yetenekler keşfedeceğini henüz bilemeyiz. Çiftleşme sırasında bir dişinin gücünü çekebilmen ve ölülerle iletişim kurabilmen, daha başlangıç olabilir."

Bunu biraz düşündüm. "Ekim ayındaki o savaş gecesinde, Lalee'nin kanından diğer vampirlere de biraz verdik. Buna ne diyeceksin?"

"O sadece yaralarını iyileştirmeye yeterdi. Bunun bile önceye oranla daha güçlü olmalarını sağladığından eminim ama o geceden önce bile olduklarından daha güçlü olamazlar."

Düşüncelerim, William'ın evindeki tabutta yatan kadına geri döndü. "Peki, bütün bunlar Eleanor için ne anlama geliyor? O birinci kuşak değil ama artık tam olarak gücüne kavuştuğuna göre o özel kan yine damarlarında dolaşıyor. En azından ben o şişenin yarısını içmeden önce nasılsam, o da o kadar güçlü olacaktır."

William yine ciddileşti. "Süreç tamamlanana kadar bunun onun için ne anlama geldiğini bilemeyeceğiz. Dönüşümde hayatta kalırsa o zaman onu gücümle dirilteceğim. Bildiğim kadarıyla, bundan sonra onunla aramdaki seks…"

"Tam anlamıyla bomba gibi olabilir" diye tamamladım.

Bakışlarını uzaklara dikti. "Evet."

Kısa bir süre içinde, William tabutun içinde acıyla kıvranan sevdiği kadının çığlıklarını dinliyor olacaktı. Tıpkı çocuğunu doğurmak üzere olan karısının yanında oturan sorumluluk sahibi bir koca gibi orada saatlerce oturup bekleyecekti. Tabii kadının yaşam verme gücünün alınıyor olması dışında. Sonra süreci tamamlamak için şiddetli bir şekilde çiftleşeceklerdi. Ölümsüzlüğe ulaşabilirse, voodoo kanıyla doğan ilk dişi vampir olarak aramıza katılacaktı.

Azizler bize acısın!

Ben kendi endişelerimle boğuşurken William aniden konuyu değiştirdi. "Jack, Reedrek'ten neden onunla birlikte yanmayı göze alacak kadar nefret ettiğimi biliyor musun?"

"Çünkü o kötü, leş kokulu, tam bir orospu hortlak çocuğu olduğu için mi?" diye sordum.

William'ın ağzının bir kenarı hafifçe kalktı; neredeyse gülümser gibi. Sonra kasvetli ruh hali geri döndü. "Hayır ama bu da bir neden." Babam bakışlarını bana çevirdi. "Çünkü ailemi öldürdü. Karımı."

Bu sözler, partiden sonraki sabah William ve Reedrek'i takip ederken gördüğüm sahneyi tekrar canlandırdı. Voodoo kanının bir yan etkisi olsa gerek, William'ın ailesinin öldürüldüğünü görmüştüm.

"Adı Diana mıydı?" diye sordum. "Onu bir anlık gördüm." Lanet olsun! Jack McShane'in sık sık nutku tutulmazdı fakat bu da o zamanlardan biriydi.

William başını iki yana salladı. Sıra dışı yeşil gözleri beni esir etmişti. "Reedrek'le o son sabah… Karımın hayatta olduğunu söyledi. Yalan söylüyordu. Beni amacımdan vazgeçirmek için her şeyi söyleyebilirdi. Dahası, bana karşı gerçekleri söylediği tek bir zamanı bile hatırlamıyorum. Her ne olursa olsun, kendim öğrenmek zorundaydım." İç çekti. "Olivia'yla bağlantı kurdum ve dediğine göre…" William bir an duraksadı. "Söz konusu kişi benim Diana'm değil."

"Bu çok kötü" diyebildim sadece.

"Şey, evet. Ve bu da bir ikilem doğuruyor."

Sonsuza dek yanında seksi bir dişi vampirle yaşayacak olmanın nasıl bir sorun olabileceğini anlamıyordum. Özellikle de Eleanor, bu melankolik biri için böylesine deli olurken.

"Açıkçası, ben herhangi bir sorun göremiyorum. Pekâlâ, Diana'yı seviyordun. Ama senin... Eleanor'a değer verdiğini sanıyordum."

"Veriyorum, vereceğim de. Fakat, Diana hayatta olsaydı, çoktan onu bulmak için yola koyulmuş olurdum."

"Evet, demek istediğini anlıyorum." Connie'yi ve benim gözümde diğer tüm dişilerden ne kadar farklı olduğunu düşündüm. "Eleanor, Diana değil."

William

Bloodygentry.com'da sohbet odaları doluydu. Güzel. Kendimi işle oyalamak istiyordum; beni çağırana kadar Eleanor'la ilgili endişelerimi bastırmaya ihtiyacım vardı. Jack'le birlikte gece yarısını geçene kadar sokaklarda yürümüştük. Biraz daha devam edersek, bir pazartesi gecesi o saatte dışarıda olmamız yüzünden bazılarının dikkatini çekebilirdik. Ayrıca, bu gece tünellere girecek havada da değildim; ölümün kokusu, mezarımsı sessizlik. Bu yüzden ofisime, bilgisayarımın başına ve e-posta kutuma döndüm. Aslını isterseniz, samanlıkta iğne arıyordum.

Kara Şövalye isimli, yarışçı görüntüsü altında Tobias'tan bir mesaj vardı: *"Batı Sahili'nde kafa kafaya verdik; kuzeydekiler ve güneydekiler. Yeni ayda görüşürüz. Biraz yarış yapma-*

yı planlıyoruz. Bir arkadaşımı getireceğim. Kendine dikkat et dostum!"

Gerçekten dikkat et, diye düşündüm CEVAPLA butonuna basmadan önce. Jack haberi duyduğuna sevinecekti. *"Akrabam ve ben bunu sabırsızlıkla bekliyoruz"* diye yazdım.

G. Mendel adı altında Gerard'dan bir mesaj vardı: *"Ortabatı ve Montreal'den ziyaretçilerim var. Kan testleriyle ilgili ilginç gelişmeler var. Gelmeden önce sonuçların çoğunu almış olacağımı tahmin ediyorum."*

Jack'in parti gecesindeki değişimine tanık olduktan -ve bu süreçte neredeyse öldürülmek üzereyken- sonra daima bilimsel hareket eden Gerard, mutasyonu ve olasılıklarını incelemek için Jack'in kan örneğini almıştı. Nasıl işlediği konusunda benim bile bir fikrim yoktu; kesin olan şuydu ki Lalee ve voodoo kanı, ölümsüz bedenlerimizi kurtarmıştı.

Eleanor bu geceki tehlikeyi atlatabilirse Gerard'a onun kan ve saç örneklerini de gönderecektim.

Henüz kuzeydoğudan veya Teksas'tan herhangi bir haber alamamıştım ama onların da isteğime uyarak geleceklerini biliyordum. Yaşlıların tehdidine aldırmamanın sonuçlarını anlıyorlardı. Çoğu hâlâ yaratıcılarına hizmet etmenin izlerini taşıyordu. Dayandıkları dehşetlerin listesi çok uzundu; kanla ve acıyla dolu uzun bir geçmiş. İşkence gören yavruları kurtarma amacını taşıyan gizli grup Kaçırıcılar'ı kurmama yardım etmişlerdi ve herhangi bir saldırıya karşı bütün gücümüzle beraber savaşırdık. Göze göz, dişe diş, pençeye pençe. Bir kez özgür kaldıktan sonra, köleliğe geri dönüş olamazdı.

Cehennemde yanmak daha iyiydi.

Ama çabuk organize olmak zorundaydık. Reedrek toprağın altına gömülmüştü ve aralarındaki okyanus yüzünden diğerleriyle iletişim kuramazdı ama onu arayacakları şüphesizdi. Daha şimdiden Savannah'da izlerini belli etmişlerdi. Eğer onun için ve dolayısıyla benim için gelmişlerse Yeni Dünya'daki diğer klanların hazırlıklı olması gerekiyordu. Jack ve Werm'ü limanda nöbet için organize etmiştim bile. İnsan çalışanlarım farkında olmadan bizi ve şehri korurken, iki kat mesai ücretini memnuniyetle kabul ederdi.

İngiltere'ye dönmüş olan Olivia'dan gelen bir mesaja geçtim: *"Bonaventure'lar selamlarını gönderiyor. Seninle kişisel olarak görüştüğüm için hepsi beni kıskanıyor. Kolay ulaşım mesafesinde olanlarımız çok az, fakat haber hemen yayıldı. Candlemas'lardan saygın bir grubun gelmesini bekliyorum. Biz kadınlarız; kükrediğimizi görecekler.*

Ah, Olivia'nın kükreyişi; işte *bunu* görmeyi gerçekten isterdim.

Ya da henüz değil. Ağızlarımız sımsıkı kapalı ama kulaklarımız ve gözlerimiz açık. Jackie'ye sırrını koruduğumu ve bu yüzden bana borçlu olduğunu söyle.

Evet, Olivia, Yeni Dünya'daki bir çaylak tarafından zayıf düşürüldüğünü itiraf edecek biri değildi. Özellikle de sekste.

"Toplantıdan sonra birkaç hafta bana ulaşamayabilirsin. Davamızı sürdürmek için doğuya gidiyorum, biliyorsun. Senin hepimizin ihtiyaç duyacağı yerde olduğunu bilmek güzel. Hoşça kal."

Asi olmanın zor tarafı buydu. Diğerleri bu becerime dayanmaya başlamıştı. Zulüm gören yavruları Yeni Dünya'ya kaçırma hobim başladıktan sonra bir şekilde ikinci bir devrim savaşının lideri haline gelmiştim. Bu çatışma başladığında, Batı için çok daha büyük bir felakete dönüşebilirdi. Burada vurulması kolay Kırmızı urbalılar yoktu. Yaşlılardan oluşan bir klan bu kıtaya akın ederse, Amerikan Yerlileri'ne yapılan soykırım solda sıfır kalırdı.

Aralarında yürüdüğüm insanların savunmasızlıkları konusunda hiçbir fikirleri yoktu. Yeni Dünya'yla yaşlılardan oluşan bir istila ordusu arasında duran tek şey; eski köle hortlaklardı. Akını püskürtmek ve hayatta kalmak için daha hızlı ve daha akıllı davranmalıydık.

Iban'dan gelen bir mesajı açarken, Eleanor'un ilk çığlığını duymadan önce hissettim. Farklı türde bir karanlık işin ilgime ihtiyacı vardı.

"Ev sahipliği teklifiniz için teşekkürler! Güzel şehrinizi bir kez daha görmek için sabırsızlanıyorum. Sizi asistanım S ile tanıştıracağım. Bir sonraki film projemiz için görüşüyoruz. Konuyla yakından ilgileneceğinize inanıyorum."

"Mi casa es su casa" diye yazdım. Ve bu doğruydu. Iban, tanıştığımız ilk günden beri saygımı ve minnetimi kazanmıştı. Ona hayatımı teslim edebilirdim. Iban'ın yaşlılarla ilgili engin bir deneyimi vardı. İspanyol Engizisyonu üç asırdan uzun sürmemiş miydi? Yeni Dünya'ya geldiğinde, en fazla canlı bir kemik torbası olarak adlandırılabilirdi. Toparlanması için on yıllar geçmesi gereken...

Eleanor'un giderek artan huzursuzluğu düşüncelerimi böldü. Başlamıştı. GÖNDER tuşuna bastım ve makineyi kapadım.

Geliyorum, Eleanor...

Eleanor tabutun kapağını vahşi bir yaratık gibi yumrukluyordu. Gırtlaktan gelen küfürleri ve korkunç çığlıkları arasında, adımı sanki onu canlı canlı, içten dışa yiyen bir şeymiş gibi söyledi.

Ve ben çaresizdim.

Oturup beklemekten başka yapabileceğim bir şey yoktu. Ona cevap vermek işe yaramazdı. Ne sesimin ne de güçlü zihnimin ulaşamayacağı karanlık bir alemde boğuşuyordu. Her şey bitene kadar hiçbir şekilde rahatlamayacak, beni hiçbir şekilde tanımayacaktı.

Korkunç bir hata mı yapmıştım? Uzanıp Eleanor'un ölümlü ruhunu sürgüne göndermiştim. Bana izin vermesi yaptıklarımı daha mı az kötü yapıyordu?

Ellerimle saçlarımı sıvazladım ve kulaklarımı kapadım. Çığlıklar uzak geçmişte kalmış anıları canlandırdı... Diana, Diana, Diana. Ayağa kalkıp bir aşağı bir yukarı yürümeye başladım ve geçmişi geride bırakmaya çalıştım. Eleanor için yapabileceğim bir şey, korkusunu yatıştırmanın bir yolu olmalıydı.

Sonra okyanusu, deniz kabuklarının yatıştırıcı çağrısını duydum. Nedeni huzursuzluğum ya da Lalee'nin antik kanından yeni doz almak zorunda değildim; kendileri bana geliyorlardı. Zihnim ihtiyacı belirlediği anda kemik kutusu havada süzülerek önüme geliyordu. Deniz kabuklarının, uyanık zihnimi rüyadaymışım gibi zaman ve uzayda taşıyabileceğini biliyordum. Ama beni Eleanor'un hapis olduğu karanlık yere götürebilirler miydi? Ve oraya gittiğimde bir şey yapabilir miydim? Bunu öğrenmenin tek yolu vardı.

Melaphia'nın sunaklarından birinden, Eleanor'un saçlarından kestiği uzun bir örgülü bukleyi aldım. Saçı bileğime sardım, kutuyu havadan aldım ve kabukları yere attım.

Eleanor... Gözlerimi kapayarak, ölümlü bedeninden kalan yumuşak saçlara dokundum ve onu görmek için bekledim.

Doğaüstü bir karanlığa sürüklenmiştim fakat bir gece yaratığı olarak bu benim elementimdi. Dünyanın en derin mağaralarındaki ve okyanus tabanındaki biçimleri ayırt edebilirdim, ancak bu karanlık dünyevi değildi. Bu boğucu, doğaüstü bir karanlıktı; ışığın ve hatta ışığın anısının bile olmadığı bir karanlık.

Ama sesler vardı. Kayalara sürünen pullar, etrafta dolaşan yaratıkların yavaş ayak sesleri. Kısık, acınası bir iniltiyle, ürpertici ölçüde soğuk bir şey bana süründü. Sonra uzaklardan gelen gırtlaktan bir hırıltı duyuldu ve arkasından bir çığlık onu izledi.

Bu aralıkta bir boyut muydu, yoksa cehennemin karanlık tarafına mı gelmiştim?

Eleanor'un tabuttaki bedeni çığlıklar atıyordu, fakat boşta kalan ruhu bu karanlık yere sürüldüyse, onu nasıl bulacaktım? "Eleanor?" dedim, yakınlarda olup beni duyabilir diye.

Sesim yankılandı ve bir sürü tepki geldi. Bu lanetli yerde yaşayan varlıklar bana yaklaşıyor, konuşuyor, tehdit ediyor, baştan çıkarmaya çalışıyordu. Patırtı inanılmazdı.

Bir vampir bile ne zaman geri çekilmesi gerektiğini bilir. Ama o kargaşada, Eleanor'un umutsuzca cevap veren fısıltısını duydum.

"William, buradayım. Beni bırakma..."

Aşırı uzun varlığım boyunca ilk kez, ışığa ihtiyacım vardı.

"Geri çekilin" diye emrettim etrafımda toplanan yaratıklara ve kabukların verebildiği bütün gücü toplayarak öldürmeye hazır bir şekilde bekledim.

Işık olsun...

Lalee'nin ayak parmaklarımdan kulaklarıma kadar içimde yükseldiğini hissettim; tıpkı bir lamba fitilinde yükselen gaz gibi. Varlığım giderek büyürken, parlak bir ışık etrafı aydınlattı. Işığın kendi tenimden geldiğini anlamam için birkaç saniye geçmesi gerekti. Ama görmeyi istememe pişman olmam onun yarısı kadar sürdü. Bazı şeylerin karanlıkta kalması daha iyiydi.

Burada ejderhalar var.

Kadife gökyüzüne yazılmış şiirler vardı ama burası tam anlamıyla zifiri karanlıktı ve yıldız filan yoktu. Bu mutlak siyahlığı delebilecek hiçbir ışık yoktu.

Ödünç aldığım gücümün aydınlatabildiği her yerde yaratıklar vardı; hareket ediyor, araştırıyor, beyinsiz kurtçuklar gibi sürünüyorlardı. Ulur gibi iniltileri sinirlerimi iyice germişti. Daima bilim adamı gibi davranan Gerard, bu doğaüstü evrimsel ortamda hayatının gününü yaşardı... sümüğümsü izler bırakan biçimsiz salyangozlardan, vahşi bakışlı ve beyinsiz, zombi gibi insanlara kadar her şey vardı. Ucundan kan damlayan dişlerden, sallanan dillerden, boş bakışlı dehşetli gözlerden oluşan ilkel bir orman. Burası, herkesi duraksatacak bir iblis iniydi ama benim düşünmem gereken başka şeyler vardı.

Uzaklarda, Eleanor ya da onun özü bana sesleniyordu ama aramızda kapana kısılmış on bin ruh vardı. En yakındaki iblisler geri çekilmişti; tanımadıkları ışıktan kaçıyorlardı. Sonra bir hırıltıyla, en büyüklerden biri aşırı gelişmiş bir köpek gibi sarı dişlerini açarak üzerime geldi. Kendimi saldırıya hazırladım, fakat tıpkı Reedrek'in *Kaymaktaşı*'nda yaptığı gibi hırlayan saldırgan somut olmayan bedenimin içinden geçerek ve ardında leş kokusu bırakarak diğer tarafa düştü. Onun çarptığı iblisler bu başarısızlığa öfkelenerek ona saldırdı ve geride sadece kan ve diş parçaları kalana kadar bütün vücudunu parçaladılar. *Afiyet olsun.*

Sonra hepsi sessizleşti ama bunun şaşkınlıktan mı, yoksa öfkeden mi olduğunu bilemiyordum. Umurumda da değildi. Bir an için karanlık yerine bir ışık efendisi olmuştum ve lehime olabilecek her şeyi kullanmaya kararlıydım. İblislerin üzerine yürüdüm ve hepsi çölde alevli bir melek keşfetmiş birileri gibi gözlerini kapayarak geri çekildiler.

Tanrı'ya şükür!

Eleanor'a ulaştığımda, bir grup iblis sessizce peşimdeydi ve bana ilk saldıran iri yarı iblis, o korkunç yerin gücüyle nasıl olduysa eski haline dönmüştü. Daha yakından bakabilmek için diğerlerini iterek kendine yol açtı. Artık tek gözlüydü. Eh, başarısızlığın bedeli vardı.

"William!" Eleanor bana ulaşmaya çalıştı ama yine bir sonuç alamadı. Ruhlarımızın buluşması kısa ve büyük ölçüde güzel bir deneyimdi. Manolya ve korku kokuyordu. Onu rahatlatmaya çalıştım ama dokunmadan bunu yapmak zordu. Bağlantımız fiziksel olana, sekse dayanıyordu. Felsefe yapacak zamanımız olmamıştı.

"Sana dokunmalarına izin vermem." Onu ışığımın çemberine alana ve ruhsal bedenlerimiz hafifçe iç içe geçene kadar yaklaştım. Kollarını vücuduna sardı; belki de pek de insani olmayan tesellimi hayal etti.

"Neden buradayım? Böyle olacağını söylememiştin." Giderek artan bir dehşetle sesi titriyordu. "Ben öldüm mü?"

Özetle, cehenneme gönderilip gönderilmediğini bilmek istiyordu. Yalan söyleyerek ruhunu sakinleştiremezdim çünkü her an kaybolma olasılığı vardı.

Elimi kaldırarak, parıltılı parmaklarımı yanağında gezdirdim. Gözlerini kapayarak, gerçekten dokunuşumu hissetmiş gibi iç çekti. "Bana yardım et."

"Bunu aşmana yardım edeceğim. Seni bırakmayacağım." Ve böylesine kolayca bir söz daha vermiştim. Hem son hem de acı bir başlangıç olabilecek bir söz. Eleanor dönüşümü sırasında hayatta kalamazsa, o zaman ikimiz de karanlıkta kalacaktık.

Kalabalıkta bir tıslama ve mırıltılar duyuldu. Bir hareket oldu. "William..." Adımı tekrar duydum ve Eleanor'a baktım. Bakışlarını kalabalığa, uzaktaki harekete dikmişti. Küçük bir parıltı bize doğru geliyor gibiydi; ışık pembemsi beyazdı. Homurtular ve hırıltılar artarken kalabalık ayrıldı ve karşımıza başka bir melek dikildi. Hayır, bir melek değil.

Shari. Jack'in vampire dönüştürmeye çalıştığı kız.

Onu son gördüğümden beri çok değişmişti. Bal sarısı saçları gümüşi beyaz olmuştu; sıcak bakışlı kehribar rengi gözleri parlak griydi. Gömülürken üzerinde olan elbisenin yakası ve kol ağızları çürüyüp yırtılmıştı; çıplak ayakları kanla kaplıydı.

"William" dedi tekrar, beni gördüğüne inanamıyormuş gibi. "Beni kurtarmaya mı geldin?" diye sordu şaşkınlıkla.

Ona aksini söyleyemedim. "Elimden geleni yapacağım."

Sonra bakışları benden Eleanor'a döndü. Öne çıktı ve sanki bir partiye az önce gelmişiz de tanıştırılmaları gerekiyormuş gibi elini uzattı. "Ben Shari" dedi.

Eleanor benden ayrılmadan Shari'nin elini tutmak için uzandı. "Ben de Eleanor."

Sonra ikisi de şimdi ne olacağını görmek istercesine bana baktı. Ona gerçekten ihtiyaç duyduğumda Jack neredeydi ki? "Sen iyi misin?" diye sordum, ne kadar gülünç görünse de.

Shari solgun parıltısının içinde küçülmüş gibi göründü ve etrafımızdaki iblislere korkulu gözlerle baktı. "Beni pek fazla rahatsız etmiyorlar çünkü artık bir korunmam var. Hanım... Melaphia, beni korkutmaya çalıştıklarında ne yapmam gerektiğini bana söyledi."

"Nedir o?"

İtaatkâr bir şekilde Shari başını eğdi ve kısık sesle ilahi söylemeye başladı.

Jack

William'ın liman deposundaki ofisine gidip, kâhyası Tarney Graham'ın limanda nöbetçilik yapan adamlar için bir program hazırlamasına yardım etmek zorundaydım; bir vampir istilasını işaret edebilecek herhangi bir şüpheli şeye -örneğin tabutların veya toprak nakliyesi gibi- karşı sahili gözlüyorlardı.

Binadan çıkarken gölgelerin arasında birinin varlığını hissettim. Biri beni izliyordu. Bir şey duymamış gibi yaparak yürümeye devam ettim. Biri adımlarını benimkilere uydurmuş, kovboy çizmelerimin topuklarının, kendi ayak seslerini gizleyeceğini ummuştu. Aniden döndüm ve peşimdeki kişinin göğsüne bir darbe indirerek yere devirdim.

"Bana asla sessizce yaklaşmaya çalışmaman konusunda seni uyardığımı hatırlıyorum" dedim, dişlerimi sivrilterek.

Lamar Nathan Von Werm ya da William ve benim onu çağırmak için kullandığımız lanet olasıca kısa adıyla Werm ayağa kalktı ve üstünü silkeledi. "Sadece bir vampir olarak... sessizce yaklaşma becerimi geliştirmeye çalışıyordum, hepsi bu."

Kısa süre önce, Werm vampir olmak isteyen bir sersemden daha fazlası değildi. Birlikte takıldığı gotik grup içinde, vampirlerin gerçekten var olduğunu anlayacak kadar akıllı olan bir tek oydu. Werm gerçekten vampirleri araştırmıştı ve şehir merkezindeki bir dükkânın vitrin camında yansımamı göremediğinde, beni açıkça yakalamıştı. Onu suçüstü yakalayana kadar bir süre beni izlemişti. Sonrasında onu vampire dönüştürmem için yalvarmıştı ve tabii ki ben bunu yapmayı reddetmiştim.

Yanlış zamanda yanlış yerde olması ve böylece istediğine kavuşması -eğer böyle denebilirse- tamamen kör talihti. Reedrek, Werm'ü dönüştürmesi için William'ı zorlamıştı. Werm, vampirlikle ilgili romantik kavramlarını veya kendi deyimiyle, "kan kardeşliği" anlayışını tam olarak geride bırakamamıştı. Daha öğrenmesi gereken çok şey vardı ve ne yazık ki William bu görevi bana vermişti. Sonuçta birinin yapması gerekiyordu. Böyle bir yaşam tarzını isteyerek seçen biri, sonuçta aptalın tekiydi.

"Vampirlerin *sessizce yaklaşma* becerisi mi?" diye tısladım. "Dinle beni ahmak, vampirlerin *sessizce yaklaşması* gerekmez."

"O zaman boyunlarını ısırıp kanlarını emme şansı bulabilmek için kurbanlarını nasıl hazırlıksız yakalayacaksın?" Dar omuzlarını silkti. Daha vampir olmadan bile teni solgundu.

Şimdi, beyazımsı sarı saçları ve punk giysileriyle, Johnny Winter'ın gitarsız hâli gibiydi.

Ona tiksinti dolu gözlerle baktım. "Seni masum bir insanı avlamaya çalışırken yakalarsam, bütün kanını içerim ve kuruyup buharlaşman için seni güneşe bırakırım, beni anladın mı? Şimdiye kadar kanı nereden buluyordun?"

"Bana öğrettiğin gibi kasaptan" diye sızlandı Werm. "Ama ne kadar domuz kanı içsem de hâlâ açlık hissediyorum."

"Buna alışacaksın. Unutma: Zevk için insan öldürmemek, bizi yaşlılardan, kötülerden ayıran şey."

Ürperdi. "Reedrek gibi. Biliyorum. Ama gerçekten iğrenç bir suçluyu, bir kanun kaçağını ısıramaz mıyım?"

Werm, William ve benim zaman zaman bu şekilde adalete hizmet ettiğimizi biliyordu. Savannah'da peş peşe cinayet işleyen veya kadınlara tecavüz eden gerçekten kötü bir insan olduğunda, o kişinin yaşamasına izin vermezdik. Babam ve ben bu süreçte yasal kanıtlarla filan uğraşmıyorduk ve kötülüğün kokusunu -kelime anlamıyla- alabildiğimiz için yanılma olasılığımız yoktu. Aynı anda hakim, jüri ve cellât oluyorduk.

"Henüz gerçek kötü adamı ele geçirdiğinden emin olacak kadar deneyim kazanmadın. Yanlışlıkla iyi birini incitebilirsin. Adalete hizmet etme işini bana ve William'a bırak." Her gün giderek daha çok William gibi konuştuğumu fark ederek yüzümü buruşturdum; Werm'e sadece bilmesi gerektiği kadarını anlatıyordum.

"O zaman ben ne yapacağım ki?" diye uludu Werm. "Ben bir vampirim, Aziz Pete aşkına! Bir şeyler yapmak istiyorum... yani vampirlik!" Werm deri giysili kollarını öne uzattı ve tekrar indirdi. "William sana vampir olmakla ilgili daha çok şey öğreteceğine söz verdi. İşe yarar bir şeyler öğrenebildin mi?"

Eleanor'u dönüştürme işi ve vampir politikaları arasında William'ın henüz beni eğitmeye başlama fırsatı bulamadığını açıkladığımda yüzü asıldı. "Ancak, oldukça ilginç gelebilecek bir şey öğrendim" dedim.

"Nedir?" diye sordu Werm, hevesle.

"Vampirlerin genellikle sahip olduğu geleneksel güçler ne olursa olsun, onların hepsine, hatta fazlasına sahibiz." William'ın voodoo kanının beni, Werm'ü, William'ı ve Eleanor'u nasıl özel kıldığı konusundaki teorisini açıkladım. Werm'ün muhtemelen yeteneklerinin daha kısıtlı olduğunu söylemedim. Özgüveni zayıf bir vampirden daha acınası bir şey yoktur herhalde.

"Yani konu, özel yeteneğinin ne olduğunu keşfetmekle ilgili" diye devam ettim.

"Harika. Belki de X ışını görüşüm vardır." Werm bu düşünceden hoşlanmıştı.

Benimse, küçük zihninde neler döndüğünü anlamak için X ışınlarına ihtiyacım yoktu. Yarın gece güneş batar batmaz Tybee sahillerine çıkacak, ıslak tişörtlü kızlar bulmayı umacaktı. En azından bu onu biraz meşgul eder ve yakamdan düşmesini sağlardı belki. "Evet. Olabilir" dedim.

"Hey, William'a vampirlerin uçup uçamadığını sordun mu? Anne Rice romanlarındaki gibi."

Gözlerimi devirdim. "O hayali vampirlere çok fazla takılma. Güzel olsun ya da olmasın, sonuçta sadece peri masalından ibaretler."

"Ama kitaplarda ve filmlerde görünenlerden bazıları gerçek" diye karşı çıktı Werm.

Haklı sayılırdı. Bram Stoker, bir vampirin anavatanındaki toprakla birlikte yolculuk yapması gerektiği konusunda gerçeği yakalamıştı. Edebiyattaki vampirlerin neredeyse hiçbirinin yansıması yoktu. Yıllar boyunca bazı vampir yazarlarının gerçekten sağlam ve pek de insani olmayan kaynaklardan yararlandığını düşündüm. "O halde, şu kayıkhanenin tepesine çık da bir hava akımı yakalamayı dene" diye önerdim. Yürüyüşümüz bizi William'ın yat rampasına kadar götürmüştü. "Eğer havalanamazsan suya düşersin ve bir şey hissetmezsin."

"Ve bunu mahvederim!" Werm, avuçlarını açarak siyah deri ceketinin önünden aşağı kaydırdı.

"Hey, deneyene kadar bilemezsin."

"Sanırım haklısın" dedi çatıya bakarak.

Ceketini bana bıraktı ve kendisini çatının en alçak kısmına çıkarmama izin verdi. Sonra giydiği o aptal çizmelerle çatının tepesine tırmandı. Suya dönük tarafa geçti ve kenarda durdu.

"Haydi. Atla!" diye seslendim. "Konsantre ol!" Atladığında kollarını bir tavuk gibi çırpacağından adım gibi emindim. İşe yaramadı. Bir şaşkınlık çığlığıyla suya düştü. İskeleye gidip, çıkmasına yardım etmek için elimi uzattım. "Görünüşe bakılırsa uçamıyorsun dostum" dedim. Genç arkadaşım boğulmuş bir liman faresine benziyordu.

"Sıra sende" dedi, ağzındaki suyu tükürürken.

"Ah, evet. Haklısın."

"Hey. En azından ben deneyecek kadar cesurum." Üzerinden hâlâ sular süzülen Werm, dirseklerini sallamaya ve gıdaklamaya başladı.

Güldüm. "Pekâlâ. Kazandın. Deneyeceğim."

Çizmelerimi çıkarıp çatıya tırmanırken kendimi tam bir aptal gibi hissediyordum. Suya yakın kenara yürürken, William'ın o anda gelip de beni görmesinden korkuyordum çünkü o utanç beni öldürürdü. Yine de ya *uçabilirsem*? William bir defasında bana çok kızdığında -hem de bir ceket için- beni yakamdan yakalamıştı ve ikimiz de yerden yükselmiştik. O bunu yapabiliyorsa...

Kenarda durarak nehrin ağzına baktım ve derin bir nefes aldım. Etrafımdaki bütün yaşamı kokladım. Nehir yaratıkları, bataklıklardaki bitkiler, denizin kendisi. Dünyadaki yerimi ve yaşayanlar arasındaki hortlak varlığımı düşündüm. Doğaüstü bir varlıktım ve yine de bir şekilde bu eski liman şehrine aittim; diğer her şey ve herkes gibi. Gözlerimi kapayıp boşluğa adım attım ve suya çarpmayı bekledim.

Ama öyle olmadı.

Gözlerimi tekrar açtım. Suyun bir metre üzerinde havada duruyordum.

"Vay canına! Şuraya bak!" diye bağırdı Werm.

Ona bakarken konsantrasyonum dağıldı ve çivileme suya daldım. Bağlanmış tekneler arasından yüzüp iskeleye geldiğimde, Werm beni çıkarmak için elini uzattı. Gülerek küçük bir dans hareketi yaptı. "Nasıldı?" diye sordu hayranlıkla.

"Bilmiyorum. Sadece bir saniye sürdü." Bir köpek gibi silkelendim ve çizmelerimi giymek için oturdum. "Tuhaftı. Gerçek dışıydı." Çok şaşkındım. Yani yerçekimine karşı koyabildiğini keşfettiğinde insan ne hisseder ki? Bunu başından beri yapabiliyor muydum? Kimse uçup uçamadığını görmek için bir şeylerin üzerinden sıçramaz ki. Voodoo kanının bizim için ne anlama gelebileceği konusunda William'ın söyledikleri olmasa bunu denemek aklımın ucundan bile geçmezdi.

"Egzersiz yapmalısın" dedi Werm, kararlı bir tavırla.

"Egzersiz mi?"

"Bilirsin, kontrol etmeyi öğrenmek. *Kullanmayı* öğrenmek."

Kulağımdaki suyu çıkarmak için başımı yana yatırdım. "Sanırım bir kavgada işe yarayabilir" dedim. "Ya da gerçekten ustalaşabilirsem bir yere gerçekten hızlı gitmek istediğimde. Ama nerede ve nasıl kullandığıma dikkat etmeliyim. Yani lanet olasıca Uçan Rahibe gibi havada süzüldüğümü insanların görmesine izin veremem."

"Kim?" diye sordu Werm.

"Boş ver" dedim elimi sallayarak. "Senin zamanından önceydi."

Werm bunu bir an düşündü. "Sanırım haklısın. William sana bizimle ve yapabileceklerimizle ilgili başka ne öğretti?"

Ayağa kalkıp Corvette'imi park ettiğim yere doğru yürüdüm. William'ın, hayatta kalmam için gereken asgariler dışında beni her şeyle ilgili hâlâ karanlıkta bırakması sinir bozucuydu. Werm'le başından itibaren açık olmaya karar verdim; ona bildiğim her şeyi öğretecektim. Tek sorun, kendimin çok fazla şey bilmemesiydi.

Werm'ün başını belaya sokmadan öğrenebileceği bir şeyler düşünmeye çalıştım çünkü Werm'ün başını beladan uzak tutmasının düşük bir olasılık olduğunu hissedebiliyordum. En azından, ona ilginç bir şey söyleyebilirdim. Bir an düşündüm ve çok önemli bir konuya karar verdim. Aslında bu konuda William'ın kendisinden rehberlik alabilirdim.

"Uzun zaman önce kendi başıma keşfettiğim bir şeyi seninle paylaşacağım" dedim Werm'e. "Çok önemli bir şey."

"Nedir?" diye sordu hevesle.

Kolumu omzuna attım ve birlikte iskeleden kıyıya doğru yürüdük. "Evlat, sana kuşlardan ve arılardan söz edeceğim... ve vampirlerden."

2

Jack

Werm'e vampirlerin cinsel hayatının içini ve dışını -ifade için kusura bakmayın- anlatmayı bitirdiğimde, arabayla Werm'ün evine gidiyorduk. Temel olarak, Werm bir daha seks yapmamaya karar vermek üzereydi. Açıkçası, bana kalırsa *bir daha* kısmı tartışmaya açıktı ama yine de belki gerçekten bir-iki deneyimi olmuş olabilir diye düşünüyordum. Bir kan emici olarak yüz elli yıllık varlığım süresince sadece tek bir dişi vampirle karşılaştığımdan, Werminator'ün sonsuza dek bakir bir vampir olarak kalma olasılığının bir hayli yüksek olduğunu söyleyebilirdim.

Bazı çocuklar ne yazık ki hiç şans bulamıyor.

Werm, annesi rehabilitasyona girdikten sonra babası evi tahtalarla kapadığından, ailesinin şarap mahzeninde yaşıyordu. Savannah'da öğle yemeği yiyen sosyetik hanımlar yarım düzine mimozasız yapamaz -ya da o türde kadınlar her ne içiyorsa- ve görünüşe bakılırsa, Bayan Von Werm, kocası akşam eve geldiğinde sürekli sarhoş oluyordu.

Sonuçta, Werm oraya bir tabut koymuştu ve ailesinin evinin derinliklerinde güvendeydi. Bir arkadaşıyla, anne ve babasının asla görülmek istemeyeceğini bildiği şehrin bir semtinde bir oda kiraladığını söylemişti; dolayısıyla oraya uğrayıp yalanını yakalama olasılıkları yoktu. Ne var ki Werm tam burunlarının dibinde yakalanabilirdi. Ya da daha açık bir ifadeyle, mutfaklarının dibinde.

Bir şekilde şarap mahzenine dönmeye karar verirlerse iki sevimsiz sürprizle karşılaşmaları kaçınılmazdı: Fildişi bir tabutta çarşaf beyazı bir tenle yatan oğulları ve en değerli, paha biçilmez şaraplarının yokluğu; çünkü Werm cep harçlığı çıkarmak için onları eBay'de satmıştı. Werm, anne ve babasının hangisine daha çok üzüleceğinden emin değildi.

Onu şarap mahzeninde bıraktıktan sonra, Eleanor'un dönüştürme sürecinin nasıl gittiğini görmek için William'ın evinin yolunu tuttum. Hiçbir şekilde yardımım olamayacağını biliyordum. Tek dişi vampir dönüştürme girişimim felaketle sonuçlanmıştı. Eleanor'u kaybederse, William'ın da yıkılacağını biliyordum. Ona da hiçbir şekilde yardım edemezdim.

Orleans Meydanı'ndan geçerken, kendimi zifiri karanlıkta buldum; aniden kör olmuşum gibi. Bu, araba kullanırken hiç de hoş bir durum değildir. Yolun ortasında frene asıldım. Bu da ne? Bütün vücudum ürperdi ve ensemden başlayarak bir korku dalgası omurgamı kuyruksokumuma kadar yaladı. Bir vampir için bu gerçekten ciddi bir şeydir. Yani, sonuçta büyük ve keskin dişleri olan bizleriz. Başkalarının tüylerini ürperten bizleriz. Dolayısıyla biri beni korkutmayı başardığında, kesinlikle dikkatimi çeker. Hareketsiz oturarak ne yapacağımı düşündüm ve gelişi gibi ani bir şekilde, karanlık geri çekildi; neredeyse tadını alabildiğim bir kötülük enerjisiyle birlikte. Her nedense, dişi vampir dönüştürme konusundaki başarısızlığıma konu olan Shari'yi düşündüm. Arabayı tekrar vitese takıp gazı kökleyerek William'ın malikânesine yöneldim.

Mutfağa girdiğimde, William'ın kâhyası ve evlatlık kızı Melaphia'yla karşılaştım. Lalee'den gelen voodoo rahibelerinin beşinci kuşağıydı. Melaphia genellikle kızı Renee'yi okuldan alana kadar işe gelmezdi ama Eleanor'un evinin yakınındayken William bana bugün Mel'in erken geldiğini -ya da geç saate kaldığını; hangi açıdan baktığınıza bağlı- söylemişti. Söylenmeyen şeyin, Melaphia'nın William'ın yanında olmak istediği olduğunu biliyordum çünkü eğer Eleanor ölürse, William Melaphia'nın güçlü, sakin ve güvenilir omzuna ihtiyaç duyacaktı. Tabii Eleanor'un kayıp ruhuna da Shari'ye yardım ettiği gibi voodoo ilahileri ve iksirleriyle yardım etmesine değinmeye gerek yok.

"Aşağıda işler nasıl gidiyor?" diye sordum, endişeyle. Mel mutfak masasında oturuyor, dizüstü bilgisayarını kullanarak nette sörf yapıyordu.

"Şimdiye kadar iyi gitti" dedi. "Yapabileceğimiz tek şey beklemek."

İç çektim. Mel başını kaldırıp bana baktı. "Senin neyin var? Her zamankinden daha solgun görünüyorsun."

"Buraya gelirken tuhaf bir şey hissettim. Her şeyin yolunda olduğundan emin misin?"

Bir an duraksadıktan sonra aniden bilgisayarın ekranını kapadı. "Aşağı inip bakalım."

William'ın yer altı inine giden geçit, renkli mumların bulunduğu sunaklarla doluydu. Her rengin ve her mumun, Melaphia'nın antik dinine göre özel bir anlamı vardı; tabii ben bu dini anlamıyordum ama gücüne saygı duyuyordum. Bir tutam sarı saç -Shari'nin saçı- sunaklardan birine konmuştu ve bana dünyada benden daha yaşlı ve daha kötü şeyler olduğunu hatırlatıyordu. Ve bazı hataların etkisinin sonsuza dek sürebileceğini. Bu beni gerçekten ürpertiyordu, fakat hemen sonrasında gördüğüm şey kadar değil.

Mel'le birlikte yanına ulaştığımızda, William, Eleanor'un tabutunun dibinde yerde yatıyordu ve görmeyen bakışları tavana dikilmişti. Mel, William'ın yanında diz çökerken ben de diğer tarafına geçtim. William'ın yanağına sert bir tokat attı.

"William! Geri dön!" diye emretti. "Bir terslik var."

William

İlahisini bitirirken Shari'nin bakışlarında vahşi bir parıltı belirdi ve etrafındaki ışık titreşti. "Sakın bakmayın!" dedi kısık sesle.

Eleanor'u da tutarak döndüm. Sanki etrafımızdaki canavarlar neler olacağını biliyormuş gibi mırıltılar itiraz uğultularına dönüştü. Aniden, bardak kırılmasını hatırlatan bir çatırtı yankılandı ve parlak bir ışık patlaması -kendi parıltımdan daha güçlü- karanlığı kör edici bir beyazlığa dönüştürdü. Işık duvardan duvara sekerken, aşağıda duranların üzerine yuvarlanan erozyonlara neden oldu. Shari'ye yakın duranlar, soğuk sert zemindeki kavrulmuş, inleyen gruplara doğru savruldu. Geri kalanı gözlerini ovalayarak karanlığın güvenliğine koşturdu.

Tekrar baktığımda, Shari dizlerinin üzerine çökmüştü. Kullandığı güç her neyse, o an için tükenmişti.

"Bu onları bir süre uzak tutar" dedi, söze dökmediğim soruma cevap olarak. "Ama daima geri gelirler... Şimdi..." -esnedi- "...dinlenmem gerek." Yere uzanarak gözlerini kapadı. Eleanor onun yanına oturdu.

"Onu hatırlıyorum" dedi Eleanor. "Senin kuğularından biriydi. Onu vampire dönüştürmeyi mi denedin?"

"Ben değil. Jack. Reedrek, Shari'yi öldürdü ve biz de onu kurtarmaya çalıştık. Ama bir sorun vardı..." Geri kalanını o anda anlatamazdım. Eleanor'um geri kalanını zamanla anlardı.

"Demek zamanla hayatta kalamazsam, sonsuza dek burada olacağım."

Yalan söylemek imkânsızdı. "Evet. Bedenin ölecek. Ruhun ölümsüz olacak ama lanetlenecek."

Eleanor, Shari'ye baktı ve yüzünde şaşırtıcı bir şefkat ifadesi belirdi. "Eh, en azından yalnız olmayacağım." Shari'nin uyuyuşunu izlemek onu da uyuşturmuş gibi esnedi. Kendisine itaat edilmesine alışmış olan sevgilim, sonsuza dek kaybettiğim kuğumun yanına uzanarak gözlerini kapadı.

Onları korumaktan başka yapacak bir şeyim kalmayınca, oturdum ve sırtımı en yakındaki kayalara yasladım. Ne kadar süre oturup karanlığı izlediğimi bilmiyorum. Gerçek dünyadaki gündoğumu ve günbatımı olmadığından, burada zamanı takip etmek mümkün değildi. Gerçek dünya. İnsanların dünyası. Orada saatler veya yıllar geçiyor olabilirdi. Geride bıraktığımız dünyada Eleanor'un vücudunun dönüşümü tamamladığından ya da yenik düştüğünden emin olmam mümkün değildi.

"Kaptan! Uyan!" Melaphia'nın sesi dikkatimi karanlıktan uzaklaştırdı. Geride bıraktığım dünya aniden beni çağırıyordu. Aynı anda Shari kıpırdandı ve doğrulup oturarak uykulu gözlerle bana baktı.

"Melaphia seni uyandırmamı söyledi. Geri dönmen gerektiğini söylüyor."

"Geri dönemem. Eleanor'a söz verdim." Ama daha konuşurken bile, Eleanor'un varlığı zayıflamaya başlamıştı. Bir an sonra gözden kayboldu; vücuduna geri dönmüştü. Uzaklarda, gidişini haber veren bir alarm gibi davul sesleri duyuluyordu.

"Başardı" dedim rahatlayarak.

Shari sadece bana bakmaya devam etti.

"Kaptan, geri dön!" dedi Melaphia, bu kez daha yüksek sesle.

Ayağa kalktım. Evimi ve tatlı Eleanor'umu düşünüyordum, fakat Shari'ye veda etmek için söyleyecek bir şey bulamıyordum.

Ayağa kalkıp bana bakarken yüzünde belirgin bir hüzün vardı. "Dinlenmeme izin verdiğin için teşekkürler." Kehribar rengi gözleriyle karanlığa bakındı. "Uyumaya bile çok zor fırsat bulabiliyorum."

Shari'nin etrafındaki ışık zayıflamaya başlamıştı. Bu, deniz kabuklarının beni dönmeye zorladığı anlamına geliyordu.

"Hayır. Onu sonsuza dek burada acı içinde bırakmayacağım" diyerek bu çağrıya karşı koydum. "Lalee, bana yardım et."

Shari'nin üzerinde havada süzülmeye başladığımda, Lalee'nin ilk görüntüsünün anısı görüş alanımı kapladı.

Dış adalardan birindeki gömü alanının o zamanlar ismi yoktu. Nehrin öte tarafında bir bataklıktı; hastalık korkusunu giderecek kadar şehirden uzaklıktaydı. Üç uzun sıra halinde nehir kıyısına dizilmiş elli kadar ceset, meşale ışıklarıyla aydınlanıyordu. Mezar kazıcılar, kambur sırtlarıyla ve kısık sesleriyle gece gündüz çalışarak, sarıhumma kurbanlarını gömmekle uğraşıyordu. Hava yanmış sülfür kokusuyla doluydu. Lalee, bir elinde lambası diğerinde bir söğüt dalıyla ortada duruyordu. Boğucu sessizliği hafif bir uluma bölüyordu. Lalee'nin, mezarların bekçisi Maman Brigitte'i huzursuz ruhları yatıştırması ve onları evlerine göndermesi için çağırdığını o zaman hatırladım. Ölümlü olmasına rağmen, Lalee'nin ruhu benimkinden daha büyük ve daha güçlüydü. Şimdi sessizce ondan yardım istiyordum.

İki yüz yıl önce yaptığı gibi, Lalee varlığımı hissetmiş ve bakışlarını benimkine kaldırmıştı. Gözlerinde sevgi ve emir görüyordum. *Onu kurtarabilirsin. Kavşak* loası *Kalfu'ya seslen.* İlahisi güçlendi ve aniden söğüt dalını yılların ötesinden bana fırlattı. Onu yakalamaktan başka yapabileceğim bir şey yoktu. Bu karanlık yerde elime aldığımda, dalın kendisi mavi bir alevle parladı ve aniden ne yapmam gerektiğini bildiğimi fark ettim. Sesimi yükselterek, Lalee'nin asırlık ilahisine katıldım; aynı anda Shari önümde diz çöktü.

Jack

"Onu kaldırmama yardım et" diye emretti Melaphia. "Sana bir terslik olduğunu söylüyorum!"

William'ı kaldırdım ve aşırı şişkin koltuğuna yerleştirip ayaklarını kanepeye uzattım. Kollarımda ölü gibiydi. Gerçek bir ceset gibi. Bu... ölülükte... kalıcı görünen bir şey vardı. İçimden yükselen panik duygusuyla savaşmaya çalıştım. Yanımda duran ve dua eder gibi ellerini birleştirmiş olan Melaphia için güçlü olmak zorundaydım. Kahverengi gözleri parlaktı ve korkuyla açılmıştı.

Aniden Shari'nin varlığını hissettim; arabamda hissettiğimden daha da güçlü bir şekilde. "Shari? Orada mısın?"

Melaphia etrafına bakındı. Varlığı o da hissetmişti. Bakışlarım onunkini izleyerek odanın diğer ucuna döndü. Hafif bir duman olarak başlayan şey biçimlendi ve Shari maddeleşti.

Mel'e baktım. Bakışları Shari'nin durduğu noktaya odaklanmıştı. Onu Melaphia da görüyordu.

Ama Shari iyi bir şekilde farklı görünüyordu. Teni pembemsi değildi ama parlıyordu. Yaşamla değil, bu dünyaya ait olmayan bir güçle. Bu ne anlama geliyor olabilirdi?

"William nerede?" diye sordu Melaphia, aniden patlayarak. "Nerede olduğunu biliyor musun?"

"Burada değil mi?" diye sordu Shari. Odaya bakındı ve başını çevirdiğinde, saçları doğadışı bir şekilde dalgalandı; sanki canlı bir şeymiş gibi. "Beni kurtardı" dedi. "Beni ve hanımı."

Melaphia korkuyla yutkundu. Eli boğazına gitti. "Maman, Lalee'nin yanında" diye fısıldadı. Dönüp William'ın yanına çömeldi. William hâlâ her zamankinden daha ölü görünüyordu. Melaphia onun elini ellerinin arasına aldı ve antik bir dilde ilahi söylemeye başladı. Dikkatimi Shari'ye çevirdim. William için yapabileceğim bir şey varsa, Melaphia bunu bana söylerdi ama olmadığını biliyordum. Boğazım, biri ağzımdan içeri meşale sokmuş gibiydi ama yine panik duygusuyla savaştım.

Shari'nin gözleri, güneşe tutulan kristal parçaları gibi parlıyordu ve bakışlarını üzerime dikmişti. "Jack" dedi, güzel dudaklarının kenarları içimi eriten bir gülümsemeyle kıvrılarak. "Seni görmek çok güzel."

Seni cehenneme gönderen adamı görmek mi çok güzel? diye sormak istedim. Bu odada çırılçıplak ve savunmasız bir hâlde onu kollarıma alışımı hatırladığımda içim yine suçluluk duygusuyla doldu; sonra yaşamı ellerimin arasından kayıp gitmiş, ruhu cehenneme ya da ona yakın bir yere düşmüştü. Ve bunların hepsi, bozuk, farklı, zehirli... ve cahil olduğum için olmuştu.

"Seni görmek de çok güzel" dedim zorlukla, bir okul toplantısında eski kız arkadaşını gören biri gibi. "Harika görünüyorsun." Daha ne kadar aptalca konuşabilirdim? Nasıl olduğunu sormamak için dudağımı ısırdım.

"Özgürüm" dedi Shari. Tekrar Melaphia'ya baktım. İlahisine odaklanmak için gözlerini kapamıştı ama sonra Shari'ye dönerek tekrar açtı. İlahisini kesmedi.

"Özgür mü? Yani şimdi... daha önceki gibi sadece ziyaret etmediğini mi söylüyorsun? O kötü yere dönmek zorunda değil misin?" Ben onun parlayan güzel yüzüne bakarken, Shari başıyla onayladı.

"Özgür" diye tekrarladı. "Şimdi daha iyi bir yere gitmem gerekiyor; bana nazik davranacakları ve dinlenebileceğim bir yere."

İşte buydu. Neden farklı göründüğü, neden parladığı şimdi anlaşılmıştı. Shari güldü ve ses tonu müzik gibi yankılandı. "Bu doğru, Jack. Artık endişelenmene gerek yok. Artık iyiyim. Ve seni bağışlıyorum."

Gözlerim dolmuştu. Onu doğru mu duymuştum?

"Beni bağışlıyor musun?" diye sordum, aptal aptal.

"Evet."

"Teşekkür ederim. Bunu söylediğini duymanın benim için ne anlama geldiğini bilemezsin." Vampirler de herkes gibi kâbus görürdü. Shari ve yaşadığı şeyler, rüyalarımda daimi hale gelmişti. Kâbusumda anlatan bağırıyordu: "ŞİMDİ GÖSTERİMDE. *BENİ KORUYACAK KİMSE YOK.* BAŞROLDE SHARI, CEHENNEME GÖNDERDİĞİN KIZ." Bu düşünceden uzaklaşmak için başımı iki yana salladım.

"Gittiğin yer... oradan da bizi ziyaret edebilecek misin?" Soru öylece ağzımdan çıkıvermişti. İyilik ve ışıktan oluşmak, bir vampiri ziyaret etmeni engeller miydi? Diğer bir deyişle, Shari kasabadan çıkarken bir uğramıştı. Yoksa dahası mı vardı? Soruyu ciddi şekilde düşünüyor gibiydi.

"Bilmiyorum. Ama denerim. Söz veriyorum."

Bunun beni neden memnun ettiğini bilmiyorum ama etti işte. Bana dokunmasını dilediğimi fark ettim. Cinsel bir şekilde değil. Sadece, içimdeki soğuk ve ölü şey onun sıcaklığına, ışığına, sevgisine çekiliyordu. Sanırım bu parıltıyla ilgiliydi. Ona doğru bir adım attım ama görüntüsü zayıflamaya başladı.

"Artık gitmem gerek, Jack."

"Dur! Bana seni nasıl kurtardıklarını söyle." Bu bir oyalama taktiğiydi ve bunu bildiğini tahmin ediyordum.

"Bir ilahiydi ve Hanım'dan gelen bir tür güç. Kendi kendime yükseldim. İyilik ruhuyla dolduğumu hissettim. Ve sonra kendimi burada buldum."

Lalee, Shari'yi kurtarmanın bir yolunu bulmuştu. Tıpkı William'la beni Reedrek'ten kurtarmanın bir yolunu bulduğu gibi. Hâlâ cansız şekilde yatan William'a baktım. Onun da ölmesine izin vermeyeceğinden emindim. Böylesine çok sevdiği kişinin ölmesine izin vermezdi.

Lalee'nin gücünün büyüklüğüne şaşırmıştım ve neden William'ı bu kadar sevdiğini merak ediyordum. Ona bu dünyada ve diğer dünyada yardım etmek için zaman aşıyordu. Bir gün, bir vampiri hayata döndürebilir miydi? *Gerçek* hayata? William ondan bunu denemesini hiç istemiş miydi? İstemişse bile itiraf eder miydi? Son kalıcı ölüm anımızda bizim için bir şey yapılabilir miydi? Gerektiği takdirde benim gibi bir iblise yardım etmek için doğanın ve diğer âlemlerin güçlerini kullanabilir miydi? Artık ben de tıpkı William gibi onun kanından bir çocuktum. Beni cehennemin eşiğinden geri çekmek için bütün ruhsal kaynaklardan yararlanır mıydı? Bu mümkün müydü?

Ölümsüz olmamıza rağmen, biz vampirler ölüme takıntılıyız. William bir defasında bana bir vampir yaşlandıkça, kaçınılmaz sonunu giderek daha fazla düşündüğünü söylemişti. Yaşları asırlarla hesaplanan yaratıkların ne zaman ve nasıl toza dönüşeceklerini düşünmeleri oldukça tuhaf. Sanırım bir varlık bu konuda kişiyi gerginleştiriyor; tıpkı uzun ve daha önce benzeri görülmemiş bir şekilde peş peşe zaferler kazanan bir sporcu gibi. Nerede, ne zaman, neden ve nasıl sona erecek?

Ve bir de sonrasında neler olabileceği sorusu vardı. *Cehenneme git. Doğruca cehenneme git. Başlangıçtan geçme. İki yüz dolar alma.* Bana hep bu öğretilmişti. Sonuçta bizler vampiriz. Ruhumuz, ölüm sonrası dünyaya ulaştıran biletimiz artık yoktu. Bir babanın yönelttiği asırlık sorulara evet dediğimiz anda onu kaybetmiştik.

Savaş alanında kanım vücudumdan boşalmak üzereyken William'ın bana o soruları sorduğu zamanı hatırladım.

Yaşamak istiyor musun? Bana hizmet edecek misin?

"Evet" demiştim. Ve yaratık, ucundan kanlar damlayan sivri dişleriyle üzerime eğilmiş, hayatımdan geri kalanı kurutmuştu.

Bana ne yapılmasına izin verdiğim konusunda hiçbir fikrim yoktu. Bilseydim yine de evet der miydim? Yoksa yeşil gözlü yabancının işimi bitirmesine izin mi verirdim? Bu soruyu kendime kaç kez sorduğumu bilmiyorum. Ama sonuçta, ne fark ederdi ki?

Yine de son hesaplaşma zamanı geldiğinde, iblisin yolunu seçtiğimi bilmemem, gökyüzündeki büyük patronun karşısında bana puan kazandırır mıydı? Kim bilir? Gidip sorabileceğim kişiler yoktu ki.

Shari'ye bakarken ve Lalee'nin büyük gücünü düşünürken olasılıkları merak etmeye başladım. Belki de iyi bir küçük vampir olmak, ölümden sonraki koğuş görevlileri karşısında bana biraz puan kazandırırdı. Sonuçta hep iyi olmaya çalışmıştım. Sadece gerçekten ama gerçekten hak edenleri nadiren öldürmüştüm. Shari'ye yardım etmeye çabalamıştım; her ne kadar başarısız olsam da. Aslında, etrafımdaki herkese elimden geldiğince yardım etmeye çalışmıştım. Arabaları bozulduğunda onları ıssız çöl yollarından almış, güvenliğe ulaştırmıştım. Bunun bir önemi olmalıydı, değil mi? Yine de bir ruhum yoktu ki.

Bunları düşünürken, Shari'nin giderek şeffaflaştığını fark ettim. Ona dokunmak için uzandım ve elim doğruca onunkinin içinden geçti. "Beni bağışladığın için teşekkür ederim" dedim tekrar. "Buna ihtiyacım vardı."

"Bir şey değil. İyi ol, Jack."

Ondan geriye kalan bana yaklaştı ve kollarını uzattı. Vücudunu hissedemiyordum, fakat bana sarıldığında, özlediğim türden bir sıcaklıkla yıkandığımı hissettim. Bir an için yine insandım. Ölüm soğukluğundaki yanaklarım yaşlarla ıslandı.

Ve sonra... kaybolup gitti. Bir an için boş kollarımı tutarak öylece durup, o sıcaklığı ve ışığı ezberlemeye çalıştım. O anda Melaphia'nın sesini duydum ve düşüncelerimden uzaklaştım.

"Jack! Geri döndü!"

William'ın bakışları odaklandı ve derin bir nefes aldı. "Evet" dedi. "Bir sorun yok kızım." Uzanıp Melaphia'nın elini tutarak hafifçe sıkarken bana aldırmadı bile.

Rahatlamış bir şekilde, Eleanor'u kontrol edebileceğimi düşündüm. Ayağa kalktım, tabuta yürüdüm ve kapağını açtım. Tabuta yatırılmasına yardım ederken Eleanor'u çıplak görmüştüm; o yılan dövmesini uzun uzun inceleme fırsatım olmuştu. Ama şimdi bir şekilde farklıydı. Şehvet ve vahşi bir güzellikle parlıyordu. Göğsünden karnına uzanan yılanın renkleri değişmişti. Lanet olasıca şey neredeyse canlı gibi görünüyordu. Eleanor'un başaracağına gerçekten inanıyordum. Karşılaştığım kriz her neyse, artık geçmişti.

Şehvet uyandıran ifadesi onu tanımlamaya yetmezdi. Güzel yüzünden kaskatı uçlu iri göğüslerine, bacak arasına ve kadınsı kalçalarına kadar, bu yaratık kesinlikle her erkeğin hayallerini süslerdi. Kesinlikle doğru işteydi: Zevk. Bakmaktan kendimi alamıyordum. Sadece bakıyordum.

Gözleri açıldı ve lanetli bir parıltıyla benimkilere odaklandı. Eli doğaüstü bir hızla uzanarak bileğimi yakaladı. O anda bir şeye ihtiyacı vardı ama verecek kişi ben değildim.

"Ah" diye mırıldandım. "Hayır. Ben değil. O..."

"Jack" dediğini duydum William'ın, hırıltılı bir fısıltıyla. "Hemen o tabuttan uzaklaş, yoksa benimle karşılaştığın o savaş meydanındaki güne pişman edersin."

William

Sahiplik duygusuyla kör olmuş bir halde, Jack'i olduğu yerde öldürmek konusunda mantıksız bir dürtüye kapılmıştım. "Çek ellerini onun üzerinden" diye tersledim. "O benim!"

"Ben bir şey yapmadım ki. Yapan o" dedi Jack, kendini Eleanor'un parmaklarından kurtarmak için çabalarken.

Jack özgür kaldığında, Eleanor onu hemen unuttu. Bakışları bana döndü ve kedi gibi rahat hareketlerle ama yavaş bir şekilde tabuttan çıkmak için davrandı. Kemik yapısının güzelliği her hareketinde daha da belirgindi. Artık kemiğiyle, teniyle, kanıyla benimdi ve onu istiyordum. Onu almak için

duyduğum dürtü öylesine güçlüydü ki giysilerimin altındaki
hararetini hissedebiliyordum.

"Dışarı çıkın" diye emrettim, Jack ve Melaphia'ya. Bir an
sonra, Eleanor aramızdaki mesafeyi aşmıştı ve giysilerimi
parçalarcasına çıkarmaya çalışıyordu. İki elini bir elimle kav-
radım ve yukarı çekerek gömleğimi mahvetmesini engelle-
dim. Bana sürtünmek için çabalıyor, karşımda kıvranıyordu.
Bu çiftleşme ritüeli hassas bir danstı; basit bir düzüşmekten
çok daha fazlasıydı. İlk birleşmemiz sadece ölümsüzlüğünü
garantilemekle kalmayacaktı; bütün ilişkimizin doğasını be-
lirleyecekti. Onun vampir babası olduğum doğruydu, fakat
artık kölelik, zihin kontrolü, taciz yoktu. Onun öğretmeni
olacaktım ve derslere öğrencinin karar vermesine fırsat tanı-
mak iyi olmazdı. Açlığını duyduğu güç bana aitti ve durdu-
rulamayacak ölçüde uyarılmış olmama rağmen, bunu bilme-
sini sağlayabilirdim. Kontrolü elimde tutmak için elimden
geleni yapıyordum.

"İzin ver, bırak beni, bırak beniiiii" diye inledi nefes ne-
fese. Güzel gözleri, saçları, vücudundaki her şey -o yılan
dövmesi dışında- susmuş gibiydi. Teninin rengi yanardöner
bir inci gibiydi. Aniden, kollarıyla kendini yukarı çekerek
bacaklarını belime doladı. Kalçalarını oynatarak cinsel or-
ganını belime sürterken, ikimize de yararı olmayacak kadar
yukarıda duruyordu. Atletikti ama etkisizdi.

"Beni *hemen* düz" diye hırladı, işi icabı kendisine itaat
edilmesine alışkın bir şekilde.

Onu durdurmaya çalışmaktan vazgeçtim. Kollarını bırak-
tım, ellerimle kalçalarını kavradım, kaldırdım ve bir kena-
ra fırlattım. Tabutun yanındaki aşırı şişkin koltuğa sırtüstü

düştü. "Orada kal!" Emrim o kadar güçlüydü ki Eleanor'un çılgınlığını aşmıştı. Bundan sonra olacaklara sadece benim karar vereceğimi anlamış gibiydi. Ama süreci hızlandırmak için elinden geleni yapacağı şüphesizdi. Havva'nın cennetten kovulduktan sonra icat etmiş olabileceği bir bakışla, Eleanor parmaklarını yaladı, elini yılanın kuyruğundan aşağı kaydırdı ve bacaklarının arasına soktu. Zevkle iç çekerek, benden yardım almadan bacak arasıyla oynamaya başladı.

Gömleğimin düğmelerini çözmemle ayakkabılarımı çıkarmam arasında geçen sürede, ilk orgazmına ulaşmıştı bile. Zevk iniltileri tenimi ürpertirken, erkekliğimdeki güçlü nabız atışlarını hissetmeye başladım. Ama bu kez korkarım, artık kimin kimi yönettiğini umursamıyordum artık. Pantolonumu yere indirdim ve iri vücudumun ağırlığıyla onu ezerek üzerine uzandım. Elini kenara iterek, sert bir şekilde içine girdim.

Çıkan sesleri biri duysa eminim onu öldürdüğümü sanırdı ama bundan daha tatlı bir ölüm olamazdı. Her darbemle aynı anda çığlık atarken, tekrar tekrar çıkıp girdim. Yepyeni vampir vücudunun benimkinin altında zevkten eridiğini hissedebiliyordum. Buna karşılık kendi vücudum daha fazla güç topluyordu. Sıkı kadınlığı beni felç edecek kadar şiddetli bir orgazma taşıyana kadar, Eleanor iki kez daha doruğa ulaştı. Vücutlarımız birleşmiş halde yatarken, burnunu ve dudaklarını boynuma gömdüğünü fark etmemiştim. Hiç uyarmadan, yeni değişmiş dişlerini tenime gömdü... Her şeyi istiyordu. Hepsini! Büyük bir çabayla kendimi geri çektim.

"Beni, seni incitmeye zorlama" diye uyardım.

Eleanor iç çekerek esnerken memnun görünüyordu ve hiç korkmuşa benzemiyordu. "Kim bilir?" diye fısıldadı. "Belki de ben seni incitirim."

Sadece bu kelimeler bile yeniden sertleşmeme neden oldu. Yavrular arasındaki şiddetten nefret etmeme rağmen, sadistçe ve yasak şeyler beni yine de tahrik ediyordu.

"Bence zevk değerli bir amaçtır. Hayata lezzet katan her çeşitliliğe varım." Onu koltuğun arkasına sürükledim. Kollarını boynuma dolayarak yaklaştı ama onu uzakta tuttum. Yüzünü koltuğa çevirip ellerimi kullanarak onu tekrar tahrik ettim; göğüslerini okşayarak, mıncıklayarak, yoğurarak ellerimi aşağı kaydırdım. Nefesi giderek sıklaşırken, parmaklarımı bacaklarının arasındaki ıslaklığın içine soktum ve hassas noktasını okşamaya başladım. İnleyerek daha fazlasını istediğinde durdum. Kolumu beline dolayarak ayaklarını yerden kaldırdım ve kulağına eğilip fısıldadım.

"Beni bir daha izinsiz ısırmaya kalkarsan gelecekte benden bundan fazlasını alamayacaksın."

Onu iyice öne iterek başını minderli oturma yerine yasladım ve kalçalarını tam istediğim seviyeye kaldırdım. Bir elimle, tıpkı bir aygırın çiftleşmek için kısrağın ensesini dişleriyle tutacağı gibi boynunu kavrayarak, vücudunu kendi erkekliğimi tatmin etmek için sadece bir araçmışçasına kullanarak pompalamaya başladım.

Duyduğum tatmin, tüylerimi ürpertecek kadar yoğundu.

Eleanor bir kez daha çığlık attı ve nerdeyse felaket denebilecek bir zincirleme tepkime vücudumu sardı. Giderek daha hızlı gidip gelirken, çok farklı, çok yoğun, hırslı bir zevkle birlikte gelen yeni bir öfke hissettim.

Kendimi boş ama fazlasıyla tatmin olmuş hissediyordum. Boşluk duygusunu beklemiştim çünkü Eleanor'a belirgin miktarda güç vermiştim. Ölümsüzlüğünü garantilemiştim. Ama bu deneyimle gelen diğer kötücül zevk benim için bir ilkti. Daha önce fark etmediğim bir kapının üzerinde beliren bir çatlak gibi.

Geçmişte zalim olduğum kesindi; insanları avlayıp öldürüyordum. Ama öfkeyle flört ediyordum; evet, avım benden ve gözlerimde gördüğü kesin ölümden korkuyordu.

Ama Eleanor farklıydı. İnsanken, fazla ileri gitmeyeceğime daima güvenmişti. Sadece istersem yapabileceğim şeyin hayalinden hoşlanıyordu. Ama şimdi, kendisine itaat edilmesine alışmış olan bu kadın insan, ölümlü veya zayıf değildi. Artık ölümden korkması için bir neden yoktu. Ancak, şu anda benden korkuyordu. Ne olduğumu biliyor, beni hâlâ seviyordu fakat şimdi onu istediğim şekilde incitebileceğimi anlamıştı. Bu ikimizi de şaşırtmıştı.

"Beslenmen gerek" dedim, kendimi toparlayarak. Yırtılan gömleğimi yerden aldım, Eleanor'u kaldırdım ve gömleği giymesine yardım ettim. Sıktığım yerin acısıyla ensesini ovalarken, gözlerinde henüz cevaplamaya hazır olmadığım sorular vardı. Onu barın yanındaki taburelerden birine oturttuktan sonra buzdolabındaki kan torbalarını elden geçirdim ve büyüklerden birini çıkardım. Ben torbayı ısırıp onun ağzına uzatırken Eleanor korku dolu gözlerle beni izliyordu. "İç! Kendini daha iyi hissedeceksin."

Torbanın üzerindeki yırtığı dudaklarının arasına aldı ve gözlerini kapayarak iştahla içti. Kan dudaklarının kenarından aşağı süzüldü ve çenesinden göğüslerine damlayıp gömleğinin üzerinde kırmızı lekeler bıraktı. Soluklanmak için ara vermeden önce torbanın yarısını boşaltmıştı.

Gözleri parlıyor, teni toparlanıyordu; ağzı kanla ıslanmıştı. Dayanamayıp eğildim ve önce hafifçe, sonra iştahla kanı emerek öptüm. Hafifçe geri çekilmeden önce dudakları ve diliyle karşılık verdi. Bakışlarını gözlerimden ayırmadan serum torbasını ağzına götürdü ve biraz daha boşalttı. Ağzından taşanlar çenesinden yavaş hareket eden lavlar gibi süzüldü. En azından bana öyle görünmüştü; kötücül ve baştan çıkarıcı. Bu yemi kabul ettim ve teninden emip yalamaya başladım. Dişlerim boynuna değdiğinde inledi. Arzusunu açıkça söylemiş gibi duyabiliyordum.

"Isır beni..."

"Henüz değil, tatlım" diye cevap verdim sessizce. *"Dönüştükten sonraki ilk yedi gün içinde değil. Ama yakında..."*

Jack

Görünüşe bakılırsa korku beni acıktırıyor. Buzdolabını açıp kan torbalarını karıştırdım. Naylon bir torba buldum, son kullanma tarihini kontrol ettim ve dolabı kapadım. "Biz girmeden önce aşağıda neler olduğunu bilmek bile istemiyorum."

"Evet" dedi Melaphia, yine bilgisayarın başına oturarak. "Şu anda da aşağıda neler olup bittiğini bilmek istemiyorum."

İkimiz de güldük ve gerginlik bitti. Daha sert bir şeyler için alkol dolabına uzandım ve yoksul adamın tekilası dedikleri meskalden bir şişe çıkarıp masaya koydum. "İkizler nerede?" Deylaud ve Reyha, William'ın yarı köpek yarı insan dostlarıydı. Dışarısı hâlâ karanlık olduğundan şimdi iki ayak üzerinde dolaşıyor olmalıydılar.

"Onları son gördüğümde kendi inlerinde, Animal Planet kanalında köpeklerle ilgili bir program izliyorlardı."

"Eminim insanların köpeklerle ilgili izlenimlerindeki hatalara gülüyorlardır" dedim gülerek. "Eve dönme saatim gelene kadar onlarla biraz zaman geçiririm diye düşünüyordum. Tabii bir terslik olmadığı takdirde."

"Beni endişelendiriyorsun" dedi Mel, kremalı kahve rengindeki pürüzsüz alnı kırışarak.

"Nedenmiş o?"

"Eve dönmek konusunda çok gecikiyorsun. Sonunda bir gün bataklıktan geçerken güneşe yakalanıp kül olacaksın. Kâbuslarımda, Connie'nin beni karakoldan aradığını ve polisin, arabanı, içinde sadece senin küllerinle bir hendekte bulduğunu söylediğini görüyorum."

"Bu kadar endişelenmene gerek yok" dedim. "Söz veriyorum daha dikkatli olacağım." Masaya uzandım ve bilgisayarın faresini tutan elini okşadım. Melaphia bir anne tavuk gibi William ve benim için endişeleniyordu; sanki biz onu değil de o bizi büyütmüş gibi. Kan torbasını dişlerimle parçaladım, uzun bir kadehe doldurdum ve masanın ortasındaki Tabasco ve tuza uzandım. Kokteyle her birinden biraz karıştırdıktan sonra ithal Meksika meskalinden bir kadehle tamamladım. McShane tarzında Bloody Mary.

Mel sırıttı. "Yanına kereviz sapı ister misin?"

"Hayır" dedim, içkiyi parmağımla karıştırırken. "Ben pek sebze sevmem, bilirsin. Kurtçuğu tercih ederim."

Melaphia gülerken, kokteylimden büyük bir yudum aldım. "Biliyor musun..." -duraksadım- "...Connie'den söz etmişken, sana kostümlü partide olan bir şeyi sormak istiyordum."

"Ah, o kostümlü partide ne *olmadı* ki?" Melaphia, Reedrek ve diğerleriyle ilgili bir monologa başladı. Gözlerime bakmıyordu.

"Evet, biliyorum, ben de oradaydım" diye hatırlattım. "Konuyu değiştirmeye mi çalışıyorsun? Bu arada konumuz Connie'ydi."

İşaret parmağıyla buklelerinden biriyle oynadı -bu, özellikle gergin olduğunda yaptığı bir şeydi- ve gömleğime baktı. "Neden giysilerin ıslak?"

"Çünkü uçabiliyorum... şey, öyle de denebilir. Sonra açıklarım. Connie'ye ne olmuş? Neden onunla ilgili konuşmak istemiyorsun?"

Melaphia iç çekti ve dudaklarını birbirine bastırarak bana dikkatle baktı. Ne söyleyeceğine karar vermeye çalışıyor gibiydi.

"Her neyse, bana söyleyebilirsin." Giderek endişeleniyordum. Melaphia ve ben daima her konuda konuşabilirdik. Sanki bana "Jack Amca" demekten daha dün vazgeçmiş gibiydi. İçkimi bitirdim. "Partide Connie'yi gördüğünüzde Renee ve senin biraz tuhaf davrandığınızı hatırlıyorum. Sanki bir şeylere şaşırmış gibiydiniz."

Melaphia buklesini bıraktı ve uzun ince parmaklarının arasında dönüverdi. "Ben... açıklaması zor."

"Dinle! Onun farklı olduğunu biliyorum. Yani yüzde yüz

insan olmadığının farkındayım. Bunu hissedebiliyorum. Ve bunu senin de hissettiğini tahmin ediyorum. Belki de görüyorsun, kim bilir? Ama Mel, ne olduğunu anladıysan bana söylemelisin. Bilmem gerek."

Melaphia iç çekti. "Sorun şu ki Jack, kesin olarak ben de bilmiyorum. Hâlâ üzerinde çalışıyorum."

"Ne demek çalışıyorsun?"

"Araştırma yapıyorum ve Connie'nin ne olduğuyla ilgili düşüncemi doğrulamaya çalışıyorum. Daha geniş dünyada rolünün ne olduğunu. Connie her ne türde bir varlıksa, gerçekten büyük bir şey."

Karnımda hafif bir acı hissettim ve nedeni sadece meskal değildi. "Ne kadar büyük?"

"Beni zorlama, Jack."

"Dinle beni, küçükhanım!" diye başladım, küçük bir kızken yanlış davrandığında yaptığım gibi. "Ben artık karanlıkta bırakılan çocuk değilim, hatırladın mı? Bana bildiklerini anlat." William'ın 'benim iyiliğim için' suskunluğu, bir asırdan uzun sürmüştü ve aynı muameleyi Melaphia'dan da görmeye niyetim yoktu.

"Beni, William'la yaşadığın sorunların içine çekmeye kalkışma. Onların benimle hiçbir ilgisi yoktu."

"Yokmuş. Sen onu kıçıma anlat. Onun suç ortağıydın. Bana birden fazla yalan söylediğini biliyorum."

"Ne yapmam gerekiyordu, Jack? William'a karşı mı çıksaydım? Ben bir ölümlüyüm. Onunla senin yaptığın gibi çekişemem."

Bu kadar huysuz olmasam, William'ın Melaphia'yı ısıracağı düşüncesine gülerdim. "Bu saçmalık ve öyle olduğunu sen de biliyorsun."

"Bak! Bunların hepsi geçmişte kaldı. Connie'yle ilgili şu meseleyse çok ciddi. Burada herhangi bir ölümlü kızdan söz etmiyoruz."

"Bu kadarını ben de tahmin ettim. Şimdi çıkar ağzındaki baklayı. Ne biliyorsun?"

Melaphia ince ellerinden birini kaldırarak avucunu bana doğru uzattı. İzci yeminini etmeye hazırlanır gibi bir hali vardı. "Yemin ederim. Henüz kesin bir şey bilmiyorum. Öğrendiğimde ilk sana söyleyeceğim."

"Lanet olsun, bana şimdi bildiğini *düşündüğün* şeyi söyle!"

"Lütfen Jack!"

"Bana burada bir şeyler vermek zorundasın."

Mel iç çekerek bakışlarını yere dikti. "Sanırım Connie bir... şey olabilir... bi-bir... tanrıça."

Güldüm; elimde değildi. Ama komik bir şeye gülmek şeklinde değildi. *Tanrım, bana yardım et* tarzında bir gülüştü. Elimi ağzıma kapatarak parmaklarımın arasından konuştum. "Ne tür bir tanrıça?"

"Bir Maya tanrıçası. Şimdilik sana söyleyebileceğim tek şey bu."

"Dalga geçiyorsun, değil mi?"

"Dinle! Ona önem verdiğini biliyorum; muhtemelen uzun bir süredir hiçbir kadına vermediğin kadar. En azından benim yaşadığım sürede. Ama dikkatli ol. Şimdi sana beni ilgilendirmeyeceğini düşünebileceğin bir soru soracağım, fakat bana gerçeği söylemen çok önemli. Sen ve Connie... hiç birlikte oldunuz mu?"

Konunun gittiği yönden hoşlanmamıştım. Bir parça bile. Ama konunun ciddi olduğunu biliyordum, yoksa Mel bana asla sormazdı. "Hayır. Gece vardiyasında çalıştığı için birlikte zaman geçirmemiz çok zor. Bazen boş olduğunda dışarı çıkıyoruz. Gitmeyi sevdiği birkaç kulüp var. Birkaç bira içip eğleniyoruz, biraz dans ediyoruz... falan filan."

Connie sık sık fazla mesai yapıyordu ve bazen bir hafta boyunca hiç izin almıyordu; dolayısıyla, nadiren evinde buluşuyorduk. Yine de Connie'nin benim neden -bugünlerde tanımlandığı haliyle- "ilişkimizi bir sonraki seviyeye taşıma" girişiminde bulunmadığımı merak ettiğini biliyordum. Tam gerçekten yakınlaşmaya başlamışken ona insan olmayan kadınlarla birlikte olmamın tehlikeli sonuçlar doğurabileceğini söyleyemezdim elbette. Sonuçta, Connie'nin tam bir insan olmadığını bilip bilmediğini bile bilmiyordum.

Lanet olsun! Durumla ilgili ne yapmam gerektiği konusunda hiçbir fikrim yoktu. Sadece, zihnimi ve rüyalarımı olduğu gibi kaplarken, asla onsuz olamayacağımı biliyordum.

"Pekâlâ. Güzel!" dedi Melaphia, düşüncelerimi bölerek. "Ben buradaki durumu anlayana kadar, bu kadınla sevişmen senin için açıkça tehlikeli olabilir."

Hayal kırıklığıyla hırladığımı fark ettim. Her zamanki gibi ilk düşüncem isyan etmek, Melaphia'ya kendi işine bakmasını ve hayatımdan uzak durmasını söylemekti. Ama gerçek bir bilge ve büyücü kadın olarak, zaten taşıdığım korkuları doğrulamıştı. "Doğrusunu söylemem gerekirse, bilirsin,

Connie'yi baştan çıkarmaya çalışmamamın asıl nedeni de buydu. Shari'den sonra tamamen insan olmayan bir kadını zehirlemekten korkuyorum."

Melaphia elimi, dikkatimi kendine çekecek kadar sıktı ve başını iki yana salladı. "Hayır. Anlamıyorsun. Jack, eğer haklıysam ve Connie olduğunu sandığım türden geliyorsa, sen onun için hiçbir tehlike oluşturamazsın."

Doğru duyduğumdan emin değildim. "Bu iyi haber, değil mi?"

"Hayır, değil."

"Ne demek istiyorsun? Connie ve ben... o zaman birlikte olabiliriz..."

"Benden hızlı gidiyorsun; biraz yavaşla." Mel yanıma gelip ayakta durdu ve yüzümü ellerinin arasına aldı. "Bütün dikkatini bana ver, Jack, ve beni iyi dinle! Connie'yle sakın yatma. Çünkü, eğer düşündüğüm şeyse ve güçleri düşündüğüm kadar büyükse sen onun için tehlikeli olmazsın. O senin için bir tehlike olur." Bir an duraksadı. "Seninle şimdi olduğum kadar ciddi hiç olmamıştım. Bana bu kadından ayrılacağına söz ver; en azından, ben daha fazlasını öğrene ne kadar. Hiçbir kadın sürüncemede bırakılmayı sevmez. Hem onun için hem kendin için ondan ayrıl. Eğer düşündüklerimi haksız çıkaracak bir şeyler öğrenirsem, ilk söyleyeceğim kişi sen olacaksın."

"Ama Mel" diye itiraz ettim, "damarlarımda yeni voodoo kanım dolaşırken neredeyse yenilmezim. William bile öyle olduğunu söylüyor. Tanrı aşkına, neredeyse uçabiliyorum. Eğer mesele onun bana zarar vermesiyse bu konuda endişelenme. Ben endişelenmiyorum."

Melaphia gözlerini kapayarak başını iki yana salladı. "Bunların hiçbirinin önemi yok. Sana tehlikenin son derece gerçek olduğunu söylüyorum."

Ilık elleri yanaklarımı kavrarken gözlerine baktım. Ciddiydi. Ah, evet, kesinlikle ciddiydi.

"Söz ver, Jack!"

"Söz veriyorum" dedim isteksizce.

Mel rahatladı ve ellerini geri çekmeden önce yanağımı okşadı. "Onunla ayrılmak için gittiğinde, ona gelip beni görmesini söyle. En kısa zamanda. Onunla da konuşmam gerek. Ona sormam gereken bir sürü soru var. Ve ona söylemem gereken şeyler de."

"Ona bir vampir olduğumu söylemeyeceksin, değil mi?"

"Elbette söylemeyeceğim." Melaphia'nın kaşları şaşkınlıkla kalkmıştı. "Buna gerek olmayacak." Mutfak saatine bir bakış attı ve omzuma hafifçe vurdu. "Artık gitmen gerek Jack. Evine gidip biraz dinlen. Yarın yeni bir gece olacak." O dönüp giderken Connie'yle kuracağım parlak gelecek hayalimin yitip gittiğini hissettim. Tam kapıdan çıkarken, Melaphia'nın son sözlerini duydum. "Ah, Jack, şu kolyeyi de geri al."

"Neyi?" diye sordum, elim kapının tokmağındayken.

"William'ın şu tılsımı."

"Ah, Tanrım!" Bunun daha da kötüleşmesi mümkün müydü? "Pekâlâ, tamam. Bağlanmaktan korkan klasik adam tipi olacağım. Ne harika ama!" Çıkarken kapıyı çok sert çarpmamaya çalıştım.

William

"Temizlenelim" diye önerdim. Yeri, koltukları ve birbirimizi kan içinde bırakmıştık. Şimdi dinlenme zamanıydı. Eleanor'u çabucak bir duş alması ve üzerini değiştirmesi için yukarı çıkardım; sonra şafakta tabutlarımıza girecektik. Çalışma odamda tek bir okuma lambası yanıyordu ama onun dışında ev karanlıktı. Melaphia ve Jack uzun zaman önce gitmişlerdi. Duşa gitmek için koridora çıktığımız anda Deylaud kapıda belirdi.

Şaşkın nefesi ikimizi de durdurdu. Nedeni kan ve seks kokusu ya da bizi neredeyse çırılçıplak görmek olabilirdi -Eleanor'un üzerinde artık zor tanınan gömleğim vardı- ama Deylaud asla ahlak bekçisi olmamıştı. Karşısındakine güvenmediği durumlar dışında, konuklarımdan birine çok ender bu kadar dikkatli bakardı. Kolumu Eleanor'un omzuna attım. Deylaud başını iki yana sallayarak kendini topladı. Sonuçta, onu daha önce defalarca görmüştü... henüz bir insanken.

"Özür dilerim" dedi, gözlerini indirerek. Sonra anlamsız bir şekilde diz çöktü. "*Benret...* leydim."

Benret... Kendi anadilinde konuştuğunu anlamak için tercüman olmama gerek yoktu. Ama antik Mısır diline dönmesi beni endişelendirmişti. Diğerlerine oranla benimle daha uzun süredir birlikte olan gardiyanlarımın beklenmedik bir şey yapmaları sinir bozucuydu. Reyha geldi ve bir elini kardeşinin omzuna koyarak bakışlarını Eleanor'a dikti.

"Kalk" diye emrettim ve Deylaud hiç tereddüt etmeden dediğimi yaptı. "Bugün yalnız uyuyacağız." Daha lafım bitmeden Reyha hafifçe dişlerini gösterdi. Gündüzleri benimle uyumaya alışkındı. Onun sürekli kıpırdanmalarına ve en iyi giysilerimin üzerinde bıraktığı köpek tüylerine katlanıyordum çünkü Deylaud dışında beni en çok seven oydu. Ama o birkaç saniye boyunca, hepimiz havada bir değişim hissetmiştik; bundan sonra işler farklı olacaktı. Eleanor buradaydı ve bu her şeyi değiştiriyordu. "İyi geceler" dedim ve Eleanor'u banyoya doğru iterek gardiyanlarımı yalayacakları yaralarıyla baş başa bıraktım.

Eleanor gömleğimi çıkarırken abartılı bir şekilde gerindi. "Kendimi inanılmaz hissediyorum. Keşke uzun, köpüklü bir banyo yapacak zamanım olsaydı."

Onu kollarıma aldım. "Bir daha asla daha fazla zaman dilemene gerek olmayacak. Sonsuza dek istediğimiz her şeyi yapabiliriz." Daha bunları söylerken bile gerçek anlamını ben de kavramıştım. Neden bu asırları tek başıma geçirmiştim? Neden daha önce Eleanor gibi birini aramamıştım? Beni tatlı bir şekilde öptükten sonra suyu açmak için eğildi. Parmaklarımı zarif omurgasından aşağı kaydırırken bir an rahatladığımı hissettim. İkimiz için de iyi olacak, ikimiz de bu ilişkiden büyük kazançlar elde edecektik. Artık onu almakla doğru yapıp yapmadığım konusunda endişelenmeme gerek yoktu.

Bir saat kadar sonra tükenmiş ve uyku sersemi bir halde tabutuma uzanırken, Eleanor'un bana katılmasını bekliyordum. Henüz uykusunun olmadığını söylüyordu ama güneş yükseldiğinde hazır olacağını açıklamıştım. Güçle parlıyordu -çiftleşmemiz sırasında benden aldığı güçle- ve evin altındaki yer altı evimi incelemek istiyordu. Kendi evi yeniden inşa edilene kadar burada kalacaktı; belki sonrasında da. Henüz karar vermek için çok erkendi. Gardırop kapılarının açılıp kapandığını, kâğıtların hışırtısını ve menteşe gıcırtılarını duydum.

Varlığını hissettiğimde neredeyse uykuya dalmak üzereydim. Gözlerimi açtığında, ancak şaşırtıcı olarak tanımlayabileceğim bir şekilde bana bakıyordu. Arkasında bir şey tutuyordu; beni şaşırtmak için bir sürpriz planladığı belliydi.

Ama sürprizler için fazla yorgundum. Sonra sürprizi iki eliyle birden başının üzerine kaldırdı.

Bu bir kazıktı. Bir saniyeden kısa bir süre içinde, göğsüme doğru hızla alçalıyordu. Artık insanken olduğu gibi yavaş hareket etmiyordu. Darbeyi zorlukla savuştururken sivri uçlu kazık elimi biçti.

Kanım akıyordu.

Oyunumuzu ve ölüme olan tutkunluğumu unutmuştum. Görünüşe bakılırsa Eleanor unutmamıştı. Şaşkın sessizlikle geçen bir andan sonra kanamayı durdurmak için yaramı ağzıma götürdüm. Ama Eleanor bileğimi yakaladı. "İzin ver" dedi ve diliyle yaramı temizlemeye başladı. İşini bitirdiğinde zarifçe tabutta bana katıldı ve iyice sokuldu. "Tıpkı eski günlerdeki gibi" diye mırıldandı uykuya dalmadan önce.

Jack

Sabah saat yedide, Connie'nin evinin önünde duruyordum ve karakoldaki on bir-yedi mesaisinden eve dönmesini bekliyordum. Connie bir devriye memuresiydi ve en sevdiği *haydut* bendim. Son birkaç yılda bana bir kucak dolusu hız cezası kesmişti ve doğal olarak, romantik kıvılcımlar oluşmuştu aramızda. Üniformalı kadınlara direnemem.

On dakika kadar sonra güneş yükselecekti ama binanın içinde koridor hâlâ soğuktu. Bir süre önce, yer altı tünellerinden birinde, Connie'nin oturduğu binaya bir giriş olduğunu keşfetmiştim. Labirentte dolaşırken bir karar vermiştim. Connie'yle sevişecektim. Bu gece. Connie her ne olursa olsun, Melaphia ona zarar veremeyeceğimi doğrulamıştı. Onun bana zarar vermesine gelince, bu bir saçmalıktı. Tanrıça kız, bu büyük ve kötü vampire ne yapabilirdi ki? Ayrıca neden bana zarar vermek isteyecekti? Connie benim için deli oluyordu.

Bir tanrıça olmanın anlamı neydi ki? Tanrıçalar gün içinde ne yapardı? Connie'yi elinde altın bir asayla bir tahtta otururken hayal ettim. Zihin gözümde, altın uçlu bir parmağıyla beni çağırdı. "Gel buraya köle. Ve isteğimi yerine getir." Dişi otorite figürleriyle ne alıp veremediğim vardı benim?

"Şimdi, bu güzel gülümseme bana mı?" Connie yanıma geldi ve parmak uçlarında yükselerek dudaklarıma bir öpücük kondurdu. "İçeri gel bebek yüz!"

Kapıyı açıp beni kanepeye götürdükten sonra bir yandan silah kemerini çıkarıp yere bırakırken aynı anda beni üzerine çekti. "Bu özel muamele. Burada neredeyse hiç baş başa kalamıyoruz. Bu, sıcakkanlı bir Amerikalı kıza fikir vermeye yeter."

"Ne tür fikir?"

Bir cevap olarak, dudaklarını dudaklarıma bastırdı ve beni şişkin minderlere gömdü. Vücudu sıcaktı ve onu kollarıma alırken vücudumu ısıtmıştı. Başını bükerek beni daha iştahlı öperken kollarını boynuma doladı. Öpücüğü öylesine sıcaktı ki güneş ışığından oluşmuş gibiydi. Her seferinde bana, kendimi yine insan gibi hissettiriyordu; sanki yüz elli yıldan beri ilk kez damarlarımda yine sıcak kan dolaşıyormuş gibi.

"Seni gördüğüme mutlu oldum" dedi, kollarını boynumdan çekip bluzunu üzerinden çıkarırken. Göğüsleri neredeyse dantelli sutyeninin kenarlarından taşıyordu. Uzanıp kumaşın üzerinden göğüslerini yoğururken, başparmaklarımla uçlarını sertleştirdim.

Bu anı uzun zamandır hayal ediyordum; içine girdiğimi, sıcaklığının her yanımı sardığını... Beni iliklerime kadar ısıttığını. Kendi vücuduyla beni insana dönüştürebileceği konusunda aptalca bir fantezim vardı; kurbağayı öptüğünde mükemmel prense dönüştüren prensesin masalı gibi.

Ve sonsuza dek mutlu yaşadılar. Daha bunu düşünürken bile taş gibi sertleşmiştim.

"Çok uzun zamandır bir centilmen gibi davrandın" dedi, sutyeninin kancasını açmak için kollarını arkasına götürürken. Tek bir hareketle sutyenini çıkardı ve iri göğüsleri ellerimin altında çıplak kaldı.

"Bu konuda haklısın hayatım. Zamanı ancak gelmiştir."

Gömleğimin en üstteki iki düğmesini açtı ve göğsüme, atmayan kalbimin tam yanına bir öpücük kondurdu. Bir an için dudaklarının dokunuşunun kalbimi tekrar hayata döndüreceğini düşündüm. Gerçekten gözlerimi kapayıp bunun olmasını bekledim. Kalbimin canlandığını hissetmedim fakat daha aşağılarda bir şey hareketlenmeye başladı.

O gömleğimi çıkarmak için çekiştirirken ben de onun üniforma pantolonunun düğmesiyle uğraşıyordum. Parmaklarını göğüs tüylerimde gezdirdi ve öne eğilerek göğüslerini bu kez ağzıma itti. Göğüs uçlarından birini iştahla dudaklarımın arasına aldığımda, zevkle inlediğini duydum. Onu uçuşa geçirmiştim ve kotumun içinden sertleşen organıma uzanmıştı.

Pantolonunu indirmem için kalçalarını kaldırırken dudaklarını tekrar dudaklarıma uzattı. Ellerimi külotunun içine sokarak kaydırdım ve bacak arasını hafifçe sıktım. Ağzıma bastırdığı dudaklarından boğuk bir gülüş yayılırken ben daha fazla uzanıp kadınlığının hassas noktasına dokunduğumda, o gülüş yerini iniltiye bıraktı.

Üzerime yaslanırken, pantolonuyla külotunu ayaklarıyla itip attı. Connie'nin çıplak vücudunun benimkine tamamen yapıştığını hissetmek, beni yine tamamen canlandırmıştı. İnsan, ölümlü, kırılgan ve coşkulu.

Bir kolumla onu kendime sıkıca bastırırken, tek bir hareketle onu çevirip üzerine çıktım ve bir dirseğimle kendimi destekleyerek, diğeriyle vücudunu okşadım. Dizimle bacaklarını ayırırken uzanıp erkekliğimi yakaladığını hissettiğimde vahşi bir hayvan gibi hırladım. Onu çıplak ve bana kendini sunmuş halde görmek, birçok kez rüyalarımı süsleyen bir şeydi. Dilim boğazından başlayıp göğüs ucundan geçerek karnına inerken, sağ kalça kemiğinin hemen üzerinde kırmızı, güneş biçimli, çok hafif bir işaret fark ettim.

"Nedir bu?" diye sordum, vücudunu keşfetmekten keşfetmenin sarhoşluğu ve ardından geleceklerin beklentisiyle.

"Sadece bir doğum lekesi" diye mırıldandı. "Kendimi bildim bileli orada."

İşaret parmağımla uzanıp küçük güneşin ışınlarına dokundum. Dokunduğum anda, açık elektrik kablosunu tutmuşum gibi bütün vücudum yoğun bir şekilde sarsıldı. İstem dışı bir hareketle vücudum yukarı doğru kasıldı ve cehennemin alevlerinden yeni çıkarılmış yüz sıcak damga demiri aynı anda vücuduma değmiş gibi hissettim. Beni iliklerime kadar yakan güç her neyse kaçabilmek için kendimi geri fırlattım. Sert bir gürültüyle duvara çarptım. Aşağı baktığımda, lekesine dokunduğum elimin kıpkırmızı olduğunu ve normal boyunun iki katı olacak şekilde şiştiğini gördüm. Acıyla yüzümü buruşturarak elimi hemen arkama sakladım.

"Connie, sen iyi misin?" diye sordum, kendim iyi olduğumdan emin olamayarak.

"Bu da neydi böyle?" diye bağırdı. Fiziksel olarak bir şeyi yok gibi görünüyordu.

"Ben... emin değilim" diye kekeledim ayağa kalkarken. Başım çatlayacak gibiydi ve tek nedeni duvara çarpmam değildi. Sanki beynim kısadevre yapmıştı. Kulaklarımda Melaphia'nın sözleri çınlıyordu. *Bu kadınla sevişmen senin için açıkça tehlikeli olabilir.*

Lanet olsun! Haklıydı.

"Sorun ben miyim? Bir şey mi yaptım?"

"Bilmiyorum. Yani, hayır. Sorun sen değilsin."

"O zaman nedir? Ne oldu böyle?"

"Sorun sen değilsin. Benim."

"Neden söz ediyorsun sen?"

Ayağa kalkarak odanın diğer tarafına yürüdüm, fakat orada asılı haçı görünce pencereye yaklaşıp dışarı baktım. Onunla göz göze gelemezdim. "Ben diğer erkekler gibi değilim."

"Bunu zaten biliyorum, Jack. Sende hoşlandığım şey de bu."

"Hayır. Yani, *gerçekten* diğer erkekler gibi değilim." Aniden, ona her şeyi anlatmak istedim; az önce olanların ne olduğumla ilgisi olduğunu açıklamak istedim. Güneşte onun yanında yürüyemezdim. Ailesiyle tanışmak için yolculuk yapamazdım. Onu kumsalda bir pikniğe götüremezdim. Güneşin ilk ışıkları pencereden süzülüp bir melekmiş gibi yüzünü aydınlatırken onun yanında uyanamazdım. Ve şimdi, onunla sevişemeyeceğimi de anlıyordum. Ona hepsini anlatmak istiyordum fakat bu riske giremezdim. Ben bir katildim; o ise kanundu. Ve bir tanrıça.

"Yasadışı bir şeyle mi uğraşıyorsun? Bu bir uyuşturucu ya da bir şeyin yan etkisi filan mı?"

Bir an bunu düşündüm ve bunu düşünürken geçen süre onu daha da şüphelendirdi. "Uyuşturucu filan değil. Daha çok... *ne olduğumla* ilgili."

"Vazgeç! Her neyle uğraşıyorsan vazgeç!" Ses tonu emrediciydi. Ona göre ya beyaz ya da siyah şapka giyerdin. Connie'nin gardırobunda gri tonlarında şapkalar yoktu.

"Yapamam."

"Neden?"

Pencereden bakarken, Atlantik'e doğru akan nehri zorlukla görebiliyordum. Güneş yükselmek üzereydi; ilk renkler, ufuk çizgisinin üzerinde güneşin gelişini haber veriyordu. "Açıklaması zor... ama asla değişemem... Olduğum şeyi değiştiremem. Yapabilseydim yapardım. Senin için her şeyi yapardım. Ama bu imkânsız."

Tekrar Connie'ye döndüm ve gözlerinde biriken yaşları

görünce boğazımda bir şeyler düğümlendi. Daha fazlasını söylemek, bir şekilde açıklamak için ağzımı açtım fakat sesim çıkmadı. Ne söylersem söyleyeyim anlamasını sağlayamazdım.

Connie'nin yüzünde tedirginlik ve şaşkınlık vardı. Şimdi daha fazla soru sormaya başlamadan önce kaçma şansım vardı ama önce Melaphia'nın tılsımını geri almak zorundaydım. Tekrar gelmeye dayanamazdım.

"Ne…" diye başladı Connie.

"O tılsıma ihtiyacım var" diye araya girdim. "Partide giymen için verdiğim tılsım. O Melaphia'ya ait."

Connie afallamış bir halde kanepenin yanındaki sehpanın çekmecesini açtı ve çirkin voodoo tılsımını bana iade etti; bizi Reedrek'in kötülüğünden kısmen koruyan tılsımı.

"Bana geri kalanını da anlat. Olduğun ve değiştiremeyeceğin şeyle ilgili konu nedir? Hemen anlat bana."

Kapıyı açtım ve tam çıkmak üzereyken durup ona dönerek boğuk bir sesle konuştum. "Lütfen benden nefret etme! Buna dayanamam."

"O kapıdan çıktığın anda biz diye bir şey kalmayacak."

Çıktım ve kapıyı kapadım.

Connie'nin kapısının önünde durup soluklandım. Elimdeki yanık son derece acı veriyordu. Koridorda etrafıma bakınarak elimi sokabileceğim su veya herhangi bir sıvı şey aradım. Sonra diğer elimdeki tılsıma baktım. Çirkin bir şeydi; tavuk gagaları, pençeler ve kim bilir daha nelerin dizildiği bir tür bağırsak ip. Canı cehenneme. Yaralı elime aldım.

Tenime değer değmez, yatıştırıcı bir serinlik hissettim.

Şeytan'ın öz oğluymuşum gibi yara gerçekten iyileşiyordu. Başımı kaldırdığımda, tavana yükselen buharı gördüm. Başlangıçta koyu griydi ve sonra tonu giderek açıldı. Tavana değmeden tamamen kayboldu. Otuz saniye içinde duman yok olmuştu ve acı azalıyordu.

Ne var ki Connie'yle yaşadığım olayı düşünürken iyileşen elimin rahatlığı, çok geçmeden yerini kalp kırıklığına bıraktı. Kapısına son bir kez daha baktım. Kapının gözetleme deliği dikkatimi çekti ve normal bir insan gözünün muhtemelen büyüteçli camdan göremeyeceği bir şey gördüm. Koyu renk bir göz bana şaşkınlıkla bakıyordu ve ona dönüp baktığımda geri çekilmişti. Connie olanları görmüştü.

İç koridordaydım ama güneşin çoktan yükseldiğini biliyordum. Tünellerin nemli karanlığına uzanan basamakları indim ve garajımın yolunu tuttum.

Penceresiz ofisimdeki kanepede dönüp durarak uykusuz bir gün geçirecek, az önce kaybettiğim aşkımı düşünecektim.

3

William

Erkenden uyandım. Uyku, son zamanlarda hatırladığımdan çok daha tatlı ve derindi ki son zamanlar demek, bir vampir için onyıllar anlamına gelebilir. Ama modernlerin diyeceği gibi hayatımızın geri kalanının ilk gecesi geride kalmıştı. Bu gerçekten doğru bir deyim. Kollarımda Eleanor'la birlikte uyanmak, kristalleşmiş kalbime ağırlık yapan son nefret kırıntılarını da eritmişti.

Eleanor... diye fısıldadım zihnine.

Keyifli bir mırıltıyla, omurgasını geriye eğerek gerindi ve güzel sırtını bana yasladı. Ölümsüz rüyalarda kendini kaybetmişti.

"Öğrenmemiz gereken bir dersimiz var tatlım" dedim, yüksek sesle. "Avlanman..."

Hızlı bir şekilde nefes alırken açlık onu ölümden çekmişti. Evet, avlanacaktı. Tenim beklentiyle ürperdi.

Tabutun kapağını kaldırarak doğrulup oturdum ve Eleanor'u da nazikçe yanıma çektim. Kenardan bir köpeğin başı uzandı. Sıcak kahverengi gözler, Eleanor'a ancak putperestlik denebilecek bir duyguyla baktı. Deylaud, gözünü bile kırpmamış gibi görünüyordu; köpek dişleriyle yeni hazinemizin bekçiliğini yapmıştı. Uzaklaşmak yerine, utangaç bir tavırla Eleanor'un elini yaladı.

"Selam, tatlı oğlum" dedi Eleanor, parmaklarını Deylaud'un kulaklarının arasından kaydırırken. Deylaud gözlerini kapayarak mutlu bir inilti çıkardı.

Her nedense bu zevk beni rahatsız etmişti. "Yeter!" diye tersledim. "Çekil de kalkalım!"

İtaatkâr bir şekilde gerilerken gözlerime bakmadı. O sırada mavnasında oturan Mısırlı bir kraliçe gibi deri kanepeme kurulmuş olan Reyha'yı fark ettim; bize öfkeyle bakıyordu. Eleanor'un tabuttan çıkmasına ve ipek sabahlığını giymesine yardım ederken Reyha isteksizce gelip Deylaud'un yanına oturdu. Kendi sabahlığımı giyip kuşağını bağladım.

"Günaydın" dedim, her zaman kullandığım ses tonu ve davranış tarzıyla. Ama bugün sessiz odada yankılanan sesim bana bile farklı geldi. Birlikte geçirdiğimiz başka bir gecede gösterecekleri her zamanki neşenin yerine, Reyha ve Deylaud hiç hareket etmeden duruyorlardı.

Tam o sırada Melaphia yorgun ve rahatsız bir şekilde içeri daldı; kollarında temiz giysiler vardı ve kızı Renee de arkasındaydı. Mel bizi ayakta gördüğüne şaşırmış gibi donup kaldı.

"Güneş hâlâ tepede" dedi. Kızına döndü. "Saat kaç Ren?"

Renee saate filan bakmadan cevap verdi. "Dört otuz sekiz, Maman."

"Teşekkür ederim" dedi Melaphia, soru dolu bakışlarını bana çevirmeden önce.

"Her şey yolunda" diye karşılık verdim. "Yapacak işlerimiz var, hepsi o." Kolumu Eleanor'un beline doladım. "Renee, Bayan Eleanor'u hatırlıyorsun değil mi?"

"Evet, Kaptan" diye cevap verdi, Melaphia'nın bana hitabını kullanarak. (Jack'in aksine, bana "amca" denmesinden hoşlanmam.) Renee reverans yaptı. "Merhaba, Bayan Eleanor."

Yeni dönüştürülmüş vampir Eleanor, bir yerlerde akşam yemeği kokusu almış gibi derin bir nefes aldı. Sonra insanken yaptığı gibi gülümsedi. "Merhaba, Renee."

Melaphia giysileri en yakındaki masanın üzerine bıraktı fakat Renee'yle konuşurken bakışlarını Eleanor'dan ayırmadı. "Pekâlâ, tatlım herkes hareketlendiğine göre şu ikisini oynamaları için dışarı çıkarabilirsin." Programdaki değişiklikten hoşlanmış gibi görünmüyordu.

"Mutfak kapısına kadar sizinle yarışalım!" diye bağırdı Renee ve koşmaya başladı. Reyha peşinden fırladı ama Deylaud bir ikilemle olduğu yerde kalarak sızlandı. Eleanor'a baktı.

Ben bir şey söyleyemeden Eleanor konuştu. "Geri döndüğünde burada olacağım." Bana bile bakmadan, Deylaud kardeşiyle Renee'nin peşinden koşturdu. Ben hâlâ bu davranışı düşünürken Eleanor kollarıma sokularak kulağıma uzandı. "Kendim kadar bir fileminyon yiyebilirim... çiğ olarak." Bunu kanıtlamak istercesine, dişleriyle kulak mememi hafifçe ısırdı.

"Yakında tatlım. Yakında avlanmaya çıkacağız."

Eleanor'un sırtına bakan Melaphia, bana çok şey anlatan gözlerle baktı: *Ne dilediğine dikkat et.*

Ona aldırmadan konuyu değiştirdim.

"Voodoo hakkında bazı temel dersler hazırlamanı istiyorum. Eleanor ve ben, Jack'le birlikte, bu kanı taşıdığımıza göre, güçlerimizi ve zayıflıklarımızı daha iyi öğrenmemiz iyi olur. Ah, sanırım buna Werm'ü de katmamız gerekecek."

Melaphia o adı duyunca gerildi. "O çocuğun acısına son verilmeliydi" diye homurdandı, ellerini beline koyarak. "Hiç sağduyusu yok. Neredeyse var olamayacak kadar aptal; normal dünyada bile."

"Evet, biliyorum." Eleanor'u kendime çekerken derin bir nefes aldım; sanki vücudu beni Melaphia'dan ayırabilirmiş gibi.

"Ona güvenebileceğini nereden biliyorsun?" diye sordu Melaphia. Ama bakışları şimdi Eleanor'a dönmüştü.

Gerçekte aklından geçeni tahmin etmek için zihnini okumama gerek yoktu: Eleanor'a çok fazla güvendiğimi düşünüyordu. Ama bunun önüne geçilemezdi. Deyim yerindeyse, yatağımı yapmıştım ve şimdi yatmak üzereydim.

"Ona güvenmeliyim" dedim, biraz endişeyle. "Biri Reedrek'in intikamını almaya gelirse bütün gücümüzle hazır olmamız gerek." *Şimdi korumam gereken daha çok şey var ve bir daha hazırlıksız yakalanmayacağım.*

"O zaman bunun olmasını sağlayalım. Bu gece ay yükseldikten sonra başlıyoruz. Lütfen Jack'e gece yarısı burada olmasını söyle."

Bir sürpriz daha! Melaphia ve Jack genellikle çok yakındılar. Neden şimdi onunla benim konuşmamı istiyordu ki? Dönüp giderken bana sorma fırsatı vermedi. Bütün geçit boyunca kendi kendine homurdandığını duyabiliyordum. Jack'in geçmişte kendini nasıl hissettiğini şimdi biraz olsun anlayabiliyordum. Peşinden bağırmamak için kendimi zor tuttum: *Sen benim patronum değilsin!* Ama bunun yerine burnumu Eleanor'un boynuna gömdüm ve ona nereden fileminyon bulabileceğimi düşündüm.

Jack

Connie'nin evinden ayrıldıktan sonra, tünellerden geçerek garajıma gelmiştim ve olması gerektiği şekilde kilitli halde bulmuştum. Gece yarısı tamircileri akşam saatinden şafağa kadar açık olurdu ve otomobillerle ilgili acil durumlarda uzmanlaşmıştı. İnsan ortağım Rennie, güzelce uyumak için kendi evine gitmişti; dolayısıyla, bütün günü rahatsız edilmeden geçirebilirdim.

Bir vampirin tabutu dışında iyi bir şekilde dinlenebilmesi zordur. Bir vampir gündüz uyurken gerçekten ölmüş gibidir; görünmeyenler korosuna katılır. Bana nedenini sormayın. Sadece öyledir işte.

Ama hortlak kalbin kırıldığında, dinlenmek daha da zordur. Ah, neden... neden Melaphia'yı dinlememiştim ki? Şimdi Connie'yle birlikte olma şansım tamamen ortadan kalkmıştı ve muhtemelen benim bir ucube olduğumu düşünüyordu. Eh, bir ucube olduğumu *biliyordu*.

Ofisteki vinleks kanepede ne kadar süre yatarak tavana baktığımı bilmiyorum; sürekli Connie'yle son konuşmalarımızı düşünüyordum. Uykuya dalmak üzere olduğumu hissettiğim her seferinde, öfkeli, kırgın ve şaşkın yüzü bir film karesi gibi zihnimde beliriyor, içimi suçluluk duygusu ve kederle dolduruyordu.

Saatler boyunca kıvrandıktan sonra nihayet uyuyabildim.

Sisin ortasında duruyordum. En yakındaki sokak lambasını saran ışık halesi, soğuk yağmurun ıslaklığında kaldırımda parlak bir zemin yaratıyordu. Meydandaki binaların hiçbirinde ışık yoktu. Sıcakkanlılar için uygun bir gece değildi.

Bana yaklaşan ince bir vücut gördüm. Daha siluet halindeyken bile ondan nefret ettiğimi biliyordum. O şekilde yürüyen herkesten nefret ederdiniz. Canın cehenneme diyen bir tarzda salınışına bakılırsa daha önce en azından av olarak seçtiği ölümlülerle girdiği hiçbir kavgayı kaybetmemiş olan birini anlayabilirdiniz. Bir vampir olduğunu biliyordum.

Sokak lambasına ulaştığında durdu ve sigarasından bir nefes çekerek beni baştan aşağı süzdü. Uzun boylu, ince vücutlu, siyah kot pantolon, donanma ceketi giymişti ve ayağında ağır postallar vardı. Saçları neredeyse turuncuydu ve kanla yıkanmış gibi görünüyordu. Bolca duman üfledikten sonra güldü. Kahkahası da yürüyüşü kadar kibirliydi. Dişlerim sızlamaya başlamıştı.

"Komik bir şey mi var, serseri?" diye sordum.

"Sen, ahbap" dedi, işçi sınıfı İngiliz aksanıyla.

İngiliz bir denizci. Şimdi anlaşılıyordu. Ben ve İrlandalı soyum bu adamlara *bayılırdık*. Özellikle de bana gülenlere. "Neden şakayı benimle paylaşmıyorsun?"

"Şaka sensin. Hepsi bu. Burada durmuş, Savannah'yı benden ve türümden korumaya hazırlanıyorsun. Ve tahtın varisi olmaya adaysın."

"Taht mı? Ne tahtı?"

"Hey, elbette ki Thorne tahtı." Kendi şakasına güldü.

Bu aptalca konuşma, arada bir herkesin gördüğü o gülünç rüyalardan birinden çıkmış gibiydi. Başımı iki yana salladım. Ama bu bir rüyaysa bile daha öncekilerden çok daha gerçekçiydi. Kedimsi yeşil gözlerinin beyazındaki kanlı damarları görebiliyordum. Nefesindeki insan kanı kokusunu on metreden alabiliyordum. Daha yeni beslenmişti.

"Saçmalamayı kes. Benden ne istiyorsun?"

Kibirli sırıtışı kayboldu ve sigarasını fırlatıp attı. "Lanet olasıca kalbini mızrağımın ucuna geçirmek istiyorum, ahbap. Ve babanınkini de. Sanırım Amerika'nın kralı olmaktan hoşlanacağım."

Dişlerim azami şekilde uzamıştı ve gözlerimin bütün ışığı topladığını, düşmanımı daha iyi görmemi sağladığını hissedebiliyordum. Ceketini çıkarıp attığında, kirli V yaka tişörtü boğazının oyuğundan başlayan çirkin, düğüm düğüm, el büyüklüğünde bir yara izini ortaya çıkardı; haç şeklinde bir yara izi. Vay canına, gerçekten acıtmış olmalıydı. Ama benim ona vereceğim acı kadar büyük olamazdı.

"Çizmelerimin kralı" dedim, sağ yumruğumu savurarak üzerine atılırken. Bir boksör gibi ayak uçlarında dans ederek eğildi ve darbemden kurtuldu. Kibirli sırıtışı geri dönmüştü. Bir açığını yakalamayı bekleyerek etrafında döndüm. Sırtımdaki ve omuzlarımdaki kasların gerildiğini hissediyordum. Uzun zamandır içimde gizlediğim ruhsuz hayvan ortaya çıkıyordu. Uzun süredir böyle tam anlamıyla vampirleşmemiştim. Kesinlikle özgürleştiriciydi.

O anda, silahtan ateşlenmiş gibi aniden yerden fırlayarak üzerime uçtu. Yumruğunu sıkıp bana savururken güçlü kol kasları gerildi. Eğildim ve yumruğu omzuma indi ama beni savuracak kadar güçlü değildi. Hemen karşılık verdim. Gözlerinde, bana zarar verememiş olmanın şaşkınlığını gördüm. Çenesine öyle güçlü bir yumruk savurdum ki iki metre geriye savruldu ve sokak lambasının direğine yapıştı. Başı dökme demire çarptı ve kilise çanı gibi bir ses çıkardı. En azından biraz sersemleyeceğini sanmıştım ama etkilenmedi bile. Bu yaşlı ve güçlü bir vampirdi.

Dişleriyle boğazımı hedefleyerek tekrar üzerime geldi. Başımı eğdim ve omzumu karnına dayayarak onu başımın üzerinden arkaya aşırdım. Sırtı kaldırıma çarptı ve ne olduğunu anlamasına fırsat vermeden üzerine atılarak omuzlarını yere mıhlayıp dişlerimle boynuna eğildim. Kanının ve onunla gelecek olan gücün tadını neredeyse alabiliyordum fakat onu öldürmeyi istememin nedeni bu değildi. Benliğimin derinliklerinde, bu vampirin benim için bir tehdit oluşturduğunu biliyordum. Varlığım ve bu şehirdeki, bu dünyadaki yerim için bir tehdit. Nasıl olduğunu anlamıyordum ama bunu kendi adım kadar iyi biliyordum. Dudaklarım geri çekildi ve korkunç dişlerim tamamen açığa çıktı. Ancak dişlerimi tenine geçiremeden, bir el beni ensemden yakaladı.

William'dı.

"Bu olmaz" dedi. "Bu benim."

Aniden uyanarak doğrulup oturduğumda, alnım ter damlalarıyla doluydu. Demek hepsi bir rüyaydı. Bunu öğrenmek için iyi bir zamandı. Üzerinde uyuduğum kanepe devrilmişti. Masanın üzerindeki bütün kâğıtlar yerlerdeydi ve ofis koltuğu ikiye bölünmüştü. Uykumda başka bir vampiri öldürmeye çalışmıştım ve yüz elli yıllık vampir yaşantımda bu bir ilkti. Bu süreçte kendi ofisimi mahvetmeyi başarmıştım; Rennie çok öfkelenecekti. Kanepeyi tekrar doğrulturken telefon çaldı.

"Evet?" diye homurdandım.

"Jack, benim, Olivia."

Bu İngiliz vampir gülümüzdü; Reedrek'e karşı savaşımızda bizimleydi. Haftalardır İngiltere'deydi. Peki, şimdi ne istiyor olabilirdi?

"Tatlım, sohbet etmek isterdim ama burada saatin kaç olduğunu biliyor musun? Güneş ışığı tepede buçuk. Sen aramadan önce ölüydüm" diye yalan söyledim.

"Üzgünüm, Jack, ama berbat durumdayım. Göğsümü daraltan bir şey var."

O göğüslerin güzelliğini hâlâ hatırlıyordum. "Şimdi mi?"

"Evet. Lütfen! Biriyle konuşmam gerek."

Lanet olsun! Neden ölüler hep benimle konuşmak istiyordu? Sadece vampirler değil aynı zamanda zombiler, hayaletler, yeni ölmüş olanlar, toza dönüşmüş olanlar... Hepsi Jack'e içlerini dökmeye bayılıyordu. Bir sohbet daveti almadan herhangi bir mezarlıktan geçemiyordum. Görünüşe bakılırsa diğer vampirlerin böyle bir sorunu yoktu. Yaralı elimi açıp kapadım. Yanmış olmasının ötesinde, bir de o elimle kanepeye yumruk atmıştım. Olivia ve ben kısa bir süre içinde çok şey yaşamıştık, dolayısıyla ona bu kadarını borçlu olduğumu düşünüyordum.

"Peki, hayatım. Söyle."

Başlamadan önce titrek bir şekilde nefes aldığını duydum. "Bir defasında sana üstat bir vampire verdiğin sözden dönmenin veya ona yalan söylemenin sonuçları olduğunu söylediğimi hatırlıyor musun?"

"Hı-hım." Ah, Tanrım! Bunu daha baştan sevmemiştim. Kendini nasıl bir pisliğin içine sokmuşsa beni de kendisiyle birlikte sürüklemeye kalkışacağından emindim. Ona ocakta kaynayan bir litre 0⁺ içeceğim olduğunu söylemek üzereydim ama ne yazık ki yeterince hızlı davranamadım.

"William'ı yanlış yönlendirdim."

Lanet olsun! İşte bu kadar. "Olivia, ben…"

"Ona yalan söyledim ve sonuçları ağır oldu. Uyuyamıyorum. Beslenemiyorum. Paramparça oldum, Jack. Bana yardım etmelisin."

"Sana ne yapmalıyım? Ben nasıl yardım edebilirim ki?"

"İşe yarayıp yaramayacağından emin değilim fakat birine anlatmak zorundayım. Sen onun yavrususun; belki seninle paylaşmak acımı biraz azaltabilir."

Ah, harika! Biraz acınızı hafifletmek ister misiniz? Sevgili Güleryüzlü Jack'i arayın. "Olivia, burada benim kendi sorunlarım…"

"Lütfen, Jack! Sonuçta William'a yalan söyleyen sen değilsin. Belki de hiçbir sonuçla karşılaşmazsın."

"Bana William'ın bilmesi gereken bir sır verirsen ve ben ona söylemezsem ona her gün yalan söylüyor olurum!"

"Sana yalvarıyorum, sevgili Jack" diye sızlandı. "Bu acıyı ancak sen hafifletebilirsin. Bundan eminim. Sonsuza dek sana borçlu kalırım. Birlikte yaşadığımız şeyleri düşün…"

Yani bana gerçekten, *Bana yaşattığın şeyleri düşün* mü diyordu? Şimdi bana kendimi gerçekten suçlu hissettiriyordu. Ve işe yarıyordu. O iğrençliği Ekim ayında yaşamıştık ve biraz vampir kaderinin cilvesi biraz da voodoo kanının etkileriyle yarı ölmüş halde kurtarmıştı. Öyle olmaması gerekiyordu.

Hıçkırarak konuştu. "Ah, neden böyle farklı olmak zorundaydın ki? Çiftleşmemiz olması gerektiği gibi gitseydi bana yardım etmek zorunda olurdun ve ben de dizlerimin üzerine çöküp yalvarmak zorunda kalmazdım."

Olivia'yı önümde diz çökmüş halde hayal edince, sertleştiğimi hissettim. Gözlerimi devirdim. "Bundan benim çıkarım ne?"

"Ne istersen..."

"Bu pek fazla bir şey sayılmaz hayatım, özellikle de şimdi aramızda bizi ayıran bir okyanus olduğunu düşünürsen."

Burnunu çekti ama sessizliğini korudu.

Kendimi yarı dolandırıcı yarı dolandırılan gibi hissederek sonunda teslim oldum. "Küçük karşılaşmamızla ilgili kimseye bir şey anlatmamaya ne dersin? Özellikle de dişi arkadaşlarından birine?"

"Anlaştık. Teşekkür ederim." Birkaç kez daha burnunu çektikten sonra devam etti. "Pekâlâ, konu Diana'yla ilgili."

Bu isim iyi niyetimi anında frenlemişti. *Ah-ha!* Evet, bu gerçekten kötü olacaktı. "Ne olmuş ona?"

"Onu buldum."

"*Onu buldum* da ne demek?"

"Doğu Avrupa'da bir kan emici olarak varlığını sürdürüyor; Reedrek, William'ı dönüştürdükten hemen sonra onu güçlü bir vampire vermiş."

Zonklamaya başlayan başımı elime dayadım. "Ama sen William'a kitabındaki kaydın yanlış olduğunu söyledin. Ona, karısının vampire dönüştürülmediğini söyledin. Neler oldu?"

"Ben... yalan söyledim."

Başka bir kötü rüya görmediğimden emin olmak için kendimi çimdikledim. "Sen aklını mı kaçırdın? Neden William'a ölümlü karısıyla ilgili yalan söyledin? Bu, beş yüz yıllık vampir yaşamı boyunca başına gelen en önemli şey olabilirdi. Ne sanıyordun ki?"

"Asla bilemez!"

"Ne? Ama neden?"

"Diana'nın bağlı olduğu adam, Avrupa'daki en kana susamış vampirlerden biri. William'a gerçeği söyleseydim, elinden gelen en kısa süre içinde Diana'ya ulaşabilmek için dünyanın altını üstüne getirirdi."

Dünyayla birlikte önüne ne çıkarsa...

Deylaud'un, Olivia'nın kitabında Diana'nın adını gördüğünü anlatışıyla ilgili William'ın bana ne söylediğini düşündüm. *Diana hâlâ hayatta olsaydı, çoktan onu bulmak için yola çıkmış olurdum.*

"Onlar hayattayken" diye devam etti Olivia, "o zamanlarda hayatta olan Alger'a göre, aşkları gerçekten efsaneviymiş. William cesur, yakışıklı bir lord ve Diana da onun güzel leydisiymiş. Alger'ın dediğine göre, William onun için her şeyi yaparmış ve Diana da bir eş olarak ona çok sadıkmış."

"Ta ki" diye hatırlattım, "Reedrek ikisini ve oğullarını öldürene kadar. Ve William'ı kan emiciye dönüştürene kadar."

"Bu doğru. William onun gömüldüğünü görmüş ve sonsuza dek huzur içinde uyuyacağını sanmış. Alger'ın bildiği kadarıyla hikâyenin sonu buydu. Geri kalanını, yakın zamanda kendi bağlantılarım sayesinde öğrenebildim. William benden mümkün olursa kitabımdaki Diana'yı bulmamı istedi fakat şimdi ona gerçeği söylemeye cesaret edemiyorum."

"Sonra ne olmuş?" diye sordum, hikâyeye kendimi kaptırarak.

"Bildiğim kadarıyla, Reedrek karısıyla kan alışverişi yaparken William baygınmış. Reedrek'in yavrularından biri, Hugo, yakınlardaymış ve William'ın korudukları üzerinde terör estiriyormuş. Reedrek onu hemen çağırmış ve Diana'yı kendisine vermiş. Çiftleşme töreninden sonra da Hugo onu doğuya göndermiş."

Karımın Reedrek ve haydutları tarafından kirletildiğini düşünmek midemi altüst etmişti. Bu muhtemelen William'ı çılgına çevirirdi.

"Ne kadar uzağa?"

"Yerlerini bulmak için hâlâ çalışıyoruz. En iyi tahminimiz, Rusya'da bir yer olduğu."

Ürperdim. Ocak ayında Savannah bile soğuk kanlı birinin isteyebileceğinden çok daha soğuk olurdu. Sibirya gibi bir kuzey bölgesinde vampir olarak yaşamayı düşünemezdim bile. "Yani William bunları asla öğrenememiş?"

"Hayır. William, Diana'nın varlığından asla haberdar olmamış. Reedrek öyle istemiş. William'ın bütün dikkatinin kendi üzerinde olmasını istemiş."

"Lanet olsun! William bir şekilde bu Hugo'yu eline geçirirse kafasını koparır ve boynundan içeri sokar."

"O ikisi karşılaşırsa büyük bir felaket olur. Tam bir savaş. William'a bu yüzden yalan söyledim."

"Ne demek istiyorsun? Diana'yı orada o sersemle bırakamayız" dedim. "William, voodoo kanı yüzünden bazı ciddi güçlere sahip. Kıçını tekmeleyemeyeceği hiç kimse yok." Kendimi oyun parkında, yaşıtına, *'Benim babam senin babanı döver'* diyen çocuk gibi hissediyordum.

Olivia hikâyesine devam ediyordu. "Konu bundan daha karmaşık. Ayrıca, Diana uzun süredir Hugo'yla birlikte. Bir asır daha onu incitmez. Hugo'nun liderliğini yaptığı klanın, bütün Avrupa'daki karanlık lordlarla bağlantıları var. Özellikle de Avrupa'nın klanlarıyla ilgili fazla bilgi sahibi olmadığımız bölgeleriyle. Sayılarını, ne kadar yaşlı ve ne kadar güçlü olduklarını bilmiyoruz. Kendimiz organize olup bir savunma planı yapmadan, biz Bonaventurelar onların gazabını üzerimize çekme riskini göze alamayız. Ve büyük bir savaşa yol açmasa bile William'ın neyle karşılaşabileceği konusunda hiçbir fikri yok. Ben sevgili Alger'ımı daha yeni kaybettim ve William benim için bir baba gibi oldu. Onu kaybedemem. Kaybetmeyeceğim."

Son kelimelerini söylerken sesi biraz titremişti. William'ı sevdiğinden bir an bile şüphe etmiyordum ve onun ölümünü görmeyi ben de istemiyordum; özellikle de kendi ölümüm de onunkine bağlı olacakken. "Umarım, içini dökerken bütün günümü mahvettiğinin farkındasındır."

"Çok üzgünüm canım. Ama sanırım şimdiden kendimi daha iyi hissediyorum. William'a Diana'dan söz edebileceğimiz gün gelene kadar düşüncelerini gizlemeyi unutma; tabii bunu yapabilirsek. Bu senin için zor olacak mı?"

Bana bunu şimdi mi soruyorsun? "Ah, hayır. Çok kolay."
Sesimdeki alaycılığı duyup duymadığı umurumda değildi.
Bir vampir normalde yavrusunun düşüncelerini çok rahat
okuyabilir. Bu psişik bir vampir yeteneğidir. Egzersiz yaparak düşüncelerinizi gizlemeyi öğrenebilirsiniz ama işe yaraması için gerçekten konsantre olmanız gerekir. Örneğin...
bir şeyleri geciktirmeniz gerektiğinde beyzbol topu düşünmek gibidir; sanırım ne demek istediğimi anladınız.

"Benden ve sorunlarımdan bu kadar söz etmek yeter"
dedi.

Yani şimdi benim sorunlarım olmuştu. Ne güzel!

"Tatlı Jackie" dedi, mırıltılı bir sesle. "Bugünlerde sen nasılsın bakalım?"

"Daha iyi günlerim olmuştu."

"Ah, Tanrım. Memure hanımla sorunlar mı yaşıyorsun?"

"Öyle de denebilir."

"Senin için bir mum yakacağım."

"Teşekkürler" dedim. Olivia'nın yakın çevremizdeki en güçlü dişi vampir olduğunu tahmin edebiliyordum. Mum dikerken iki başlı bir tavuk filan da kesmesini söyleyecektim. "Aşk konusunda alabileceğim her türlü yardıma ihtiyacım var."

"İçimden bir ses bana iyi olacağını söylüyor. O dalgalı siyah saçlara ve masmavi gözlere hangi kız karşı koyabilir ki?"

"Ah, devam et." *Hayır, gerçekten, devam et.*

"Ve o bir çift iri diş."

"Seninkiler de bir hayli etkileyici, biliyorsun değil mi?"
Olivia, platin sarısı saçlı, gri gözlü ve taş gibi vücutlu bir
dişiydi. Ve çılgın bir kovboy kız gibi üzerinizde zıplamadığı

zamanlarda, deri ve danteller giymeyi severdi. İşte sözünü ettiğim buydu.

Olivia ve muhteşem vücuduyla vahşice seviştiğim o geceyi düşündüğümde, aşk oyunundaki başka bir profesyoneli hatırladım: Eleanor.

"Ah, lanet olsun!" diye bağırdım. "Aklıma korkunç bir şey geldi."

"Nedir o?"

"Eleanor! Artık o da bir vampir! William onu dönüştürdü ve sonsuza dek William'a bağlı artık. Ah, Tanrım, Olivia! Fırsatın varken ona Diana'dan söz etmeliydin." William'ın Eleanor'u dönüştürmesiyle ilgili olasılıklar, çizgi filmlerdeki kafama düşen örslerinden biri gibiydi. *BAAAAMMMM!*

Hattın diğer ucunda bir sessizlik oldu ve ardından Olivia'nın iç çektiğini duydum. "Elimde değildi. Artık ölümlü karısından William'a söz etmemek için bir neden daha var."

Şimdi baş ağrım daha da coşmuştu. Düşünebilmek için zamana ihtiyacım vardı. "Casusların şu Hugo'nun görünüşüyle ilgili bir şeyler söyledi mi? Boğazında haç biçiminde bir yara izi filan var mı?"

"Bildiğim kadarıyla yok. Neden sordun?"

"Nedeni yok. Artık kapamam gerek, Olivia."

"Tamam. Sanırım omuzlarına çok ağır bir yük yükledim. Toplantıda görüşürüz. Daha doğrusu, sen beni görürsün; Avrupa'daki düşman klanlarla ilgili öğrendiklerimizi paylaşmak için toplantı sırasında uydu bağlantısı kuracağım. Artık Eleanor da denklemin bir parçası olduğuna göre, William'a

Diana'dan söz etmek için asla uygun bir zaman olmayabilir. Belki de Eleanor, William'a karısını unutturur."

Ve belki 66 model Corvetteler uçmayı öğrenebilir.

Bu iş giderek daha da kötüleşiyordu. William'ın Eleanor'la ilgili vurgusunu hatırladım: *O Diana değil.* Beş yüz yıl geçmişti ve William onu hâlâ unutamıyordu.

"Toplantıda görüşürüz" diye mırıldandım. *Ve sevgini paylaştığın için de teşekkürler.* Telefonu kapadım ve sendeleyerek ofisten çıkıp mutfak bölümüne geçtim. Zaten soğuk olan çıplak ayaklarımın altında beton buz gibiydi ve yine ürperdim. Bir bira çıkarıp şişenin ağzını tezgâhın kenarına vurdum; kapak uçup gitti.

Tam William'la yeni bir başlangıç yaparken işler şimdiden kötü gitmeye başlamıştı.

Sırlarla geçen onca yıldan sonra bir anlaşma yapmıştık ve vampirlerle ilgili tüm bildiklerini benimle paylaşacağına söz vermişti. Şimdi ironik bir şekilde, ben ondan sır saklamak zorunda bırakılıyordum. William'ı ve öfkesini, ölümlü hayatının aşkının varlığıyla ilgili sırrı sakladığımı öğrendiğinde -öğrenirse değil- beni asla bağışlamayacağını bilecek kadar iyi tanıyordum. Beni öldürmeye bile kalkabilirdi. Ya da en azından denerdi. En eski korkularımdan biri -sürekli tekrarlanan en kötü kâbuslarımdan biri- bir gün babamla ölümüne dövüşmekti. Bu korku son zamanlarda silinmeye başlamıştı ama şimdi daha da kötü bir şekilde geri dönüyordu.

Biranın yarısını içtim ve kanepeye oturdum. Kendi adıma tek bir hata yaparsam işim bitik demekti. Düşüncelerimi William'dan gizlemek için voodoo kanımın verdiği bütün gücü kullanmak zorundaydım; lehime olan tek şey hiçbir şeyden şüphelenmemesiydi, dolayısıyla en iyi zihin kurcalama hilelerini üzerimde denemesine gerek yoktu.

Yani son derece gerçek bir şekilde, babamla o çok korktuğum mücadeleye girişmiştim; sadece zihinsel bir mücadele olacaktı ve doğaüstü hayatlarımızın geri kalanı boyunca sürebilirdi. Tek umudum, savaşın sadece zihinlerimizde kalması ve asla asrın en büyük vampir savaşına dönüşmemesiydi.

Bir ruhum olsaydı Tanrı'dan bana acımasını isterdim. Ama durum böyle olunca yapabileceğim tek şey biraların geri kalanını içmek, tavana bakıp durmak ve mızıldanmaya başladığında telefonu neden Olivia'nın suratına kapamadığımı merak etmekti.

Olivia dik kafalı ve tepisel biriydi. Onun nasıl bir serseri mayın olabileceğini bilen William, onu Avrupalı Bonaventure'ların başına geçmesi için göndermişti. Şimdi hayatımı mahvetmek üzereydi. Üstat bir vampire verdiği sözü bozduğu için kendi kıçını kurtarmak adına, beni ve babamla olan ilişkimi yaşam destek makinesine bağlamıştı.

Canı cehenneme!

Doğrulup oturdum ve bira şişesini duvara fırlattım. Kahverengi cam parçaları üzerime yağdı. Olivia ne halt ederse edebilirdi. O anda kararımı vermiştim.

Bu konuyu William'a anlatacaktım. Ona her şeyi söyleyecek ve kendimi kurtaracaktım.

Ve şu Hugo denen adamla karşılaşmak için Avrupa'ya gittiğinde ben de onunla gidecektim. Kötü adamlara karşı temiz, güzel bir savaşta ölmeyi tercih ederdim. Bir grup aptal dişi yüzünden en iyi arkadaşımla aramın bozulmasındansa

William'ın sağ kolu olarak ölmeyi tercih ederdim. Ayrıca, o cılız Rusların kıçını da tekmeleyebilirdik.

William, Eleanor'la ilgili uygun gördüğü şekilde karar verebilirdi. Eleanor gibi biri söz konusu olunca bu zor bir karar olabilirdi. En azından insanken altın kalpli bir fahişeydi Eleanor. Ölümsüzken nasıl olacağını kim bilebilirdi? Ama bu beni ilgilendirmezdi. O ve Diana, gerekirse William için rekabet edebilirlerdi. Aslında bu eğlenceli de olabilirdi. İç Savaş sırasında iki kadın benim yüzümden kavga ettiğinden beri o eski saç saça, tırnak tırnağa kavgalardan birini izlememiştim.

Üstelik William, Olivia'ya da istediğini yapabilirdi. Özellikle sırrını saklayacağıma söz verdiğim için bu bana kendimi biraz suçlu hissettirirdi fakat çok kötü; uzun, çok uzun hayatım boyunca ilk kez önce kendi önceliklerime bakacaktım. Güneş batar batmaz, William'ın evine gidecek ve vicdanımı rahatlatacaktım.

Doğru karar verdiğime inanmanın rahatlığıyla sonunda rahatlayabildim, zihnimi gevşettim ve tekrar uykuya daldım. Ölülerin uykusuna.

William

Savannah Nehri'nin ağzında, Fort Pulaski ve Tybee Adası Feneri'nin ötesinde, altımızdaki kamaralı yat suları titreşerek yarıyordu.

"Ah, William, bu çok güzel" dedi Eleanor, bana yaslanarak. Okyanustan gelen esinti uzun, açık saçlarını havalandırıyor, ipek lifleri gibi yüzüme ve boynuma savuruyordu. Eleanor günbatımı, tuzlu su ve manolya kokuyordu ve onun varlığıyla kendimi neredeyse sarhoş olmuş gibi hissediyordum. Onun dönüştürülmesiyle bağlantımızın bu kadar güçleneceğini hiç düşünmemiştim. Vücutlarımızın birbirine değdiği her yer farklılıkla titriyor, ölümlüyken hissettiğim gücünü iki katına çıkarıyordu.

"Şimdi bana bir kuğu bulma sırası sende" dedi gülümseyerek.

"Bu gece kuğu filan yok hayatım." İkimiz de evden çıkmadan önce kan torbalarından beslenmiştik fakat yeni dönüştürülmüş bir yavrunun açlığını bilirdim. Sadece ılık ve canlı kan o açlığı yatıştırabilirdi. Ağzımı kulağına doğru eğdim. "Bu gece öldürmeli, hepsini almalı, son damlasına kadar içmelisin." Reedrek'in dikkatini dağıtma çabalarımdan beri insan avlamamıştım ancak bu gece özel olmak zorundaydı; şehrin yoksul kesimlerinin sunabileceğinden çok daha fazlası. Fastfood değil, fileminyon.

Eleanor bir an sessiz kaldı ve bir yaşamı sona erdirme olasılığının onu rahatsız edip etmediğini düşündüm. Ama sonra rahat bir nefes aldı, gevşeyerek bana sokuldu ve isteğime boyun eğdi.

Şehirden uzağa, kuzeye yönelmiştik ve Savannah Nehri, Güney Carolina'nın sınırlarından, aslında ülkeden de çıkıyorduk. Nehirlerle denizi ayıran adalara doğru devam ediyorduk. Aralarındaki en ünlüsü Hilton Head'di ve diğerlerinin Daufuskie ve Fripp gibi isimleri vardı. Biz Avlanma Adası denen bir yere gidiyorduk. Hortlakların mizah duygusu olmadığını kimse iddia edemezdi. Gece havası serindi; insan hareketliliği için fazla serin. Güneyde kış kendini hissettiriyordu ve benim ölümsüz bedenim için soğuk önemsiz olsa da çoğu ölümlü, okyanusa yakın yerlerde dolaşmak yerine evde kalmayı tercih ederdi. Tabii, bizim gibi yapacak karanlık işleri yoksa. Kıtlık, avı daha da tatlı hale getiriyordu. Karanlık bizim lehimizeydi ve hızlı bir teknemiz vardı; açlığımızı bastırmak için istediğimiz gibi avlanabilirdik.

"Mutlu musun?" diye sordu Eleanor aniden.

Bu soru gereksiz bir merak gibi gelmediğinden ona şaşırtıcı gerçeği olduğu gibi söyledim. "Evet hayatım. Mutluyum."

Eleanor kollarımda bana döndü ve tatlı gülümsemesi, soğuk göğsümde sıcak bir şeyleri harekete geçirdi. "Asla pişman olmayacaksın. Yemin ederim."

Zevkli bir beklenti benliğimi kaplarken Melaphia'nın talihsiz yorumu düşüncelerimi bir kova soğuk su dökülmüş gibi böldü. *Ne dilediğine dikkat et...*

İnsan dünyasında, bazıları kötü şanstan veya kaderin kendilerine karşı olmasından söz ederdi. Gerçekte, onları şanslı ya da şanssız yapan şey sadece kendi tercihleriydi. Avlanma Adası'nın etrafından yavaşça dönerken, yıkılmış bir iskelenin yakınlarında bir grup adam gördük. Eski bir yakıt varilinin içinde ateş yakmışlardı; bu gece için iyi bir tercih değildi. Özellikle de benim gibi kötü niyetlerinin kokusunu alabilecek biri yakınlardayken.

Teknenin burnu kumlara saplanana kadar sahile sürdüm ve sonra Eleanor'un inmesine yardım etmek için diz seviyesindeki suya atladım. Adamlardan üçü oldukları yerde donup kaldılar; muhtemelen gözlerine inanıp inanmamakta tereddüt ediyorlardı. Sonuncusu, ateş yığınından sağlam bir dal almak için uzandı ama çok yavaş hareket ediyordu.

"İyi akşamlar" dedim, en dostça tavrımla. Onları öldürmek için orada olmamız, onlara kaba davranmamızı gerektirmezdi. Eleanor'un elini tuttum ve ışığa doğru yürüdüm. "Küçük bir sorunumuz var; acaba bize yardım edebilir misiniz?"

Yakından bakınca, adamların beklediğimden daha iyi giyimli olduklarını ve ağaçların arkasında üç tane ATV* durduğunu gördüm. Bu adamlar evsiz değildi; soğuk bir Ocak gecesinde burada olmalarının bir nedeni vardı. Jack'in deyimiyle, bir çakallık peşindeydiler.

Biz de öyle.

Eleanor'un ateşin ışığındaki görüntüsü bir an için onları şaşırttı. Sevgili eşim gülümsedi ve çingene bakışlarını bana çevirdi. Yüzündeki ifadeden algıladığım açlık ve oyun isteği, içime belirgin bir özlem dalgası yaydı. O da bir şeyi bekliyordu: İzin vermemi.

Sonunda elinde tahta silahla duran iri olanı konuştu. "Sahil Koruma'yı çağırsanıza. O gösterişli teknede bir telsiziniz olduğundan eminim."

"Ah, evet, telsiz…" Şimdi eğlenmeye başlıyordum. Genellikle yemeğimle oynamazdım. "Ne yazık ki Sahil Koruma bizi ilgilendirmiyor."

Sen bunu al, diye fısıldadım, Eleanor'un zihnine. *Seni diğerlerinden daha çok istiyor.*

"Buradaki eşim…" Eleanor'un yele gibi saçlarını okşadım. "…senden hoşlandı." Onun zarif, çıplak boynuna bakarken neredeyse konsantrasyonum bozuluyordu.

Adam dönüp Eleanor'a baktı. Eleanor'un yüz ifadesini

---

* Dört tekerlekli arazi aracı. Ç.N.

göremiyordum fakat herhangi bir ölümlü erkeğe diz çöktürmeye yeteceğini hissedebiliyordum çünkü adam gerilemeye başlamıştı. Eleanor doğru zamanda yaklaşarak ağaç dalını adamın elinden aldı ve suya fırlattı.

Ben diğer üçüne döndüm. *Buradan gidin. Kaçın. Hemen kaçın.*

"Donny..." diye mırıldandı biri dişlerini sıkarak.

"Onu bize bırakın" dedim yüksek sesle.

"Ama nakliye..."

"Gidin. *Hemen!*" diye emrettim, zihinlerini korkuyla doldururken. "Ve buraya bir daha asla geri gelmeyin." Araçlarına doğru koşmaya başladılar. Birisi bir silah çıkarmayı düşündü fakat kendi boynundan saçılan abartılı bir kan görüntüsüyle bu fikri zihninden uzaklaştırdım. Motorların aniden gümbürdeyişi, böyle huzurlu bir gecede rahatsız ediciydi fakat gerekliydi. Kısa bir süre içinde hepsi gözden kaybolmuştu.

Eleanor'a döndüm. İlk kurbanı olacak adamın arkasında duruyordu. Eli, birinin iri bir evcil köpeğe yapacağı gibi sahiplenici bir tavırla saçlarını okşuyordu.

"O senin" dedim.

Eleanor hemen kıpırdamadı. "Zindanımda, Olivia'yı izleyişini hatırladım" dedi, dudaklarını yalayarak. Onun cinayete ısınışını izlerken neden hiçbir ölümlünün ona asla hayır diyemediğini anlıyordum. "Kendininkini bağlayıp düzmüştü."

Bir an kıskançlık hissettim ama çabucak geçti. Konu düzüşmek olduğunda, Eleanor ne yapacağını bilirdi. Sonuçta onun eski mesleğiydi. Bu ilk avında, onu hiçbir zevkten mahrum etmeyecektim. "Onu bağlamak ister misin?"

Gözlerini yarı kapayarak ödülüne baktı. "Hayır." Bakışlarını gözlerime dikti. "Onu tutmanı istiyorum."

Zihnimde canlandırdığı seksüel görüntü beni kızdırmak yerine, sertleşmeme neden oldu. "Nasıl istersen." Talihsiz adamın kollarını tutup ayağa kaldırdım.

"Çıkar şunu" diye emretti Eleanor, adamın üzerindeki ceketi çekiştirerek. Adam zayıf bir şekilde çekilmek için çabaladı ama Eleanor onu etkilemeye, onunla birlikte olmayı ne kadar arzuladığını kulağına fısıldamaya başladı. Sonra ceketi fırlatıp attı. Ben avı en yakındaki ağaca sürüklerken adam bakışlarını ondan ayıramıyordu. Sırtını ağacın gövdesine dayayarak, kollarını gövdenin arka tarafına doladım; böylece bileklerini tek elimle tutabilecektim.

Eleanor'un gülümsemesi aramızdaki adamdan çok banaydı. Adamın gömleğini çıkardı. Eleanor zarif bir şekilde boynunu koklarken adam titremeye başladı ve hafifçe inledi.

"Üzerinde bir kadın kokusu alıyorum" dedi Eleanor. "Bu gece eğlenmişsin." Meditasyon yapar gibi -veya yemek için şükran duası eder gibi- gözlerini kapadı. Sonra başını iki yana salladı.

İkimiz için de yeni, seçkin bir işkenceye başlayacağını sanırken Eleanor beni şaşırttı.

"Ve onu incittin, değil mi? Her zaman yaptığın gibi." Eleanor gözlerini açtığında bakışları sertti. Sivri dişleri uzarken ekledi: "Çok üzücü. Ama senin… ilgini özleyeceğini sanmıyorum."

Ve adamı ısırdı.

Sıcak kan ve çıkan boğuk sesler, çene kaslarımı gererek kendi dişlerimi uzamaya zorladı. Adamın hızlanan kalp atışlarını duyabiliyor, kaslarının gerildiğini hissedebiliyordum.

Uzunca bir süre içtikten sonra Eleanor geri çekildi. Güzel yüzü ve göğsü kanla kaplanmış, saçları tenine yapışmıştı. Sonra kendini öne doğru bastırarak, yüzümü aşağı çekip kanlı dudaklarıyla beni öptü. Kan şehvetine kendimi kaptırarak dudaklarını emdim. Beni tutup adamın yanına çekti ve daha iyi tadını alabilmek için ben de dişlerimi avımızın boynuna gömdüm.

Adamın kalp atışları yavaşlamaya başlayana kadar ikimiz de çılgınlar gibi içtik. Sonunda geri çekildim.

"Onunla düzüşmek istediğini sanıyordum?" diye sordum, nefes nefese bir halde kendimi toparlamaya çalışırken.

Gizlemeye çalışmadığım sertleşmiş organıma dokunmak için elini karnımdan aşağı kaydırdı ve kanlı dişlerini sergileyerek sırıttı. "Seninle düzüşmeyi tercih ederim." Şimdi fısıltıyla konuşuyordu. "Karşılaştığımız ilk geceden beri sadece sen vardın."

Asla itiraf etmememe rağmen, sözleri içimde sahiplenici bir tatmin yaratmıştı. "Bitir o halde."

Eleanor bluzunu çıkarıp yumuşak eteğinin fermuarını açtı ve ateşin ışığında çırılçıplak kalana kadar durmadı. Kurban artık çoktan gitmişti. Bu gösteri sadece benim içindi. Eleanor zevkle mırıldanarak tekrar yemeğine eğildi ve ben de bu fırsattan yararlanarak, boştaki elimle onu daha çok tahrik ettim. Böylece akan kan boşa gitmezken ıslaklığı göğüslerinin uçlarına ve bacaklarının arasına yaydım. Adamın cesedini dik tutma görevim olmasa, hepsini teninden emerdim. Ama o anda emişime değil, sadece ellerime ihtiyacı vardı. O akşamki ilk orgazmı, ilk avının son kalp atışlarıyla aynı anda oldu.

Bir Mektup, Vampir Eleanor'dan

Hayat bir fahişe ve sonunda ölüyorsun; özellikle de bir kadın olarak doğacak kadar şanssızsan. Erkeklerle ilgili bu dersi hayatımın erken dönemlerinde öğrendim: Oğullarına, kendilerinin evrenin efendileri ve kızların sadece sessiz ve güzel oldukları sürece yararlı olduklarını öğreten babamdan; babamdan uzaklaşmak için aptalca bir kararla evlendiğim ilk erkek arkadaşımdan. İkisi de kadınların ikinci sınıf oldukları ve üzerlerinde düşünmeye değmeyecekleri konusunda beni yeterince ikna ettiler. Bu yüzden, kocamın üniversite eğitimini tamamlamasına yardım ederken kendi diplomamı almayı hayal bile etmedim. Bir gece sevgili prensim eve geldi ve sevişmek istedi. Hayır dediğimde, sersem bir ayyaşla yatağa girmeyeceğimi söylediğimde, beni yatak odasına kilitleyip, sersem bir ayyaşla sert bir ayyaş arasındaki farkı göstermeye koyuldu.

Canı cehenneme! Ertesi gün gitmek için eşyalarımı toplarken bir düzine gül ve *Üzgünüm* diyen bir mesaj aldım. Gülleri tek tek çöp öğütücüye attım, bavullarımı aldım ve oradan ayrıldım.

Eski kocam ve babam, birkaç hafta içinde kuyruğumu bacaklarımın arasına sıkıştırıp eve geri koşacağımı sanıyordu. Koştum, doğru. Ama aksi yönde. Yaşam sloganım, *Canı cehenneme*'ydi. Eğitim almak için nasıl para ayarlayabileceğimi biliyordum, dolayısıyla bir üniversite seçip, barda garsonluk yaparak eğitimimi tamamladım. Daha "derinlemesine" bir eğitim için belli profesörlerle cinsel eğitim takası yapmaya erkenden karar vermiştim. O profesörlerden biri, kendi "eğitmenlik" işimi yönetmek için iş yönetimi diplomamı kullanmamı önererek şaka yaptı ve böylece asıl işim başladı. Diğer bir deyişle, bir *mama*ydım. Kendilerini normal olarak gören birçok kişi, arkadaşlarından ve ailelerinden birçoklarının biraz acı çekebilmek için ne muazzam paralar ödeyebildiğine hayret ederdi. Bazıları çok fazla acı da isteyebiliyordu.

Çoğu yaşam koçu, insanlara sevdikleri şeyi seçip işleri yoluna sokmalarını önerir; onlara kesinlikle katılıyorum. Eve gidip evrenin efendileriymiş gibi davranan erkeklere acı servisi yapmaya bayılıyorum. Ve şimdi ben de kendi evrenimin efendisiyim artık.

4

Jack

Garajın mutfağında kendime ikinci kahvemi doldururken cep telefonum çaldı. Daha elime almadan, arayanın William olduğunu biliyordum. Lanet olsun! Eğer konuşursak bir şey gizlediğimi sesimden anlardı ve o zaman kendim söyleyemeden zihinsel numaralarını kullanmaya başlardı. Çalmasına izin verdim ve bir mesaj bırakıp bırakmayacağını görmek için birkaç dakika bekledim.

"Werm'ü al ve gece yarısı eve gel" diye sesli mesaj bıraktı ve telefonu kapadı.

Bir küfür savurarak telefonu kapadım. Uzaktan zihnimi mi okumuştu? Hayır, bunu hiç sanmıyordum. Rennie'ye dışarı çıkmam gerektiğini ve kapatmadan önce dönemeyebileceğimi söyledim. Bir Buick'in kaputunun altından bana el salladı ve hemen Corvette'ime atladım.

William her ne istiyorsa bir şekilde onu erteleyip, hayatının nasıl çok daha karmaşık hale gelmek üzere olduğunu anlatmayı umuyordum. Bildiğim korkunç gerçeği daha fazla gizlemeye dayanamazdım. Sadece, elçiyi ısırmaya karar vermemesini umuyordum.

* * *

"Şimdi ne için buradayım?" Werm, William'ın inindeki deri kanepeye tünedi. Ona yüksek kadehlerden birinde bir kan kokteyli uzattım.

"Voodoo dersleri" dedim. "Sadece izle ve dinle. Sana geçen gün söylediklerimi hatırlıyor musun?" Yanına oturup bacaklarımı uzattım. "*Mambo* kanı yüzünden özel güçlerimiz var. Diğer vampirlerin sahip olmadığı güçler. William bile yapabileceğimiz her şeyi bilmiyor ve artık öğrenme zamanımız geldi."

"Güçlü ve kötü Avrupalı vampirler, Reedrek'in peşinden gelirse diye" dedi Werm.

"Evet. Elimizdeki bütün araçlara ihtiyacımız olacak."

"Büyük toplantı için gelen diğer vampirler... onların da özel güçleri var mı?"

"William geldiklerinde onlara sadece çok az voodoo kanı verdi ve sulandırılmıştı. Ortalama bir Avruvamp'tan biraz daha güçlüler, fakat bizim gibi değiller." Werm'ün güçlü bir vampir olmak konusunda heyecanlanmaya başladığını görebiliyordum. Ayarlamaları yapmak öylesine zor bir işti ki alabileceğimiz bütün yardımlara ihtiyacımız vardı. William'ın çalışanlarının her biri, depodaki çocuklardan tesisteki personele kadar, yolculuk ve konaklama düzenlemeleri için yardım ediyordu.

Melaphia, Werm'ü sadece kendini önemli hissedeceği kadar bir şeylerin başına geçirmişti ve kendi deyimiyle, "kendi türü"yle tanışmak için sabırsızlanıyordu. Heyecanını söndürmekten nefret ediyordum fakat o yüksek sosyete vampirleri Werm'e de bana olduğu kadar tepeden bakarlarsa kendini karanlık alemlerin üçüncü sınıf vatandaşı gibi hissedeceği şüphesizdi; tıpkı *Titanic*'in alt katlarındaki yolcular gibi. Ve zaten ölümlüyken bile tuhaf olan tarzına bakılırsa bunu yapacakları kesin gibiydi.

Eleanor, karşımızdaki bir ikili kanepeye oturmuştu. Deylaud, seçkin insan derisiyle onun yanına uzanmıştı. Eleanor bir kolunu Deylaud'un sırtına atmış halde, elindeki kadehten içkisini yudumluyordu. Uzun, zarif parmakları dalgın bir tavırla Deylaud'un omzunu okşuyordu. Deylaud, cennetteymiş gibi görünüyordu ve bakışlarını Eleanor'un yüzünden alamıyordu. Eleanor'a o kadar yaklaşmıştı ki aralarından su sızmazdı. Bazen en sevdiği insanlara yaptığı gibi Deylaud'un onun da kucağına fırlayıp fırlamayacağını merak ettim; oyuncu köpek havasında olduğunda öyle yapardı. Bunu görmek gerçekten eğlenceli olabilirdi.

Werm siyah deri çizmelerini sehpanın üzerine uzattı ve elimin tersiyle bacaklarına bir şaplak patlattım. Hemen ayaklarını yere indirdi.

"Sen ahırda mı doğdun? Sosyetik annenin sana hiç görgü öğretmemesine inanamıyorum."

"Bana öğrettiği tek şey oydu zaten" diye sızlandı Werm. "Biz vampiriz, Tanrı aşkına" dedi somurtarak. "Sert adamlarız, kötüyüz. Görgüyle kimin işi olur ki?"

"Bizler beyefendiyiz" dedi William, aniden. Yanında

Melaphia'yla içeri girmişti. Deylaud'un Eleanor'la o kadar sıkı fıkı olduğunu görünce kaşlarını çattı. "Dışarı" dedi, başıyla kapıyı işaret ederek.

Deylaud ayağa kalktı ve yavaşça dışarı çıktı. İnsan biçimindeyken kuyruğu olsa kesinlikle bacaklarının arasına sıkıştırırdı. Köşede gözden kaybolmadan önce Eleanor'a üzgün gözlerle son bir bakış attı.

William dikkatini Werm'e çevirdi. "Kan emici olmamız, hayvan olduğumuz anlamına gelmez. Biz antik ve soylu bir ırkız. Dört ayaklı etoburlarla aynı seviyede yaşamayı seçenlerimiz olduğu doğru fakat bu bizim de onlardan biri olmamızı gerektirmez."

"Yani Reedrek gibi mi?" diye sordu Werm.

"Onun gibi... dostları gibi... evet." William bara yaklaşıp kendine sürahiden bir bardak kan doldurdu. Siyah boğazlı kazağı ve spor ceketiyle elindeki martini olsa kesinlikle James Bond filmlerinden fırlamış gibi görünürdü. "İyi yetiştirilmiş güneyli beyefendiler gibi davranacağız."

Geçen gece gördüğüm rüyayı hatırladım. Savaştığım adam iyi yetiştirilmiş bir beyefendi kan emici filan değildi. Diğerlerine o adamdan söz etmeyi düşündüm ama ne gerek vardı ki? Sadece bir rüyaydı ve rüyalar asla gerçekleşmezdi.

"Beyefendi vampirler mi?" dedi Werm. İçkisini bitirip ayağa fırladı. Üzerinde en sevdiği Gotik giysileri vardı; her şey siyah deriydi, kulaklarının ikisinde de sıra sıra gümüş küpeler vardı ve saçları darmadağınıktı. "Beni bir vampire dönüştürmeniz için yalvardığımda kaçmaya çalıştığım burjuva saçmalığı da buydu işte! Ben kıç tekmelemek istiyorum!"

Eleanor bir kaşını kaldırdı. "Birinin seni hizada tutması gerekecek."

Werm, konuyu zorlaması mı yoksa canını kurtarmak için kaçması mı gerektiğini bilemiyormuş gibi görünüyordu. "Ve bu hanım, kesinlikle bunu yapabilecek kişi evlat" dedim.

William bir içki aldı ve burun kemerini parmaklarının arasında tutup sıktı. Eğer kaliteli bir güneyli "aile" kurma fikri varsa hiç de hoş bir başlangıç yaptığı söylenemezdi.

"Yerini unutma" dedim Werm'e. "Şimdi dikkatini ver. Kıçını kurtaracak bir şeyler öğrenebilirsin."

"Ben gerçek dostlarımla takılmalıydım" diye homurdandı. "Kulübe takılan yeni biri var ve senden çok daha havalı, Jack."

"Onda bunlardan var mı?" diye sordum, dişlerimi göstererek. Werm'ün kendi dişleri henüz tam olgunluğuna ulaşmamıştı. Bebek dişleri dediğimiz seviyedeydi.

"Şey, hayır" diye itiraf etti.

"O zaman benden daha havalı olamaz."

Werm sindi ve söylediğim her şeye hazırmış gibi baktı. Hepimiz yerleştiğimizde, William konuya girdi. "Werm…" dedi ama duraksadı. "Lamar. Sen eşsiz bir pozisyondasın. Yavru bir vampir olarak, hem bir üstat vampirden hem de bir *mambo* rahibesinden ders alacaksın. Bunun ne kadar ender bir fırsat olduğunu bilseydin belki değerini biraz daha takdir ederdin. Şimdi, eğer uygar olmak istiyorsan kalıp öğrenebilirsin. Vahşi olmak istiyorsan o zaman sokaklara dön ve elinden geleni yap. Ben senin için gelene kadar."

"Be-ben kalmak istiyorum" dedi Werm. Ve zayıf bir sesle ekledi: "Efendim."

William cömert bir tavırla gülümsedi ve Melaphia'yla konuşmak için döndü; sanırım bize ne öğreteceklerini tartışıyorlardı.

William'ın bu kadar sabırlı davrandığına inanamıyordum. Bir yavru olarak ona zor zamanlar yaşattığımda, yerimi öğrenene kadar canıma okurdu. Onu neyin bu kadar hoşgörülü yaptığını biliyordum. Eleanor yüzünden "havada sevgi var" havasına bürünmüştü. William sonunda bir eş, bir yoldaş, gerçek bir yakınlık bulmuştu ve tutumu daha iyiye doğru değişmişti; yeni politik sorumlulukları yüzünden stres altında olsa bile.

Normalde, böyle bir durumda onun için çok sevinirdim. Ama William'ın yeni yakaladığı mutluluk, işimi daha da zorlaştırıyordu. Ona, Olivia'nın bana Diana'nın hâlâ hayatta olduğunu açıkladığını söylediğimde verebileceği tepkiyi düşünerek oturduğum yerde huzursuzlandım. Asıl şimdi canıma okuyabilirdi. Sadece Eleanor'da bulduğu şeylere ihtiyacı vardı; nefesini kesen, onu büyüleyen, ona meydan okuyan… ve onu seven bir dişi vampir. Sonunda sonsuzluğu paylaşabileceği, daha birkaç ay önce her şeyi bir kenara atmaya hazırken devam etmek istemesini sağlayan birini bulmuştu.

Bir konuda Olivia'yla hemfikirdim. Bunun için dünyanın diğer ucuna gitmesi gerekse bile, William'ın Diana'yı bulmak için hem Eleanor'la hem de Bonaventure organizasyonuyla inşa etmeye çalıştığı her şeyi bir kenara atacağından emindim.

Zavallı Eleanor. William için hayatından vazgeçmişti. O eski deyiş zihnimde çınlıyordu: Bir kadının öfkesinin yanında, cehenneminki hiç kalır. Bu kadının bir de güçlerini daha doğru dürüst tanımayan bir vampir olduğu düşünülürse, Tanrı hepimize acısın!

En çabuk şekilde William'ı bir kenara çekmek, Eleanor'dan olabildiğince uzaklaştırmak zorundaydım. Onu dönüştürdüğünden beri ikisi hiç ayrılmıyorlardı. Bu konuda Melaphia'dan yardım istemeyi düşünüyordum. Ama o ve ben Connie yüzünden sürtüşmeliydik. Ateşe kendi kafamı sokmam daha iyi olurdu.

"Bildiğiniz gibi…" diye başladı William.

"Jack uçabiliyor" diye patladı Werm.

William cümlesinin ortasında donup kaldı. O, Melaphia ve Eleanor, bana ikinci bir başım çıkmış gibi baktılar.

"Ne?" dedi William sonunda.

"Sadece biraz" dedim.

"Onu gördüm." Werm koltuğun ucunda oturuyordu. "Nehrin üzerinde havada durdu ve sonra da suya düştü."

"Ne?" diye sordu William tekrar.

"Eleanor'u dönüştürdüğün gece bana söylediklerini düşünüyordum" dedim. "Werm ve ben, filmlerde vampirlerin nasıl uçtuğundan söz ediyorduk."

"Anne Rice'ın vampirleri gibi" diye vurguladı Eleanor. Bu fikir onu da heyecanlandırmış gibiydi.

Werm keyifli bir yüzle devam etti. "Anne Rice'a bayılırım."

"Ben de" dedi Eleanor. "Ve müşterilerimin birçoğu onun çalışmalarını *gerçekten* sever. Yani, *çok*. Ve sadece vampirler değil, diğer konuları da."

Öne eğildim. "Biraz daha anlat."

"Kendinize gelin, odaklanın millet!" diye gürledi William ve iç çekip gözlerini kapadı. "Neler oldu? *Tam olarak!*"

"Dediğim gibi, Werm'e senin güçlerimizi araştırmamız gerektiğini söylediğini açıklamıştım. Filmlerde ve kitaplarda vampirlerin neler yapabildiğinden söz ediyorduk; uçmak gibi. Ben de denemeye değeceğini düşündüm. Yani, denemeden bilemezsin, öyle değil mi?"

"Doğru" diye onayladı William, beni izleyerek.

"Bu yüzden kayıkhanenin çatısına tırmandım ve atladım. Ve bilirsin, konsantre oldum. Birkaç saniye havada asılı kaldım. Sonra Werm bağırdı ve konsantrasyonum bozuldu."

William çenesini ovaladı. "Devam et."

"Ben de nehre düştüm."

"Sen *inanılmazsın*, Jack" dedi Eleanor.

"Ona egzersiz yapması gerektiğini söyledim" diye araya girdi Werm. "Çalışırsa ne kadar ustalaşabileceğini kim bilir?"

William bunu bir an düşündü. "Werm haklı. Bu beceriyi geliştirmeye çalışmalısın. Siz ikiniz doğru yoldasınız. Güçlerimizi keşfetmeliyiz. Ve zayıflıklarımızı da."

William *zayıflık* dediğinde, bütün gözler Werm'e döndü.

"Neden herkes bana bakıyor?" diye sordu Werm, savunmacı bir tavırla.

"Peki, ya sen Lamar? Kendi özel yeteneklerinden keşfettiğin var mı hiç?" diye sordu Melaphia.

"Evet, şu X ışınlarına ne dersin?" dedim gülerek. "Plajda kızların tişörtlerinin içine bakabildin mi?"

Werm hâlâ insan olsaydı sanırım kızarırdı. Ama vampirlerin kızarması zordur. Kızarmak hortlaklara göre bir şey değildir. Werm, ondan çok daha ilginç bir şey yaptı.

Şeffaflaştı.

Tıpkı, Eleanor'un dönüştürüldüğü gece Shari'nin karşımıza çıkışı gibiydi. Dumanlı ve film gibi. Maddesizlik denebilir. "Bak bu gerçekten hoş bir numara" dedim.

"Ne?" diye sordu Werm.

Melaphia gözlerini kıstı. "Arkanı görebiliyoruz."

"Öyle mi?" dedi Werm kendine bakarak. "Güzel."

Güzel olduğuna karar verdiği anda, tekrar somutlaştı. "Bunu bu geceden önce fark etmemiş miydin?" diye sordum. Werm başını iki yana salladı.

"Bu yararlı olabilir" dedi William. "Merak ediyorum..."

Ne düşündüğünü biliyordum. "Egzersiz yaparsan belki tamamen görünmez olabilirsin."

"Tanrım, bilmiyorum. Az önce şeffaflaşmak için ne yaptığımı bilmiyorum."

"Ben biliyorum" dedi Eleanor. Kedi gibi hareketlerle kanepeden kalktı ve Werm'le benim oturduğumuz kanepeye geldi. Bacaklarını iki yana açarak Werm'ün kucağına otururken zavallı çocuğun gözleri golf topu büyüklüğünde iri iri açıldı. Eleanor gerçekten dokunmadan ona doğru eğilerek güzel -ve cömert- göğüslerini Werm'ün yüzüne yaklaştırdı. Sonra kulağına bir şey fısıldadı. Werm'ün teni o kadar soldu ki bir an utançla yüzünü Eleanor'un göğüslerine gömeceğini sandım. Çocuğun, Eleanor gibi bir kadınla ne yapabileceği konusunda hiçbir fikri yoktu. Ama aniden, Eleanor havada oturuyormuş gibi göründü.

"Ah, şimdi anladım" dedi Melaphia. "Utandığında görünmez oluyor."

"Görünüşe bakılırsa öyle" dedi William, Eleanor'un elini tutup kalkmasına ve görünmez durumdaki Werm'den uzaklaşmasına yardım ederken. "Ergenlik çağımızdayken zor zamanlarda görünmez olmayı kim bilir kaç kez dilemişizdir!"

"Voodoo kanı, bunu gerçekten yapmasını sağlıyor olmalı" dedim. "Ah, bu inanılmaz!" Werm'ün gülünç sırıtışını göremiyordum fakat William'ın tiksinti yansıtan ifadesi, Werm'ün aynı zamanda düşüncelerini elinden geldiğince saklaması gerektiğini gösteriyordu. O anda ben bile o düşünceleri yakalayabilmiştim ve babası ben değildim. Kadınların soyunma odasını düşünüyordu.

William

"Bunu kontrol etmeyi öğreneceksin Lamar. İnsanların arasındayken gözden kaybolarak huzursuzluk yaratmanı göze alamayız. Bu, güçlerimizi keşfetmek ve incelemek için daha da iyi bir neden. Sadece onları bulmayı değil etkili şekilde kullanmayı da öğrenmeliyiz."

"Evet" diye ekledi Jack. "Belki şu uçma meselesi, Oglethorpe Otobanı'nda işe yarayabilir. Arabayı uçuramasam bile, koltukta havada asılı durarak gereksiz ağırlığı ortadan kaldırab..."

"Jack!" dedi Melaphia. "Voodoo kanı yarış pistlerinde bahse girmek için kullanılmaz. Şimdi sus da başlayalım."

Jack arkasına yaslandı, fakat zihninin hâlâ çalıştığını görebiliyordum. Eleanor'un yanına oturmak için hareket ederken Deylaud'un dönmüş ve Eleanor'un ayaklarının dibine yerleşmiş olduğunu gördüm. İnsan biçimindeyken Eleanor'a duyduğu hayranlığı gizlemekte kesinlikle başarılı olamıyordu. Grupta gereksiz bir tartışmaya daha neden olmamak için yorum yapmadım. Sadece, Eleanor'u kendime çekmeden önce ona uyarıcı bir bakış attım.

Melaphia gözlerini kapadı ve derin bir nefes alarak sırtını dikleştirdi. Sonra gözlerini açarak gruba döndü.

"Çoğu kimse, Voodoo'nun bir kötülük aracı olduğunu düşünür; oysa aslında insanlar kendi başlarına kötülük yapmanın yollarını bulmakta hiç zorlanmaz."

"Bu kesinlikle doğru" dedi Jack.

Melaphia, kimse konuşmamış gibi devam etti. "Deylaud, tarihle ilgili okumanız gereken kitapları gösterebilir fakat Jack'in Kama Sutra'nın yayınlanışından beri kitap okumadığını düşünürsek ben konuyu sizler için özetleyeceğim."

"Bu doğru değil! *Zen ve Motosiklet Bakım Sanatı*'nı okumuştum." Anlaşılan hiçbirimiz ikna olmuş görünmüyorduk çünkü Jack savunmacı bir tavırla ekledi. "Ama gerçekten okudum."

Mel ona bir bakış atarak susturdu ve devam etti. "Şimdilik, sadece bu uygulamanın çok eski, hatta antik olduğunu söyleyelim. Afrika kaynaklıdır ve dünyanın çoğu bölgesinde inananları vardır. Burada oturanlarınız sadece inananlar değilsiniz: Aynı zamanda, Voodoo kraliyet soyunun lekesiz kanını taşıyorsunuz." Bu bilginin hazmedilmesi için bir an duraksadı. "İlk dersimiz, mütevazılık olacak çünkü mütevazılık, Voodoo'nun yoludur. Dünyada daha eski, daha vahşi güçler, düşmanlar ve melekler de vardır. Onlardan sadece yardım isteyebiliriz..." Çenesini indirerek Jack'in gözlerine baktı. "...emredemeyiz."

Mütevazılık ve Jack'i bir arada düşünmek zordu. Aslını söylemek gerekirse hem Jack hem de ben, uzun zaman önce mütevazılığı da insanlığımızla birlikte geride bırakmıştık. Kişi ölümsüz ve neredeyse yenilmez olduğunda, mütevazı olması zordur. Ama Lalee'nin yanındayken kendimi mütevazı hissetmiştim. Onun dünyadaki daha eski, daha vahşi güçlerden biri olduğunu anlıyordum. Ve şimdi, ruh biçiminde serbest kalmıştı.

Melaphia düşüncelerimi okuyormuş gibi konuştu. "Gerçekte 'voodoo' kelimesi, 'ruh' anlamına gelir. Odaklanmayla, niyetle ve -bu hoşunuza gitmeyebilir- inançla ilgisi vardır. Ruh ölümsüzlükle buluştuğunda neler olduğunu öğrenmemiz gerekir."

"Vay canına, voodoo vampirler" diye fısıldadı Werm. "Harika."

Jack, Werm'ün başının arkasına bir şaplak indirecekmiş gibi baktı. Ama çocuğun yüzünde samimi bir hayranlık vardı.

Melaphia ellerini önünde birleştirdi. "Dolayısıyla, bu gece ilk işimize başlayacağız. Bizden önceki atalarımızı onurlandırmalıyız. Maman Lalee'yi onurlandırmalıyız. Artık hepimiz aileyiz. Birbirimize güvenmek ve dayanmak zorundayız." Bir an duraksayarak tek tek yüzlerimize baktı. "Maman Lalee, kişisel *orisha*larınızı seçecek; yani güçlerinize en yakın olan elementleri. Bunu yaptıktan sonra size sunak yapmayı öğreteceğim."

"Yani dua filan mı edeceğiz? Vampir olduğumuz için bu yasak değil mi?" diye sordu Jack.

"Voodoo, diğerleri gibi birçok dindir. Ve evet, sen özellikle, Jack, oldukça uzun bir süreni dizlerinin üzerinde geçireceksin. Aksi takdirde gerçekten uçmayı asla öğrenemeyebilirsin."

"Oh!" dedi Jack, biraz hayal kırıklığına uğrayarak.

"Çok kolay olacağını mı sanmıştın? Bir ilahi söylediğinde kanatlanacak mıydın?"

"Şey, şu Werm'e baksana. Şu süslü deri pantolonunu yere sürmeden görünmez olabildi."

"Doğru ama bu biraz doğal yetenekle ilgili; yine de kontrol edemiyor. Bu durumda, duyguları gücünün önüne geçiyor. Kontrolsüz olmak iyi bir şey değildir. Bunu unutmayın."

Asırlarımı kontrolü öğrenmeye çalışarak geçirmiştim. Çoğunlukla, içimdeki kaçınılmaz öfke patlamasını ve yalnızlığı bastırmaya çalışarak. Bağlantı olmadan hayatta kalmanın ruhu ezici acısını. Sevgisiz. Eleanor'un elini bacağımda hissettiğimde, Diana'ya ulaşamadan karanlık düşüncelerimi böldü. Bakışlarımı ona çevirdim ve bana bakarak gülümsedi. Evet, bana sunduğun şey bu; teselli, oyalanma ve sevgi. Elini dudaklarıma götürüp avucunu öptüm. Gözlerinde kendimi neredeyse kaybetmiş halde, Jack'in düşüncelerine çekildim.

Ama nedenini araştırmaya fırsat bulamadan, Melaphia dikkatimizi tekrar topladı.

"Jack, şu taşı şöminenin üzerine koy" diye emretti. "Lamar, su getir. Kaptan? Sen de Renee'yi getirir misin, lütfen?"

Dediğini yaparak, Renee'yi yatak odasından getirdim. Annesi odanın içinde bir şeylerle uğraşırken uyuyan küçük kızı kollarımda tuttum. Kendi uyuyan oğlumu kucağımda taşıyışımla ilgili anım zihnimde canlandı. Masum birinin güvenen bir şekilde teslim olarak uyuyuşu; bazılarının şakayla adına "ölü gibi uyumak" dedikleri şey. Ama benim oğlum gerçekten ölmüştü; beş yüz yıl önce. Düşüncelerimi başka yönlere kaydırdım. Geçmişin akıp gitmesine izin vermek daha iyiydi.

Çok geçmeden, Melaphia bir sunak oluşturmuş, beyaz güller, bir kâse baharatlı bamya -Lalee'nin en sevdiği yemekti- şehirdeki en eski çeşmeden su ve biz Reedrek'in sonunu getirmek için kullanmadan önce Lalee'nin kanının bulunduğu şişeyi yerleştirdi. Boş şişenin yanına, kendi kanından bir bardak ve Lalee'nin eski, minyatür bir portresini koydu. Renee'yi ayaklarının dibindeki bir kuştüyü yastığa yatırmamı işaret etti. Sonra birkaç beyaz mum yaktı.

"Etrafıma toplanın" dedi kollarını açarak. İri taneli mısır unu gibi görünen bir şeyle taşın üzerine bir sembol çizerek, çok iyi tanıdığım bir ilahiyi söylemeye başladı. Lalee'nin dünyevi anıları, zamanı ve ölümü aşarak geldi: İlk doğan kızını kucağında tutarak onu bana bağlarken mum ışığıyla aydınlanan güzel yüzü. Yaşadığı yerde biri ona kötülük yapmaya kalkarsa korkunç bir hayalete dönüşecekti. Meşale ışığında yas içindeki anne, ölülere yardım edişi ve ruhlarını yolculuklarının bir sonraki kısmına gönderişi. Onu özlüyordum. Melaphia'nın ilahisindeki sevgi ve acı, onu ne kadar özlediğimi bana daha iyi hatırlattı.

Aniden ilahi kesildi ve oda tam bir sessizliğe gömüldü. Perdelerden süzülen bir esinti havayı kül kokusuyla doldurdu. Renee doğrulup oturarak gözlerini ovaladı.

Melaphia dizlerinin üzerine çöktü. "Maman?"

Renee'nin küçük elleri Melaphia'nın yanaklarına kondu. "*Oui*, tatlım. Buradayım."

Melaphia gözlerini kırpıştırdı ve yanaklarından yaşlar süzüldü. Boğazımda bir şeyler düğümlenirken bende çöküp oturdum.

"Maman, yardımına ihtiyacımız var. Hepimizin içindeki kanına seslenmek zorundayız. Bize nasıl yapacağımızı öğretmene ihtiyacımız var."

Sonra bana döndü. Fiziksel beden büyük-büyük-büyük torununa ait olsa da Lalee'nin gözleri bana yaklaşık üç yüz yıl geçmişten bakıyordu. "Böyle olacağına yemin ettim, değil mi?"

"Evet, ettin" dedim. "Ama sadece sadakatini değil, sevgini istiyorum." Zorlukla yutkundum. "Benim de seni sevdiğim gibi." Ayakları yerden birkaç santim kesildi ve havada bana doğru süzüldü. Dokunacak kadar yaklaştığında, "İkisi de senindir, Kaptan" dedi. "Senin benimle ve bana ait olanla ilgilendiğin gibi ben de senin yeni ailenle ilgileneceğim." Bakışlarını Jack'e, Eleanor'a ve sonunda Werm'e çevirdi. "Her birinin kendi tarzında."

Küçük elini başıma yerleştirdi ve gözlerini kapadı. "Karanlıkta Maman Brigitte ve Kalfu'ya seslendin. Üçümüz sana yardım ettik fakat şimdi Brigitte'in kocası Baron Samedi'ye dua etmen gerek.

"Ghede."

Arkasından gelen sessizlikte, Melaphia'nın korkuyla nefes aldığını duydum. Lalee hafifçe ona döndü. "Evet, doğru kızım. Ghede ölümdür; boşluğun efendisi. Yalancı ve hilekâr." Gülerek başımı okşadı. "Karanlıkta onunla karşılaşmadın mı? Biraz daha kalsaydın karşılaşırdın."

Tekrar ciddileşti. "Onu kendi içine çağır fakat bunu sadece gerektiğinde yap. Gelecektir. Yalanlarını veya ölüme olan iştahını teşvik etme. Bir insanın değeriyle ilgili son yargıç odur. Bir vampirin de."

Başımla onayladım.

Jack'e yaklaştı. "Selam oğlum! Sen kalp kıransın, değil mi?"

Jack birkaç saniye ona baktı. "Niyetim bu değildi" dedi, acınası bir halde.

"Hayır, değildi." Jack bakışlarını kaçırdı ama Lalee bir eliyle çenesinden tutarak onu tekrar kendisine bakmaya zorladı. "Ölüler sana sesleniyor. Legba'ya dua etmen gerektiğini söylüyorlar. O, ruhlar alemine açılan kapının *loa*sıdır. Bunu yapacak mısın?"

Jack başıyla onayladı. "Beni yine senin yaptığın gibi üç metre yapmayacak, değil mi? Yani, başımı tabutumun kapağına çarpmak istemem..."

Lalee'nin kahkahaları bir kadının neşesiyle bir çocuğun kıkırdamasının karışımıydı. "Seslendiğinde, bunu öğreneceksin." Jack'in kulağına eğildi. "Belki de sunağını dışarıda sadece tepende yıldızlarla diksen iyi olur."

"Evet efendim. Öyle yapacağım." Bana bir bakış attı. "Güvende olmak için."

Sıradaki Eleanor'du. Lalee onu daha uzun inceledi. Başını iki yana salladı. "Ölümsüzlüğün o kadar yeni ki enerjin hâlâ etrafında bir kalp gibi atıyor" dedi sonunda. "Karanlıkta cesurdun. Sana trajik sahibe Erzulie'yi veriyorum. Aşk tanrıçasıdır ama aynı zamanda keder de onundur. Ruhunu aşk için verdin, öyle değil mi?"

Eleanor'un bana baktığını hissedebiliyordum, fakat karşılık veremiyordum. Aniden, Eleanor'u dönüştürmenin açgözlülükten kaynaklanan bir hata olduğunu düşünmeye başlamıştım.

"Artık hepsinden çok Erzulie'ye aitsin... *ondan* da çok." Başıyla hafifçe beni işaret etmesi, benden bahsettiğini göstermeye yetti.

"Evet efendim." Eleanor'un sesi güvensiz ama kararlıydı.

Werm'ün nefesinin kesildiğini hissedebiliyordum ve Lalee'nin bütün dikkatini ona verdiğinin farkındaydım.

"Sana, *loa* Loco'yu veriyorum. Bitkilerin ve şifalı otların efendisi."

Bir an Lamar'ın yüzü asıldı. "Yani onlar ölüm ve hayaletlerin efendileri olurken ben bir çalı yığınının efendisi mi oluyorum?" diye sordu.

"Küstahlık etme evlat! Bizler hiçbir şeyin efendisi filan değiliz. Sadece takipçiler, inananlarız. *Loa*lar bizi kutsamazsa bir hiçiz."

Cevap vermek yerine, Lamar şeffaflaşmaya başladı. Renee'nin elini kullanan Lalee, uzanıp onu yakasından yakaladı. "Hemen geri dön. Bu güzel bir numara ama sana kenevirden, tütünden ve diğer kutsal bitkilerden söz ediyorum."

Lamar aniden irkildi ve tekrar somutlaştı. "Kenevir derken..."

"Ah, evet! Bu gerçekten anladığın bir şey. Loco'ya kendi değerini kanıtlayamazsan hayal kırıklığına uğrayabilirsin." Elini, Lamar'ın yeni somutlaşmış gibi görünen omzuna bastırdı. "Numaralarına gelince... eğer iyi öğrenirsen hoşuna gidecek bir tane daha var. Sahip olduğun büyüye yardım edecek." Lalee, parmağını Lamar'ın yüzüne doğru salladı. "Ama terbiyeli, saygılı... ve sabırlı olmayı öğrenene kadar değil. Önce Loco'yu memnun etmelisin."

"Evet efendim" dedi Lamar.

Sonra Lalee ellerini ovaladı ve önünde birleştirdi. "Şimdi, hepiniz gözlerinizi kapayın. Size isimlerini verdiğim *loa*lara uzanın. Melaphia ve Renee, sunaklarınızı yapmanıza ve ayinleri öğrenmenize yardım edecek. Damarlarınızda dolaşan kanımdaki gücü bu şekilde kullanacaksınız."

Üç kez ellerini birbirine vurdu. "*Ache!*"

Odada yine bir esinti oldu. Gözlerimi açtığımda, Renee bıraktığım yastığın üzerinde yatıyordu. Ben ayağa kalkarken yattığı yerde kıpırdanarak gözlerini açtı.

"Anne?" Melaphia'ya baktı. "Çok güzel bir rüya gördüm. Maman Lalee beni kollarında tutuyor ve kulağıma fısıldıyordu."

Melaphia gülümseyerek kızını nazikçe kucağına aldı. "Bu harika. Ben seni yatağına geri götürürken onun neler fısıldadığını anlat bana." Kucağında kızıyla yanımdan geçerken ekledi. "Her birinizin ihtiyaç duyacağınız şeylerin listelerini hazırlamanız için geri döneceğim."

Jack

"İşte istediğin çıktılar" dedi Werm. Bir elinde bir tomar kâğıt ve diğerinde küçük sopalar vardı. "Ve alışveriş merkezindeki Spencer'dan istediğin tütsüler."

Otis, Rufus, Jerry ve Rennie, Lamar Nathan Von Werm

adındaki bu manzaraya bakarken herkes sessizleşmişti. Gümüşi beyaz saçları başının üzerinde kirpi dikenleri gibi yükseliyordu. Siyah deri ceketi fazla büyüktü ve aşırı dar pantolonunun üzerine dökülüyordu. Garajımda olmadıkları zaman dışarıda takıldıkları yerlerde bunlar da dayak yiyecek olmasına yol açmazsa gözlerindeki kalem ve siyah ojeleri kesinlikle bunu sağlardı.

"Çocuklar! Bu Werm" dedim.

Rufus ve Jerry havayı koklarken Werm'ün vampir olduğunu hemen anladıkları belliydi. Biçim değiştirenler ve vampirler birbirlerinin kokusunu hemen alabilirler. İnsan olan Rennie, kendisini daha önceden uyarmış olmasam, Werm'ün hortlak olduğunu kesinlikle anlayamazdı. Biçim değiştirmeyen ama tam olarak insan da denemeyecek Otis, Werm'e 'Sen-de-Kimsin-Be' gezegeninden gelmiş biriymiş gibi bakıyordu. Bunun nedeninin Werm'ün vampir olması mı yoksa giysileri mi olduğundan emin değildim.

Her birini tanıtırken hepsi homurdanarak selam verdi ama hiçbiri Werm'ün elini sıkmadı. Onları suçladığımı söyleyemezdim.

Hepimiz, benim için getirmelerini istediğim malzemelerin durduğu oyun masasının etrafında toplanmıştık. Alışveriş vampirler için kolay değildir. Bütün gece açık olan Wal-Mart'a gidecek fırsatı her zaman bulamam ve ayrıca flüoresan ışıkları tenimi bir balmumu müzesinden çıkmışım gibi gösterir. Bu da alışveriş merkezindeki çalışanları biraz "gerer."

"Şu paslı mangal ne için Otis?" diye sordum.

Otis, eski, yuvarlak, siyah emaye boyalı bir kömür mangalı getirmişti. "Sunağın işte" dedi gururla. "Dışarı koyabileceğin bir şey istemiştin. Herhangi bir şeyi tutuşturup yangın çıkarmadan, mumlarını ve tütsülerini burada yakabilirsin."

"Gerçekten de çok pratiksin" dedim. "Ve acıkırsam sosis de kızartabilirim."

"Ya da *hot dog*" dedi Jerry. Kimse gülmeyince omuz silkti. Garajda kimse V kelimesini söylemezdi; Mel dışında beni çok daha uzun süredir tanıyan ikinci insan olan Rennie bile. Jerry zaman zaman doğamla ilgili dolaylı şakalar yapardı ama onun yaşamasına izin verirdim. Şimdiye dek vermiştim.

Masanın üzerine bir paket çay poşeti bıraktı. "Senin için her şeyin en iyisi dostum."

"Teşekkürler" dedim. Jerry uzun boylu, iri yarı, kaslı biriydi; ince yapılı ve zayıf görünüşlü Otis ve Rufus'un aksine. Bir kavgada muhtemelen ona güvenebilirdim fakat asla sırtımı kollamasını istemezdim. Sonuçta, başka bir yerlerde bir sürü liderine sadakati bana olandan güçlü olabilirdi.

"Bütün bunlar ne için?" diye sordu Rufus. Rufus da bir biçim değiştirendi ancak Jerry'den farklı olduğunu hissediyordum. Kulakları Jerry'ninkiler kadar sivri değildi ama asla dolunayda gelmezdi.

"William'ın kahyasının yapmamı istediği bir voodoo ayini için. Sanırım beni daha güçlü kılacak."

"Ben de yapacağım" dedi Werm gururla. "Kendi doğal güçlerimi geliştirmek için."

"Evet, şey, bu konuda alabileceğin bütün yardıma ihtiyacın var gibi görünüyor, süslü çocuk" dedi Jerry.

Werm öfkeden kızardı ama çenesini kapalı tuttu ve en azından, şeffaflaşmamayı başardı. Bu küçük sıçana acıyordum.

Vampire dönüşmenin onu hemen sıkı biri yapacağını sanmıştı. Ama hiç de öyle olmamıştı. Zavallı sersem muhtemelen hâlâ geceleri plajda suratına kum yiyordu. Ona insanları ısırmaması için yemin ettirmiştim, dolayısıyla sadece isminde vampir olduğu için sızlanıyordu. Yine de vampir güçlerini serbest bırakarak şehrin altını üstüne getirmesinden iyiydi.

Werm aldığı diğer şeylerle birlikte tütsüleri masasının üzerine bıraktı. Rennie, Melaphia'nın verdiği listeyi eline aldı ve her maddeyi tek tek işaretledi. Beyaz rom, puro, sedir dalları, beyaz mumlar, tütsüler.

"Yiyecekleri kim alıyor?" diye sordu Rennie ve şişe dibi camlı gözlükleriyle diğerlerine baktı.

Otis küçük bir poşetle öne çıktı. "KFC'den bir tavuk budu" dedi. "Fazla kızarmış."

"Ben kendi adıma bir orijinal tarifçiyim" dedi Rufus.

"Ben de" dedi Rennie, ciddi bir tavırla. Listeyi bana uzattı.

Jerry kutsal bitkilere ve baharatlara tartan gözlerle baktıktan sonra haşlamayla yavaş kızartmanın avantajları arasındaki farklar üzerine bir tartışma başladı. Onlar kendi sohbetlerine dalarken Werm masanın etrafından dolaşarak bana kâğıtları uzattı.

"Benim bir züppe olduğumu düşünüyorlar" diye homurdandı.

"Kendine dikkat et" dedim, Rennie'nin bana verdiği kâğıdı katlayıp, diğer kâğıtlardan ayrı tutmak için gömlek cebime koyarken. "Aralarından üçü muhtemelen seni birkaç lokmada yutabilir ve kemiklerinle de dişlerini karıştırır."

Werm metaforik anlamda konuştuğumu düşünmüş olmalıydı çünkü omuz silkmişti. "Neden böyle adamlar hep bana yükleniyor?"

Kâğıtları elinden alıp karıştırmaya başladım. "Aynaya hiç baktın mı? Belki de sorun kulakmemelerindir."

"Bu adamlar neden tuhaf kokuyor? Ve neden koku alanlarına girdiğimde dişlerim sızlıyor?"

"Onlar biçim değiştiren" dedim. "En azından ikisi. Diğerini bilmiyorum. Bu, sana öğretmem gereken şeylerden biri; insan olmayan başkalarını nasıl tanıyacağını. Daha sonra bana hatırlat." Katlayıp arka cebime tıkmadan önce kâğıtlara baktım.

"Biçim değiştiren mi?" diye sordu Werm. "Benimle dalga geçiyorsun değil mi? Yani, kurtadamlar gibi mi?"

"Evet. Kurtadamlar gibi."

Werm adamlara tedirgin gözlerle baktı. "Ah, Tanrım! Dışarıda daha kaç tür... insan olmayan var?"

"Bir sürü. Dinle, bu varlığı sen seçtin değil mi? Küçük ve korunaklı insan yaşamın bitti. Artık gece yaratıklarından birisin ve kıçını tekmeleyebilecek adamlardan kurtulmak için, kıçını tekmeleyebilecek *başka türde* adamların arasına düştün. Ama bu kez, beyzbol sopaları kullanmayacaklar. Uzun, sivri dişleri var ve ya onlarla başa çıkmayı öğreneceksin ya da öleceksin. Karanlık tarafa hoş geldin dostum!"

Werm bu bilgileri hazmederek başıyla onayladı ve kendini topladı. Görünüşüne rağmen, aslında cesur biriydi. Hatta biraz zeki olduğunu bile düşünmeye başlıyordum. Eğer burnunu beladan uzak tutabilirse, gerçekten hayatta kalma şansı olabilirdi. En azından bir süre.

Werm konuyu değiştirerek sordu. "Mayalar hakkında neden bilgi edinmek istedin?"

"Boş ver." Werm'den, Mel'in bana dua edeceğimi söylediği loa Legba hakkında Internet'ten bir araştırma yapmasını istemiştim; bu süreçte, Maya tanrıçaları hakkında da bulabileceği şeylere bakmasını söylemiştim. Şimdi kendi ruhsal ayinim için voodoo sunağımı hazırlamam gerekiyordu. Connie'yle ilgili konuya yalnız devam edecektim.

"Sen de git ve şu ot tanrısına ya da Melaphia'nın sana söz ettiği her neyse, ona dua et."

Biraz neşelendi. "*Gerçekten* kutsal ot ve bitkilerin tanrısı. Sunum olarak yakabileceğim gerçekten güzel otlar var; hatta belki temas kurabilirim. Ama önce kendi ayinini nasıl yaptığını izleyeyim. Sonra kendiminkiyle ilgili daha çok fikrim olur."

Ona defolup gitmesini söyleyecektim fakat ona vampir konularıyla ilgili yeterince zaman ayırmadığım için zaten suçluluk duyuyordum. Biçim değiştirenlerle kaba bir tanıtım olmuştu çünkü onu geceleri karşılaşabileceği başka yaratıklara hazırlamayı düşünmemiştim.

"Benimle gel." Masanın üzerindeki malzemeleri mangalın içinde doldurdum, kapağını kapadım ve ayaküstü tartışmalarını diğerlerine bırakarak garajın arka kapısından dışarı çıktım. Mangalı güzel, düz bir yere yerleştirdim.

"Sırayla gidelim" dedim. Kapağı gevşetilmiş rom şişesini açıp havaya kaldırdım. "Bu *loa* Legba'ya" dedim, kocaman bir yudum alırken. Yuttuktan sonra etiketine baktım. Bu alıştığım roma benzemiyordu fakat bir şişeye ciddi şekilde saldırmayalı uzun zaman olmuştu. Benim tercihim JD burbondu. Şişeyi Werm'e uzattım.

Tiksintiyle kokladı. "Buna katmak için biraz kola getirmemi istemez misin?" diye sordu.

"Evlat, bu iki güzel içkiyi de mahvetmek olur. Artık bir vampirsin, sert çocuk. Sert adamlar gibi iç."

Werm bana şüpheli bir bakış atıp bir yudum aldı. Uzun bir süre öksürüklere boğuldu ve kurtulduğuna memnun bir şekilde şişeyi iade etti.

O mum paketini açıp bir tane yakarken ben de Jerry'nin getirdiği purolardan birinin arkasını ısırdım ve yere tükürdüm. Mumun aleviyle yakıp derin bir nefes çektim. Sonra, Werm mumların geri kalanını yakarken Melaphia'nın talimatlarını hatırlamaya çalıştım. Ama toplantıyla ilgili aklıma gelen ilk şey, Eleanor'un elini öptüğünde William'ın yüzünde beliren ifadeydi.

Cehennem ateşi ve lanet. Romdan koca bir yudum daha alırken bağırsaklarıma kadar inen o tuhaf yanma duygusunu hissettim. William'a, Olivia'nın, Diana'nın hayatta kalışıyla ilgili gerçeği açıklamaktan korkmuştum. Şimdi nasıl söyleyebilirdim? Eleanor'un dönüşümünden beri geçen günlerde, farklı bir ad... yani vampir olmuştu. Onu hiç bu kadar iyi görmemiştim. Toplantıda Werm'e bile sabırlı yaklaşmıştı; eğer bu da William'ın evrene karşı tutumunda bir değişimi göstermiyorsa başka neyin göstereceğini bilmiyordum.

Sonuçta... mutluydu.

Bu düşünceye şaşırdım. *William* ve *mutluluk* kelimesi asla aynı cümlede geçmezdi ama şimdi gözlerinde görebiliyordum. Ona bütün dünyasını başına yıkacak bir şeyi nasıl söyleyebilirdim? Bunu kendimi kurtarmak için yapmak istiyordum. Ama aceleye ne gerek vardı? Olivia'nın dediği gibi Diana ve William yüzyıllardır ayrıydı. Birkaç gün daha ne fark ederdi ki? Üzerinde yeterince uzun süre düşünürsem aklıma bir çözüm gelebilirdi. Sorunumun çözümü şişenin dibindeymiş gibi romdan bir yudum daha aldım.

Cebimdeki kâğıtları çıkarıp, mum ışığında *loa* Legba hakkında bulduklarını yüksek sesle okumaya başlayan Werm'e uzattım. "Burada, büyük erkeklik organı olan bir ilah olduğu yazılı."

"İşte buna içilir" dedim. "Eleanor'un evindeki kızlar bana böyle derdi ama pek kelimelerle değil, anlarsın." Şişeyi selamlarcasına kaldırdım ve bir yudum daha aldım. "*Loa* Legba'ya! Adamım benim! Tam bir asker gibi aletini omzuna atabilir." Hızla sarhoş olurken *omuz* ve *alet* kelimeleri ağzımdan peltek çıktı ve Werm güldü.

"Bu gece beslendin mi?" diye sordu Werm, şişeyi benden alırken.

"Hayır. Sen?"

Werm yüzünü buruşturdu, bir yudum aldı ve yüzünü yine buruşturdu. "Hayır." Werm şişeyi bana iade ederken hafifçe sallandı ve yine kâğıtlara baktı. "Kelimeler önümde dalgalanmaya başladı. Hey, vampirlerin sarhoş olabildiğini bilmiyordum."

"Kesinlikle olabiliriz." Bir yudum daha aldım. "Dişlerimiz ve damaklarımız üzerine bahse girebilirsin."

Werm bana hayretle baktı. "Haaarika!" dedi. Kelimelere, hiyeroglifleri deşifre etmeye çalışır gibi baktı. "*Loa* Legba'nın bastonlu ve çuvallı yaşlı bir adam olarak göründüğünü ve kapının gardiyanı olduğunu söylüyor."

"Ne kapısıymış o?"

"Bir dünyadan diğerine açılan kapı. Öyle diyor. Kartuşum tükendi." Omuz silkti. "Affedersin."

"Sorun değil. Melaphia'nın benim için yazdığı dua burada." Liste kâğıdını gömlek cebimden çıkardım ve arkasını çevirdim. Melaphia'nın düzgün el yazısı şimdi saçmalık gibi görünüyordu. Kelimelerden bazıları yabancıydı ve fonetik olarak okumuş olmasına rağmen, hâlâ çok azını anlayabiliyordum. Elimden geleni yapacaktım. Ne terslik olabilirdi ki?

"Pekâlâ, büyükbaba. Bu yürekten geliyor" dedim. Şişeyi Werm'e uzattım. Bir yudum daha aldı, başıyla onayladı ve geri verdi. Şişeyi kaldırdım ve sunağın üzerine bolca döktüm.

"Ah, seni selamlıyorum. Seni onurlandırıyorum. Ve senden…" Tekrar kâğıda baktım. "… kapıyı açmanı istiyorum. Evet, doğru, sanırım doğal vampir güçlerimi daha da büyütmeni istemem gerekiyor."

"Sanırım anahtar bu" dedi Werm. "Willyum ve Mela… Melph… Mel'in söylediği buydu."

"Evet" dedim. Şişeyi indirdim ve mangalın üzerindeki diğer malzemeleri elimle gösterdim. "Bütün bunlar senin için. Mumlar, sedir, tütsüler ve şu… tavuk ayağı. Şimdi şu eski kapını aç da güneş içeri girsin." Kişner gibi güldüm. Maman Lalee yardımcım olsun ama güldüm işte.

"Ne şekilde sevdiğini bilmiyorduk" dedi Werm ve o da kahkahalara boğuldu.

Kâğıtları bıraktım ve Werm'ün omzuna tutundum ama ikimiz de kahkahalar arasında yere yığıldık. "Hey!" dedi Werm. "Belki de şimdi uçmayı denemelisin."

"Uçmak mı? Canı cehenneme! Ayakta bile zor duruyorum." Yine bir kahkaha patlattım. Werm de bir çığlık attı. "Bunun içinde ne vardı ki?"

Werm biraz nefes alarak itiraf etti. "İçine en iyi otlarımdan biraz... kat... kattım." Kollarını iki yana açtı. "Bu benim, ke-ke-kenevirin efendisi..."

"Ayıldığımda hatırlat da seni öldüreyim."

O kadar gülüyorduk ki mumların alevleri titreşmeye başlayana kadar havadaki değişimi fark edemedik. Rüzgâr değişmişti ama dahası da vardı. Havada doğaüstü bir şeyler hissediliyordu. Çürümüş ve lanetli bir şey. Daha önce söylemiştim, tekrar söyleyeceğim: Bir *vampir* korktuğunda, eh, gerçekten ciddi bir sorun var demektir.

Bunu Werm de hissetmişti. Aynı anda gülmeyi bıraktık. İkimiz de öne eğilmiştik ve görüş seviyemiz tütsülerin ve mumların dumanıyla kesiliyordu. Yavaşça doğrulduk ve bunu yaptığımızda, birkaç metre ötede görece taze bir toprak yamasının kıpırdandığını gördük. Doğaüstü keskinlikteki kulaklarım, yerin altından gelen kazınma seslerini algılıyordu.

İkimiz de bir an sessiz kaldık. "Jack" dedi Werm, "bu da ne? Şuradaki toprak yamasının altından geliyor."

Alkolden bulanmış zihnim kendini toparlamaya çalışıyordu. "Şu bir Chevy Corsica büyüklüğündeki yamayı mı kastediyorsun?"

Werm anlamayarak bana baktı. Ben de anlamak istemiyordum ama yine de anlamaya başlıyordum.

Ah, hayır!

"Werm, düşünmeme yardım et. Az önce şu voodoo ruhundan ne istedik? Ondan *tam olarak* ne istedik?"

"Biz... biz... senin vampir güçlerini daha da büyütmesini istedik. Ve ruhlar âleminin kapısını açmasını. Neden? Bunda ne yanlış var ki?"

"Ah, lanet olsun!"

Werm hâlâ bana baktığından, topraktan çıkan ve Savannah'nın ay ışığı altında soğuk havayı pençeleyen çürümüş eli görmedi.

Bir süre önce kötü büyükbabam Reedrek, dostum ve Huey'i öldürerek büyük bir gösteri yapmıştı. Zavallı dostum, yanlış zamanda yanlış yerdeydi ve uzun lafın kısası, bir alabalık gibi içi oyulmuştu. Polisin işe karışmasını istemediğimiz ve Huey'in ailesi de olmadığı için eline bir kutu bira sıkıştırıp, sevgili Chevy'siyle birlikte gömmüştük.

Daha önce ölülerle yakınlığımdan söz etmiştim. Kısacası, hayaletler beni severdi. Aslında, Huey öldükten sonra bir kez beni garajda ziyaret etmişti ve diğer tarafta iyi olduğunu söylemişti. Sonra kendi işine dalmıştı. Öyle olması benim için iyiydi.

Ama bu değildi.

Werm ve benim karşımızda duran şey bir hayalet değildi. Bir zombiydi. *Ölülerin Gecesi* filminden fırlamış bir yürüyen ceset! Diğer bir deyişle, etiyle kemiğiyle, Huey! Çürümüş, kokmuş etiyle.

Werm bir çalılığın arkasına geriledi ve sessizce kustu.

Neler olduğunu anlamak için roket bilimcisi olmaya gerek yoktu. Ölülerle ilgili güçlerim -daha önce sadece iletişimle sınırlı olanlar- tam bir ölü canlandırıcı hal almıştı. Gerçekten de! Bir voodoo ilahı sayesinde, şimdi tay tay duran bir bebek zombiye sahip olmuştum! *İsteyin, size verilecektir!*

Huey, toprağı eşelemiş olan elini kaldırdı. "Selam Jack."

"Selam Huey."

Werm yanıma geldi. "Huey bu mu?"

"Evet, bu. Huey, bu da Werm."

"Selam Werm."

"Selam Huey" dedi Werm, sersemlemiş bir halde. "Jack, sanırım neyin ters gittiğini bil…"

"Evet, ben de."

Werm ve ben garaja doğru gerilerken Huey de peşimizden geliyordu. İçeridekiler çoğu gece yaptıkları gibi kâğıt oynuyorlardı. Ayin için puroları getirmiş olan Jerry, görünüşe bakılırsa herkese yetecek kadar getirmişti çünkü herkes biralarını yudumlarken bir yandan da puro tüttürüyordu. Werm ve ben önünde olduğumuzdan, masada her zamanki yerine oturana kadar Huey'i fark etmediler.

Masanın etrafındaki en komik durum şuydu ki canlı adamların hepsi ağızları açık halde hareketsiz kalmıştı ve aralarında sadece ölü olan kıpırdıyordu. Hepsinin açık ağızlarının köşesinde duran puroları kendiliğinden yere düştü.

Bir an için köpeklerin poker oynadığı şu ünlü tabloyu hatırlamıştım. Tablodaki köpekler kadar hareketsizdiler. Sonunda Huey bir ağız dolusu yeşilleşmiş dişlerini ve çürümüş dişetlerini göstererek sırıttı.

"Bana da kâğıt verin çocuklar" dedi.

5

William

Eleanor'la birlikte yeni Mercedes'e atlayarak, River Street'teki evinin durduğu yere gittik. Jaguar'ı ortadan kaldırmıştım. O arabayla ilgili çok fazla anı ve koku vardı: Reedrek, Shari ve hatta zavallı Huey. Bir de Olivia vardı. Sevgili patroniçemle birlikte yeni hayatıma başlamak için artık eski defterleri kapamıştım.

"Ah, William, muhteşem evimin yeniden inşa edildiğini görmek için sabırsızlanıyorum. Orada nasıl eğleneceğimizi bir düşünsene." Eleanor'un sesi neredeyse fısıltı gibiydi. "Oyunlarımızı özlüyorum. Zindanı hatırlıyor musun?"

Bir parçam çok iyi hatırlıyordu ve ilgiyle seğiriyordu. "Evet aşkım, hatırlıyorum." Olivia'yı yakışıklı kuğusunu önce ısırıp sonra becerişini izleyişimi hatırlıyordum. Sonra Eleanor'un ağzının, Olivia'nın ağzının... emişini. Neredeyse kanın kokusunu alıyor, dillerinin sıcak derim üzerindeki çekiştirmelerini hissedebiliyordum.

Eleanor'un eli kalçama kaydı. "Yeni zindan daha büyük olacak." Avucunu aletime sürttü. "Daha tehlikeli."

Elini yakaladım ve sertleşen tenime daha sıkı bastırdım. Ona cevap vermek istiyordum fakat daha sıkı tutup tırnaklarını kumaşın üzerinden hassas derime gömdüğünde, dişlerimin arasından derin, fısıltılı bir nefes aldım. Eleanor fantezilerime o kadar alışkındı ki çok dikkatli olmazsam beni aletimden tutup istediği yere sürükleyebilirdi.

Ve umursamazdım da.

İsteksizce, elini tekrar geri ittim ve pantolonumu düzelttim. "Arabayı kullanayım. Yoksa kenara çekeceğim ve komşuları gerçekten şaşırtacak şeyler yapacağım."

Eleanor gülümsedi. "Ben onları yıllardır şaşırtıyorum. Şimdi ünümü sonsuza kadar sürdürebilirim."

River Street'teki evin inşaatı iyi gidiyordu. Temel atılmıştı. Bölgedeki diğer binaların hepsinden çok daha büyük bir bodrumu vardı ve toprağa açılan metal bir kapı yerleştirilmişti. Müteahhit plana şaşırmıştı fakat ona bunun gerekli olduğunu söylemiş, istediğimi yapması için yeterince para ödediğimi hatırlatmıştım. Bilmediği şey ona zarar veremezdi. Evlerinin, kiliselerinin, sokaklarının ve binalarının altındaki gizli yer altı tünellerini ne kadar az insan bilirse o kadar iyi olurdu.

Eleanor ve ben, sunağı için topladığımız malzemeleri alıp, inşaat alanına doğru yönlendik. Bu hafta ana katın kirişlerini yerleştireceklerdi, dolayısıyla sunağın zaman içinde taşınması gerekecekti. Ama Eleanor'un güç yeri burasıydı; burada çalışan herkes üzerinde tam bir kontrolü vardı. Tabutu da buraya taşınacaktı... zamanı gelince.

Bodrumun, kapıdan pek uzak olmayan güneydoğu köşesini seçti. Ben beklerken ipek Japon tarzı sabahlığını yeni beton zemine yaydı. Sonra okyanus suyuyla doldurduğu büyük kristal bir üç beyaz yüzen mum yerleştirdi.

"Bana toprağı getirir misin?" dedi.

Metal kapıya gidip açtım. Savannah'nın kumlu toprağından iki avuç dolusu aldı. Bu toprak, yüzyıllardır orada yaşamış olanların kemikleri ve kanlarıyla zenginleşmişti. Eleanor toprağı almak için gümüş servis tepsilerimden birini uzattı. Tepsiyi sunağa yerleştirdi. Ben ellerimi silkeleyerek izlerken parmağını bir dişiyle deldi ve kendi kanından birkaç damla toprağa damlattı.

Melaphia'nın bahçesinden alınmış bir düzine beyaz kamelyayı, iki mükemmel çiğ fileminyonu ve bir şişe Cristal şampanyayı da ekledikten sonra Melaphia'nın listesi tamamlanmış oldu.

Tenindeki yılan dövmesinin zarafetiyle ayağa kalkıp bana yaklaştı.

"Şimdi beni yalnız bırakmalısın."

İçimdeki her şey karşı koyuyordu. Onu ölümsüzlerin cehenneminden çıkardığımdan beri hep bir arada olmuştuk. Henüz onu gözümün önünden ayırmaya hazır değildim.

"Burada kalırsam ne fark ed..."

Parmaklarını dudaklarıma bastırdı. "Melaphia, dikkatimi dağıtacağını söyledi."

Kendimi azarlanmış gibi hissettim. Melaphia kim oluyor da beni yargılıyordu ki? Eleanor'un bileğini tutarak elini indirdim. "Sessiz ve hareketsiz durabilirim."

Başını iki yana salladı. "Melaphia haklı. Seni içimde her

yerde..." -kolunu, göğsünü ve boynunu ovaladı- "...hissediyorum. Burada olduğunu bilirim. Daima bilirim."

Buna karşı çıkamazdım. Sadece kanla değil, güçle bağlıydık. Seviştiğimiz her seferinde, bağlantımız daha da güçleniyordu.

Eski öfkemden bir parça içimde yayıldı. Uzun zamandır kendi kurallarımı kendim belirlemeye alışmıştım... ve Melaphia'nın bizi eğitmesini de ben istemiştim. Ama bir okul çocuğu gibi köşeye gönderilmenin bunun bir parçası olacağı aklıma gelmemişti.

"Pekâlâ, gideceğim. Ama Deylaud'u sana bekçilik etmesi için göndereceğim."

Eleanor tatlı bir şekilde güldü. "Beni kendi başımın çaresine bakabileceğim kadar güçlü kıldın. Neden korunmaya ihtiyacım olsun ki?"

Haklı olduğunu biliyordum fakat sahip olduğum şeyleri ve etrafımdaki insanları daima korurdum. Eleanor birçok açıdan benimdi. "Korunma değil" dedim. "Nezaket."

Gülümsemeye devam etti. "Ah-ha. Şey, pekâlâ, seni mutlu edecekse Deylaud'u gönder." Kollarını boynuma doladı. "Mutlu olmanı istiyorum."

"Öyleyim" dedim, biraz yalan söyleyerek. "Deylaud da çok sevinecek."

"Benden hoşlanıyor gibi görünüyor."

"Hoşlanmak mı? 'Büyülenmiş' demek daha doğru olur. Beni sever ama sanırım senin için bana bile karşı gelir." Dudaklarına yumuşak bir buse kondurdum. "Ondan istediklerine dikkat et."

Dudakları iştahla benimkilerle birleşirken gülümsemesi kayboldu ve konuşmamın devamını getiremedim.

Tahminimde haklıydım. Deylaud, ben daha Eleanor'un yanına gitmesi gerektiğini söylemeyi bitiremeden ön kapıyı açıyordu. Reyha ona katılmayı teklif etmedi bile. Son zamanlarda aralarında sürtüşme vardı ama şimdi bununla ilgilenecek zamanım yoktu. Sonuçta kardeştiler. Bir noktada öpüşüp barışacaklardı ve kardeşlerin arasına girilmezdi.

Eleanor benden uzakta olduğundan, bu zamanı işe ayırabileceğimi düşündüm. Birkaç gün sonra Yeni Dünya'da şimdiye dek yapılmış en büyük vampir kongresini gerçekleştiriyor olacaktım. Reedrek yerini Avrupa'daki birine kesinlikle bildirmiş olacağından, gizlenmek artık bir seçenek değildi. Ayrı ayrı saklanmaktansa birlikte hazırlanmak daha iyiydi.

Zaman esastı. Reedrek yaklaşık bir aydır Avrupa'da değildi ve yaşlılar kendi aralarında bir arama grubu oluşturmuş ve hatta yola çıkmış olabilirlerdi. Jack ve ben Reedrek'i gömdüğümüzden beri geçen süreçte, ülkedeki her bölgeyi temsil eden vampirlerle bir kongre gerçekleştirmek için hazırlıklarla uğraşıyorduk.

Iban, Tobey ve Gerard'ın bu kadar kısa süre içinde Savannah'ya geri dönmek zorunda kalması talihsizlikti. Kışı Savannah'da geçirebilmeleri için tesisteki evimi ve personelimi kullanabileceklerini söylemiştim ama her birinin ilgilenmesi gereken kendi işleri ve kongreye katılmadan önce yapmaları gereken kendi hazırlıkları vardı.

Lojistikler artık tamamlanmıştı ve vampirler yaklaşık kırk sekiz saat içinde gelmeye başlayacaktı.

Bloody Gentry'deki mesajları kontrol ettim.

Teksas'taki RioRoho'dan bir mesaj: *Alamo'yu net bir şekilde hatırlayanlarımız var. Bu kez her şeye hazırlıklıyız. Bırakın gelsinler. 28'inde görüşürüz.* İmza: TRR.

Savaşçı olarak olmasa da Travis, Alamo'da bulunmuştu. Amerikalıları saran binlerce Meksikalı askerden payına düşeni almıştı. Sonrasında, herkesi memnun etmek için yerel bir insan ismi seçmişti: Efsanevi albayı onurlandırmak için Travis ve Meksikalı çoğunluğu yatıştırmak için Rubio. Ortadaki *R*'nin ne anlama geldiğini açıklamıyordu. Belki de hiç karar verememişti; sonuçta daha iki yüzyıldan az bir süre olmuştu. Sonuç olarak, vampirler karar vermek için istedikleri kadar düşünebilirlerdi. New Mexico'ya taşındığı yönünde söylentiler duymuştum; yoksa Arizona mıydı?

Bir cevap yazdım: *İstediklerinizin listesini gönderin. Hizmetinizdeyim. Thorne.*

Lucius'un New York'taki asistanı olduğunu bildiğim CENTRALPKVU'dan bir mesaj geldi: *Üç kişi için özel ve ayrı konaklama yeri istiyoruz; personel getireceğiz. Lütfen, böcekler, magandalar ve barbarlar olmasın. Lucius, Savannah'yı iyi hatırlıyor ve bütün bu on yıllar boyunca iki zeki insanla bir araya gelmeden orada nasıl hayatta kaldığınızı merak ediyor. Kendisinin bir hafta içinde sıkıntıdan öleceğini düşünüyor. Ben de şahsen meraklandığımı belirtmeliyim. Yönetici havalimanından uygun bir ulaşım aracına, taze kana (Lucius şu aralar at kanını tercih ediyor ama birkaç istekli, çekici kuğu da moralini düzeltmek için çok etkili olabilir) ve deniz manzarasına ihtiyacımız var.*

Deniz manzarası ha? Lucius daima ukala biri olmuştu ve birinci sınıf bir konaklama hizmeti beklediğini biliyordum.

Ama züppeliği bir kenara, onu bir kez daha görmek iyi olacaktı. Personelime, Hope Adası'ndaki evi hazırlamaları için talimat vermiştim bile.

Bir sonraki mesaj, İrlanda'daki sevkiyat müdürümden geliyordu:

Yerel birinden belli malzemelerin ulaştırılması için istek aldım. Henüz her zamanki talimatları alamadım. Bir sevkiyat bekliyor musunuz?

Sürprizlerden hoşlanmam; özellikle de işimle ilgili olanlardan. Çok az kişi bana bir şey söylemeden gemilerimden birine binmeye kalkacak kadar cüretkâr olabilirdi. İlk düşüncem Olivia'ydı -neredeyse her şeye cüret edebilecek biri olduğunu biliyorduk- ama Olivia ya benimle bağlantı kurar ya da kendisi ulaşımını sağlardı. Ve ondan son haber aldığımda, aksi yönde yolculuk yapacağını söylemişti. Bu ilginçti.

Müşteriye benim e-posta adresimi ver. Başka bir şey önerme. Bırak benimle bağlantı kursun.

Bu cephede yapabileceğim her şeyi yaptıktan sonra düşüncelerim doğal olarak Eleanor'a ve şehrin diğer ucundaki bodrumda neler olabileceğine kaydı. Asla sabırlı bir adam olmamıştım; en azından, Reedrek'in elinden öldüğümden beri. Ofisimden çıktım ve Melaphia'nınkilerin arasına yerleştirilmiş olan kendi sunağıma gittim. Mumları yakıp öylece durdum. Talimatları izleyip *orisha*ların önünde eğilmem gerektiğini biliyordum ama Eleanor'u görme dürtüm aşırı güçlüydü. Dizlerimin üzerine çökmek yerine, Eleanor'un saçlarından kesilmiş örgülü bukleyi elime aldım ve kemik kutusuna doğru yürüdüm.

Kutudaki kemikler dökülürken havuz karanlıktı ve yıldızlarla doluydu. Bir anda kendimi meşelerin arasında uçarken saçlarıma ve giysilerime sürünürken buldum. Sonra aniden, eskiden Eleanor'un evinin durduğu boş alanın üzerinde havada asılı duruyordum. Mum ışığıyla yansıyan yüzünü görebiliyor, sesini duyabiliyordum.

"Üzerinde yürüdüğümüz kemikler, soluduğumuz hava adına. Paylaştığımız kan ve acı çektiğimiz yıllar adına." Konuşurken beyaz bir şeyle -şeker ya da un- yere bir sembol çiziyordu. "Benden önce gelenleri onurlandırıyorum. Erzulie, bana gel. Bu beden senindir. Ben seninim." Bu vaatle, Eleanor eğildi ve alnını yere sürerek mırıldanmaya başladı. İlahisinde kelimeler olabilirdi ama tekrarlanan bir ağıt gibi birleşmişlerdi.

İlahideki hüzün, saplanan bir bıçak gibi göğsüme girdi. Öne atılıp ayini durdurmak, Erzulie'yi Eleanor'umdan uzaklaştırmak istedim; ancak, bu konuda söz hakkım yoktu. Melaphia'ya göre artık voodoo kaderimizdi ve içindeki gerçek yolumuzu bulmak zorundaydık.

Ateşle kararmış bir ağacın yakınlarındaki bir hareket dikkatimi çekti. İnsan biçimindeki Deylaud, dua ediyormuş gibi ellerini birleştirmiş halde diz çökmüştü. Omuzları titriyordu. Havada süzülüp yaklaştığımda, yanaklarından süzülen yaşları gördüm. Demek o da hissetmişti.

Eleanor'un kederli ilahisi bir an hıçkırıkla ritmini kaybetti. Onu yatıştırmak istedim. Ama yaklaşırken yardım edemeyeceğimi gördüm. Sunağın arkasındaki betondan minik damlalar gözyaşı gibi süzülüyor, hüzünlü yağmurlar gibi çiçeklerin üzerine dökülüyordu.

Erzulie, aşk ve sevgi *orisha*sıydı ama aynı zamanda trajedinin efendisiydi. Yenilenen bir öfke kıvılcımıyla birlikte, gerçek korkuyu hissettim. Neden Maman Lalee sevdiğim birinin trajedi sunağında kurban edilmesine izin vermişti? Yeterince acı çekmemiş miydik?

Düşüncelerimle rahatsız olmuş gibi, Eleanor doğrulup oturdu. Betona baktı ve taştan süzülen damlalar yavaş yavaş pembeleşip kızardı. Kan ve intikam damlaları, mahvolmuş kamelyaların üzerine cızırdayarak akıyordu.

"Hayır!" Eleanor'un kolunu tutup sürüklemek için bir hamle yaptım. Etrafındaki hava dalgalandı ama Eleanor kıpırdamadı bile.

Bir hırıltı tekrar denememem konusunda uyardı. Hâlâ insan biçiminde olan Deylaud, Eleanor'un yanına atlayarak dişlerini gösterdi; bu gerçekten ürkütücü bir görüntüydü. Havada asılı durduğum yere yakın bir noktaya bakıyordu; bir tehdit hissetmişti ama ne anlama geldiğini çözemiyordu. İkisi de beni göremiyordu. Ama Eleanor orada olduğumu biliyordu.

"Git buradan William!" diye fısıldadı. "Söz vermiştin. Beni yalnız bırak."

Bu sözler üzerine içim öfkeyle doldu. İkisini de asla isteyerek incitmezdim ama duygularım iyi niyetimin önüne geçerse neler olabileceğini kim bilebilirdi? Geçmişte, öfkemin beni intikama yönlendirmesine izin verir veya şiddetli bir ölümü hak eden bir kurban arardım. Neyse ki bu gece kabukların gücü beni ne yapılması gerektiğine karar vermekten kurtarmıştı. Belki de ne yazık ki demeliydim çünkü kendimi yine karanlıkta bulmuştum. İblisler dünyasındaki yoğun karanlık gibi değil, bir tabutun kapalı, boğucu karanlığı. Görme ihtiyacım, içimde bir güç yükselişine neden oldu. Ve şimdi damarlarımda kanını taşıdığım canavarı görebiliyordum. Kendimi ölümsüz düşmanım ve babamın yüzüne bakarken buldum: Reedrek.

Şaşkınlık sesi yolculuğa değmişti. Eleanor'la ilgili kararsızlığım zihnimin derinliklerine gömülmüş, öfkem bir pelerin gibi etrafımı sarmıştı.

"Berbat görünüyorsun" dedim, sesimde yapay bir neşeyle.

Reedrek zayıf çenesini oynattı ama söyleyecek uygun bir şey bulamadı. Kendimi daha da iyi hissettim. İyi kazanılmış bir intikamın tatlı olmadığına asla inanmayın. Reedrek'i bu şekilde alt etmiş olmak, üç insan yemekten ve bir hafta boyunca seks yapmaktan daha zevkliydi.

Gülümsedim.

Yüzü buruşmuştu ama içinde büyüyen umut ve mutluluğu hissedebiliyordum; benimle temas kurduğu için. Karanlıkta çapa demirlerinin ağırlığıyla tek başına kalmıştı; kilitli çelik bir tabutun içinde, üzerinde tonlarca ağırlığında kaliteli Georgia granitiyle ve Melaphia'nın tutsak edici büyüsüyle. Bizi öldürmeye çalıştığı geceden beri.

"Ge… geliyorlar" dedi zorlukla.

"Kim geliyor?"

"Hu… go."

Şaşkınlığımı göstermemek için yüz ifademi kontrol ettim. Reedrek herhangi bir şeyi nasıl bilebilirdi ki? Haydutlarıyla iletişim kuramayacak kadar uzaktaydı… tabii benim düşüncelerimden okumadıysa. Yine de ne olur ne olmaz diye onu kurtarmaya gelebilecek herhangi birinin üzerine yağdıracağım gazabı algılamasını sağladım.

"Gölün diğer tarafına geçmek isteyebilecek dostların için bir karşılama partisi hazırlıyoruz" dedim. "Sonuçta, bu güzel binanın üç köşesinde daha doldurulacak boş yerlerimiz var. Temellerine vampir yerleştirilmiş bir kan bankası; insanlar bile bu ironiyi takdir eder."

"Ne... istiyorsun... sen? Benim..." Zorlukla güldü. "... yardımımı mı?"

Bunu bir an düşündüm. Reedrek'in yardımını istemek, açlıktan ölen bir aslandan bir kuzuyu korumasını istemek gibi olurdu.

Ama ne istiyordum?

Acı çekmesini istiyordum.

"Sana bir hediyem var" dedim. Umudunun arttığını, onu serbest bırakacağımı umduğunu hissedebiliyordum. "Sana gösterecek farklı türde bir karanlığım var." Ben bunu söyledikten sonra kabuklar işe koyuldu. Daha görmeden iblisleri duymuştum; küçük havasız alanda toplanıyorlardı. Reedrek'in yaşamla ölüm arasına -Eleanor ve Shari'nin hayal edilemez dehşetlere tanık olduğu yer- bırakabileceği bir ruhu yoksa o zaman *loa* Ghede aracılığıyla ben cehennemi ona getirebilirdim. Tiksindirici babam için mükemmel bir işkenceydi bu. Sadece, Reedrek'in iblislerin yaklaştığını hissedeceği kadar bir süre orada kaldım. Ölümsüzlüğün avantajlarıyla birlikte sorunları da vardır. Onu öldüremezlerdi fakat aklına saldırılarını bitirene kadar muhtemelen kalbine bir kazık saplanıp acısından kurtarılması için yalvarmaya başlardı.

"Olivia'nın diyeceği gibi, hoşça kal!" diye seslendim. Tek cevap, tüyleri ürperten bir ulumaydı; eğer orada olsaydım benim bile tüylerim ürperebilirdi.

Jack

Huey'i elinden tutup yer altı tünellerinden geçirerek Melaphia'nın evine götürdüm; evde olmasını ve şu zombi durumuyla ilgili bana yardım etmesini umuyordum. Yanımda, iki yaşındaki bir sarhoş gibi sendeleyerek yürüyordu. Bunun nedeninin zombilerin gerçekten *Yaşayan Ölüler* filmindeki gibi yürümelerinden mi yoksa görememesinden mi kaynaklandığını bilmiyordum. Ve görememesinin nedeninin, zombilerin karanlıkta görememelerinden mi yoksa başına kesekâğıdı geçirdiğim için mi olduğunu da bilmiyordum. Elbette ki çuvala göz delikleri açmıştım.

Kafasına kesekâğıdı geçirmemin nedeni, tünellerin bir köşesinde sıcak bir gece geçirmeyi uman zavallı bir evsizi korkudan öldürmek istemememdi; tabii birini kokudan öldürmezse. Karanlıkta ilerlerken -ben elbette ki görmekte hiç zorlanmıyordum- Melaphia'nın, öldüğünde Shari'ye yaptığı gibi Huey'in cesedi üzerinde bir büyü yapabilmesi için dua ediyordum. Görünüşe bakılırsa son zamanlarda çok fazla dua ediyordum; özellikle de sonsuza dek lanetlenmiş bir iblis için.

Vampire dönüştürülme sürecinde ölmüş olmak, Shari'nin dünyevi bedenine ağır etki yapan başka bir sorundu. Hızlı çürümeye başlamıştı ama Melaphia birkaç ilahi söyleyip biraz ot serpmişti ve BAM! Cesedi biraz olsun toparlamayı başarmıştı. Aynı şeyi Huey için de yapabilirse en azından onunla ne yapacağıma karar verirken bana biraz zaman kazandırabilirdi.

Garajdakiler Huey'in beklenmedik bir şekilde tekrar ortaya çıkmasına o kadar şaşırmışlardı ki Huey pokerde birkaç el üst üste kazanmıştı. Bu daha önce hiç olmamıştı. Zavallı o kadar aptaldı ki asla kâğıtları dağıtandan kâğıt istemez, her zaman ilk başladıklarıyla oynardı. Bu kez diğerlerinin dikkatleri dağıldığı için onlar da kâğıt istememişti ve olasılıklar dengelenmişti. Bu Huey'in şanslı gecesiydi. Sadece pokerde kazanmakla kalmamış, aynı zamanda ben onu sonsuz uykusundan kazayla uyandırınca, gerçek anlamda piyangoyu kazanmıştı. Helal sana, Huey!

Werm, aynı gecede zombilerle ve kurtadamlarla uğraşmakta biraz zorlandığından, ona evine gitmesini söylemiştim. Garajdakiler sağ olsunlar, bazı seçenekler düşünebilmem için bana yardım etmişlerdi.

"İnsanlara onun cüzzamlı olduğunu söyle" diye önerdi Otis. "Dediklerine göre vücutlarının parçaları sürekli düşermiş."

Bu fikir Doritos ve Old Milwaukee'lerin vücutlarından üst yolla atılmasını sağlayacaktı neredeyse.

"Lanet olsun, Otis!" diye gürledi Rennie. "Çalışanlarımızdan birinin cüzzamlı olduğunu söylersek sence kaç tane müşterimiz kalır? Başkalarının onu görmesini engellesiniz bile zaman içinde kokusunu alırlar. İnsanlar arabalarının temiz kokmasını ister; bir aydır çürüyen leş gibi kokmasını değil."

Daha birçok öneri oylanmıştı. Rufus, Huey'in ağız ve burnuna bir bandana sarıp, insanlara hızlı ilerleyen veremi olduğunu söylememizi önermişti ama ona insanların tüberküloza cüzzamdan daha sıcak bakmadığını hatırlatmıştım.

O noktada, kendimi Melaphia'nın merhametine bırakmaya karar vermiştim. Önce, geri kalanını benim için toparlayabilsin diye voodoo ayininde ciddi şekilde çuvalladığımı itiraf etmek zorundaydım. Sonra tuhaflıklarımın, köpek pisliği ve Doritos karışımı gibi kokan bir hortlak türü yarattığını itiraf etmeliydim.

William'ın bodrumuna açılan tünele geldiğimizde, beni Melaphia'nın arka bahçesindeki mahzene çıkaracağını bildiğim bir dönüş yaptım. Kulübesi, William'ın malikânesinin eski hizmetkârlar bölümündeydi ve aynı avluyu paylaşıyordu. Hizmetkârlar bölümü olarak, her yıl Savannah'nın ev turlarında ziyaret edilmesi gereken yerlerden birini oluşturacak kadar görkemli ve tarihi bir yerdi.

William'ın avludaki bölümünü gösterişli bir demir parmaklık ayırıyordu; Melaphia'nın bölümündeyse çiçek açan çok çeşitli bitkiler vardı ve çoğu sarmaşık türüydü.

Mahzenin ahşap kapağını açıp dışarı baktım. Avlunun bu kısmını saran parmaklıklar gösterişliydi ama güzelliğin yanı sıra mahremiyet de sağlayacak şekilde yapılmıştı. Çiçekle dolu sarmaşıklar parmaklıkları ve canlı renkli, hipnotik kokulu yüksek bitkileri sarıyordu. Meşelere yakın büyüyen İspanyol yosunları, neredeyse sarmaşıklarla birleşecek kadar uzamıştı. Kendimi cennet bahçesine girmiş gibi hissettim.

Avlu daima böyle olmuştu; hatta Melaphia'dan öncekilerde bile. Kış ortasında büyümeyen çiçekler bile Ocak ayında da en az Mayıs ayında oldukları kadar güzel görünüyordu. Bu, burada yaşamış kadınların kuşaklar boyunca uzanan gücünün bir kanıtıydı. Bu ormanımsı mahrem alanın, kapalı alanlarda değil yıldızların altında yapılması gereken voodoo ayinlerini gözden uzak tutmak için olduğunu tahmin ediyordum.

Huey'e beklemesini söyledim ve mahzenin taş basamaklarını tırmanmak için hazırlandım. Tam o sırada evin arka kapısı açıldı ve Renee üzerinde okul forması ve sırtında en az kendisi kadar bir çantayla ortaya çıktı. Taşlık yürüme yolunda sekerek yürürken örgülü saçları her adımında zıplıyordu. Beni görmeden önce kapıyı kapamaya çalıştım ama çok geç kalmıştım.

"Selam, Jack Amca" dedi. "Arkadaşın kim? Neden başında kesekâğıdı var?"

"Ah, bu Huey. O bir… cüzzamlı."

"Oh!" dedi. Bir vampirle bir cüzzamlının annesinin mahzenindeki patatesler ve diğer şeyler arasında neden saklandığına şaşırdıysa da bunu belli etmedi. Dünyada geçirdiği dokuz yıllık yaşamında, Renee çoğu insanın yüz yılda görebileceğinden çok daha tuhaf şeyler görmüştü. "Dikkatli ol! Güneş neredeyse doğdu."

"Teşekkürler ufaklık" dedim. "Dikkat ederim."

Parmaklıkların arasındaki ince boşluklardan bir ışık gördüm ve anahtar üzerindeyken kapıyı açtığınızda bir arabadan çıkan *ding, ding, ding* sesini duydum. "Bu benim servisim" dedi Renee, sarmaşıkların arasında neredeyse görünmez durumda olan bir kapıdan çıkarken.

Renee'nin servise bindiğinden emin olmak için arka kapıdan başını uzatan Melaphia, beni yarı belime kadar mahzenin içinde görerek şaşırdı. "Jack, burada ne işin var? Yanındaki de kim?" Parlak ipeklilerden yamalarla oluşturulmuş rengârenk Afrikalı tören cüppesiyle evden çıktı.

"Ah, bu… Huey."

"Neden başında kesekâğıdı var?"

"Şey, eee…" Artık gelmiş olmama rağmen, nasıl başlayacağımdan emin değildim.

"Dur! *Huey* mi? Birkaç hafta önce *öldürülen* Huey mi?"

Huey el salladı. "Selam" dedi, boğuk bir sesle. "Tanıştığımıza sevindim hanımefendi."

Ellerimi önümde kenetleyerek Melaphia'ya baktım. "Bu o."

"Jack! Seni sersem! Ne yaptın sen?" Melaphia yaklaştı ve karanlıkta daha iyi görebilmek için gözlerini kısarak Huey'e baktı.

"Bir kazaydı! Yemin ederim! Voodoo tanrısına dua ettim ve ondan vampir güçlerimi artırmasını istedim, böylece belki uçmayı daha iyi becereririm diye düşünüyordum. Ama daha ne olduğunu bile anlayamadan, Huey bir Mart nergisi gibi başını mezardan çıkarıverdi."

Melaphia yüzünü buruşturarak gözlerini kapadı. "Ölülerle olan güçlerin. Büyüyen güçlerin onlar oldu. Söylesene, töreni nerede yaptın?"

"Garajın arka tarafında" diye itiraf ettim.

"Huey'in gömülü olduğu yerin yanında mı? Ah, Jackie. Çalıştığım güçlerin çok büyük olduğunu sana kaç kez söylemem gerekiyor? Onları kullanırken çok dikkatli olmalısın."

"Biliyorum, biliyorum. Çuvalladım. Berbat ettim. Ama şimdi onunla ne yapacağım?"

Melaphia kendini topladadı. "Ona bir bakayım."

Kesekâğıdını Huey'in başından çekip aldım. Gözlerinden biri çarpılmıştı ve artık diğeriyle aynı yöne bakmıyordu. Bu onun için iyi bir görüntü değildi; hoş, kim için olurdu ki?

"Ah, Tanrım!" diye haykırdı Melaphia.

Kesekâğıdını zavallı adamın başından aşağı tekrar geçirdim. Bir yürüyen ölü olması, duyguları olmadığı anlamına gelmiyordu. "Eh, ne bekliyordun ki? O bir zombi!"

"Bir zombi olduğunu ben de biliyorum! Lanet olsun, ben bir voodoo rahibesiyim. Gördüğümde bir zombiyi tanırım!"

"Mel, sakin ol! Bana yardım etmelisin. Shari'ye yaptığın gibi ona da bir şeyler yapamaz mısın? Belki daha fazla çürümesini engelleyecek bir ilahi ya da büyü filan?"

Melaphia kendini toparlayarak başka tarafa döndü. "Ne yapabileceğime bakacağız ama zamana ihtiyacım var. Onu garaja geri götür ve ofisine kilitle. Ben biraz ot toplayacağım, malzemeler alacağım ve metinlere bakacağım. Connie'yle işimi bitirir bitirmez hemen gelirim."

"Connie mi?" Bu adı duyunca nefesim kesildi. "Buraya mı geliyor?"

"Evet. Ona gidip konuştum ve bir tür… tam olarak gündoğumunda gerçekleşecek bir kurtlarla-dans-eden-kadın ayini yapmaya ikna ettim. Sonuçlar, onunla ilgili neyle karşı karşıya olduğumuz konusunda daha çok bilgi verecek."

"Neyle karşı karşıya olduğumuz mu? Bu daha Connie'nin güçlerinin kendisi için değil de bizim için anlamını algılamak gibi geldi" dedim huzursuzca.

"'Biz' dediğimde, Jack, *sen* demek istiyorum. Sana daha önce de söylediğim gibi senin için bir tehlike oluşturabilir ama ayin tamamlanana kadar bunu bilemeyeceğim. Hatta belki o zaman bile."

"Onu buraya gelmeye ikna ettiğine inanamıyorum."

"Sanırım bunu sadece benimle daha yakın tanışmak için yapıyor."

"Bunu neden yapsın ki?"

"Çünkü seninle yakın olduğumuzu biliyor. Bana seninle ilgili bir sürü soru sordu. Onunla ayrılmak için son kez evine gittiğinde neler oldu?" Melaphia bana şüpheli gözlerle baktı.

"Eee, hiçbir şey, hiçbir şey olmadı. Sadece ondan ayrıldım ve dediğin gibi tılsımı geri aldım."

"Ah-ha" dedi Mel, söylediklerimin tek kelimesine bile inanmadığı açıktı. Ama konuyla ilgili konuşmaya hazır olmadığımın da farkındaydı. Belki de asla olamayacaktım. Connie'nin benimle ilgili neler sorduğunu bilmek istiyordum fakat Mel'in sorularını cevaplamak istemiyordum.

"Jack, bu onun için çok hassas bir dönem. Bu yüzden onu rahat bırak. Şimdi git artık ve şu yürüyen cesedi de yanında götür."

Anahtarlığımı cebimden çıkardım ve ofisimin anahtarını diğerlerinden ayırdım. Melaphia'ye vermek üzereyken Huey araya girdi. "Acıktım, Jack" dedi, acıklı bir sesle.

Şaşkınlıkla Melaphia'ya baktım. "Gerçekten insan beyni filan yemiyorlar, değil mi?" diye sordum. Gözlerini devirdiğini gördüğümde biraz sinirlenerek konuştum. "Hey, gerçekten. Gidip de herhangi bir marketten zombi maması alamam, değil mi?"

Melaphia iç çekti ve bana artık sabrı taşıyormuş gibi baktı. "Et yerler ve ne türde olduğuna aldırmazlar. Git birkaç paket domuz eti filan al. İstediği kadar yemesine de dikkat et."

"Öyle mi? Stoklar tükenirse ne olur?"

"Şöyle diyelim: Müşterileri kemirmesini engellemek için bir ağızlık almak zorunda kalabilirsin."

"Ah, Tanrım!"

Melaphia ellerini göğsüme dayadı ve beni nazikçe itti. "Haydi, git artık. Connie her an gelebilir ve onun dikkatini dağıtmanı istemiyorum. Huey'i birkaç butla ofisine kilitle, evine git ve biraz uyu. En çabuk şekilde gelip ne yapabileceğimize bakacağım. Endişelenmemeye çalış."

"Teşekkürler Mel. Sana borçluyum."

"Evet. Ve borcun giderek artıyor."

Elimi Huey'in başının üzerine koydum ve nazikçe bastırarak taş basamaklara oturmasını sağladım. Sonra tahta kapağı üzerimize kapadım. "Sana birazdan kahvaltı bulacağım dostum. Gerçekten" dedim. Avluya bakmak için döndüm, dizlerimin üzerine yerleştim ve kapaktaki bir çatlaktan avluya baktım. Gündoğumuna yakın dışarıda yakalandığım her seferinde olduğu gibi dişlerim sızlamaya başladı.

Connie, Renee'nin kullandığı kapıdan girdi. Gece vardiyası yeni bitmiş olmalıydı çünkü üzerinde hâlâ üniforması vardı. Melaphia onu bahçenin ortasındaki bir yapıya götürdü; bu, daha önce fark etmediğim bir yapıydı. Piramit oluşturacak şekilde tepede birleştirilmiş, temelde ayrık üç ahşap direkten oluşan bir şeydi.

Doğaüstü işitme yeteneğimi odaklayarak söylediklerini duymaya çalıştım. Parmaklıkların dışındaki kaldırımdan geçenler tarafından duyulmamak için fısıltıyla konuşuyorlardı. "Pekâlâ" dedi Connie. "Söylediklerini yapacağım ama bütün bunlar bittiğinde, Jack McShane'le ilgili soracağım sorular var."

"Anlaştık" dedi Melaphia ve doğuyu, göremediğim ufuk çizgisinin üzerinden yükselen güneşin pembe ve mor parmaklarını işaret etti.

Demek Connie, Melaphia'ya benim hakkımda sorular soracaktı. Deneyebilirdi. Mel ve ondan öncekiler, kuşaklar boyunca hortlakların -ve kendi voodoo gizlerinin- sırlarını saklamıştı. Connie gibi sıkı bir polis bile onu konuşturamazdı.

Connie şapkasını çıkardı ve gür, parlak saçlarını salladı. Melaphia'nın kendisine verdiği talimatları anladığını belli etmek için başıyla onayladı. Mayaların bir güneş tanrısına tapınıyor olması ve ayinin bu yüzden gündoğumunda yapılması gerektiğiyle ilgili bir şeylerdi. Werm'ün getirdiği çıktıları okuyacak zamanım olmamıştı; hoş, onları okumuş olsam da birazdan olacaklar konusunda bir fikrim olacağını sanmıyordum.

Mel sakince Connie'ye giysilerini çıkarmasını söylediğinde -hepsini- ağzım sulandı ve kasıklarım karıncalandı. Şapkasını dikkatle yere bıraktıktan sonra Connie bluzunun düğmelerini açmaya başladı. Sağ tarafta bir hareket oldu ve Huey'in dönmüş olduğunu, onun da izlediğini gördüm. Kesekâğıdının kenarını tutarak çevirdim ve göz oyuklarını başının arkasına getirdim. Zombi Huey, normal Huey'den bile daha gerzekti. Kesekâğıdını nasıl eski haline getireceğini bulmak en az yirmi dakikasını alırdı.

Connie'ye tekrar baktığımda, sutyenini çıkarıyordu. Ufuk çizgisinin üzerinde henüz yükselmiş olmamasına rağmen, güneş şimdiden gözlerimi acıtıp sulandıracak kadar ısınmıştı. Göğüsleri, kendi zihinleri varmış gibi esnek kılıflarından dışarı fırladı ve parmaklarım onlara bir kez daha dokunma arzusuyla tutuştu. Göğüsleri biçimli ve iriydi; pembe uçları soğuk Ocak havasına tepki vererek sertleşmişti ve sanki emilip yalanmak için yalvarıyorlardı. Daha iyi görebilmek için başımı eğdim.

Ayakkabılarının bağcıklarını çözüp çıkardıktan sonra çorapları onları izledi ve arkasından kemerinin tokasını çözmeye başladı. Nefes almayı unutmuştum. Üniforma pantolonu çıkınca, kenarları dantelli beyaz külotuyla kaldı ama o da uzun süre kalmadı. Çırılçıplak kaldığında derin bir iç çekerek kollarımı vücuduma doladım; öyle güçlü bir arzu duyuyordum ki zevkten çok acıya yakındı. Connie, hayatımda gördüğüm en mükemmel vücuda sahipti.

Melaphia ona piramidin altında diz çökmesini söyledi ve vücuduna otlar serpmeye başladı. Connie ellerini birleştirerek, bir ilahide Melaphia'ya katıldı. Ritmi algıladım ve durduğum yerde dizlerimin üzerinde salınmaya başladım.

Güneş ufuk çizgisine biraz daha yaklaşmıştı ve daha da rahatsız olmuştum ama oradan ayrılamıyordum. Yanına gidip ona sarılmak, hizmet ettiği güneş tanrısına kendimi kurban edercesine güneşte yanana kadar öyle kalmak istiyordum. Onun için küle dönüşmeye değerdi. Connie güneşin çocuğuyken ne demeye ben gece yaratığıydım ki? Bir adalet bekçisi olarak geceleri dolaşsa bile ışığa ait olduğu açıkça görülüyordu. Güneş ışınları Connie'nin doğal bronz teniyle birleşiyor, onu gerçekten bir tanrıça gibi gösteriyordu.

Yükselen güneşin ilk birkaç ışını, bahçeyi ve içindeki her şeyi altın rengi bir ışıkla sarmıştı. Şimdi onu daha net görebiliyordum ve yüzümdeki, boynumdaki yakıcı acıya değerdi. Başının tepesinden zarif kavisli kaşlarına, geniş elmacık kemiklerine, yay gibi dudaklarına ve zarif boynuna kadar bir kez daha onu bakışlarımla içtim.

Göğüslerine ve kadınsı kalçalarına bakarken yine iç çektim. İşte, Connie'nin dairesindeyken beni duvara fırlatan ve elimi yakan şu lanet olasıca doğum lekesi de oradaydı. Sabah güneşinin ışıklarını emiyor ve kendi aleviyle parlıyor gibiydi. Melaphia da görmüştü. Korkuyla yutkundu ve eliyle ağzını kapadı.

Connie'nin normalde mükemmel olan vücudundaki diğer kusuru o zaman görebildim. Karnının alt kısmındaki bir yara izi. Bir zamanlar tam olarak öyle bir yara izi taşıyan bir kız arkadaşım vardı; dilimi üzerinde gezdirmeyi sevdiğim pürüzsüz bir çizgi. İki kadının da aynı yara izini taşıyor olması tuhaftı. Wanda o yara izinin ne olduğunu söylemişti? *Ah, Tanrım!* Sezaryen kesiği! Şaşkınlıkla bakakaldım.

Connie'nin bir çocuğu vardı!

6

William

Perşembe günü, Cuma gecesi Granger'ların evinde verilecek bir kış partisi için davet geldi. Eski dostum Tilly daima partileri severdi ama bugünlerde nadiren dışarı çıkıyordu. Yüz yaşına yaklaşırken yaşlılık onu biraz yavaşlatmaya başlamıştı ama Orleans Meydanı'ndaki malikânesine birilerini davet etmesine engel oluşturmuyordu. Davetin bu kadar geç gelmesi, alışkanlıklarına da uyuyordu. Tilly, günde yaşamayı severdi ve çok uzak gelecek için planlar yapmazdı.

Dün geceki dersler ve uyarılardan sonra voodoo kurallarından ve ayinlerinden gerçekten sıkılmıştım. Artık benim ve ev halkımın değişiklik olsun diye normal yaşama dönme zamanımız gelmişti. Şey, en azından ölümsüz kan emicilerin olabileceği kadar normal. Melaphia listeleri ve emirleriyle müdahale eden kadar Eleanor'u tamamen kendime ayırmıştım. Şimdi yeni eşimi dünyaya göstermek, onu daha geniş çevrelere ve Yeni Dünya'ya gelişiminden beri bir şehirde toplanmış en büyük vampir kongresine hazırlamak istiyordum.

Tilly'nin partisi mükemmel bir fırsat olacaktı.

İngiliz Ton'la aynı seviyede olmamasına rağmen Savannah'nın sözde yüksek sosyete hanımları Eleanor'u onaylamayabilirdi. Ama arkasında benim param ve nüfuzumla Tilly'nin daveti olunca, onu asla reddedemezlerdi. Her şey gerçek işimizden iyi bir uzaklaşma olacaktı. Yeni Dünya vampirlerinin ilk temsilcileri gelmeden önce sadece birkaç günümüz vardı.

"Ama William, ne giyeceğim?" Eleanor, Tilly'nin sürpriz partisinden dolayı biraz gerilmiş gibiydi.

"Yardım balosunda gayet güzel görünüyordun."

"O zaman elbiselerim vardı. Neredeyse sahip olduğum her şey o yangında kül oldu."

Bunu unutmuştum. Onu çıplak tercih ettiğimden, yeni giysiler ayarlamayı da akıl edememiştim. "Yenilerini alırız" dedim. "Ne istersen."

"Ama bir mağazaya gidip nasıl deneyeceğim ki?"

Cevap veremeyince koluma girip beni banyoya sürükledi. Aynada aksinin olmaması ne demek istediğini anlatmak için yeterliydi.

"Görüntümü bu kadar özleyeceğim hiç aklıma gelmemişti." Başını iki yana salladı ve kollarımda bana döndü. "Internet'ten alışveriş yapacak zamanımız yok. Eğer gerekiyorsa sen git. Ben evde kalsam daha iyi olur."

Birkaç saat için bile olsa hiçbir şeyin aramıza girmesine izin vermemeye kararlıydım. "Ben hallederim."

Aslında o kadar zor değildi. İnsanlar zenginlerin tuhaflıklarına alışkındı. Ayrıca, ünüm yaptığım her şeyde benden önde gidiyordu. Dolayısıyla, şehirdeki en pahalı butiklerden biri olan Taylor&Wright'ı aradığımda ve normal mesai saatinden sonra özel bir alışveriş seansı istediğimde, hemen kabul ettiler. Birçok ünlünün benzer şekilde özel muamele istediğini bir yerlerde okumuştum. Puffy veya Paris adında biri aradığında kaprislerine boyun eğiliyorsa aynı şeyi bize de yapabilirlerdi. Daha da ileri gidip limuzinimin hazırlanmasını emrettim; kâhyam Chandler şoförlüğümüzü yapacaktı. Konu insanları etkilemeye geldiğinde, sunum savaşı yarı yarıya kazanmaya yeter. Diğer yarısı da paradır.

Bu bir macera olacaktı.

Mağazanın önüne yanaştığımızda Eleanor hâlâ gergindi. "Ama ya bizde bir terslik olduğunu sezerlerse?"

Elimi yanağına koydum. "Öncelikle..." Gözlerine baktım. "Sende terslik filan yok. Muhteşem görünüyorsun. İkincisi, ayna sorununu da çözdüm."

"Ama..."

"Göreceksin. Şimdi alışveriş yapalım, ha?"

Chandler limuzinin kapısını açtı ve mağazanın önünde bekleyen saygın beyefendiye doğru yürüdük.

Kapıyı bizim için açtı. "Bu akşam sizi görmek çok güzel, Bay Thorne ve Bayan..."

"Dubois" dedim.

Kendini tanıttı. "Ben Cornelius, mağaza müdürüyüm." Yarı karanlık mağazanın içinde tasarım bölümüne doğru adamın peşinden giderken devam etti. "Bay Thorne'un belirttiği ölçülerde birkaç şey getirttim. Hepsi terzi salonunda. Diğer konuyla da ilgilendim."

Eleanor elimi tutup sıktı. Kendimi tutamayarak gülümsedim.

Mağazanın iyi aydınlatılmış bölümüne geldiğimizde Eleanor durdu. Dikkatini çeken şey giysi rafları veya iki tezgâhtar kadın değildi; ortamdaki aynaların hepsinin üstü örtülmüştü.

"Bunu nasıl yaptın?" diye fısıldadı Eleanor.

Kulağına eğildim. "Ah, onlara aynalardan nefret ettiğini ve giyim mağazalarındaki aynaların hepsinin seni olduğundan beş kilo daha şişman gösterdiğini düşündüğünü söyledim."

"Ah, sana inanamıyorum!" Eleanor güldü.

Omuz silktim. "Seni memnun etmek onların yararına. Bu doğru değil mi, Bay Cornelius?"

"Kesinlikle." Gülümsedi. "Hanımlar?"

Bu söz üzerine tezgâhtarlar Eleanor'a yaklaştı. Bugün modernlerin deyimiyle 'yıkılana kadar alışveriş yapmak' için. Geçmişte yeni bir gardırobun tamamlanmasının haftalar sürdüğünü bilselerdi; belki de hiç şikâyet etmezlerdi. Ama geçmişin de kendine göre belli avantajları vardı; örneğin, masada yeterince kazanç olduğu takdirde, bir terzi gerektiği takdirde müşterisinin evine bir süre için yerleşebilirdi.

Rahat bir koltuk bulup yerleştim ve Eleanor'un değişimini izlemeye başladım.

Üç saat sonra, Chandler aldıklarımızı limuzine taşırken Bay Cornelius'un elini sıktım. Siyah AmEx kartımı kullandıktan sonra elimin soğukluğunu hissettiğini bile sanmıyorum. Asırlar gelip geçse de insanların iş yaşamı asla değişmeyecek.

Eleanor'un arabaya binmesine yardım ederken yardımcılarımdan biri gölgelerin arasından çıktı.

"Ah, çok özür dilerim... eee, bağışlayın..." Werm önce bana sonra Bay Cornelius'a baktı. Müşteri hizmetlerinde uzman biri olarak Bay Cornelius tepkisini kontrol etti. Ama mutlu görünmüyordu. Sanırım bir grup sokak serserisinin saldırısına uğrayacağımızı sanmıştı.

"Endişelenmeyin. Bu bir... arkadaşımız." Cornelius'u yatıştırdım. "Kendisi... müzik sektöründe çalışıyor." Adam başıyla onayladı ve söylediklerim son derece mantıklıymış gibi düşüncelerini akşamın kazancına odakladı.

"Müzik sektörü mü?" diye tekrarladı Werm, mağaza müdürü yanımızdan uzaklaştığında.

"Görünüşünü başka nasıl açıklayacaktım? Siyah ve deliklerle dolu olmayan giysilerin yok mu hiç?"

Werm kendi kıyafetlerine baktı. "Sanırım müzik sektörü iyi bir açıklamaydı." Gülümsedi.

"Teşekkür ederim. Şimdi... burada ne işin var?"

Gülümsemesi kayboldu. "Ah, Melaphia beni cep telefonumdan aradı ve sizi bulmam için gönderdi. Aslında, tam olarak şu sözleri kullandı: Bembeyaz cılız kıçını kaldır ve..."

Elimi kaldırarak onu susturdum. "Ve beni arıyor çünkü...?"

"Konuklarınızdan bazılarının geldiğini söyledi. Tesis denen bir yerdelermiş."

"Arabaya bin."

Werm arabaya binip Eleanor'un yanına oturmak için bir hamle yaptığında, onu ceketinden yakaladım ve ön tarafa doğru ittim. Arabaya yerleşip hareket ettiğimizde, ona beni aydınlatma fırsatı verdim.

"Melaphia kimin geldiğini söyledi mi?"

"Hayır."

"Jack nerede?"

"O, şey, en son gördüğümde garajdaydı" diye cevap verdi. Üzerinde kısa, kalçalarını tam saran bir etek ve ipekli bluz olan Eleanor'a baktı. Vücudunun kenarları şeffaflaştı. Ciddi şekilde vurulmuş bir âşık daha. Daha yakında otursa, yeni dişleri zangırdayana kadar onu silkelerdim.

Bu bizi hiçbir yere ulaştırmıyordu. "Chandler" dedim, şoföre. "Lamar'ı…"

"Sizinle gelemez miyim? Şehirdeki yeni vampirleri görmek istiyorum. Ya bazıları…" -bakışları tekrar Eleanor'a döndü- "…kızsa?"

"Seni hayal kırıklığına uğratacağım için üzgünüm ama bildiğim kadarıyla grupta hiç ölümsüz dişi olmayacak. Ve onları göreceksin" dedim. "Ama bu gece değil. Şimdi, seni nerede bırakalım?"

Pencereden dışarı, binalara baktı. "Sanırım Club Nine olur. Belki orada birkaç arkadaşıma rastlarım."

"Lamar'ı Club Nine'a bırak, sonra da bizi eve götür" dedim.

"Erken gelmişsiniz" dedim, Iban'a sarılırken.

"Evet, şey, nedenlerim var." Yanındaki insana döndü. "Bu Sullivan, prodüksiyon asistanım."

Sullivan'ı selamladım. İnsan olsun ya da olmasın, Iban güveniyorsa ben de güvenirdim. "Evime hoş geldiniz."

Ve Eleanor'u tanıştırdım.

"Sanırım son ziyaretimde tanışmıştık" dedi Iban eğilerek. Sonra Eleanor'un elini tutup dudaklarına götürdü. "Ama o zamandan beri birçok şeyin değiştiğini görüyorum. Sizi tekrar görmek bir zevk." Gözlerindeki parıltı, benim için fazla sıcaktı. Eleanor'u salonda bir koltuğa yönlendirmek için dönmeden önce kaşlarını kaldırarak bana baktı.

Aralarına girdim. Eleanor'un elini Iban'ınkinden ayırarak konuştum. "Kıta'dan birilerini getirebilirsin ama Kıta alışkanlıklarını ondan alamazsın."

Iban güldü. "Umarım gücendirmemişimdir" dedi. "Ah, sonuçta daima güzelliği takdir eden biri oldun dostum. Bu kadar iyi görünmene sevindim. Yeni yaşamın da seninle aynı fikirde, değil mi?"

Kanepeye oturmasına yardım ederken Eleanor'un gözlerine baktım. Gülümsedi. "Evet" diye cevap verdim. "Öyle. Şimdi, otur da bana haberlerini ver."

Chandler içki servisi yaparken Iban bana California'da kalanlarla ilgili gelişmeleri anlattı.

"Haberi yaydık ve senin için gerçek tehdidin ne olduğunu anlayana kadar hamlelerimizi asgaride tutuyoruz. Gerekirse, birkaç saat içinde Savannah'da yirmi kişiyi toplayabiliriz."

"Marin'deki çiftliğinden ne haber? Seni bulmak için en açık yol orası."

Iban güldü. "Ah, evet. Ama çiftlik iyi korunuyor. Sadece yavrularım tarafından değil, hayranlarım tarafından da. Filmlerimin başka bir türle iletişim için nihai araç olduğunu düşünen birçokları var."

"Sen söyleme. Vampir olmak istiyorlar, değil mi?"

"Bazıları zaten olduklarını düşünüyor" diye ekledi Sullivan. "Geceyarısı Sürücüleri denen bir motosikletli grup var. Onları 2000 yılında *Güneş ve Ay* filminde kullanmıştık. O zamandan beri, Iban'nın ihtiyacı olan her şeyi karşılamayı görev bildiler."

"Ve ihtiyacım olmayan şeyleri de." Iban başını iki yana salladı ve eliyle baştan savan bir hareket yaptı. "Bir beyefendi, düzenli olarak getirdikleri türden... dişi... hediyeleri öylece kabul edemez. Kapıma getirdikleri her güzel kadınla, ifadem için bağışlayın, yatsaydım şimdi olduğum vampirin sadece gölgesi olarak kalırdım.

"Ama benim hakkımda bu kadar konuşmak yeter" diye devam etti Iban. "Diğerlerinden neler duydun?"

"Kuzey Amerika'daki kolonilerden biri dışında hepsiyle iletişimdeyim. Temsilcileri yolda. Cumartesi akşamı yeterli sayıya ulaşmış oluruz."

"Babandan ne haber?"

Reedrek'in iblis cehenneminde nasıl kıvrandığını düşündüğümde, öfke ve korku dolu çığlıklarını neredeyse duyuyordum. Daha önce onun tehlikeli olduğunu düşünmüşsem o iyi gizlenmiş mezardan kaçtığı takdirde iki katı tehlike oluşturacağı şüphesizdi. "Onu koyduğumuz yerde dinleniyor. Jack'in diyeceği gibi şartlı tahliye olasılığı olmadan müebbet."

"Karşılaşmak zorunda kalabileceklerimizle ilgili bir bilgimiz var mı?"

"Olivia, Cumartesi gecesi uydu bağlantısıyla rapor verecek. Daha uzaktaki klanlardan birinin içinde bir casusu olduğunu söylüyor. Reedrek'le bağlantıları olan biri."

"Ah!" Iban yarı boşalmış kan kadehini bıraktı. "Adı bile midemi bulandırıyor. Benim de meydan okumam gereken kendi babam var."

Iban sessizleşti. Geçmişi ve babası Thanatos adında kendisine yapılan bazı korkunç şeyleri düşündüğünü biliyordum.

"Savaşlar tek tek dostum. Unutma, birbirimizin müttefikiyiz. Hiçbirimiz acı geçmişimize dönmek istemeyiz. Geleceğimiz burada."

"Thanatos'la uğraşmaktansa cehennemde yanmayı tercih ederim." Bir anlık sessizlikten sonra Iban karanlık düşüncelerinden kendini kurtardı. Eleanor'a bakarak gülümsedi. "Üzgünüm. Akşamımızı ve yeniden buluşmamızı bu tatsız şeylerle bozmak istemezdim." Bana baktı. "Jack nerede? Sullivan'ın onunla tanışmasını istiyordum."

Jack

Melaphia'nın Huey'le neler yaptığını görebilmek için günbatımından hemen sonra garaja koştum. Ölüleri kullanmaktaki ustalığı, Huey'in geleceğindeki farkı yaratabilirdi. Uyumak için tabutumda dönüp dururken düşünmek için bolca zamanım olmuştu. Onu tekrar toprağa gömmenin bir anlamı olmazdı. Yani, zaten ölmüştü ve tekrar hareketlenmişti. Onu o şekilde gömmek, benim için bile fazla acımasızca olurdu.

Çok fazla seçenek yoktu. Muhteşem bir gösteri olacağı şüphesizdi fakat bugünlerde böyle gösteriler olup olmadığını bilmiyordum. Ayrıca, yolculuk yapmayı sevmezdi. Sanırım yeterince umutsuz birinin onu benden alması için para ödeyebilirdim. Belki yoksul bir aile onu evlerinin tavan arasına koyar ve deli amcaları Huey olduğunu söylerlerdi. Deli ve pis kokulu Huey Amca.

İçeri daldım ve Corvette'ten atladım. Rennie ve diğerleri, temiz tulumunun içinde sessizce oturan Huey'in etrafında ayakta duruyordu. Eski bir Tupperware kutusundan, plastik bir kaşıkla çiğ hamburger yiyordu. En iyisini umarak etraflarından dolaşıp ona yaklaştım.

"Pekâlâ, çocuklar" dedim. "Kendi adıma fazla mı iyimser düşünüyorum yoksa gerçekten dün gecekine oranla daha mı iyi görünüyor?"

"Ten rengi bana çok daha doğal göründü" dedi Otis. "Yeşilimsi gri yerine, biraz solgun görünüyor; sarılık olmuş gibi."

Otis'in bu kelimeyi *bildiğini* bile bilmiyordum ama sarılık, çürümüşten çok daha iyiydi. Sonuçta kendim de her gün öyle görünmüyor muydum? "Sen ne dersin Rennie? Sence normal olduğunu düşünürler mi?"

Rennie gözlüğünü düzeltti ve öne eğilip Huey'i dikkatle inceledi. "Melaphia gelip onun üzerinde çalışmaya başladığında, ben hâlâ buradaydım. Bir naylon iplikle bazı yerlerinde etlerini dikmek zorunda kaldı, dolayısıyla biraz Frankenstein gibi oldu ama çok da kötü değil. Üzerine bir sürü dallar, otlar, baharatlar, bir şeyler serpti, ilahiler söyledi ve hatta da biraz dans etti. Huey'in leş kokusu aniden kesildi ve vücudu biraz toparlandı. En iyisi şu ki şimdikinden daha fazla çürümeyeceğini garantilediğini söyledi."

"Şu gözü için yapabileceği bir şey yok muymuş?" diye sordu Rufus. Hyey'in gözleri hâlâ aynı anda farklı yönlere bakabilen kertenkelelerinkine benziyordu.

"Sanırım yokmuş" dedi Rennie.

"Ben deneyebilirim" dedi Jerry. "Bir defasında posta yoluyla hayvan postu dikme üzerine bir set almıştım. Kamyonda kırk kiloluk bir test ipim var ve biri bana iğne bulabilirse, ben…"

Elimi kaldırdım. "Huey son yirmi dört saat içinde yeterince şey yaşadı; bir de amatörce bir göz ameliyatını kaldıramaz. Sen ne dersin Rennie? İşe geri dönmesinde senin için bir sakınca var mı?"

"Bana uyar" dedi Rennie. "Müşterilerden birini kemirmemesi için ona dikkat ederim."

Gündüzleri muhtemelen ihtiyaç duyacağı kadar çiğ etle Huey'i garaja kilitlemesine ve yağ çukurlarından birinde bir kanepenin üzerinde uyumasına karar verildi. Onun burada olması fikri bir şekilde hoşuma gitmişti. Bir bekçi köpeğinden sonraki en iyi şeydi. William kendi köpeklerine sahip olabilirdi. Benim sadakat açısından onlarla başa baş gidecek bir zombim vardı.

Sonuçtan tatmin olan arkadaşlarım oyun masasına geri döndüler ve oyun oynamak için oturdular. Çok rahat bir nefes almıştım. Mel gerçekten kıçımı kurtarmıştı. Bir kez daha.

Huey yüksek sesle geğirdi. "Ketçapı olan var mı?"

Gece yarısına doğru bir Dodge Caravan'ın zamanlama kayışını değiştirirken aristokratik İspanyol aksanıyla konuşan tanıdık bir ses duydum.

"Iban! Seni yaşlı köpek" dedim, ellerimdeki yağı bir beze silerken. Sırıttı ve yanında daha önce görmediğim bir insanla birlikte garaja girdi. Masanın etrafındakiler gelenlerin iki müşteri olduğunu düşünerek oyunlarına devam etti.

Iban'ın sırtını sıvazlayarak elini sıktım. Iban, William'ın Avrupa'dan getirdiği vampirler arasında en sevdiğimdi. Diğerleri gibi Karun kadar zengin olmasına rağmen, bana daima eşiti gibi davranmıştı ve asla üstünlük taslamamıştı. "Kongre için bir-iki gün erken geldin, ha?"

"Seni tekrar görmek güzel, Jack. Bir sonraki filmime başlamak için erken geldik. Dostum ve ortağım Sullivan Hayes'le tanışmanı istiyorum. Ben seninle, William'la ve diğerleriyle toplanırken o da prodüksiyon öncesi hazırlık yapacak."

Sullivan'la tokalaştık. "Seninle tanıştığıma sevindim, Jack" dedi. "Iban bana senden çok söz etti."

Sanırım Iban gözlerimdeki soruyu görmüştü. "Endişelenme" dedi. "Sullivan'a güvenebilirsin. Biliyor."

İşte bu şaşırtıcıydı. Kâhya Chandler ve güvenilir ortağım Rennie dışında vampirlerle sıkı fıkı olduğunu bildiğim insanlar sadece Melaphia, Renee ve atalarıydı. Ama bu onların doğuştan hakkıydı. Oyun masasındakilerin bir canavar olduğumu bilmelerinin tek nedeni, kendilerinin de yüzde 100 insan olmamalarıydı. Sanırım şaşkınlığım yüzümde görünmüştü çünkü Iban bir şeyleri açıklamaya başlamıştı.

"Sullivan, benim *compadre*m" dedi Iban, İspanyolca kelimeyi vurgulayarak.

"Ah, tamam. Hey, ben de açık fikirliyim" dedim. "Burası özgür bir ülke, değil mi? Eşcinsel haklarını savunuyorum."

Iban ve Sullivan kahkahalara boğuldu. "İnan ki öyle değil, Jack" dedi Iban. "Sullivan, güvenilir dostum. Melaphia'nın William için olduğu gibi. İspanyolca'da bu tür dostlara *compadre* deriz."

Bunu düşünerek başımı kaşıdım. Melaphia'nın William'la olan ilişkisinin vampir dünyasında bir ismi olduğunu bilmiyordum. Kendi adıma hep yalnız kurt olmuştum. Bir *compadre* ile ne yapacağımı da merak ediyordum. Ayrıca, birini *compadre* olmaya nasıl ikna edebileceğimi de. Yani, biriyle balığa çıkıp, bir maç izleyip, bira içip sonra da aniden şöyle diyemezdin ki: *Hey, ahbap, daha önce sana kötü bir kan emici olduğumdan söz etmiş miydim? Benim compadre*m *olmaya ne dersin? Güneş ışığıyla ilgili bir sorunum var da. Izgaranın üzerindeki domuz parçaları gibi beni aniden kızartabilir.* Bunun bir yolu olmalıydı.

"Sen... büyülendin mi?" diye sordum, kendimi tuhaf hissederek.

Sullivan yine güldü. "Sadece film sektörü tarafından. *Drakula*'daki Renfield gibi değilim. Sinek yemekten hoşlanmam. Iban'a sadece kendi tercih ettiğim küçük şeylerde yardım ediyorum."

"Ve harika bir *compadre* olmanın ötesinde, muhteşem bir senaristtir. Şimdi üzerinde çalıştığımız filmin senaryosunu o yazdı" dedi Iban.

"Neyle ilgili?" diye sordum.

Sullivan sırıttı. "Adı *Vampirin Maskesi*."

Bir birine, bir diğerine baktım. "Dalga geçiyorsunuz, değil mi?"

"Hiç de değil" dedi Iban. "Açıkça görünmekten kaçınan vampirlerin alt kültürüyle ilgili bir hikâye. İroni, değil mi?"

Ben buna fazla açık derdim. Diğer bazı vampirlerin bizimkiyle insanların dünyası arasındaki ince peçeye ne kadar rahat davrandığını görmek beni daima şaşırtıyordu. Yine de fikir ilginçti: Hayatlarımız hakkında bir film hazırlamak ve bunun kurgu olduğunu söylemek. İnsanların gözlerinin önüne peçe çekip sonra da gizli ve tatmin edici bir şeyle oradan uzaklaşmak gibi lezzetli görünüyordu. Yaramazlığı seven yönüm -kişiliğimin oldukça büyük bir parçası- bu fikre ısınmıştı.

"Hoşlandım" dedim.

"Bunu duyduğuma sevindim" dedi Iban. "Çünkü dış çekimler için bize yerler bulacak kişi olarak seni tutmak istiyoruz."

"Beni mi?"

"Evet. Savannah'yı senden daha iyi bilen biri var mı? İki insan ömründen uzun süredir burada yaşıyorsun" dedi Sullivan.

"Ben ve ortağım Rennie şimdilerde o kadar meşgul değiliz. Neden olmasın? Tabii. Varım."

Iban sırıttı. "Bu harika. Çok eğlenceli olacak!"

"Ne tür yerler arıyorsunuz?" diye sordum.

"Atmosfer, atmosfer ve atmosfer arıyoruz" dedi Sullivan. "Bir sürü İspanyol yosunuyla dolu ürkütücü mezarlıklar, uğursuz görünüşlü eski malikâneler, bu tür şeyler. Yani, bu bir vampir filmi, değil mi?"

"O halde doğru yere geldiniz" dedim.

"Ama ne yazık ki doğru yere *park etmediniz*" dedi bir kadın sesi, girişe yakın bir yerden.

Sullivan ve Iban kapıyı görmemi engellediklerinden, Connie'nin geldiğini görmemiştim ve filmle ilgili sohbete kendimi o kadar kaptırmıştım ki varlığını da hissetmemiştim. Hepimiz ona döndük.

Bakmaktan kendimi alamıyordum. Çıplak filan değildi ama daha bu sabah onu tepeden tırnağa görmüştüm. Bu, uykumu kaçıran başka bir şeydi. Ne var ki gözlerimi kırpamadan tabutumun kapağına bakarak yatmama neden olan asıl şey o doğum lekesi ve yara iziydi; tabii taşıdıkları anlamlarla birlikte.

Zihnimden bir sürü soru geçiyordu. Connie'nin bir çocuğu varsa neredeydi? Belki de bebek hayatta kalmamıştı ama kaldıysa bir yerlerde eski kocasıyla mı birlikteydi? Tanıdığım Connie, savaşmadan vazgeçecek biri değildi. Uykusuz bir şekilde yatarken içimde bir duygu hissetmiştim; ölüm kadar soğuk bir şey. Üzerinde düşündükçe, duygum daha da güçlenmişti.

Connie hayatının bir döneminde bir sorun yaşamıştı. Belki de hâlâ yaşıyordu. Ve çocuğunun kaderi, bu krizin odak noktasıydı. Ona sormak, onunla birlikte oturup bana anlatmasını sağlamak istiyordum. Belki yardım edebilirdim. Neden bu vampir kongresi şimdi toplanmak zorundaydı ki? Her şey aynı anda geliyordu. Connie'yle ilgili durumu gözlemlemek istiyordum. Melaphia'nın keşfettiği şey bu kadar rahatsız ediciyse Connie'nin bana ihtiyacı olabilirdi. Onu rahatlatabileceğimi biliyordum. Bu gezegende bir insan dünyasında insan olmamanın nasıl lanetli bir şey olduğunu bilen biri varsa o da bendim.

Melaphia, Connie ve benim bir tür doğal düşmanlar olduğumuzu düşünüyor gibiydi. Ama yüreğim -ya da ondan geri kalan- buna inanmak istemiyordu.

Şu anda o kalpten geri kalanlar sadece ona bakarken bile sızlıyordu. Teni, başka birinin doğal olarak karşılayacağı bir yaşamla parlıyordu. Ama benim gibi zavallı bir hortlak için bu çok değerliydi. Saçları, garajın flüoresan ışığında oniks gibi parıldıyordu. Bakışları orada değilmişim gibi beni geçerek önce Iban'a sonra da tamamen Sullivan'a odaklandı.

"Şu kiralık Suburban kime ait?" Başparmağıyla dışarıyı işaret etti. "Sarı kaldırımın yanına park edilmiş."

"Benim" diye itiraf etti Sullivan. Muhtemelen onu etkileyip cezadan kurtulmayı umarak Connie'ye gülümsedi. Hepsinin bundan ibaret olmasını umuyordum çünkü hoşlanmaya başladığım bu adam beni sinirlendirebilirdi.

"Sullivan, Iban, bu Memure Consuela Jones. Buradakileri hizada tutmayı sever" dedim.

Connie'nin dudakları hafifçe yukarı kıvrıldı ve benim gibi acınası bir sefilin yüzüne bakmaya dayanamıyormuş gibi karnıma baktı. Bakışları tekrar Sullivan'a döndüğünde, içimin eridiğini hissettim.

"Sizlerle tanıştığıma sevindim" dedi Connie ve elini uzattı.

Iban onunla tokalaştı ama Sullivan, Connie'nin elini tutarak dudaklarına götürdü. Dudağımı ısırırken kendi dişlerimin acısını hissettim. Iban bunu fark ederek bana yandan bir bakış attı. Sullivan fark etmedi bile. Ne kadar zamandır *compadre* olduğunu bilmiyordum fakat vampirleri kesinlikle okuyamadığı ortadaydı. Belki de umursamıyordu. Sonuçta Iban'ın koruması altındaydı ve dostumun güvendiği birini yersem pek iyi bir ev sahibi olamayacağımın farkındaydı.

Sullivan'ın koyu kumral saçları, bronz teni ve atletik bir vücudu vardı. Ayağında soluk bir kot pantolon, koyu renk bir tişört ve gösterişli spor bir ceket vardı. Ve Connie'ye fazla ilgili bakıyordu.

"Bu zevk bana ait" dedi Sullivan. "Lütfen güzel şehrinizde bir kanun çiğnediğim için beni bağışlayın."

"Demek şehir dışındansınız" dedi Connie.

"California'dan geldiler" dedim, konuşurken yine bakmasını umarak. Onunla yüzleşmek derdinde değildim ama o anda, onu Sullivan'dan uzaklaştırmak için her şeyi yapabilirdim. Mel'den benimle ilgili bilgi almaya çalıştığını hatırlayınca, buraya polislik göreviyle gelmemiş olabileceğini düşündüm. "Eminim buraya trafik suçu işleyenleri yakalamaya gelmedin" dedim. "Benimle konuşmak istediğin başka bir şey mi var?"

"Aslını istersen, var. Seni konuklarından ayırmak istemem fakat biraz yalnız kalabileceğimiz bir yer var mı?"

"İzninizle çocuklar" dedim ve ona mutfağı işaret ettim.

Oyun oynayanların yanından geçip mutfağa geldiğimizde, Connie hemen konuya girdi. "Geçen gece evimde neler olduğunu bilmek istiyorum, Jack."

"Benimle işinin bittiğini söylediğini sanıyordum" dedim, çok fazla hırçın görünmemeye çalışarak.

"Bu duruma bağlı."

"Nasıl yani?"

"Kendi adına ne söylemen gerektiğine. Ve ne olduğuna."

İçimde minicik bir umut kıvılcımı belirdi. Acaba gerçekten anlayabilir miydi? "Dinle, sana bunu açıklamayı istiyorum. Gerçekten istiyorum."

"O zaman açıkla." Bakışlarını ısrarcı bir şekilde gözlerime dikmişti. Bir ruhum olsaydı, kesinlikle ruhumu deliyor olurdu.

"Şu an doğru zaman değil." Hazırlanmak, ona nasıl söyleyeceğimi planlamak, ne diyeceğimi düşünmek için zamana ihtiyacım vardı. *Hey, bebeğim, bir polis olduğunu biliyorum ve ben de bir katilim ama bir çözüm bulabilir miyiz?*

"Ya şimdi ya da asla, Jack."

İç çektim. "Connie, lütfen..."

Gözleri kömür gibi parlayarak olduğu yerde döndü ve Iban'la Sullivan'ın durduğu yere doğru yürüdü. Peşinden giderken kendimi çaresiz hissediyordum.

"Biliyor musunuz" dedi Connie, Iban'a, "bana çok tanıdık geldiniz."

"Film sektöründeler. Bu bey Iban Cruz."

Connie hâlâ bana bakmıyordu ama gözleri iri iri açılmıştı. "Iban Cruz mu?" Neredeyse çığlık atmıştı. "Filmlerinize hayranım! Tanıdık geldiğinizi fark etmiştim." Hemen makbuz koçanını cebine tıktı. Biri ciddi şekilde benden uzaklaşmak üzereydi. Kendim bir uyarı vermeyi düşünüyordum ama böyle bir seçeneğim yoktu. Sonuçta onun üzerinde ne hak iddia edebilirdim ki?

Iban her zamanki mütevazı konuşmalarına daldı. "Bir sonraki filmimiz için burada dış çekimler yapıyoruz. Hikâye burada, Savannah'da geçiyor ama çekimlerin çoğu bir Hollywood stüdyosunda yapılacak. Senaryoyu Sullivan yazdı."

"*Vampirin Maskesi.*" Sullivan ismi söylerken bir kaşını kaldırdı.

Connie aniden haykırdı. Gerçekten çığlık attı. "Ah, vampirlere bayılırım. Çok seksiler. Çok... melankolik."

Bu da ne? Vampirleri mi seviyor? Bunu bana şimdi mi söylüyor? Iban'a bir bakış attım. Sırıtarak omuz silkti.

"Vampirler, edebiyat ve film alanındaki en ilginç yaratıklardan biridir" dedi Sullivan. "Baştan çıkarıcı, tutkulu ve tehlikelidirler. Onlara hangi kadın direnebilir ki?"

"Hangi kadın direnebilir?" dedi Connie, nefes nefese.

Iban'a doğru eğilerek fısıldadım. "Bir kazık sapla bana. Hemen. Ciddiyim!"

Iban'ın omuzları sessiz bir kahkahayla sarsıldı. Connie kendini Sullivan'a o kadar kaptırmıştı ki Iban ve ben açıkça arka planda kalmıştık.

"Ben melankolik miyim?" diye sordum, Iban'a.

"Bildiğim kadarıyla hayır" diye fısıldadı. "O senin kız arkadaşın değil mi? Sanırım onunla partide karşılaşmıştım. Çok güzel bir kadın."

"Kız arkadaşım*dı*" diye homurdandım.

"Ah, sorduğum için üzgünüm."

Connie, film sektörüyle ilgili Sullivan'a soru üzerine soru soruyordu ve Sullivan bu soruları cevaplamaktan çok memnun görünüyordu. Onu izlerken Melaphia'nın söylediklerini düşündüm: Connie bir tanrıçaydı. Tamam, tanrıça olduğu doğruydu, en azından benim gözümde. Ve beni sinirlendiren bir şekilde, Sullivan'ın da onu bir tanrıça gibi gördüğünü biliyordum. Bakışlarını birbirlerinden ayırmıyorlardı. Onu başka bir adamla görmektense beni alev alev yakmasına izin vermenin daha iyi olacağını düşünmeye başlıyordum.

"Hey, harika bir fikrim var!" dedi Sullivan, Iban'a dönerek. "Prodüksiyonumuzda güvenlik çalışması yapması için Bayan Jones'u kiralayalım mı?"

"Bana Connie diyebilirsiniz" dedi Connie, keyifli bir sesle.

"Gece vardiyasında çalışıyor" dedim. "Çekimleri gece yapmayacak mıydınız... ortam için?" *Daha doğrusu, yönetmen bir vampir olduğu için?*

"İzin zamanım yaklaşıyor" dedi Connie, sonunda gözlerime bakarak.

"Haftalarca burada kalabilirler" dedim.

"Güzel. Ben de haftalarca izin yaparım" diye karşılık verdi. Sonra tekrar Sullivan'a döndü ve flört eder gibi bir tavırla gülümsedi. "Hizmetinizdeyim."

Elimde bir boru anahtarı olsa kesinlikle ikiye bölebilirdim.

"Harika!" dedi Iban. "Ne zaman başlayabilirsiniz?"

"Yarın ve öbür gün geceleri boşum. Mesaimden sonra amirimle konuşurum. Sonrasındaki gece olabildiğince erken çıkarım."

"Harika!" dedi Sullivan. "Yarın öğlen yemeğinde buluşup şartları konuşalım. Saat 13.^{00}'de. Il Pasticcio uygun olur mu?"

"Bu bir randevu" dedi Connie, sırıtarak. Bana kısık gözlerle bir bakış attı: Bunu hak ettin, sersem! Sonra vedalaştı ve uzaklaştı.

Mide bulandırıcı gelişme diye buna denir. Bu adam onunla gündüz vakti kim bilir ne güzel zaman geçirecekti. Güya iş nedenleriyle ona her şeyi teklif edebilirdi. Güvenlik planlama toplantılarının, deniz kıyısında kaçamak öpücüklerin de katıldığı romantik pikniklere dönüştüğünü hayal edebiliyordum. Connie'nin arkasından gidişini izleyen adama bakarken yumruklarımı sıktım. Iban gözlerime bakarak özür dileyen bir tavırla omuz silkti.

İç çektim. Canı cehenneme! En azından sadece birkaç hafta burada kalacaklardı. Ama sonra? Her zaman kuliste bekleyen birileri olacaktı. Gündüzleri güneş ışığında yürüyebilen biri. Ben olmayan biri.

Kazık sokun bana!

1

William

Tilly'nin Orleans Meydanı'ndaki evi eski kokuyordu. Çürümüşlük anlamında eski değil, antika, zamansız, iyi kullanılmış anlamında eski. Burada, antikacıların yasaklarından iki R'siyle ilgili hiçbir şey yoktu: Restorasyon ve reprodüksiyon. Her şey -Aubusson ve Savonnerie halılardan XV. Louis mobilyalarına ve Lafount şamdanlarına kadar- orijinaldi ve evin hizmetkârları tarafından sürekli bakımlı halde tutuluyordu. Ama son zamanlarda yılların etkisini göstermeye başladığı Tilly dışında.

Bu görüşten nefret ediyordu ve acı bir dille, bana da biraz yaşlandığımı hatırlatıyordu; ondan çok daha yaşlı olduğumu. Tilly, eğer seksen yıllık arkadaşlığımızla ilgili suskun kalmasını istiyorsam, yaşla ilgili herhangi bir konu açmaktan kesinlikle geri durmam gerektiği konusunda beni uyarmıştı. Dolayısıyla, onun isteği üzerine sadece Tilly diye sesleniyordum. "Bayan Granger" demem söz konusu bile olamazdı.

Kırk yıldır kocasının soyadını kullanmamıştı ve benim de kullanmam için herhangi bir neden yoktu.

Hemen Iban'a odaklandı.

Havadan sudan sohbetlerle ve bolca şarapla geçen bir gecede, Tilly şöminenin yanındaki en sevdiği yüksek arkalıklı koltuğa kurulmuştu. Küçük bir davetli grubu vardı; Tilly'nin mülklerinin yöneticisi, karısı, komşu iki çift, avukatı ve doktoru. Ben oraya ulaştığımda akşam yemeği servis edilmişti çünkü benim neden yemediğimi -yiyemediğimi- açıklamak zorunda kalmak istemiyordu. Ve geleneğe aykırı olarak, salondaki bütün aynalar kaldırılmıştı. Ancak, tuhaf alışkanlıkları Savannah'da doğup büyümüş olanlar tarafından iyi bilinirdi ve kimse onun yaptığı bir şeyi sorgulamazdı. Ona bakarken yirmi yıl kadar önce benden aldığı sözü hatırladım; yaşamına, o istediği zaman son verecektim.

Ne yazık ki Tilly bir kan emici değildi. Baştan aşağı tam bir insandı. Karanlığımdaki bir ışık ve bugünlerde endişe verici bir sorumluluk.

Her zaman nazik olan Iban, Avrupalı gibi onu yanaklarından öpmüştü. Ama Eleanor mesafeli duruyordu ve bana tutunurken Tilly'nin onu onaylamadığını görebiliyordum. Ah, Eleanor'un sorguya açık mesleğinden dolayı değil. Hayır. Tilly gibi bir kadın, kendi kaderini elinde tutan her kadına saygı duyardı. Sonuçta, ancak şimdi hatırlayabildiğim bazı karanlık işlerden sonra o da aynı şeyi yapmıştı.

Sanırım Tilly'nin Eleanor'a ısınamamasının nedeni, Eleanor'un kendisinden çok benimle ilgiliydi.

"Çok güzel bir eviniz var" dedi Iban, Tilly'nin masmavi gözlerine bakarak. "Benim yaşadığım California'da, yeninin daha iyi olduğu fikrine alışmışızdır. Klasik tasarımlarımızı bile orijinallerin üzerine yaparız." Gülümsedi. "Ben şahsen, her şeyin yıllandıkça daha iyi olduğuna inanırım."

O anda Tilly'nin kalbini kazanmıştı.

Akşamı içerek, yaklaşan hareketli bahar sezonu ve Emerald Grill'deki çok sevilen şef hakkında konuşarak geçirdik. Iban'ın bir sonraki filmi konu olduğunda, saat neredeyse on birdi.

"Savannah'da bir film daha mı? Daha en sonuncusunun etkilerini atlatamadık" dedi Tilly'nin avukatı Charles Yancy.

"Ah, haydi ama Charlie!" Tilly, onun koluna vurdu. "Bütün sırlarımızı dünyadan gizli tutamazsın."

"Film neyle ilgili?" diye sordu Charles.

Iban'ın bakışları belli olmayacak şekilde bir an bana kaydı sonra avukata dönerek gülümsedi.

"Şey, elbette ki vampirler" diye cevap verdi.

Yanımda oturan Eleanor'un vücudu hafifçe gerildi. Elimi onunkinin üzerine koydum ve hafifçe sıktım. *Sakin ol. Iban ne yaptığını bilir.*

Tilly bir çocuğun neşesiyle ellerini birbirine vurdu. "Vampirler, ne harika!"

"Evet, bunun uzmanlık alanım olduğunu söyleyebilirsiniz. Prodüksiyon şirketimin adı bile *Karanlıktan Sonra*. Son birkaç yılda birçok film yaptık.

"Savannah'nın *toma sangre*, yani kan emiciler için mükemmel bir atmosferi ve ambiyansı var" dedi.

"Şey, sanırım bizi cinayetlerden ve travestilerden daha fazla incitemez" dedi Charles.

Oradakilerden sadece çok azı korku meraklısı olduğundan, sohbet genel olarak klasik filmlere kaydı. Casablanca'nın tüm zamanların en beğenilen filmi olduğu söylendiğinde, Tilly yakın zamanda aldığı bir antika masaya bakma bahanesiyle kendisini kütüphaneye götürmemi istedi. Şimdilerde kullandığı gül ağacından bastonunu vermek için ayağa kalktığımda, Eleanor'un huzursuzluğunu hissettim.

Ona bakarak başımla onayladım. Endişelenmesi için bir neden yoktu. Davettekiler dostça olmaktan çok kibarca davransa da bu sıra dışı bir şey değildi. Eleanor, ona yöneltilen dikkatleri benim yönlendirmeme güvenmek yerine gülümseyerek ve sohbete katılarak daha çok başarırdı.

Görünüşe bakılırsa Tilly de benimle aynı fikirdeydi.

"Baş belası!" dedi Tilly, sözünü esirgemeyen biri olarak. Her zamanki gibi kütüphane kapısını arkamızdan kapayana kadar sırlarımı korumuştu.

"Haydi, Tilly, sadece kıskanıyorsun" diye takıldım.

Gülümsedi ve eliyle yanağıma dokundu. "Belki biraz" diye itiraf etti. "Seksen yaş daha genç olsaydım. Ama sonuçta fırsatım vardı, değil mi?" Bana cevap verecek zaman bırakmadan elini indirdi ve odanın diğer tarafındaki bir koltuğa yürüdü. "Bana bir fincan çay koyar mısın?"

İstediğini yaptım. Yakınına oturup çayı vermemi bekledi. Şaşırtıcı şekilde titremeyen eliyle fincanı ağzına götürüp çayını yudumladıktan sonra devam etti.

"Ah, mesleğine rağmen... iyi ve güzel bir kadın. Ama bir ömür, on ömür... ya da sonsuza dek değil. Daha iyisini hak ediyorsun."

Buna karşılık veremedim. Konu kadınlara geldiğinde, neyi hak ettiğime karar vermekte daima en kötüsü olmuştum. Sanırım benim adıma Reedrek karar vermişti. "Mutluyum" dedim. "Kim bilir ne kadar zamandır ilk kez."

"Bunu görebiliyorum." Oturduğu yerde doğruldu. "Bu yüzden, onunla ilgili seni taciz etmeyeceğim. Daima mutlu olmanı istedim." Bana bakarak gülümsedi. "Şu dostun Iban, diğer yandan, ondan hoşlandım işte."

"Bütün akşam onunla flört ettin."

Abartılı bir iç çekti. "Elbette ettim. Kendisi Zorro kadar yakışıklı ve baş döndürücü. Ve o güzel aksanı. Umarım yakında bir akşam onu tekrar getirirsin de üçümüz oturup sohbet ederiz."

Eleanor'u denklemin dışında bıraktığını fark etmiştim. "Denerim. Birkaç hafta burada kalacak. İlgilenmemiz gereken bazı işlerimize ek olarak bir de şu film projesi var."

"Güzel." Bir sonraki konuya geçmeden önce bir dakika kadar fincanıyla ilgilendi. "Sana, bana verdiğin sözü hatırlayıp hatırlamadığını sormak istiyordum."

Atmayan kalbime yakın bir yerlerde derin bir sızı hissettim. "Elbette hatırlıyorum ama lütfen bundan konuşmayalım" diye cevap verdim. "Sadece o günün asla gelmemesini umuyorum."

"Bu imkânsız hayatım" dedi ateşe bakarken. "Ben de sabırsızlıkla beklemiyorum. Ama bazı şeyler ölümden daha kötüdür, biliyor musun?" Bir an sonra başını iki yana sallayarak melankolik halinden sıyrıldı ve boş fincanı bana uzattı. "Burada bir şeyler çevirdiğimizi düşünmeye başlamadan, konuklarımızın yanına dönelim. İkimizin de ününü mahvetmemize gerek yok; eski günlerde yaptığımız gibi. İnsanların unutması elli yıl sürdü."

Fincanı bir kenara bıraktım, onu ayağa kaldırdım ve hafifçe dudaklarından öptüm. Ellerini kollarıma koydu. "Beni Deniz Adası'ndaki Manastır'a götürdüğün ve yıldızların altında dans ettiğimiz geceleri hatırlıyor musun? Oradaki kadınların hepsi kıskançlıktan çatlardı."

"Oradaki en güzel kadının sen olduğunu da hatırlıyorum" diye cevap verdim dürüstçe.

"Ah, tam bir skandaldık. Ama ne eğlenceliydi!" Gözlerime bakarak gülümsedi. "Seni çağırdığımda benimle son bir kez dans eder misin?"

"Bu benim için çok büyük bir zevk olur tatlım."

"Buradan çıktığımıza çok sevindim" dedi Eleanor, Tilly'nin evinden uzaklaşırken.

"Yani 'normal' olmaktan hoşlanmadın mı?" diye takıldı Iban. Kolunu kısa bir an Eleanor'un beline doladı. "Herhangi bir tehlike yoktu. Seni hayatım pahasına korurdum."

"Onlardan korkmuyordum ki. Sadece kraliçeyle bir arada olmaktan hoşlanmadım" dedi Eleanor, kaşlarını çatarak.

"Ah" dedi Iban, kolunu Eleanor'un omuzlarına kaydırırken. "Bu, William'a hoşgörü göstermen gereken bir konu. Ama ben ondan çok hoşlandım."

"Biz çıkarken bahsettiği söz neydi?" diye sordu Eleanor. İyice coşturulmuş bir ateşten yayılan sıcak gibi ondan yayılan kıskançlığı hissedebiliyordum.

Chandler binmemiz için limuzinin kapısını açarken gülümsedim. Tekrar eve dönüp baktığımda, Tilly'nin pencerelerden birinin önünde gidişimizi izlediğini gördüm.

"Onu öldüreceğime söz verdirmişti elbette."

Hem Eleanor hem de Iban bana şaşkınlıkla baktı.

"Ne?" diye sordu Eleanor.

"Neden onu öldüreceğini düşündü ki?" diye sordu Iban.

"Çünkü kocasını öldürmüştüm."

Jack

"Neden toplantıya ben de gidemiyorum?" diye sızlandı Werm, çizmesinin topuğunu tesisin verandasının zeminine vurarak.

Çünkü sen mızıldanan küçük bir baş belasısın, demek istiyordum ama bunu söylemedim. İyi bir öğretmen olmaya çalışıyordum.

"Bu konuyu kapamıştık" dedim, araba yolunda bir limuzinden inen New Yorklu temsilcileri izlerken. William'ın adamlarından Tarney'den, personeliyle birlikte bu adamların özel jetinden bir ay yetecek kadar bagaj indirdiklerini duymuştum; tabutlar hariç. William'ın dediğine göre herkesten uzakta ve "deniz manzaralı bir yerde" kalmak istemişlerdi, dolayısıyla o da onları Umut Adası'ndaki diğer malikânesine yerleştirmişti. Bu gece, yarınki toplantıdan önce talimatları almak ve ön tartışmaları yapmak için gelmişlerdi. Tobey, Gerard ve Iban çoktan içerideydi. "Sana arabaları park ettirmediğim için şanslısın" dedim Werm'e.

"Ama bu benim için harika bir öğrenim deneyimi olabilirdi."

Bu doğruydu. Tek sorun; bilmek isteyeceğinden çok daha fazlasını öğrenebilecek olmasıydı. Potansiyel olarak hepimizin ne kadar derin bir pisliğin içinde olduğumuz gibi. Avrupa'daki büyük ve kötü vampirleri zaten biliyordu. Ama kişinin başına gelebilecek en kötü şeyin, sonsuz ölüm olduğunu sanıyordu. Reedrek ve haydutlarının seni hortlak halde tutup sonsuza dek kanını akıtmayı tercih edebileceklerini bilmiyordu. Onların tarzı sonsuz işkenceydi. Seni ellerinin altında tutup biraz eğlenebilecekken neden cehenneme göndereceklerdi ki?

Reedrek'le olanlardan sonra William bana Reedrek'in bazı arkadaşlarına neler yaptığıyla ilgili biraz ipucu vermişti; yeniden büyümelerini izlemek için organlarını kesmek veya yavruları neredeyse ölüm noktasına gelene kadar birbirlerinin kanını emmeye zorlamak gibi. William onları kurtarmak için iyi vampirlerden bazılarını göndermişti ama onların karşılaştıkları türden bir şeye dayanmam gerekse, muhtemelen kurtarıcılarıma beni kazıklamaları için yalvarırdım. Bunları öğrenmek, William'ın bütün bu yıllar boyunca beni neden cahil bıraktığını anlamaya başlamamı sağlamıştı. Bazı açılardan bana iyilik yapıyordu. Ben de Werm'e aynı iyiliği yapacak ve kanlı detaylardan koruyacaktım. Şimdilik.

"Endişelenme. Vampir militanlar ve yaşlılar konseyleriyle ilgili bilmen gereken her şeyi sana daha sonra anlatacağım" dedim.

New York'tan gelen temsilciler, bana ve Werm'e aldırmadan yanımızdan geçtiler. William, liderleri Lucius Dru ve birkaç yavrusunu getirdiğinden beri uzun zaman geçmişti.

Lucius, Avrupalı soylulardan biriydi ve bana kiralık yardımcı gibi davranmıştı. Kendisini lanet olasıca Drakula gibi görüyordu. Eski Dünya ve eski ekol. Şimdiyse bir mafya liderine benziyor ve öyle giyiniyordu. Takım elbisesi ve ayakkabılarının değeri muhtemelen binlerce dolar olmalıydı. Ve yanındakiler de onun kadar kasıntıydı.

Aralarında birkaç insan da olmak üzere, maiyetini tamamen getirmişti. *Compadre*ler, diye düşündüm, *ya da Yankee diyarında onlara her ne diyorlarsa.*

Chandler, grubu fuayeye alırken Werm verandanın parmaklığına oturdu. "Şu mink paltoları ve pahalı takım elbiseleri almak için nasıl para kazanıyorsunuz?" diye sordu Werm. Bir vampir olarak hâlâ hayatını kazanma fikri onu zorluyordu. Sanırım bir kan emici olduğunda, parayla ilgili endişelerinin sihirli bir şekilde ortadan kalkacağını sanmıştı. İnsanları avladığı takdirde kanının tamamını emmekle tehdit etmeden önce insanlara yaklaşıp bayıltana kadar kanlarını emmeyi ve paralarını alıp kaçmayı planlıyordu. Ona bir şehir hapishanesinde parmaklıklardan süzülen güneş ışığıyla uyanmak konusunda iyi düşünmesi gerektiğini söyledikten sonra kariyer tercihini yeniden gözden geçirmişti ve hâlâ Spencer's denen yerde yarım gün çalışıyordu; elbette ki şimdi gece vardiyasındaydı. Yapmasını istediğimiz ayak işleri karşılığında ona para veriyorduk. Bu adildi.

"Bir sürü sanat galerileri var ve çok değerli tablo ve heykel ticareti yapıyorlar. Klan, Dakota'daki bir blokta yaşıyor." Melaphia, Lucius'un William'ı örnek alarak kendi ithalat işini başlattığını söylemişti; ancak antikalar ve kan emiciler yerine, New York Limanı'ndan Avrupalı sanat eserleri getiriyordu.

"Vay canına" dedi Werm. "Bu çok güzel. Keşke ben de New York'ta yaşasaydım."

Başımı iki yana salladım. New York'ta insanın başında canlı bir tavukla Park Avenue'da yürüyebileceğini, Times Meydanı'nda külotla dolaşabileceğini ve kimsenin sana dönüp bakmayacağını duymuştum. Werm'ün oraya bayılması şaşırtıcı değildi.

Eski üstatların eserlerini satmaya ek olarak, Lucius çağdaş ressamlar yetiştirmişti ve gerçekten kalıcı yetenekleri olduğunu düşündüklerine, ölümsüzlüğü önermişti. William çok fazla yeni vampir dönüştürülmesini onaylamıyordu. Sonuçta, bu kıtaya geldiğinden beri sadece üç kişiyi dönüştürmüştü -ben, Werm ve Eleanor- ve Werm'ü dönüştürmesi de sadece zorunluluktandı. Ama ithal edilen bir vampir William'ın bölgesinden ve korumasından çıktığında, o ya da bu ölçüde kendi istediğini yapıyordu.

Eleanor'u düşünmek bana yine kendimi suçlu hissettirdi. Olivia'nın yalanını zihnimde o kadar gerilere itmiştim ki neredeyse unutmuştum. William onları yakalayıp sorular sormaya başlamadan önce beni mutsuz eden düşüncelerden kurtulmalıydım. Olivia gibi olmaya niyetim yoktu, dolayısıyla doğrudan yalanlardan her ne pahasına olursa olsun kaçınmalıydım. Bu, sorular olmaması gerektiği anlamına geliyordu.

William'ın yıllar boyunca ithal ettiği vampirlerin çoğu, bütün ülkeye yayılmış gevşek klanlara dönüşmüştü. Bu kongrenin amacı da buydu. Her klanın temsilcisi, toplantıda yer alacaktı. Lucius, New England ve doğu sahillerini; Tobey, Kuzeybatı Pasifik'i; Iban, California ve Batı'nın geri kalanını temsil ediyordu. Merkezi Wisconsin'de olan Gerard, Orta Batı ve

Kanada'yı temsilen buradaydı. Biz de elbette ki Güney'i temsil ediyorduk. Güneybatı ve aşağı Orta Batı, araba yolunda taksiden inmekte olan bir adam tarafından temsil ediliyordu.

"Bu da kim?" diye sordu Werm.

"Bu, Travis Rubio olmalı" dedim.

"Onu tanımıyor musun? Avrupa'dan Savannah yoluyla gelen bütün vampirleri tanıdığını sanıyordum."

"Tanıyorum ama bu ithal değil. Yerli biri."

"Tobey gibi" dedi Werm, başıyla onaylayarak. "Bana Tobey'nin, Rockies'deki mağaralarda yaşayan yerel ve antik bir vampir ırkından geldiğini söylemiştin. Bu adam da onlardan biri mi?"

"Hayır. Pek sayılmaz. Geçmişini tam olarak bilmiyorum ama hep merak etmiştim. Sanırım oldukça yaşlı. Alamo'daydı ama ondan önce de uzun süredir ortalıkta olduğunu duymuştum."

Rubio bir omzuna eski bir çuval atmıştı ve doğruca eve yürüyordu. Uzun boylu -benden de uzun- ve geniş omuzlu bir adamdı. Koyun yününden paltosunun içine ekose bir gömlek ve altına kot pantolon giymişti. Ayağında yılan derisinden çizmeler ve başında, şeridinde kuştüyü bulunan geniş kenarlıklı, eski bir kovboy şapkası vardı. Sırtından aşağı kalın, uzun, simsiyah bir örgü iniyordu ve yüzünün kemik yapısı -geniş elmacık kemikleri ve şahin gagası gibi burnu- açıkça Amerikan Yerlisi olduğunu haykırıyordu. Ama Kuzey Amerikalı olmayabilirdi. Şimdiye kadar gördüğüm ova Kızılderililerine benzemiyordu. Yüzü daha çok fotoğraflarını bir *National Geographic* dergisinde görebileceğiniz, Orta veya Güney Amerikalı yerlilerininkine benziyordu. Basamakları tırmandı ve Werm'le benim önümde durdu.

"Travis Rubio?" diye sordum, elimi uzatarak.

"Doğru" dedi, her şeyi bir anda hiç yargılamadan gözlemlermiş gibi bakan siyah gözlerini gözlerime dikerek. Tokalaşması sağlam ve benimkinden daha sıcaktı.

"Jack McShane. Bu da Lamar Von Werm. Herkes ona Werm der."

Rubio, Werm'ün de elini sıktı ve çuvalını indirdi. "William bana senden çok söz etti Jack. Nihayet seninle tanıştığıma sevindim."

"Ben de öyle. Umarım burada kaldığınız sürece daha iyi tanışma şansımız olur. Ben de eski bir askerim."

"Ah, bir savaşçı." Koyu renk gözleri bir an uzaklara dalmış gibi baktı. "Altın şehirlerimizi korumak için senin gibi birini kullanmalıydık." Tekrar şimdiye döndü ve hüzünlü bir tavırla gülümsedi. "Ama artık hepsi gitti. Mezarları ormanda gizli. Ben soyumun sonuncusuyum."

Altın şehirler mi? diye düşündüm, Werm'ün Mayalarla ilgili yaptığı araştırmayı hatırlayarak. Belki de Travis, Connie'nin geçmişine ışık tutacak bir şeyler biliyor olabilirdi. Ben başka bir şey söyleyemeden, Chandler kapıda belirdi ve Travis'e içeri girmesini işaret etti.

Werm, New Yorkluların aksine, Travis'ten etkilenmiş gibi görünmüyordu. Belki de giyim tarzlarıyla ilgili bir şeydi. "Sen evine dön istersen" dedim. "Bu gece burada birkaç kadeh kan tokuşturmak ve gündemi gözden geçirmek dışında pek bir şey olmayacak. Kongreye katılmayacağın için yarın da gelmene gerek yok. Her şey kontrol altında gibi görünüyor."

Werm sinsi bir ifadeyle baktı. "Sanırım yarın da sadece takılmak için geleceğim. Benim için başka işlerin de olabilir."

Bu gerçekten tuhaftı. Werm haftalardır herkesin ayak işçisi olmaktan dolayı yakınıyordu. Ve şimdi daha fazlasını istiyordu. Onu, bir şeylerin peşinde olduğunu anlayacak kadar iyi tanımıştım. "Senin voodoo ayinin nasıl gitti bu arada? Hiç anlatmadın."

"Ah, iyi gitti. En azından, seninkinden iyi olduğunu söyleyebilirim." Sırıttı.

"Bana bilgiçlik taslama. Huey garajda gayet iyi iş çıkarıyor. Bıraktığı yerden devam ediyor."

"Yani düşen vücut parçalarını toplamak zorunda kalmadığı zamanlarda."

"Sana iyi olduğunu söyledim." Ve iyiydi de. Geçenlerde rahibin karısıyla yaşanan olay dışında; yine de Rennie ona ne kadar lezzetli görünseler de müşterileri koklamaması gerektiğini söylediğinde anlamışa benziyordu. Werm sadece konuyu değiştirmeye çalışıyordu ve bunun bir nedeni olduğunu tahmin etmek zor değildi. Davet edilmemesine rağmen kongre günü ortalıkta olmak istemesinin de bir nedeni olmalıydı. "Aslını istersen" dedim, "benim için yapabileceğin bir şey var."

Daha yeni gönüllü olmasına rağmen, Werm'ün yüzü asıldı. Aldırmadım. "Malikâneye gitmeni ve Mel'den özel bir iksir almanı istiyorum. Sana nasıl kullanacağını anlatır. Bu tuhaf vampirlerden korunman için sana fazladan avantaj sağlayacak; William'ın olduklarını düşündüğü kadar güvenilir değillerse diye. Bak, bu çok gizli. Sakın kimseye söyleme."

"Tamam" dedi Werm, biraz canlanıp veranda parmaklığından aşağı atlarken.

Araba yoluna park edilmiş külüstür Nissan'ıyla yola çıkarken hemen cep telefonumu alıp malikânenin numarasını aradım. Werm uzaklaşırken Mel telefona cevap verdi. Mel, dinle. Werm oraya geliyor. Yapmanı istediğim şey şu..."

William

"Size, evime ve Kuzey Amerikalı vampirlerin tarihteki en büyük kongresine hoş geldiniz demek istiyorum." Eleanor'un eline uzandım ve onu kendime çektim. "Size sevgili... Eleanor'umu tanıştırmak istiyorum."

Erkekler başlarıyla onaylayarak selamlarken Eleanor'un tepkisini görmek için döndüm. Simsiyah parlak askısız bluzuyla bu gece özellikle baş döndürücü görünüyordu. İnsan ya da vampir olsun, salondaki her erkeğin dokunmak isteyeceği bir görüntüydü.

"İyi akşamlar. İşinize başlamadan önce toplantıdan sonra şehirdeki Royal'da bir süit hazırladığımızı bilmenizi istiyorum. İhtiyacınız olan bir şey olursa gerekli düzenlemeleri yapmak, benim için bir zevk olacaktır."

Kan, seks, acı.

Son derece güçlü ve net bir şekilde duyabildiğim düşünceleri bütün vücudumu ürpertti. Yine ait olduğu yere dönmüştü: Kontrol pozisyonuna. River Street'teki evinde geçirdiğimiz geceleri ve benim zevkim için yaptığı düzenlemeleri hâlâ gayet iyi hatırlıyordum. Eleanor'un evini en kısa sürede tekrar inşa ettirmem gerektiği açıktı; hem onun işi hem de zevkimiz için. Onu Iban'ın yakınındaki bir koltuğa yönlendirmeden önce birkaç saniye bedensel tepkilerimin tadını çıkardım.

"İnsan personelin tamamını gönderdim. Başlayalım mı baylar?"

Selamlaşmalar tamamlandı, içkiler servis edildi ve eski dostluklar yenilendi. Artık işe koyulma zamanıydı.

"Tartışmamız gereken birkaç şey var. Reedrek'in beni tekrar kontrol altına alma veya başarısız olduğu takdirde beni ve soyumdan gelenleri öldürme girişiminin başarısızlığı, yavrularını yeniden ele geçirmek isteyenler için bir kapı açtı. Her birinizin, ne pahasına olursa olsun uzak durmak istediğiniz ve ardınızda bıraktığınız kan bağlantılarınız var. Artık gizliliğe güvenemeyeceğimiz sonucuna vardım."

Salondaki ciddi yüzlere baktım. "Bir ittifak, dikkatli ve muhtemelen oldukça açık bir savunma oluşturmak zorundayız. Sonuçta, insanlar da risk altında. Birkaç yaşlı üstadın verebileceği hasarı tahmin etmek mümkün değil. Ve kaç yaşlının bize karşı birleşeceğini de bilmiyoruz."

Zihnimde uzaklardan gelen boğuk bir uluma yankılandı. Demek Reedrek kötücül katkısını sunmak istiyordu. Çok kötü. *Kes sesini, moruk!* diye karşılık verdim, öfkesini zihnimden atarak. Görünüşe bakılırsa yaşlılardan biri Yeni Dünya'ya ayak basmadan önce onunla kalıcı şekilde ilgilenmem gerekecekti. Kanla bağlılarsa onu mutlaka duyarlardı ve herhangi bir şeyi ele vermesi riskini göze alamazdım. Toplantıya devam ettim.

"Korktuğumuzu bir an bile düşünemezler. Korktuğumuza inanırlarsa dişleriyle ve pençeleriyle üzerimize çullanırlar."

Salonda birkaç kişi yavaşça başıyla onayladı.

"Yapmamız gereken bir sonraki şey yavrularımızı ve insan dostlarımızı kullanarak bölgelerimizi yapılandırmak; sahil şeridini izlemek için casuslar ve yardımcılar oluşturmak. Her limanı veya havalimanını kontrol altında tutmanın zor olacağını biliyorum fakat elimizden geleni yapmalıyız. Önceden uyarılmak, önceden silahlanmak demektir. Bilgi ve uyarı yayınlamak için Bloody Gentry sitesini kullanmayı öneriyorum. Hepiniz gerçek bilgileri internet sohbetleri içinde saklamakta ustasınız." Jack'e döndüm. "Jack'in iyi… *insani becerileri* var. Toplantının ilerleyen aşamalarında, insanların sadakatini kazanmak konusunda kullandığı yöntemleri anlatması için ona söz hakkı vereceğim. Çoğunuz, farklı amaçlarla insanları kullanıyorsunuz ama birkaç kuğudan fazlasına ihtiyacımız var. Seçtiğimiz insanların cesareti ve bize yardım etmek için nedenleri olmalı."

"Tehdidin, iş girişimlerimizi kapatmamızı gerektirecek kadar ciddi olduğunu düşünüyor musunuz?" diye sordu Iban.

"Ben hiçbir şeyimi kapatmıyorum" dedi Lucius. "Gelecek ay iki önemli açılışım var." Personeli başlarıyla onayladı. Sadakatleri şüphesizdi fakat yaşlıların kapılarına getirebileceği dehşetten haberleri yoktu. Lucius olabilecekleri çok iyi biliyordu ama iş çıkarlarını çok fazla ciddiye alıyordu.

"Her birinizin babalarınızın elinden çektiğiniz acılardan sonra" diye devam ettim, "kimsenin ortalıkta pek görünmemesinin ardında yatan mantığı sorgulayacağını sanmıyorum. Sizin yerinizde olsaydım, kendimi ve en yakınımdakileri bulunmayacak şekilde saklardım. Seçtiğiniz şehirlerde kalabilirsiniz, fakat en azından ne tür bir tehditle karşı karşıya olduğumuzu anlayana kadar, belki merkezlerinizi değiştirebilirsiniz. Emin olabileceğimiz tek bir şey var: Bizi hızlı bir şekilde öldürmekten daha fazlasını istiyorlar."

"Peki ya sen? Kaçıp saklanacak mısın?" diye sordu Lucius.

Beni köşeye sıkıştırmıştı. Hiçbir yere gitmiyordum. "Babam ruhumu ele geçirmek için şansını denedi bile. Ve başarısız oldu." Bakışlarım Eleanor'a döndü ve sonra devam ettim. "Savannah merkezim olarak ortaya çıktığından, burayı korumak görevimdir. Bu yüzden kalacağım. En azından, diğerlerinizi uyarabilirim."

"Ve ben de birkaç hafta daha buradayım" diye ekledi Iban. "Şehri savunmak için bir plan yapabiliriz."

"Teşekkürler, eski dostum." Bir sonraki maddeye geçtim. "Şimdi, genel olarak klanlarınız şimdiye kadar neler yaptı? Gerard?"

Gerard ayağa kalktı. Yeraltında çalışarak geçen yıllar nedeniyle diğerlerimizden daha beyaz görünüyordu ama yine de etkileyici bir görüntüsü vardı. Uzun boylu, düzeltilmeye ihtiyaç duyan yele gibi saçlıydı ve hiç çıkarmadığı okuma gözlükleriyle dolaşıyordu. Bu haliyle, dalgın zihinli bir akademisyene benziyordu. Fakat kaliteli bilimsel zihninde dalgın olan hiçbir şey yoktu.

"Bazılarınızın da bildiği gibi Great Lakes'teki grubumuz oldukça uzmanlaşmıştır. Zamanımızın büyük bölümünü vampir soylarını ve genetik sıralamaları inceleyerek geçiriyoruz. Kamuoyundan uzakta, kendi yer altı laboratuarlarımızda çalışıyoruz. Kendi güvenliğimiz açısından endişelenmiyorum çünkü zaten gözden uzağız. Bizler asker değil, bilim adamıyız.

"İtiraf etmeliyim ki aramızdan biri tehlikedeyse o benimdir. Babam Maulore, beni yakaladığı takdirde, araştırma adında cehennemi şatosunun en derin yerine zincirler. Korkarım kurgu karakter Dr. Moreau'ya hayranlığı var ve biçim değiştirenlere özel bir ilgi duyuyor. O kadar ki yeni türler oluşturmak için genetik malzemelerle deneyler yapmaya başlamıştı; kendi korkunç anlayışında. Sapkın zihnini tanımlamak adına, sadece bir domuz ve bir insanın ya da daha da kötüsü, bir çocuk ve bir köpeğin bileşimlerini hayal edebilirsiniz." Ürpererek gözlerini kapadı. Elini göğüs ceplerinden birine götürerek, paslanmaz çelikten ince bir kutu çıkardı. Bir düğmeye bastığında, içinden korkunç derecede keskin bir neşter çıktı. "Kendi varlığımı sona erdirmek için önlemimi aldım. Soyumdan gelenlerin kendi kaçış planları var. Bu açıdan hazırız. Ayrıca, bize sadık olan küçük bir insan grubu var ve çoğu, ailelerine genetik sorunlarda yardım ettiğim kişiler. Sırtımızı kollayarak yardımımızın karşılığını vermek isteyeceklerinden eminim. Sınır ve Kanadalı dostlarımıza gelince; bu toplantıda belirleyeceğimiz savunma protokollerine uyacakları konusunda onlardan garanti aldım."

"Teşekkürler, Gerard." Araştırmacılarının, voodoo kanımızın vampir genlerimizi nasıl etkilediği konusundaki araştırmalarında ilerleme kaydedip kaydetmediğini sormak istiyordum fakat bu özel konuşulması gereken bir konuydu.

"Tobias?"

Tobey ayağa kalktı ve kendi soyu hakkında konuştu. "Atalarım, Kuzeybatı'ya yayılmış vahşi bir ırktı. Birbirimizle pek bağlantımız yoktu. Ama yarış personelimde güvenilir insanlar ve birkaç akrabam var. Bu, kendi bölgemizde gözlemimizi kolaylaştırıyor. Calgary dışında, önemli havalimanlarının ve sahile yakın büyük şehirlerin çoğuna gönüllülerimizi odaklayabiliriz." Ellerini beline koydu. "Yarışlara gelince; şu anda sezon dışındayız. Hareket halinde kalacağım ve kamyonumu sürekli yolda tutacağım. Organize olmak, yeni kişiler bulmak ve gerektiğinde birilerinin kıçını tekmelemek için bolca zamanım olacak."

"Harika. Tobey'e sorusu olan var mı?"

Jack elini kaldırdı. "Tobey, tırın dorsesinde yarış logon varken nasıl gözden uzak kalacaksın?"

"Haklısın, Jack. Adamlarından birkaçına düz siyah bir boya yaptırabilir misin?"

"Hiç sorun değil."

"Başka?" diye sordum. Başka kimse konuşmadığında, sıradaki konuşmacıya geçtim. "Lucius?"

"Iban'a ne dersin?" diye sordu Lucius. "Benden önce konuşabilir."

Neredeyse gülümseyecektim. Lucius'u tanırdım. Herhangi bir gündemde son ve en önemli kişi olmak istemesine rağmen, daima mütevazı görünürdü. Lucius asla açılış konuşmacısı olmamıştı. Vampirler ve egoları!

"Iban'ın en son konuşmasını ve bizi İngiltere'deki temsilcimizle yapacağımız uydu konferansına bağlamasını düşünüyordum."

"Anlıyorum" dedi Lucius.

"Sorun değil" dedi Iban, elini sallayarak. "Sadece Tobey ve benim sıkı bir iletişimimiz olduğunu söyleyeceğim. Güney California iyi korunacaktır. Her zaman olduğu gibi en büyük tehdidimiz Meksika sınırı. Kaçakçılar, tüneller ve bir sürü karanlık yer var. Ayrıca, her gece orada sınırı geçmek için her şeyi yapacak binlerce insan olduğundan, bolca da yiyecek bulunur." Gözlerimin içine baktı. "Babam bana yine işkence yapmaya gelmeyecektir; beni yok etmeye gelecektir. Kaçtığım gece, kanımı içeceğine yemin etmişti."

"Vay canına, bunu hak edecek ne yaptın ki?" diye sordu Jack.

Iban, Jack'e bir bakış attı. "Ne yapacağım? Eşini baştan çıkardım" dedi, doğal bir tavırla. "Beni özgür bırakan oydu."

"Oh..." dedi Jack ve her nedense dönüp Eleanor'a baktı. Sonra kendine gelerek ellerini kaldırdı ve başıyla onaylayarak mesajını verdi: *Hayır, ben öyle bir şey yapmayacağım!*

"Travis? Geldiğin için teşekkürler."

Travis Rubio ayağa kalktı ama uzunca bir sessiz kalarak herkesin dikkatini kendisine vermesini bekledi. Bütün gözler ona odaklandığında konuşmaya başladı. "Bazılarınızın bildiği gibi..." Bana baktı. "...yalnız yolculuk yaparım. Klanım veya insan dostlarım yok. Mevsimleri ve yiyeceği izleyerek, Meksika'dan Big Bend'e, Nebraska, Wyoming, New Mexico ve Arizona'yı dolaşırım. Büyük ölçüde ıssız yerlerdir; insanlardan uzaktır veya güneşten gizlenecek kolay yerler yoktur. Uyum sağlamayı öğrendim ama bu yüzlerce yılımı aldı. Zorluklarından dolayı, o yönden bir saldırı geleceğini sanmıyorum. Ayrıca, babamdan korkmam için bir nedenim yok. Daha dünyanın bu kısmının bir adı yokken onun varlığı sona ermişti." Kollarını göğsünde kavuşturdu. "Ama bizi korumak adına üzerime düşeni yapacağım. İstediğimde haber ulaştırabilecek, tanıdığım insanlar var." Başıyla onaylayarak yerine oturdu.

"Mükemmel. Şimdi, Lucius, bizi bilgeliğinle aydınlatmaya hazır mısın?"

Bana karşılık vermek yerine, Lucius gülümsedi ve zarifçe

ayağa kalktı. Beyaz bir kaplan, bir tasarımcının elinden çıkmış takım elbise giyebilirse Lucius'un kardeşi olduğu düşünülebilirdi. Tehlikeli, görkemli ve son derece de güzel. Bir şairin baştan çıkarıcı pozuyla durdu, boğazını temizledi ve salondaki herkesi gözleriyle yakaladı.

"Bence yavrular yaratmalı ve onları kişisel suikastçılarımız olarak yetiştirmeliyiz." Sağ elindeki ağır altın yüzüğü inceledi. "Sonra onları babalarımızın hepsini öldürmeleri için Eski Dünya'ya göndermeye başlamalıyız. Yaşlı alçaklar ölürse kimseye zarar veremezler."

"*Esclavo...*" diye fısıldadı Iban ve ayağa fırladı. "Köle yaratmak gibi bir şeye hiç niyetim yok." Tiksintiyle yere tükürdü. "Kendin köleyken efendine hizmet etmekten hoşlandın mı, Lucius?"

Lucius, Iban'ın sözlerinden etkilenmemiş gibiydi. "Eh, bu farklı olur, değil mi? Onların özgür iradeleri olacak; sadece yapacak bir işleri olacak. Elbette ki iyi karşılık alacaklar."

"Peki, bu işi yapma şanslarının ne kadar olacağını sanıyorsun? Ellerinde kazıkla babalarımızın yanına gidip, 'Selam, seni öldürmeye geldim' mi diyecekler?"

"Elbette hayır" diye cevap verdi Lucius.

Araya girme ihtiyacı duydum. "Baylar, lütfen! Lucius, lütfen konudan uzaklaşma. Burada savunmamızı tartışıyoruz. Iban, yerine otur ve izin ver de Lucius bitirsin."

Lucius kaşlarını çattı. "Bu kongrenin amacının, bir sorunu çözmek olduğunu sanıyordum."

"En acil sorunumuz savunma. Sonrasında kaçınılmaz olan için plan yapabiliriz."

"Kaçınılmaz olan... ?"

"Öldürmek."

Bir an dikkati dağılan Lucius, New York Limanı'ndaki bağlantılarını anlatarak devam etti. Doğu sahilinden en olası giriş, gemiyle teslim edilen bir konteynır şeklinde olacaktı. Her birini araştırma şansımız olmayacağından, temsil edilen şirketlerin her birinin konşimentolarını toplayacak adamları vardı. Biri, yasadışı faaliyetler için bir paravan arıyorsa bu iyi bir başlangıç yeriydi. Ve babalar kesinlikle herhangi birinin gözünde yasadışı olarak görülürdü.

"Pekâlâ. Teşekkürler, Lucius. Lütfen otur. Iban? Sunumunu yapmaya hazır mısın?"

Iban saatine baktı. "Uydu bağlantısı başlayana kadar beş dakikamız var. Jack, lütfen ışıkları karartır mısın?"

Jack, Iban'ın isteğini yerine getirirken kanepenin arkasını ve perdeleri kontrol ettiğini gördüm. Jack için bile tuhaf bir davranıştı. Melaphia burada olsa muhtemelen ona misketlerini kaybedip kaybetmediğini sorardı. Ama şimdi evde Reyha ve Deylaud'la birlikteydi; vampirleri kendi meseleleriyle baş başa bırakmıştı.

Kısa bir sürede bilgisayara birkaç şey girildikten sonra Olivia'nın elektronik görüntüsü salonun ortasında belirdi. Salondaki herkes korkuyla yutkundu; kameralara ve aynalara görünmez olan kişilerden alınabilecek mükemmel bir tepkiydi bu. Bu yeni holografik teknoloji en ileri noktaydı ve hiç şüphesiz vampirler tarafından icat ve finanse edilmişti.

"Vay canına" diye homurdandı Jack. Fakat eski sevgilisini görmek hoşuna gitmişe benzemiyordu. Yine de *sevgili* kelimesi doğru olmayabilirdi. *Dövüş partneri* demek daha doğru olurdu. Olivia'yı selamlarken benimle Jack arasında bir tedirginlik hissettim.

"Seni tekrar gördüğüme sevindim, Olivia" dedim.

"Burada olmaktan onur duydum." İşte bu ilginçti. Konuşurken bakışlarıma karşılık vermek yerine, mütevazı bir tavırla önüne bakıyordu. Belki de organizatör ve casus olarak sorumlulukları altında eziliyordu. Tepkisini görmek için Jack'e bir bakış attım. Çizmelerini inceliyordu ve düşüncelerinden alabildiğim tek şey güçlü bir mırıltıydı.

Jack

Bana bakarken William'ın gözlerinin kısıldığını gördüm. Bir şey sakladığımı biliyordu. Olasılığını nasıl hesaplayabilirdim ki? Her neyse. İnsanlar bir şeyleri zihinlerinden uzaklaştırmak için beyzbola nasıl odaklanırdı? İşe yaramıyordu. Kendimi kontrol edemezsem zihnimi okuyacağı şüphesizdi.

En azından, Werm'ü düşünebilirdim. Buralarda bir yerlerdeydi. Kokusunu alabiliyordum. Pencerelere yaklaşıp kadife perdelere vurdum. Lucius'un maiyetinden ciddi görünüşlü biri bana çatık kaşlarla baktı. "Ev sineği" diye fısıldadım. "Ve bir çekirge. Onu yakaladım." Daha çok kurtçuk. Lucius'un yardımcısı dar, siyah çerçeveli gözlüklerinin arkasından bir kez gözlerini kırpıştırdı ve dikkatini resmi sürece çevirdi.

Werm'ün Melaphia'dan almasını istediğim iksir sadece güçlü bir parfümdü. Ona, elindeki en ucuz şeyi vermesini, uydurma bir ilahi söylemesini ve sonra da korunma amacıyla özel bir iksirle kendisini kutsadığını söylemesini tembihlemiştim. Aslında bunun nedeni, gizlice toplantıya katılmak amacıyla görünmezlik yeteneğini kullanacağını tahmin etmemdi. Vampirlerin de herkes gibi kendi özgün kokuları vardı ama salonda o kadar çok vampir vardı ki özellikle benden uzak durmak isterse Werm'ü tanımlamam imkânsız olurdu. Ama o parfümü tanımamak imkânsızdı. Çok iyi hatırlıyordum. Mel'in annesinin kullandığı parfümün aynısı. Sonra neler olduğunu anlamıştım. Werm görünmez olmayı başarmıştı. Ama kendi üzerime daha fazla dikkat çekmeden onu dışarı atmam mümkün değildi; dolayısıyla, biraz zaman kazanmak zorundaydım.

Olivia, gerçek boyutlarının üçte biri boyuyla tam önümüzdeydi. Ama William'ın düşüncelerimi okumasını nasıl engelleyecektim? William, Olivia'nın babası değildi ama soyundaki en güçlü vampirdi ve kendisini benim kadar iyi gizlemezse Olivia'nın düşüncelerini kolayca okuyabilirdi. Ayrıca, gerçekten burada olmaması da bir avantajdı. Psişik vampir zihin okuma becerisinin uzun mesafeden işe yarayıp yaramadığını merak ettim. Sadece hologramdan bile titreşimlerini alabiliyordum. William'ın onun çekingenliğiyle ilgili ne düşündüğünü merak ettim. Muhtemelen sadece sahne korkusu olduğunu düşünüyordu.

Tamam, biraz gergin görünüyordu. Ya buydu ya da teknik bir sorun hologramın titremesine neden oluyordu. Onunla en son konuştuğumda, bir üstat vampire yalan söylemek konusunda çok gergindi ve öyle de olması gerekirdi. Sunumunu nasıl yapacağını görmek ilginç olacaktı.

William, Olivia'yı ve temsilcilerden bazılarını tanıtıyordu. Biri, hologram aletinin başarısıyla ilgili Iban'a iltifat etti. Mütevazı bir tavırla gülümsedi. "Korkarım çok istesem de bu konuda başarı bana ait değil. Ortağım Sullivan, şirketimin özel efekt bölümünü Lucas Industrial Light and Magic'le rakip olacak seviyeye taşıyan kişidir. Özel ihtiyaçlarımıza cevap verecek teknolojiyi geliştiren, onun mühendislerinden biriydi."

Bu fazlasıyla mütevazı bir konuşmaydı çünkü biz vampirlerin yansıması yoktu ve bir fotoğrafta görünmezdik. Son duyduğuma göre, dijital görüntü, bizi eski moda fotoğrafçılıktan daha iyi algılayamıyordu. Ah, yararlı Sullivan.

Onu ısırmak nasıl da güzel olurdu. Connie'yle öğle yemeğinin nasıl gittiğini merak ediyordum. *Öğle yemeği*. Ne kavram ama! İnsanlar öğle yemeğine giderken ben bilmem kaçıncı uykumda oluyordum. Onları açık hava kafelerinde, nehir kıyısında güneşli yürüyüşlerde, sandal gezintilerinde hayal ediyordum.

"Bu şey iki yönlü, değil mi?" diye sordu Tobey.

"Olivia, şuraya takılı bir webcam aracılığıyla bir bilgisayar monitöründe gölgemsi siluetlerimizi görebiliyor" diye açıkladı Iban, tam karşımdaki şömine mermerine iliştirdiği küçük bir kamerayı işaret ederek. "Ama o da normal bir kamera değil. İngiltere'de ona verdiğimizle aynı türde bir alet."

Olivia sunumuna devam etti. "Birçoğunuzun bildiği gibi uzun zamandır türümüzün belli özelliklerini belgeliyorum; dişi vampirlerin öncelikli soyağacı ama aynı zamanda bir ölçüde, çeşitli klanların Avrupa'daki göçleri. Alger benden önce Londra'nın içinde ve çevresinde büyük ve sadık bir grup yaratmıştı ve aralarında güvenilir insanlar da vardı. Şehirle ilgili bilgimizi ve etkili iletişim ağımızı kullanarak, yaşlıların tacizinden görece özgür yaşayabiliyorduk.

"Alger öldürüldükten sonra İngiltere'ye döndüğümde, dikkatimizi mümkün olduğunca çok kara lordu tanımlamaya, klanlarının yerini ve sayılarını öğrenmeye yönlendirdik. Alger kendi nedenleriyle bu işe zaten başlamıştı ve dolayısıyla kendi araştırmam için bir başlangıç noktam vardı. Görünüşe bakılırsa, Alger, öleceğini hissetmişti ve bunu benimle hiç paylaşmamıştı. Bunu, belgeleri incelemeye başladığımda, çok geç öğrendim. Yaptığı araştırmanın, diğerlerimizin hayatta kalmasına yardımcı olacağını ve Amerika'ya kaçışının kurtuluşu olacağını düşünüyordu."

Olivia, Alger'den her söz ettiğinde hissettiğini bildiğim kederi kontrol edebilmek için bakışlarını indirdi. Babası, Savannah'ya gelirken Reedrek tarafından öldürülmüştü ve bu mantıksız kötülük, sonunda bugünü ve bu toplantıyı hazırlamıştı.

Olivia kontrolünü tekrar toparlayarak devam etti. "Son birkaç haftadır, bütün Avrupa'nın altını üstüne getirdik. Aramızdan daha gözü pek olanlardan bazıları, kötü klanlara sızmaya ve Londra'dan kovulmuş gibi davranmaya gönüllü oldu. Elde ettikleri bilgilerle üç gün önce dönmeleri gerekiyordu; bu, bulgularını bu toplantıya hazırlamam için yeterli zaman tanıyacaktı."

Olivia yine bir an tökezledi. Dudakları titredi ama çenesini dik bir şekilde kaldırarak devam etti. "Sadece birkaçı geri dönebildi. Casuslarımızdan biri eve dönmeyi başardı ama geldiğinden beri hiç konuşmadı ve ne gece ne de gündüz uyuyamıyor. Ölmek için yalvarıyor."

Olivia derin bir nefes aldı. "Diğerleri hiç dönmedi."

Kısa bir sessizlikten sonra Gerard sordu: "Konuşup uyuyamayan... beslenebiliyor mu?"

"Oh" dedi Olivia, "besleniyor." Yüzünde kanımı donduran bir dehşet ifadesi belirdi.

Saçmalık! Bu da ne demekti şimdi? William'a baktım; yüz ifadesi kaskatıydı. Duyduklarından o da hoşlanmamıştı. "Yani klanlarla ilgili hiçbir bilgi alamadınız mı?" diye sordu. "Kayıplarımızla ilgili Kaçırıcıları bilgilendirdiniz mi?"

"İkisi için de hayır. Sanki yok olup gitmişler. Kaçırıcılara bu kadar çabuk haber göndermek de planlarımızı açığa vurmak olur.

"Güvenli şekilde geri dönen casuslar, her klanın birbirleri hakkında bildiklerinden ibaret; ya da en azından yeni gelen birine anlatmak isteyecekleri kadarından. Dolayısıyla bu bilgilerin bir kısmı ikinci elden ve biraz eski ama sanırım hiç yoktan iyidir."

"Söylesene, Liv" dedi Tobey. "Ağır konulara başlamadan önce bütün bunlarda hiç *iyi* haber var mı?"

Olivia bu soruyu bir an düşündü. "Lehimize olan tek şey yaşlıların klanlarının bizim kadar organize olmamaları ve lordların kendilerinin de pek iyi durumda görünmemeleri. Gevşek ittifaklar var tabii ki. Klanların çoğu, diğer klanların birçoğuyla akraba durumunda ve iletişim bağları bazı örneklerde hâlâ sürüyor. Ancak, bize kitle olarak saldırmaları gibi bir olasılık görünmüyor." Ancak, bu habere Olivia'nın kendisi de pek sevinmiş gibi görünmüyordu. Her zamanki kadar ciddiydi. "Yani, casuslarımızın yanlış bilgilerle kaçmasına izin verecek kadar kurnaz değillerse."

"Bu daima bir olasılıktır" dedi William.

"Bu iyi haberse *kötü* haber ne?" diye sordum.

"Kötü haber şu ki klanlardan birinin üyelerinin sayısı çok fazla ve hepsi çok vahşi yaratıklar; yani diğer klanlarla birleşmelerine gerek kalmadan, bu klan bile tek başına bizim için zorlu bir düşman olabilir."

Evet. Bu gerçekten kötüydü. O klan ve diğerleriyle ilgili detaylara başlamadan önce, Lucius araya girerek Olivia'ya casuslarının kimler olduğunu ve diğer klanlara nasıl sızdıklarını sordu. Hareketi göz ucumla görmüştüm. Ziyafet salonunun arka tarafındaki dev büfelerden biri, büyük kan sürahileriyle doluydu; bazıları kristal kâselere konarak buz atılmış, diğerleri altın kepçeli tabaklarda sıcak tutulmuştu. Yanlarında, en kaliteli yerli ve ithal alkol çeşitleri duruyordu. Sürahilerden birinin buz kovasından kendi başına yükseldiğini gördüm. Havaya yükseldi ve bir kadehe kan dolduracak şekilde eğildi; sonra geldiği yere geri döndü. Sessizce, hologramın etrafında oturan vampirlerden ayrıldım. Diğerleri Olivia'nın kasvetli haberlerine odaklanmışken kendime kokteyl hazırlayacakmış gibi doğal bir tavırla büfeye yürüdüm.

Tahmin ettiğim gibi kadeh ahşap yüzeyden havalandığı anda havada yakaladım ve Werm'ün görünmez başının arkasına bir tokat indirdim. Sonra onu ceketinin yakasından yakalayarak ve yaptığım şeyi vücudumla elimden geldiğince gizleyerek, kapıdan geçirip ziyafet salonuyla mutfak arasındaki koridora çıkardım.

"Neyin var senin?" diye sordum.

Werm tekrar biçimlenirken dengesini bulmaya çalıştı. "Ah" dedi, başını ovalayarak.

"Kendi adına söyleyebileceğin tek şey bu mu?" Kadehin içindekini içtim ve bir servis arabasına sertçe bıraktım.

Werm siyah tişörtünün önünü düzeltti. "Affedersin. Sadece ben... bilmemin bilmememden daha iyi olacağını düşündüm. Şimdi, duyduklarımdan sonra pek de emin değilim."

Neredeyse ona acıyarak ve kendini içine soktuğu şeye üzülerek iç çektim. "Evet. Ne demek istediğini anladım" dedim. Acınası bir durumdaydı ve korktuğu belliydi. Aslında, her zamankinden daha sefil ve daha korkulu görünüyordu. Kıçını tekmelemem gerekirken bu tuhaf çocuğa zaaf duymaya başlıyordum. "Şu görünmezlik olayı gerçekten iyiydi. Çok mu egzersiz yaptın?"

Sonunda başını kaldırıp bana baktı. "Hı-hım. Başlangıçta oldukça zordu ama sanırım becerdim. Gayet rahat kontrol edebiliyorum."

"Güzel. Bir gün gerçekten işe yarayabilir. Ama sana bir şey söyleyeyim: O becerini bir daha üzerimde casusluk yapmak için kullandığını görürsem, kıç tekmeleme becerimi canını yakmak için kullanırım. Öyle canın yanar ki öğle güneşinin altında sahile gitmeyi tercih edersin. Beni anladın mı evlat?"

"Evet, Jack... efendim."

"Güzel." Sırtına indirdiğim şaplak, küpelerini zangırdatacak kadar sertti. "Şimdi kaybol. Yarın konuşuruz."

Werm, çizmelerini sürüyerek kapıya yöneldi. Ama tam mutfak kapısına ulaştığında geri döndü. "Hayatta kalacak mıyız, Jack?" diye sordu. Mavi gözleri her zamankinden daha iri açılmıştı.

"Evet" dedim. "Kesinlikle kalacağız."

Kapıdan çıkmadan önce omuzlarını dikleştirdi ve hafifçe gülümsedi. Neden kendimi daha iyi hissetmiyordum?

Tekrar gruba katıldığımda, Lucius, hâlâ Olivia'yı yöntemleriyle ilgili sorguluyordu. Bana, kendisinden daha çok şey bilen kadınlardan rahatsız olan adamlardan biri gibi görünmüştü.

"Yeter artık, Lucius" diye uyardı William. "Olivia'nın hâlâ vermesi gereken çok fazla bilgi var. Onun güvenilirliğine inanıyorum."

Lucius mutlu görünmüyordu ama sesini kesti ve manikürlü ellerinden biriyle saçlarını sıvazladı.

"Bize şu kötü klandan söz et" dedi William.

Olivia derin bir nefes daha aldı. "Antik, güçlü ve gizemliler. Diğer klanlardaki vampirler onlardan fısıltıyla söz ediyor. Sayıları da çok yüksek olarak verildi."

William asık yüzle baktı. "Neredeler?"

"Güney Rusya, Karadeniz yakınlarında" dedi Olivia, beni görememesine rağmen doğruca bana bakarak.

Ah, Tanrım! Bu Hugo'nun klanı olmalıydı ve Olivia bilmemi istiyordu. Diana ile ilgili konuştuğumuz gün, daha fazla bilgi edinene kadar Hugo'nun klanından söz etmeyeceğini söylemişti. Görünüşe bakılırsa şimdi bilgisi daha fazlaydı. Diana hakkında düşünmeden bilgileri nasıl vereceği konusunda ikilem yaşıyordu ve bunu yapabilmek için benimle göz teması kuruyordu. Bir içki daha almak istiyordum. Hem de kocamanından.

"Bu klanın, başka klanlardan yardım almadan bize saldıracak güçte olduğunu söyledin. Bunu yapma niyetleri var mı?" diye sordu William.

"Görebildiğimiz kadarıyla hayır" dedi Olivia. "Ama üyelerimizden ikisi o bölgede kayboldu."

"Saldırırlarsa buraya nasıl gelirler? Sudan mı, havadan mı?" diye sordu Iban.

"Hiçbir fikrim yok" dedi Olivia, başını iki yana sallayarak. "Casuslarımızdan birinden kısa bir rapor aldık ama o zamandan beri başka bir şey gelmedi."

"Tam bir yararlı bilgi kaynağısın değil mi?" diye sordu Lucius.

Ben tam adamı dışarı çağırmaya hazırlanırken Travis tekrar konuştu. "Bana kalırsa genç bayan böylesine kısa bir sürede çok iyi bir istihbarat çalışması yapmış. Grubu cesur, büyük risk almış ve ağır bir bedel ödemiş. Senin bu kadarını yaptığını sanmıyorum. Azarlanmayı hak ettiğine de inanmıyorum. Bana katılmıyorsan istersen geri kalanını dışarıda tartışabiliriz."

Lucius koltuğunda arkasına yaslandı ve teni kızardı. Çenesini kapamasının emredilmesine alışkın bir adam değildi. Ama son bir saatte kendisine iki kez aynı şey söylenmişti. Bana kalırsa daha nazik bir vampire bu olmazdı.

"Daha fazlasını öğrenemediğim için üzgünüm" dedi Olivia.

O anda William, bana -ve Olivia'ya- kendi düşüncelerinden birini güçlü ve net bir şekilde açtı: *Ama daha fazlasını biliyorsun Olivia. İkimizin de bildiği gibi. Benden neden bilgi sakladığını anlayamıyorum ama bana hepsini anlatmanı tavsiye ederim. Hem de yakında.*

William

Olivia'nın zihnini okumak için irademi kullanmıştım. Ne yazık ki hologram teknolojisi fiziksel görüntüyü aktarabilmesine rağmen, fizikötesi fenomen üzerinde pek etkili değildi. Olivia'nın görüntüsü titreşiyordu ve bir top yutmuş gibi görünüyordu. Konuşmaya çalışarak sadece başıyla onayladı.

"Bu zorlu klanın lideri kim?" diye sordum ısrarla. "O kadar yaşlı ve güçlüyse onu tanımam gerekir."

"Reedrek'in soyundan gelen güçlü bir üstat vampir tarafından yönetiliyorlar. Aslında, babası Reedrek'miş. Burada toplanan hepimizden çok daha yaşlı."

Reedrek. Benim ve sevdiklerim için iyi bir gelişme değildi. Kesinlikle onun için geliyorlardı. Ve bunu yaptıklarında, kafalarındaki tek şey intikam olacaktı.

"Adı?" diye sordum, öfkem artarken. Bir zamanlar bilgi toplamak konusunda öylesine hevesli olan Olivia neden şimdi bu kadar çekingen davranıyordu?

"Hugo" dedi, neredeyse fısıldayarak.

Duymak için yaklaşmam gerekirmiş gibi hissettim ama tam o anda benliğimi büyük bir korku -Reedrek'in zafer duygusuyla birlikte- sardı ve Olivia'dan gelen korku duygusunu neredeyse bastırdı. Geçmişte umursamaz ölçüde cesur olan bu kadın şimdi gerçekten korkuyor gibi görünüyordu. Her ne öğrendiyse onu korkutmuştu.

Mezarının karanlığında, Reedrek, Hugo diye birinden söz etmişti. Ve onun çirkin, çürüyen, lanetli yüzüne bakarak gülmüştüm. Ama bu isimde bir yavruyla karşılaştığımı hiç hatırlamıyordum. Vampir akrabalığına göre kardeş olurduk. Neden Reedrek, Alger ve bana saldırmak için gelirken onu da getirmemişti? Bu, üzerinde düşünmem gereken şüpheli bir soruydu.

"Başka bir şey var mı Olivia? Bu toplantıda bize yararlı olabilecek herhangi bir şey?"

Olivia boğuk bir ses çıkardı ve arkasından salonun arka tarafından bir gümbürtü geldi. Olduğum yerde hızla döndüğümde, bir şekilde yakınlarında yere düşmüş bir lambanın parçalarını toplayan Jack'le karşılaştım.

"Bunun için özür dilerim" dedi Jack, omuz silkerek. "Gittiğim yere bakmıyordum."

Jack'in keyifsizliğimi hissetmesine izin vererek, görüntüsü kaybolmakta olan Olivia'ya döndüm.

"Sizi bilgilendirmeye devam edeceğim" dedi ve gözden kayboldu.

8

William

Herkes aynı anda konuşmaya başlamıştı. Dikkatlerini tekrar toplayabilmek için on dakika geçmesi gerekti.

"Bu yeni bilgi her şeyi değiştiriyor. Önce Savannah'nın savunmasını düşünmek zorundayız" dedi Iban. Diğerleri tek tek aynı fikirde olduklarını ifade etti; Lucius dışında.

"Şu babanı nerede tutuyorsun; Reedrek'i?" diye sordu.

"Güvenli bir yerde; kaçması mümkün olmayan bir yerde."

"Neden onu hemen öldürmedin?"

Neden öldürmemiştim? Acaba Reedrek'in beni suçladığı gibi yumuşamış mıydım? Yaşlı yalancıyı bilgi için hayatta tuttuğumu düşünmüştüm ama muhtemelen, babamın yavrusu olduğumdan, yol açtığı acıya, Diana'ya yaptıklarına karşılık ona işkence etmek istemiştim. Jack'in diyeceği gibi hikâyem buydu ve değiştirmeyecektim.

"Bana ve sevdiklerime olan borcunun bir kısmını ödetmek için onu hayatta tuttum."

"Neden sorgulamamız için onu buraya getirmiyorsun?" diye önerdi Lucius. "Şu Hugo'yla ilgili bir şeyler biliyor olmalı."

Jack gülerek başını iki yana salladı. "O kadar derinlerde gömülü ki ona ulaşabilmek için petrol sondajı yapan kazıcılara ihtiyacımız var. Tabii graniti delebilirsek."

Çatık kaşlarımın altından Jack'e bakarak susmasını istedim. Bu kadar net olmanın anlamı yoktu. "Reedrek'in ağzından çıkacak bütün cevaplar yalan olacaktır. O kadar sapık ve karanlık yürekli ki bizi incitmek için her şeyi yapar."

Tobey dişlerinin arasından bir ıslık çaldı. "Ve şu Hugo ondan da mı beter?"

"Öyle görünüyor" dedim ama düşüncelerim başka yere kaymıştı. Kaçırıcılar hiç şüphesiz Hugo ve klanından haberdardı. Şimdi ofisime ve bilgisayarımın başına geri dönmeliydim. "Artık toplantıyı Jack'e bırakıyorum; sizinle bir savunma stratejisi için insan kaynaklarını konuşacak. Acele kararlar vermemeliyiz. İngiltere'de neredeyse şafak söktü ve ilk ışıklardan önce biraz daha araştırma yapmak niyetindeyim. Yarın gece burada tekrar toplanacağız; günbatımından bir saat sonra. Hepimiz fikirlerimizi masaya yatıracağız."

Gitmeden önce Eleanor'u yanıma çağırdım. "Jack bitirdikten sonra onları senin becerikli ellerine bırakıyorum."

Bir elini göğsüme, atmayan kalbimin üzerine koydu. "Onları istedikleri kadar meşgul edeceğim. Sadece... keşke evim bitmiş ve hazır olsaydı."

"Ben de aynı şeyi isterdim aşkım. Lucius bazen gerçekten baş belası ola…"

Eleanor parmaklarıyla dudaklarıma dokunarak gülümsedi. "Endişelenme, personeliyle görüştüm. Unutma, uzun zamandır zevk ve eğlence işindeyim… senin zevkin dahil. İtiraf etsin ya da etmesin, onu mutlu edecek bir sürü şeyim var. En iyi müşterilerimden bazıları, en çok şikâyet edenlerdir." Parmaklarını çekip yumuşak bir öpücük verdi. "Süitte bize katılacak mısın? Senin de ilgileneceğin bir şeyler bulabileceğimizden eminim."

Gözlerindeki açıkça meydan okuyan bakışlar zihnimi ve vücudumu uyarmıştı ama şafaktan önce bitirmem gereken başka şeyler vardı. "Öyle olacağına eminim tatlım. Ama beklemesi gerekecek."

Omzumun üzerinden erkeklerle dolu salona bakmadan önce şakayla yüzünü buruşturdu. Vampir olsunlar ya da olmasınlar, kesinlikle ne yaptığını biliyordu. Başlamak için sabırsızlandığını görebiliyordum.

"Seni işinle baş başa bırakayım" dedim.

Kapıya doğru yürürken Iban bana yetişti. "Eşlik edecek birini ister misin?"

"Hayır, istemem. Ama sen biraz eğlenceye ne dersin?" Iban'ın etrafında bir sürü insan olduğunu biliyordum. Jack'in 'insanlar dostumuzdur konferansı'na ihtiyacı yoktu.

Iban başını iki yana salladı. "Sanırım Doğu Sahili'ne yaptığım bu yolculukta pek de iyi uyuyamadım. Hem film hem de bu kongre için çok fazla hazırlık vardı. Kendimi biraz, nasıl desem, *zorlanmış* hissediyorum." Salona bir bakış attı. "Bu gece burada dinlenebileceğimi de sanmıyorum. Kesinlikle herkesi tedirgin ettim."

"Amacım da buydu zaten." Kapıyı açtım ve verandaya çıkması için yol verdim. "Şehirdeki evim daha sakin olur. Ben araştırma yaparken sen ayaklarını uzatabilirsin."

Houghton Meydanı'ndaki evime geldiğimde, Iban'ı Reyha ve Deylaud'a teslim ederek, elinde bol miktarda kanla şöminenin başına oturttum. Ofisime gitmek için salondan çıkarken Deylaud, ezberinden Miguel Cervantes okumaya başladı.

Alt kata indiğimde ofisimin güç kaynağını açtım ve bilgisayarlar hareketlendi. On altıncı yüzyılda bir ölümlü olarak eski hayatım, şimdikine oranla, modern insanların korktuğu Marslılarınki kadar farklıydı.

Birkaç Marslı, insanlara çok benzeyen ve yeraltında fareler gibi saklanabilen bir katil vampir sürüsüyle kıyaslanamazdı bile. Yaşlılar bir savaş istiyorsa insan nüfusunun toyluğu ilk kayıpları getirecekti. Geceleri tüylerini ürperten çocukluk korkuları gerçeğe dönüşebilirdi.

Beş yüz yıl önceki insani korkularımız farklıydı ve daha kişiseldi. Tanrı'dan, Kilise'den, ekinlerin çürümesinden ve cadılardan korkardık. En önemlisi, vebanın geri döneceğinden.

Şimdi, beş yüz yıl sonra bu kalabalık gezegende küresel endişeler vardı: Kıtlıklar, savaşlar, tsunamiler ve belirgin hedefleri olmayan rastgele bombalar. Ve harika bir alet olmasının ötesinde internet, devrim getirebileceği gibi bizim bloodygentry.com örneğimizde olduğu gibi tamamen farklı bir ajandaya da sahip olabilirdi.

Arkadaş listemde, sık sık Farzı Hortlak sohbet odasında takılan iki Kaçırıcı vardı. Zararsız bir zaman geçirme aracı: İnsanların, aralarında gerçekten hortlakların olup olmadığı konusundaki tartışmalarını izlemek. Odaya girdim ve Keith Richards ve Dick Clark adında iki ünlünün, gündüzleri halk arasında görülmediği yönündeki bir sohbete daldım.

İki yönde de bir fikrim yoktu. Bütün Rock'n'Roll fenomeni daha yarım asırdır ortalıktaydı; ben daha motorlu araçlara yeni alışıyordum ve onlar en azından bir asırdır vardı. Şimdi, biri Keith'in Beethoven'ın sonatlarından birini bestelediğini söylese bu gerçekten tartışmaya değebilirdi.

Ben Ukrayna'yla ilgileniyorum. Burada hiç Rus var mı?

Ruslar mı? Bunun Rock'la ne ilgisi var? diye karşılık verdi, Keith taraftarı tartışmacılardan biri.

Başka bir ses katıldı. *Hey, dostum, haklısın. The Beatles -"Back in the USSR." John Lennon- kesinlikle hortlak.*

Beatles üyelerinin yarısı öldü salak. Lennon nasıl hortlak olup da Chapman tarafından vurulabilir?

Belki de vurulmamıştır; belki kazıklanmıştır!

Belki de ölmüş gibi yapmıştır ve şimdi Green Day veya ah buldum, Coldplay için müzikler yapıyordur. Ne dersin?

Şuna ne dersin: CHRIS MARTIN'E BENZEMİYOR BİLE! Ayrıca, bir vejetaryen. Lennon, İngiltere'ye geri dönmezdi. İskoçyalı'daki gibi bir kural var. Başka bir ülkeye gitmek zorundalar. Hey, sence Rusya'ya mı gitti?

Bu beni hiçbir yere götürmüyordu. Araya girdiğim için özür dilemek ve ayrılmak üzereyken tanıdığım biri cevap verdi.

Rusya'da dostlarım var.

Bir aile üyesini arıyorum; adı Hugo.

Hangi grupta çalıyor? diye sordu Keith hayranı.

Bering Boğazı denen bir country grubunda. Yemin ederim, o adamların GERÇEK RUS olması mümkün değil.

Müzik eleştirmenlerine aldırmadan bekledim.

Bir özel mesaj penceresi açıldı. *İsim tanıdık geldi. Sana geri dönmem gerekecek* dedi bağlantım.

Hey! Konuşacak mısınız, konuşmayacak mısınız? Odadaki katılımcılar yokluğumuzu fark etmişti.

Sanırım konuşmayacağız. İyi geceler. Sohbet odasından çıktım ve başka bir özel mesaj bekledim.

Uzun sürmedi.

Hugo'nun etkisinden sadece tek bir yavruyu kurtarmayı başarabildik. Ve zavallı yaratık hâlâ berbat durumda. Çok az şey biliyoruz ve dahası olduğunu tahmin ediyoruz. Çok güçlü vampirler; özellikle de dişiler. Birini mi kaybettin?

Hayır. Hugo'nun bizimle ilgilendiğine inanmak için nedenlerimiz var.

Genişleme anlamında mı ilgileniyor?

Yok etme desek daha doğru olur.

İyi değil. Hiç iyi değil.

H veya ailesine ait herhangi bir şeyi ele geçirebildiniz mi? Onu izlemem için bana gönderebileceğiniz bir şey?

Hayır. Kadın çıplaktı; kendi bacaklarından aldıkları tendonlarla boynundan asılmıştı.

Anlıyorum.

Gerçekten anlıyordum. Yaşlılar, asırlar boyunca insanları izleyerek ve birbirlerinin üzerinde deneyler yaparak geliştirdikleri detaylı işkence yöntemleriyle tanınırdı. Biri ölemediğinde, her türlü acı mümkün olabilirdi. Ana değişken, kişin ne kadar hızlı veya ne ölçüde iyileşebildiğiydi; sonra süreç tekrar başlardı.

Eğer mümkün olursa nerede olduğunu ve nasıl yolculuk yaptığını tam olarak bilmem gerekiyor. Ayrıca, babam Reedrek'le olabilecek bağlantılarını da.

Elimizden geleni yapacağız. Olivia selam söylüyor.

Ona kendisinden haber almayı beklediğimi söyleyin. Ne demek istediğimi anlar.

Sohbetin kaydını sildim. Daha fazla haber beklerken Reedrek'le kendim konuşmaya karar verdim. Belki de karanlıkta terk edildikten sonra konuşmaya biraz daha hevesli olabilirdi. Bu pek olası görünmüyordu ama kim umut ettiği için suçlanabilirdi ki?

Kemik kutusunu aldım ve havuzun başına oturmak için dışarı çıktım. Hava serindi ve suyun karanlık yüzeyinden yansıyan ağaçlar yapraksızdı. Çoğu insan şu anda yataklarının sıcaklığına sığınmış durumdaydı. Benim için soğuk hava zevkli bir şeydi ama sıcaklığın, güneş hâlâ gökyüzündeymiş gibi kayaların ve tuğlaların üzerinden yansıdığı yaz ortasını özlüyordum. Bu, güneş ışığına en çok yaklaşabildiğim şeydi.

Ama o anda karanlığa ihtiyacım vardı. Kabukları atıp babamı aramaya başladım.

Daha görmeden kokusunu almıştım. Kendi özel cehenneminde, tabutunun bir tarafına sokulmuş halde yatıyordu. Çok sayıda küçük yaratık ayaklarını ve ayak bileklerini iştahla kemiriyordu. Arada bir seğirip onları tekmelemesi dışında, farkında değilmiş gibi görünüyordu. Ama bu küçük yaratıklar, yüzleri kanla kaplı halde hemen geri dönüyorlardı.

Bu cehennem illüzyonu yeterince inandırıcı olabilirdi. Belki içinde hayatta olanlar için bile.

"İyi akşamlar ihtiyar."

Reedrek'in gözleri boş bakıyordu. Sonra karanlığa baktı ve hafif pırıltımla beni gördü.

"Ayağa kalkmazsam kusuruma bakma" dedi, enerjisi olsa hırlama olarak algılanabilecek şekilde yüzünü buruşturarak.

"Bu oyundan hâlâ sıkılmadın mı?" diye sordum.

Alaycı bir tavırla güldü. "Ben... yorulmak? Hayır, işler daha yeni ilginçleşmeye başladı." Başını arkaya attı ve öfkeyle uludu.

Karanlıkta başka ulumalar karşılık verdi.

Yine uludu.

Bu bizi hiçbir yere götürmüyordu. Pırıltılı ellerimden birini kaldırdım ve iblisleri işaret ettim. "Deliğinize dönün" diye emrettim.

Daha şaşkınlıklarını gösteremeden ortadan kayboldular. Birkaç saniye sonra boş sessizlikte babamın üzerinde havada asılı duruyordum ve yüz yüzeydik. O kadar yakındık ki aynı havayı soluyor gibiydik.

Burada koku daha da kötüydü.

"Bana Hugo'dan söz et."

Dudakları kıpırdandı; açıkça, ne diyeceğine ve neleri gizli tutacağına karar vermeye çalışıyordu. Ona daha fazla yalan uyduracak zaman vermedim. "Yavrun ve akrabam olduğunu biliyorum."

"Evet" diye tısladı. "Kardeşin diyebiliriz." Hırıltılı bir sesle güldü. "Senden çok daha itaatkâr. İnsanların acıları ve ölümleri hakkında saçma sapan duyarlılıkları yok." Bakışları keskinleşti. "Özellikle dişileri dönüştürmekten ve onlara acı vermekten hoşlanıyor. Dönüşüm sırasında ölmeleri önemli değil; acı, onun en büyük zevki.

"Bir defasında, aynı gecede üç kız kardeşi aldı. Kanlarını emdi, öldürdü, sonra üçünü de lombozu olan bir zindana kapadı. Dönüşürlerken çığlık çığlığa birbirlerine saldırdılar." Reedrek bu anının coşkusuyla iç çekti; sanki oradaymış gibi. "Sonra, sıra onlarla çiftleşmeye geldiğinde, birbirleriyle de sevişmeye zorlayarak üçüyle birden çiftleşti. Sonunda, birini aletiyle döverek öldürdü." Başını iki yana salladı. "Ne küçük ve zayıf bir yaratıktı; hiç şüphesiz rahibeden başka bir şey olamazdı."

Buraya Reedrek'in *mutlu* anılarını dinlemeye gelmemiştim. "Hugo'yu bu kadar çok seviyorsan neden onu da buraya yanında getirmedin? Bana diz çöktürürken neden zaferi paylaşmasına izin vermedin? Belki de işi *o* başarabilirdi."

Birkaç saniye sessiz kaldı. "Onun ilgilenmesi gereken kendi işleri vardı. Ama sözüme inan, mutlaka gelecek."

"Senin için mi? Yani, seni o kadar çok mu seviyor?"

Reedrek'in yüzü gerildi. "Evet, beni çok sever. Ama başka birini daha da çok sever."

"Kimmiş o?"

"Diana." Bu kez o kadar güldü ki sonunda öksürüklere boğuldu. Kendini toparladığında devam etti. "*Senin* Diana'n. Seni dönüştürdüğüm gece, onu Hugo'ya ve aletine verdim."

Buna hazırlıklıydım. Sonuçta, onu ikimizi de öldürmek için bir tekneye koyduğum sabah da aynı şeyleri söylemişti.

Ama yine de öfkemin iki katına çıktığını hissedebiliyordum. Bir çocuğu azarlarken yapılacağı gibi sesimi bilinçli olarak sakin tuttum. "Bunun bir yalan olduğunu ikimiz de biliyoruz. Onun gömüldüğünü gördüm. Soyunu araştırması için birini gönderdim. Yanında Diana adında biri olabilir ama o *benim* Diana'm değil."

Bu onu yine şaşkın bir sessizliğe sürüklemişti. Birkaç kez yutkundu; kupkuru mezarında kan açlığı hatta susuzluk çektiği belliydi.

"Gönderdiğin kişi canlı halde dönüp sana yalanlar söyleyebildi mi?" diye sordu.

Bu saçmalıklardan artık sıkılmıştım. "Hugo nasıl gelecek? Nasıl yolculuk yapıyor?"

"Vahşi bir kısrağa biniyor; adı Diana" dedi, melodili bir sesle. "Diana, Diana! Senin güzel Diana'n."

O iğrenç ağzından karımın adının bir kez daha çıkmasına tahammül edemezdim. Voodoo kanımla desteklenen öfkem benliğimi sararak, şaşırtıcı bir güç dalgası yarattı.

"Sessizlik!" diye bağırdım, gök gürültüsü gibi bir sesle.

Yanmış kanın leş kokusu ciğerlerime doldu. Şok olmuş halde babama baktım. Taşa dönüşmüştü.

Jack

Ertesi gece tesise erken gittim; Travis Rubio'yla, 'altın şehirler'in bir savaşçısı olduğu zamanlarla ilgili konuşmayı umuyordum. İspanyol istilacılara karşı savaşacak kadar yaşlı olması mümkün müydü? Werm'ün çıktılarını aldığı web sayfaları, bana cevaplardan çok yeni sorular getirmişti. Rubio, Mayalar yok olmadan önce hayatta olacak, Cortés'e karşı savaşacak kadar yaşlıysa bile, çok gerilerde kalmamıştı. Connie'nin kökeniyle ilgili ışık tutabilecek her türlü bilgiyi ondan almak istiyordum.

Melaphia, Connie'yle yaptığı ayinle ilgili hiç konuşmuyordu. Yeni bir şey öğrenip öğrenmediğini bana söylemiyordu ama Maya tanrıçası konusunda doğru yolda olduğuna hâlâ inanıyor gibi görünüyordu. Bana sadece Connie'nin, gündüzleri kendisini görmeye devam edeceğini söylemişti; anladığım kadarıyla, daha fazla hokus-pokus seansları için.

Travis'i arka taraftaki çardakta bağdaş kurmuş halde otururken ve körfeze bakarken buldum. O kadar hareketsizdi ki yüzyılın başında şehir merkezindeki bir tütün mağazasında gördüğüm ahşap Kızılderili heykeline benziyordu. *Yirminci* yüzyılın başından söz ediyorum.

Beni görmek için dönmeden konuştu. "Denizi severim" dedi. "Bana şimdi Belize denen yerde geçen gençliğimi hatırlatıyor."

"Oraya sık gider misin?" diye sordum, çardağın içi boyunca uzanan ahşap banka otururken.

"Birkaç yılda bir." Ayağa kalkıp, gözlerimin içine bakabilmek için karşımdaki banka oturdu. "Elbette çocukluğumdaki gibi değil. Bazı yerleri hâlâ bozulmamış durumda ama büyüdüğüm o harika mücevher şehir şimdi ormanın derinliklerine gömüldü. Bu beni hâlâ üzüyor."

Derin bir nefes aldım. Belize. Maya bölgesi. "Dün, altın şehirlerde bir savaşçı olduğunu söyledin. Orta Amerika'da İspanyollara karşı savaşmış mıydın?"

"Ah, evet" dedi. "Hem de çok uzun süre." Tekrar suya bakarken gözleri bir karganınki kadar kararıp soğuklaştı. "Cortés bir tanrı gibi karşılanmıştı. Bir şeytan olduğunu anladığımızda çok geçti."

"Vay canına!" dedim hayretle. "Gerçekten Cortés'e karşı savaşmışsın. Sormamda sakınca yoksa tam olarak kaç yaşındasın?"

Travis gülümsedi. "Hz. İsa'nın doğumundan beş yüzyıl kadar sonra dünyaya geldim" dedi. "Dolayısıyla, oldukça antiğim ve daha Avrupalılar geldiğinde bir kan emici olarak bin yaşımdaydım."

William bana bir defasında bir vampirin ne kadar yaşlıysa o kadar güçlü olduğunu söylemişti. Bir vampirin voodoo kanına rakip olabilmesi için kaç yaşında olması gerektiğini merak ettim. Bunu asla birinci elden öğrenmek zorunda kalmak istemezdim. Travis çoğu zaman sakin görünebilirdi ama çok zorlu bir düşman olabileceğini hissediyordum. Neyse ki bizim tarafımızdaydı.

"Cortés'den bin yıl önce Belize'deysen, bu seni bir... Maya yapar, değil mi?" Cevabını beklerken nefesimi tuttum.

"Evet. Bir Maya'yım" dedi Travis.

Nefesimi bıraktım. "Çok etkileyici bir kültür." Aslında oldukça *kanlı* bir kültür. Ginsu bıçak reklamlarındaki adamlardan daha çok kesip biçiyorlardı ve bu sadece kendilerine yaptıklarıydı. Savaş esirlerine yaptıklarıyla ilgili okuduklarıma inanamamıştım ve benim de kötü adamların karşısında ne kadar kan döktüğüm düşünülürse, hiç de muhallebi çocuğu sayılmazdım. Ama Travis'i konuşturmak istiyorsam mirasının daha övgüye layık yönlerine odaklanmam gerektiğini düşünüyordum. "Matematiği biliyordunuz, bir takviminiz vardı... astronomi bu kadar ilerlemeden önce ay ve güneş tutulmalarını tahmin edebildiğiniz doğru mu?"

Travis memnun bir şekilde yine gülümsedi. "Görünüşe bakılırsa tarihle ilgileniyorsun. Evet Jack, hepsi doğru. Tarımda ve ticarette de uzmandık. Mayalar, güçlü bir uygarlık kurdu ve harabeye dönüşmeden önce asırlar boyunca sürdürdü."

"Bu İspanyollar gelmeden çok önceydi, değil mi? Onlar yok etmediyse bunu kim yaptı?"

Travis iç çekti ve koyunyünü paltosunun cebinden bir pipoyla tütün kesesi çıkardı. "Modern tarihçiler suçu savaşa ya da kıtlığa yüklüyor. Gerçek şu ki asıl suç kendilerine kral diyen adamlardaydı. Ve daha sonra... tanrılarda."

Maya tanrıları. "Bana neler olduğunu anlatsana" dedim. Sonraki yarım saat boyunca, Travis'in bütün, hüzünlü, dehşet verici hikâyesini dinledim.

Benden önce babamın ve ondan önce kendi babasının olduğu gibi bir rahiptim. Kutsal törenler yapar, kutsal festivalleri yönetir, zamanı hesaplar ve tarihi kaydederdik. Ama daha karanlık görevlerimiz de vardı.

Soylular sarhoş olmuştu; yani mecazi anlamda güçten, kelime anlamıyla halüsinasyon görmeye neden olan mantarlardan, kuzeydeki peyotelerden ve güneydeki Inka topraklarından alınan koka yapraklarından. Kraliyet ailesi bu maddelere bağımlıydı ve gördükleri halüsinasyonların kutsal vahiyler olduğu düşünülüyordu.

Bense gerçeği biliyordum: Sarhoş sersemlerin saçmalıkları. Ama bir rahip ne yapabilirdi ki? Kraliyet üyeleri kendilerini tanrı ilan etmişti ve insanlar onlara tapıyordu. Bir noktada, bu krallar kan tutkunu oldu. Atalarımın gençliğinde soylular sadece hayvan kurban ederdi. Benim dönemimde insanlar kurban ediliyordu.

Bugün Avrupalı lordlardan ve işkence düşkünlüklerinden söz ediyoruz. Bir insan rahip olarak görevlerim arasında, bir insanın atan kalbini çıkarıp hâlâ hayattayken kendisine göstermek ve duruşunu izletmek de vardı. Sonra kurban kanını alıyor, tanrıların heykelleriyle kutsuyor, kral ve kraliçenin yüzlerine ve göğüslerine sürüyordum. Bir insan kurbanın kanının cennetle cehennem arasındaki kapıyı açacağına inanılıyordu. Üzerinde düşününce, asırlar boyunca birçok kez yaptığım gibi bunu gerçekten yaptığına inanmaya başladım.

Kurbanlar, başka kabilelerle yaptığımız savaşlarda yakaladığımız esirler arasından çıkıyordu. Bir esirin rütbesi ne kadar yüksekse kurban olarak o kadar değerli oluyordu; dolayısıyla, görebileceğin gibi en nadir ve en değerli kurban, bir kraldı. Kabilemizin çok sayıdaki savaşlarından birinde, savaşçılarımız gerçekten bir kralı esir aldı. Onu aylarca esir tuttuk, kanını akıtarak törenlerde kullandık ve sonunda zayıflayıp delirdi.

Sonunda, kralımız esir kralın kurban edilmesine karar verdi; böylece diğer rahiplerle birlikte, yüzlerce müzisyen ve dansçının da katıldığı büyük bir festival düzenledik. Kutlama için sarayın etrafında binlerce köylü toplandı ve büyük kurban zamanı geldiğinde, esir kral getirilip taş bir sunağa bağlandı. Obsidyen bıçağı kalbinin üzerine kaldırdığımda, topraklarımızın kralını lanetledi.

Mayalar, batan güneşin Xibalba denen yeraltında dolaştığına inanırdı. Ölüm lordlarına karşı kazandığı gecelik zaferinden sonra bir kez daha doğardı. Esir kral, cennetin efendisi

Itzamna'ya seslenerek, bir daha güneşi asla görememesi ve -eğer kana bu kadar düşkünse- bunun vücudunu besleyecek tek yiyecek olması için kralımızı lanetledi.

Kralımız, düşmanının lanetine güldü ve bana kurban etmeyi gerçekleştirmemi emretti. Bana söyleneni yaptım ama göğsümde büyük bir kuşun kanatları gibi korkuyu hissedebiliyordum. Kralla kraliçeyi ve taş putları kanla kutsadıktan sonra kutsal bezleri içine batırdım. Bu bezleri büyük mangallarda yakardık; böylece duman yükselir, insanları sarar ve onları kurban kanının özüyle güçlendirirdi.

Ateşten yükselen duman bir sütun haline gelip bir yılan biçimine bürünürken insanlar korkuyla haykırdı. Bu çok ender ve kutsal bir olaydı; kendi ömrümde ilk kez görüyordum. Ama eski rahipler kuşaklar boyunca aktarılan hikâyelerinde bundan söz etmişti. Bütün şehir sessizce izlerken yılan büyüdü ve konuşmaya başladı.

"Iztamna, gündüzün ve gecenin efendisi, öyle olmasını emretti. Bu kralın kana susamışlığı asla dinmeyecek ve güneşi asla göremeyecek fakat daima yeraltına mahkûm olacak; karanlıkların ve gölgelerin dünyasına."

Bu sözlerden sonra güçlü bir rüzgâr eserek dumanı dağıttı. İnsanlar paniğe kapılarak çığlık çığlığa kaçışmaya başladı; korkunç görüntüden ve tanrıların sesinden kaçabilmek için birbirlerini eziyorlardı. Ben de herkes kadar korkmuştum; özellikle de kralımı boğazını iki eliyle kavramış halde yerde acılar içinde kıvranırken gördükten sonra.

Diğer rahiplerle birlikte onu saraya taşıyıp yatağına yatırdık. Bütün gece ve ertesi gün boyunca yanında oturmak bana düştü. Ben başrahiptim ve kralla ilgilenmek benim sorumluluğumdu;

kendini tanrı ilan eden kralla. İkinci gün günbatımından sonra oturduğum yerde uyurken kral beni uyandırdı.

Her nasılsa iyileşmiş görünüyordu ve bana yatağına yatmamı emretti. Yorgun olduğumu ve dinlenmeye ihtiyaç duyduğumu çünkü iyi bir hizmetkâr olduğumu söyledi. Başında beklediğim için bana teşekkür etti. Bana söyleneni yaptım ama daha yatağa uzanır uzanmaz kral üzerime çullandı ve güçlü kollarıyla beni yatağa bastırdı. Karşı koymaya çalışıyordum fakat onun gücüne karşı çaresizdim. Sonra ağzının açıldığını ve insan dişlerinin olması gerektiği yerde sivri dişler olduğunu gördüm.

Acı hem dayanılmaz hem de ruhsal olarak korkunçtu. Beş bin yaz daha yaşasam bile asla unutamam. Kulaklarımdaki zonklama dinmeye başladığında, kralım kendi bileğini yardı ve beni kanını içmeye zorladı. Böylece ben de onun gibi lanetlendim. Sadece kanla beslenmek ve güneşi bir daha görmemek üzere. Ama aynı zamanda da ölümsüz olmuştum.

İnsanların nasıl tepki verdiğini sorabilirsin. Krallarına benzemek için dişlerini sivrilttiler ve onun yeni doğasına uyum sağlamaya başladılar. Sonuçta kan kurbanlarına alışkındılar; dolayısıyla onlar için değişen bir şey olmadı. Ancak, dönüştürmeler benimle bitmedi. Kral bütün soylularını kan emicilere dönüştürdü; bir kan ve halüsinojen şölenine başladılar. Bu eğilim zamanla başka kabilelere de yayıldı ve insanların korkuyla büyük şehirlerden kaçarak ormana dağılmalarına neden oldu.

Travis'in hikâyesinden hayrete kapılmış halde gözlerimi kırpıştırdım ve başının etrafından yükselen dumanı izlerken hayali yılanı düşündüm. Travis'in tanımladığı görüntülerden bazıları tüylerimi ürpertmeye yetmişti. Bir insanın atan kalbini göğsünden çıkarmak ve kendisine göstermek, cehennemden gelmiş bir Jackie Chan filmi gibiydi. *İnsanların* bunu yaptığını düşünmekse... Daha çok Reedrek ve haydutlarının yapacağı bir şeye benziyordu. "Diğer kan emicilere ne oldu? Hâlâ ortalıkta olanlar var mı?"

"Hayır." Travis ürperdi ve bunun nedeninin soğuk olduğunu sanmıyordum. "Aristokratların bu sapkınlığı doruk noktasına ulaştığında avcılar geldi. Yukarıdan."

"Avcılar mı?" Ancak korku denebilecek bir ürperti bütün vücudumu sardı. Kokulu pipo tütününün kokusunu derin bir şekilde içime çektim. Bal katılmıştı. "Yani, vampir avcıları gibi mi? Buffy gibi biri üzerinize mi çullandı?"

Travis şaşkın gözlerle baktı. Sanırım popüler kültürdeki vampir tasvirlerini bilmiyordu.

"Maya cennetinde birçok tanrı ve tanrıça vardır. Sanırım hangisinin hangisi olduğu bakış açına bağlıdır. Her neyse. Biz uyurken geldiler ve benim dışımda herkesi öldürdüler. Ben kaçtım. Bugün bile nedenini veya nasılını bilmiyorum."

Uykumda Buffy'nin bana yaklaştığı düşüncesinden kurtulmaya çalıştım. Hey, aslında böyle bir şey için kazıklanmaya değebilirdi. O kadar çok sorum vardı ki nereden başlayacağımı bile bilmiyordum, bu yüzden en önemlisiyle başladım. "Yani dönüştürülen ilk vampir olduğunu mu söylüyorsun? Bütün dünyada mı?"

Travis bir elini kaldırdı ve gülümsedi. "Hayır, Jack. Dünyadaki bütün vampirlerin baş atası değilim."

"Ama nasıl..."

"Başka kıtalarda vampirlerin ilk kez nasıl ortaya çıktığını bilmiyorum; sadece kendi doğduğum ve dönüştürüldüğüm bu kıtayı biliyorum. Belki de kendilerini vampirlerle ifade eden kötü güçler, kürenin her yerinde var olan bir yer altı âlemine aittirler ve sadece bazı güçler tarafından serbest bırakılmayı bekliyorlardır."

"O halde kapıyı kapalı tut."

"Kesinlikle!" Travis piposundan bir nefes daha çekti ve tekrar körfeze baktı. "Belki de asla bilemeyeceğiz. Ama diğer yandan, belki de bir gün öğreneceğiz."

"Vay canına! Bu gerçekten ağır bir şey." Sanki şarapla karışık kan içmişim gibi başım dönüyordu. (Bundan nefret ederim; akşamdan kalıp baş ağrıtmak için idealdir.) Travis bana üzerinde düşünmem gereken o kadar çok şey vermişti ki neyle başlayacağımı bilmiyordum. Sonra bir soru diğerlerinden öne çıktı. "Sence... bir tedavi... olabilir mi?"

Travis şaşkınlıkla bana bakarak güldü. "Tanrım, bunun olduğunu hayal bile edemem. Ne demeye tekrar insan olmak isteyeceksin ki?"

Omuz silktim. "Özlüyorum. Güneşi, sıcaklığı. Hayatı."

Travis bir süre sessizce piposunu içti. "Zaman içinde alışırsın. İnsanlığınla ilgili anıların silinmeye başladığında bunu aşarsın."

Lanet olsun! Ben aşmak istemiyordum ki. Sözleri eskiden ruhumun olduğu yere saplandı ve beni iliklerime kadar ürpertti. Ona avcılarla ilgili daha fazla soru sorabilmek için kendimi toplamaya çalıştım ama o sırada biri akşam yemeği çanını çalarak, toplantının başlamak üzere olduğunu haber verdi. Soruların beklemesi gerekecekti.

Travis ayağa kalktı. "Çan bizi kurtardı" dedi.

William

Beni şaşırtan bir şekilde, kendim, Iban ve Jack dışında herkes, kongrenin ikinci gecesinde oldukça neşeli görünüyordu. Bunun nedeninin Eleanor ve zevk sunma konusundaki yeteneği olduğunu tahmin edebiliyordum. Şafaktan az önce gelmişti ve üzerime uzanıp dökülen kanları ve acıları detaylıca anlatarak ikimizi de orgazma taşımıştı. İleri geri sallanırken kuğulara başlık giydirildiğini söylemişti. Elbette ki -üzerimde giderek daha hızlı gidip gelirken- halıya ne kadar kan döküldüğüne dikkat etmek zorundaydılar ama bunun dışında neredeyse her şey serbestti. Tırnaklarını omuzlarıma geçirdi, başını arkaya attı ve çığlıklar arasında orgazma ulaştı.

Ve gerçekten iyi zaman geçirdikleri kesindi.

Şimdi, bu parıltılı, iyi beslenmiş, kültürlü vampirlerin sohbet edişini ve gülüşmelerini izlerken bir savaştan veya en azından bir kuşatmadan söz ettiğimize inanmak zordu. Louis le Dernier'le birlikte Paris ziyaretimi hatırlayınca, paralelliklerin şaşırtıcılığını gördüm; kendi hizmetkârları onları nasıl öldüreceklerini planlarken aristokratlar kahkahalar arasında eğlenmişti. İçim karardı. Kendi başımıza ölümsüz olabilirdik ama yenilmez değildik; özellikle de birbirimizin karşısında.

Kaçırıcılar bana bir mesajla geri dönmüşler, Hugo'nun klanının bütün merkezi evi boşalttığını, geride sadece birkaç muhafızla casus kaldığını bildirmişlerdi; ailenin neredeyse tamamı ortadan kaybolmuştu.

Bu hiç de iyi bir haber değildi.

Salondakilerin dikkatini çekmek için boğazımı temizleyerek elimi kaldırdım.

"Başlayalım mı?"

"Evet, elbette" dedi Lucius. "Ama önce William, seni mükemmel zevkin için kutlamak istiyorum..." Eleanor'a bakarak biraz fazla sıcak bir tavırla gülümsedi. "...eş seçimin konusunda."

"Hayatım" diye devam ettim Eleanor'a dönerek, "elinde çalışacak çok az şeyle bu küçük kasabada böylesine bir zevk şöleni düzenleyebiliyorsan kim bilir New York gibi bir şehirde neler yaparsın."

"Ya da San Francisco" dedi Tobey.

Teklifler, iltifatların arkasına zorlukla saklanır. Eleanor'un sadık olduğunu biliyordum -önceki gece kendini bana saklamıştı; kesinlikle bana aitti- ama bu akşam Eleanor için bir yarışmaya dönüşüyordu ve Iban'la Jack dışında herkes katılıyordu. Jack ve Eleanor, hâlâ iki tarafımda duruyorlardı ve ikisi de birbirinden şüpheleniyordu. Iban, Eleanor'un oyunlarına katılmamıştı; akşamın geri kalanını dinlenerek geçirmişti ama önceki geceden daha iyi durumda görünmüyordu. Ne olursa olsun, Eleanor'a yağdırdıkları övgüleri bölmekten dolayı kendimi suçlu hissetsem de devam etmek zorundaydık.

"Çoğunuzun *biraz* dinlendiğinizi umuyorum" dedim, alaycılığımı göstererek. "Şimdi, sakıncası yoksa dün gece bıraktığımız yerden devam etmek istiyorum. Rahatsız edici bir haberim var."

Salon sessizleşti.

"Kaçırıcılardan aldığım bilgiye göre Hugo'nun klanı bölgelerinden ayrılmış. Grup olarak mı yolculuk yaptıklarını yoksa rüzgâra mı dağıldıklarını bilmiyoruz ama bir şey planladıklarını varsaymamızın güvenli olacağını düşünüyorum. Reedrek'in tehditlerinde belirttiği gibi buraya geliyor olabilirler. Planlarının Olivia'nın casuslarıyla da ilgisi olabilir: Bilgi bulmak için üçü gönderilmiş. İkisinin öldürüldüğüne inanılıyor. Dolayısıyla, Hugo en azından Avrupalı klanların onun karanlık planlarından şüphelendiğini biliyordur. Başka bir şey olmasa bile bulunmalarını zorlaştırıyorlar."

"Ve Hugo, Reedrek'in kıçının tekmelendiğini tahmin etmiş olmalı" dedi Jack. "Aksi takdirde, şimdiye kadar yaşlı babasından haber alırdı." Jack'in zihninden kısa bir fısıltı yayıldı: *Diana*. Sonra gitti. Durup ona baktım ve düşüncesinin geri kalanını bekledim. Neden şimdi Diana'yı düşünüyordu ki? Tam cevap istemek üzereyken taşa dönüşmeden hemen önce Reedrek'le yaptığım son konuşmayı hatırladım. Diana'nın ve Hugo'nun isimlerini kullanarak benimle alay etmişti.

Jack öfke patlamamı hissetmiş olmalıydı. "Ne?" diye sordu, tekrar bana bakarak. Zihni her biri öncekinden daha görkemli yarış kazalarının görüntüleriyle doluydu... ve sevgili üç numaralı arabasının duvara bindirişiyle sona eriyordu. Darbenin anısıyla yüzünü buruşturdu.

Jack'in yarış arabası mantığıyla uğraşamayacak kadar meşguldüm. Devam ettim. "Bize saldırmak için ne planlar yaptılarsa Reedrek kesinlikle o planlara dâhil. Ancak, babamın neden yalnız geldiğini hâlâ anlayamıyorum; bir açıdan, yerimizin bulunduğu konusunda bizi uyarmış oldu."

"Sanırım bizi tek başına halledebileceğini düşünmüş olmalı" dedi Tobey. "Ve neredeyse başarıyordu da. Jack ve ikinizin bulduğu şu eski kan olmasa şu anda hepimizin külleri rüzgâra savrulmuş olabilirdi."

"Muhtemelen" dedim, başımla onaylayarak. "Ama artık yakalandı ve biz... Hugo'nun planladığı şey her neyse hazırlıklı olacağız."

"Bence kendi aramızdaki çekişmeleri bırakıp, olabildiğince çok yavru üretmeliyiz. Burada, senin şehrinde başlayabilir ve kendi bölgelerimize ulaştığımızda devam edebiliriz" dedi Lucius, her zamanki sabit fikirliliğini göstererek.

"Lucius, bunun ne gibi bir amacı olabilir?" diye sordu Gerard. "Besleyecek, koruyacak daha çok üyemiz olur ve insanları da zaten yok etmiş oluruz."

"Ama bize sürpriz yapmamızı sağlayabilir. Avrupalılar sayımızın az ve aramızdaki mesafenin uzak olduğunu düşünürse karşılarında kalabalık bir grup bulmak onları sers..."

Jack'in telefonu kaydedilmiş bir sesle çaldı: "Baylar, motorlarınızı çalıştırın!" dedi biri ve arkasından yarış arabalarının homurtuları yükseldi.

Lucius'a duyduğum öfke Jack'e yöneldi. "Jack, o sesi ne kadar rahatsız edici bulduğumu biliy..."

"Üzgünüm." Omuz silkti ve küçük ekrana baktı. "Melaphia arıyor." Telefonu kulağına götürdü. "Alo?"

Yerden hafifçe havalanmış olduğumu fark ederek, ayağımı yere vurmamak için kendimi zor tuttum. Birkaç kısa haftayı mutlu geçirdikten sonra eski öfkem yine geri dönüyordu. "Jack!"

Jack asık yüzle telefonu indirdi. "Mel acil bir durum olduğunu söyledi." Bakışları Iban'a döndü. "L.A.'den." Tekrar bana döndü. "Onlara bu numarayı aratıyor."

Birkaç saniye sonra o sinir bozucu ses tekrar duyuldu. Jack daha ilk kelimeden sonra hemen cevap verdi ve telefonu Iban'a uzattı.

Iban'ın her zamankinden daha solgun göründüğünü düşünmüşsem telefonu kulağına dayarkenki hali için ne diyebilirdim acaba? Telefonu tutan eli titriyordu. "Bu imkânsız. Nasıl olabilir?" Arada bir bizler için hiçbir anlamı olmayan sorular sorarak birkaç dakika dinledikten sonra, "Hayır, ben..." dedi. Gözlerinde açık bir çaresizlikle bana baktı. "Bilmiyorum. Güvenli bir yere gidin; bir saat sonra beni yine bu numaradan arayın." Telefonu Jack'e iade ettiğinde gözleri yaşlıydı.

"Hepsi ölmüş..."

"*Ne?!*" diye haykırdık üçümüz aynı anda.

Iban her an yıkılacakmış gibi görünüyordu. "Klanım, hizmetkârlarım... biri dışında hepsi."

"William, çok fazla bekledik, savaş başladı bile!" diye bağırdı Lucius.

"L.A.'delerse, Seattle'a yönelmiş olabilirler. Orada kaç kişi var? Nasıl yolculuk yapıyorlar?" diye sordu Tobey. Sonra bana baktı. "Burada da olabilirler."

Salonu geçerek Iban'a yaklaştım. Elimi uzattığımda yüzünü buruşturdu. "Dokunma bana!" dedi, tersçe.

"Neden, eski dostum? Bize neler olduğunu anlat. Aileni kim öldürdü?"

"Hiç kimse."

"Ne demek istiyorsun? Bu nasıl olabilir?"

"Hastalanıp ölmüşler. Bir tür salgın."

Salonda bir şaşkınlık oldu ve sonra herkes konuşmaya başladı.

"Hepsi ölmüş mü? Gülünç olma. Ne tür bir salgın bir vampiri öldürebilir ki?"

"Böyle bir şeyi hiç duymadım. Babalarımız kara vebayı bile atlattı."

"Nasıl bulaştırmışlar?" diye sordu Gerard, her zamanki bilimciliğiyle. "İlk kim ölmüş?"

Hikâyeyi İban'dan dinlediğimizde, bazılarımız hâlâ ikna olmamıştık ama hepimiz sarsılmıştık. Tanımladığı şey sadece bir salgın değil, lanet olasıca bir kırandı. Öncelikle vampirler hastalanmıştı; sonra daha yavaşça insan dostları. İnsanlardan biri, herkes tek tek ölürken kısa bir günlük tutmuştu. Geri kalan tek üye, sahil gözlem görevi için bölgenin dışındaydı ve geri döndüğünde korkunç manzarayla karşılaşmıştı.

"Bu hayatta kalan son kişiye güvenebileceğini nereden biliyorsun?" diye sordu Lucius. "Belki de büyülenmiştir veya daha kötüsü, taraf değiştirmiştir. Seni veya hepimizi Batı Sahili'ne koşturmak için bir tuzak olabilir." Burnunu çekti. "Kişisel olarak, bu hikâyeye inanmayı reddediyorum. Vampirler hastalanıp ölmez."

Gerard araya girdi. "Şu anda bir şeyleri anlamak için zamana ihtiyacım var. Hepinizin dinlenme yerlerinize dönmenizi istiyorum" dedi. "İçeride kalın; kendi aile üyelerinizden ayrılmayın. Beslenme veya oyun yok." Bakışları Eleanor'a döndü. "Dün geceye katılan bütün insanları karantinaya almalıyız." Sonra bana baktı. "İban seninle kalamaz. Ayrı bir yerde tutulması gerek."

"Yani, acısıyla tek başına mı yüzleşsin? Bunu asla kabul etmem!"

Gerard'ın yüz ifadesi yumuşadı ama fikrinden dönmedi. Kısık sesle konuştu. "Çoktan hastalanmış olduğunu göremiyor musun?"

Gerard her birimizden kan örneği alıp tıp çantasına yerleştirdikten sonra bizi kendi başımıza bıraktı.

"Eleanor, hemen bir arabayla Houghton Meydanı'na git" diye emrettim. Eleanor surat astığında ve benimle kalmak istediğini söylediğinde, bütün bunlardaki yerini anlamasını sağlamak zorunda kaldım.

"Dün gece katılan bütün çalışanlarını ve kuğularını listeleyip her biriyle bağlantı kurmalısın. Onlara…" Eğer hastalığı kapmışlarsa şimdiden çok geç olabilirdi. "Onlara süite dönüp bizi beklemelerini söyle. İki katı para öde. Hepsini aynı yerde toplamamız gerek. Çünkü…" Eleanor'un yüzündeki dehşet beni durdurdu. Sonra kendini toparladı.

"Anlıyorum. Ama biri yanlarında kalıp…"

"Sen değil."

"Ama…"

"Birkaç ölümlü için seni riske atamam. Şimdi lütfen senden istediğimi yap."

Eleanor'u gönderdikten sonra Tilly'yi aradım. Başka nereye gideceğimi bilmiyordum. Iban'ı Bonaventure mezarlarından birine koymak veya özel yatlarımdan birine kilitlemek dışında çok az seçeneğim vardı. Kesinlikle California'ya geri dönemezdi.

Ve tek başına ölebileceği fikrinden nefret ediyordum.

Hikâyemi dinledikten sonra Tilly onun kendisiyle kalması

için ısrar etti ve Gerard beklenmedik bir şekilde kabul etti. Tilly'nin açısından, biraz hastalık, zamanın vücudunda yarattığı yavaş hasardan daha kötü olamazdı. Ama en önemlisi, özellikle ölümü bana bir hizmet olabilecekken ölümden korkmuyordu.

"Onu buraya getir. Hizmetkârlarımı gönderip onunla kendim ilgileneceğim" dedi.

Gerard, hepimiz etkilenmeden önce bir tedavi bulabilmek için Iban'ın hastalığının ilerleyişini gözlemlememiz gerektiğini düşünüyordu.

Iban bütün yolculuk boyunca Mercedes'in penceresinden dışarı baktı. Sessizliğe daha fazla dayanamayacağımı anladığımda, ilk konuşan ben oldum. "Çok üzgünüm, Iban."

Bir süre daha sessiz kaldıktan sonra bana döndü. "Sullivan'ı bulmalıyız… güvende olduğundan emin olmalıyız."

"Jack onu senin yanına getirir."

"Hayır. Benim yanıma değil. Ona hastalık bulaştırabilirim. Onu gözünün önünden ayırma… eğer hâlâ hasta değilse."

"Anlaştık."

9

Jack

Gerard'ı Savannah'ya geri götürürken arabayı Şeytan peşimizdeymiş gibi kullanıyordum. Gerard bütün bu süre boyunca cep telefonunda kendi adamlarıyla konuşuyor, İngilizce ve Fransızca emirler yağdırıyor, onlara tıp ve kimya veritabanlarında onu ya da bunu araştırmalarını ve kendisine rapor vermelerini söylüyordu. Bazı kısımları İngilizce olsa bile çoğunu izleyemiyordum ama Gerard'ın bütün salgının kasıtlı bir saldırı olduğunu düşündüğü izlenimine kapılmıştım. Canı cehenneme! Vampirlerin *hastalanabildiğini* bile bilmiyordum.

Hastalandığım tek zaman -yani dönüştürüldüğümden beri- hatırladığım kadarıyla 1940'larda kurşun katılmış ucuz bir kaçak içki yüzünden olmuştu. Günlerce kendimi berbat hissetmiştim ama insan dostlarımdan çok daha iyi durumdaydım. Hepimiz bir poker oyunu oynarken kendimizden geçmiştik ve aralarında tek uyanan ben olmuştum. Bunu kasaba şerifine açıklamak da elbette ki çok zor olmuştu.

Gerard aramalarını bitirdikten sonra telefonu sertçe kapadı. "Jack, mon ami, bir ırk olarak bizi öldürmek zordur ama bu makineyi yavaşlatmazsan kendimizi kesinlikle şu güzel meşelerden birine sarılmış halde bulacağız ve ikimiz de böyle bir yazgı için fazla yakışıklıyız."

"Ah, affedersin, Gerry" dedim ve biraz yavaşladım. "Anladığım kadarıyla bütün bunlar bir tür biyo-terör saldırısıydı."

"Elbette. Dört yüzyıllık hayatımda bir vampirin herhangi bir virüsten ya da başka bir sıradan hastalıktan öldüğünü duymadım. California kolonisinin üyelerini ne tür bir patojen öldürdüyse özellikle bizi yok etmek için tasarlanmış olmalı ve bunun hiç kolay olmadığını da belirtmeliyim."

Bu bilgi, benim gibi soğuk kanlı bir çocuğu ürpertmeye yeterdi. Reedrek'in küçük yardımcıları okyanusun bu tarafına geçtikleri takdirde yumruklarımla ve dişlerimle sıkı bir savaşa girmeye hazırdım ama göremediğimiz bir düşmanla savaşmak? Birine mikroskobik böceklerle saldırmak hiç de mertçe değildi; ne bir erkeğe ne de bir vampire yakışırdı.

Bir sarı kaldırımın yanında frene asılarak arabayı durdurdum ve dikkat çekmemek için hastanenin acil kapısından içeri girdik. Ziyaret saatleri uzun zaman önce bitmişti. Gerard'ı tünellerden geçirmek yerine, daha hızlı bir yol seçmiştim. Ama arabada hastanenin bodrumundaki bir tünel girişinden William'ın evine nasıl döneceğini açıklamış, kaybolduğu takdirde cep telefonuna William'ın numarasını kaydettirmiştim. Artık geri kalan tek şey onu kan bankasına götürmekti. Sonra bir süre o kendi başına oyalanırken ben de Sullivan'ı arayacaktım.

Acil servis bekleme odasından ve triyaj bölümünden geçerken Gerard beni takip ediyordu. Her yerde kan kokusu vardı ama bunu insanlar fark edemezdi. Biri yeni bıçaklanmış ya da vurulmuştu veya berbat bir araba kazası olmuştu. Kokuyu alınca dişlerim istem dışı bir şekilde uzadı ve sınırda olmayan kan açlığım kendini hissettirdi. Hey, sonuçta bir vampirim. O kadar da üstüme gelmeyin.

Kan örneklerimizi resmi görünüşlü bir tıp çantasında taşıyan Gerard'a baktım. Kimseyle uğraşmak zorunda kalmadan asansörlere ulaşmıştık. Tam bodrum katının düğmesine basarken aklıma iğrenç bir düşünce geldi. "Hey, herkesin kan örneğini alacak malzemeler nasıl oldu da yanındaydı?"

Gerard temkinli bir tavırla bana baktı. "Bu yolculukta Melaphia ve Renee'den kan örneği almayı umuyordum. Ortak korunmamız için voodoo kanı üzerinde deneyler yapmak niyetindeyim. Hayal gücünün seni yanıltmasına izin verme Jack."

Bodrumda asansörden indik; kan bankası taş atımı mesafedeydi. Reedrek'le işimizi bitirdikten birkaç gün sonra William'ın personel, hastane yetkilileri ve katkıda bulunan diğerleri için verdiği partiye katılmış olmasaydım bile sadece kokuyu izleyerek de bulabilirdim. Elbette ki bu insanların hiçbiri, kan bankasında insanların tıbbi ihtiyaçlarının yanı sıra William'ın özel ihtiyaçlarına cevap verecek örneklerin de bulunduğunu bilmiyordu. Asıl sorun şuydu ki William -muhtemelen kasıtlı olarak- kendi özel kullanımı için kanı nasıl elde edebildiğini bana söylemeyi *unutmuştu*. Buna hoşgörü göstermek zorundaydım.

Asla girilmez, *sadece personel* ve *biyolojik tehlike* yazılarıyla dolu bir kapıya geldik. Kısa boylu, tıknaz bir hemşire önündeki tablodan başını kaldırarak bize baktı. "Bir dakika. Kimsiniz ve nereye gittiğinizi sanıyorsunuz?"

Biz vampirlerin adına "etkileme" dediğimiz şeyi daha önce sadece iki kişi -Connie ve Werm- üzerinde kullanmıştım ama büyü gibi işe yaramıştı. Bu yeteneğimin şimdi beni yarı yolda bırakmamasını umuyordum. "İyi akşamlar, hanımefendi." Ona en güzel, en geniş ve en dişsiz gülümsememi sundum. Şimdi, nasıl yapılıyordu? Donup kaldım. Aklıma gelen tek şey *Star Wars*'dan bir replikti: *Bunlar aradığınız droidler değil.* Bunu boş verdim ve Hemşire Başbelası'nı, söylemek üzere olduğum şeye inandırmaya odaklandım. "Bu adam bir bilim adamı ve laboratuarı kullanması gerekiyor." Bunu, gözlerinin içine bakarak sakince söylemiştim ve inanması için irade gücümü kullanmıştım. "Her şey olması gerektiği gibi. Sanırım birinin hemşire masasında size ihtiyacı var."

Hiç kıpırdamadan ve sessiz bir şekilde gözlerimin içine baktıktan sonra iki kez gözlerini kırpıştırdı. "Pekâlâ" dedi, kısık sesle. "Sanırım hemşire masasında birinin bana ihtiyacı var." Bir an için başka bir şey daha söyleyecekmiş gibi baktı ama sonra dönüp uzaklaştı.

"Etkileyici, Jack" dedi Gerard. "William çok çeşitli yeteneklerin olduğunu söylemişti. Bunun doğru olduğunu görebiliyorum."

Omuz silktim. "Evet. Bundan sonra da Jedi zihin karıştırma tekniğini öğrenmeyi umuyorum."

Gerard'ın kaşları kalktı. "Bu yöntemi bilmiyorum. Farklı bir etkileme yöntemi mi?"

"Öyle de denebilir." Bu yaşlı vampirlerin bazıları gerçekten de zamana ayak uyduramıyordu. "Bu ne kadar sürecek?" diye sordum.

"Bilemem. Donanımlara ulaşmak zorundayım; santrifüjler, mikroskoplar vs. Burada elimden geleni yapacağım ve ihtiyacım olan diğer şeyleri William'ın evine getireceğim. En azından saatler, belki günler sürecek."

Saatime baktım. "Saat sabahın ikisi. Vardiya değişimi saat yedide. Beş saatin var. Ben Sullivan'ı bulmalıyım. Sorgulanmadan buradan çıkarken tek başınasın."

Gerard dişlerini göstererek gülümsedi. "Endişelenme, *mon ami*. Benim de birkaç numaram var."

"Eminim vardır." Sırtını sıvazladım ve asansörlere yöneldim. Hastanenin lobisine ulaştığımda, oradaki telefonlardan birini açtım. Adamlarına benim numaramdan aramalarını söylediği için cep telefonumu Iban'a vermiştim. Olasılığı düşünmekten nefret etsem de Sullivan'ın nerede olabileceği konusunda bir fikrim vardı.

Connie'nin numarasını çevirdim. İzne çıkacağı için görevde olmayacağını söylemişti. Telefonu açıp "Alo" dediğinde, ölü kalbim canlanacak gibi oldu.

"Connie, benim, Jack. Sullivan'ı arıyorum. Acil durum ve acaba senin..."

"Bir dakika" dedi.

Kısık sesle ağır bir küfür savurdum. William bana Sullivan'ı alıp eve getirmemi söylemişti ama bunu yaparken vücudunda kan bırakıp bırakmamam konusunda bir şey söylememişti.

Hava çok soğuk olmasına rağmen Corvette'in tavanını açtım. Birçok açıdan kendimi serinletmek zorundaydım. Sullivan, söylediğim gibi Connie'nin oturduğu apartmanın önünde duruyordu. Connie de onun yanındaydı ve ipekli pantolon gibi görünen bir şeyin üzerine geçirdiği paltosuna sarınmıştı. İkisine göz ucumla bakarak kaldırımın kenarında bekledim. Sullivan gitmek için dönmeden önce Connie elini onun koluna koydu. Dişlerim alt dudağımı kanattı ve görüşüm kızardı. *Kendini topla dostum,* dedim kendi kendime.

Sullivan'a telefonda detayları anlatmamıştım çünkü Connie'ye herhangi bir şey çıtlatmasını istemiyordum. Sadece hemen ilgilenmesi gereken bir "durum" olduğunu söylemiştim. İhtiyacımız olan en son şey insanların ortalıkta başıboş dolaşan ölümcül bir virüs olduğunu öğrenmesiydi. Iban, California kolonisindeki insanların da öldüğünü söylemişti ve Gerard, dün geceki vampir partisine katılan bütün kuğuların karantina altına alınmasını emretmişti. Sullivan, Connie'yi öldürebilecek bir şey…

Hayır, bunu düşünmeyecektim. Evet, doğru. Sullivan'la ikisinin sabahın bu saatinde Connie'nin dairesinde neler çevirdiklerini de düşünmeyeceğim gibi. Sullivan arabaya binip kapıyı kapadı.

"Tanrım, Jack, arabanın üstünü açmak için biraz fazla soğuk değil mi?" Sullivan kollarını ovaladı.

"Kanı sıcak olan sensin. Başa çıkarsın." Arabayı vitese takıp gazı kökledim ve yanımdaki insanı koltuğun arkasına yapıştırdım. "Emniyet kemerini tak." Keşke otobanda olsaydım; ona hayatının yolculuğunu yaptırabilirdim. Yine de meydanlarda arabayı savura savura döndürüyor, emniyet kemerini takmaya çalışan Sullivan'ı bir kendime, bir diğer tarafındaki kapıya çarpıyordum.

"Hey, arabada ölümlü var, dostum!" Sullivan kapıya hayatı ona bağlıymış gibi tutunmuştu. Bazen insanlar için hayatlarının ne kadar değerli olduğunu unutabiliyordum. Ve ne kadar kırılgan olduklarını.

"Bu gece araba kullanışımla ilgili şikâyet eden ikinci kişisin ve ben bundan *nefret ederim*. Bu kadar muhallebi çocuğu olma. Ayrıca, Iban'ın en güvenilir insanını incitir miyim hiç?" Sonunda dönüp ona baktım ve sivri dişlerimi olduğu gibi gösterdim. Donup kaldığında, yüzünde gerçek korkuyu gördüm.

"Bütün bunlar da ne, Jack? Gerçekten bir sorun mu var yoksa sadece beni Connie'nin dairesinden çıkarmak için numara mı yaptın?"

Frene o kadar güçlü asıldım ki emniyet kemerini takmış olmasa sıcak kanlı bir kaput süsüne dönüşebilirdi. Malikânelerindeki insanlar sıcacık yataklarında mışıl mışıl uyuyordu ve duyulan tek ses, motorumun homurtusuydu. Karanlıkta yeşilimsi mavi parladığını tahmin ettiğim gözlerimle onu olduğu yere mıhladım. "Eğer hayatına değer veriyorsan bir daha beni sakın Connie'yi kullanmakla suçlama. Kimin küçük yardımcısı olduğunu umursamam bile."

Sullivan zorlukla yutkunurken, âdemelması yukarı çıkıp indi. "O zaman sorun ne? Iban mı?"

Freni bıraktım ve arabayı William'ın evine uzanan son viraja soktum. "Evet. Hastalandı."

"Hastalandı mı?" diye sordu Sullivan, şaşırarak. "Siz… sizler asla hastalanmazsınız ki! Ne…"

"Daha da kötüsü! Kolonizde bir tür salgın olmuş." Yüzündeki dehşeti görünce sesimi yumuşattım. Connie söz konusu olduğunda onunla meselem ne olursa olsun, bir sürü dostunu kaybetmişti ve bunu ona söylemek zorunda kalan kişi olduğum için üzgündüm. "Vampirlerin hepsi ölmüş. İnsanların çoğu da."

"Ah, Tanrım, hayır!" dedi Sullivan. Yüzünü ellerine gömdü.

Iban'ın bize anlattıklarını tekrarladım ve William'la Gerard'ın sonrasında söylediklerini özetledim. William'ın araba yoluna girdiğimizde, Sullivan neredeyse benim kadar solgun görünüyordu. "Iban'ın nasıl olduğunu görmem gerek. William onu erkenden uyuması için tabutuna mı yatırdı yoksa evde mi dinleniyor?"

"O burada değil. Gerard onu karantinaya aldı."

"Nerede?"

"William'ın bir dostunun evinde."

"Beni ona götür."

"Hayır, yapamam. Bu senin iyiliğin için. Iban, senin hastalığa maruz kalmanı istemediğini söyledi." Şimdi William'ın evinin önündeydik ve Sullivan arkamdan geliyordu. Beni kolumdan tutarak döndürüp kendine bakmaya zorladı. Bu mesafeden üzerinde Connie'nin parfümünün kokusunu alabiliyordum ve onu oracıkta öldürecek kadar nefret etmemek için kendimi zor tutuyordum.

"Bu saçmalık! Ben de Iban gibi onlarla bir arada yaşadım. Eğer bir sorun varsa bana da çoktan bulaşmıştır. Şimdi beni ona götür."

Onu baştan aşağı süzdüm ve iç çektim. Çenesinin gerilişine bakılırsa geri adım atmayacağı belliydi. Ayrıca, haklıydı da. Iban zaten hastaydı ve Sullivan'ın kendisi de muhtemelen onun peşinden gidecekti; karantinada olsun ya da olmasın.

"Pekâlâ" dedim. "Arabaya bin."

Tilly'nin evine ulaştığımızda, Sullivan binanın önündeki basamakları ikişer ikişer çıktı. Yaşlı kadın kapıyı kendisi açtı.

"Merhaba, Bayan T." dedim. "Bu Sullivan, Iban'ın arkadaşı. Gelmek için ısrar etti."

"O nerede?" diye sordu Sullivan, kadının uzattığı eli hafifçe sıkarak.

"Aşağıda" dedi Tilly, arkasındaki şık merdiveni işaret ederek.

Ben eğilip Tilly'nin kırışıklarla dolu yanağını öperken Sullivan merdivene doğru fırlamıştı bile. "Bütün bunlar için çok üzgünüm" dedim.

"Ben sadece o zavallı, yakışıklı İspanyol için üzgünüm" dedi Tilly. Zarif ellerinden birini uzatarak, saçlarımı hafifçe okşadı. "Sen de aşağı inip durumu William'a açıklasan iyi olur. Ona itaat etmediğinde nasıl olduğunu bilirsin."

"Evet, hanımefendi, bilirim" dedim. "Beni savunmanıza ihtiyacım olabilir. Kimse William'ı sizin gibi parmağında oynatamaz."

Gülümsediğinde, bir zamanlar sahip olduğu o güzel yüzü hatırladım. "Seni sıkıntıya sokarsa sadece ıslık çal yeter." Flörtçü bir tavırla bana bakarak ekledi. "Sadece dudaklarını birleştirip üfle."

"Bunu yapacağımı biliyorsunuz." Dar omuzlarını hafifçe sıktım ve hemen aşağı yöneldim.

William kapıyı açtı ve beni gördüğü anda donup kaldı. "İşte buradasın. Emirlerimi tam olarak anlamadın mı?" Kısık ve kontrollü bir sesle konuşuyordu; muhtemelen Iban işitme mesafesinde olduğu için.

Neredeyse yerden havalanmak üzereydi fakat babamdan aldığım titreşim sadece öfke değildi. İçinde keder ve hatta belki korku da vardı. "Israr etti. Ayrıca, zaten hastalığa maruz kalmıştır, dolayısıyla anlamı ne?"

William sakinleşmek için yavaşça nefesini verdi. "Neyse, olan oldu artık."

"O nasıl?" diye sordum. Iban'la konuşurken Sullivan'ın kısık sesini duyabiliyordum. Ama sesindeki dehşet beni ürpertmişti.

"Gel de kendin gör" dedi William. "Ama kapıdan daha yakına gitme. Daha rahat dinlenebilmesi için tabutunu getirttim ama şu anda onun için yapabileceğimiz başka bir şey yok. Dediğin gibi biz de hastalığa maruz kalmış olabiliriz ama... kendin gör. En azından neyle karşı karşıya olduğumuz konusunda bir fikir edinirsin."

William yana çekildi. Sullivan eşikte duruyor, Iban'ı görmemi engelliyordu. Sullivan benim görebilmem için kenara çekildiğinde, birkaç saat önce sohbet ettiğim adamın yastıktan bana bakan yüzünü tanımakta zorlandım.

Iban'ın eti gri renk almıştı. Teni elmacık kemiklerinden ve çenesinin altından sarkmıştı. Saçlarının büyük bölümü, tomar tomar yastığın üzerinde duruyordu. Sonunda ölüm ona yetişiyormuş ve asırlar boyunca kendisine meydan okumasının hesabını sormaya kararlıymış gibi görünüyordu.

Ben çaresizce izlerken yanağının üzerindeki bir parça et, yüzünden düştü ve bir göz boşluğu ortaya çıktı.

Iban kan çanağı gibi olmuş ve çökmüş gözleriyle bize baktı. "O kadar kötü mü, *Senyör* Jack?"

Yutkunmaya çalıştım ama ağzım kupkuru olmuştu.

"İyileşeceksin, *amigo*" dedim.

William

Her zamanki gibi Jack yine emirlerime karşı gelmişti. Şimdi ya yapacak ya da ölecekti.

"Jack, beni dikkatle dinle" dedim. "Bu benim için çok önemli."

Jack dikkatini Iban'dan ayırarak bana yöneltti.

"Evime git ve Eleanor'un yanında kal. Kendinizi gerekirse mahzene kilitleyin. Onun güvende olmasını ve korunmasını istiyorum." Elimi omzuna koyacaktım ama son anda geri çektim. Iban'ı içeri taşımış sonra da tabutuna yerleştirmiştim. Dokunmayla bulaşıyor olabilir miydi? Bunu bilmek henüz mümkün değildi.

Jack huysuzlandı. "Ya sen? Iban? Ya bana ihtiyacınız olursa?"

"Ararım."

Jack bir Iban'a, bir bana baktı. "Hayır, aramazsın" dedi, kısık sesle.

"Jack!" Kalın kafasına bir şekilde girmek zorundaydım. "İkimizin de yapmamız gereken işlerimiz var. Şu anda bekleyip bilgi toplamak zorundayız; Gerard'a çalışması için biraz zaman verelim. Benim vekilim olmanı ve diğerleriyle ilgilenmeni istiyorum: Melaphia, Renee... Eleanor. Biz düşersek hepsi düşer. *Güven bana,* daha önemli bir haber olursa seni arayacağım."

Jack, Sullivan'a kasvetli bir bakış attı. "Ona ne olacak?"

"O da seninle gelecek" dedi Iban, vücudu kadar berbat bir sesle.

Sullivan tabutun yanında dizlerinin üzerine çöktü. "Neden? Anlamı ne? Duyduklarımız doğruysa o zaman geride kalanlar sadece ikimiziz."

"Sevgili *compadre*m, henüz bu hastalık sana bulaşmadıysa riske girmenin anlamı yok. Bana çok iyi hizmet ettin. Şimdi de kendine hizmet et. Mirasımı sana bırakıyorum. Mülklerim, işim… yaşamak senin *sorumluluğun*." Iban mahvolmuş yüzünü başka tarafa çevirdi. "Artık gitmeni emrediyorum."

Sullivan başını eğdi ve yavaşça ayağa kalktı. Ben odadan çıkarken Jack'e peşimden gelmesini işaret ettim.

"İlk kez dediğim gibi yapmadığın ve Sullivan'ı buraya getirdiğin için sevindim." Konuşmayı bırakarak düşüncelerimi ona açtım. *Onun Eleanor'a yaklaşmasını istemiyorum. Onu garajına götür ve orada kalmasını sağla.*

"Ama ya diğerleri?"

"Onları gönder."

"Nereye?"

Sadece dediğimi yap. Ayaklarımın cilalı ahşap zeminden havalandığını hissederken Jack'in tepkisini izledim.

"Tamam, tamam." Jack, Sullivan'a döndü. "Haydi. Yine yola çıkıyoruz."

Sullivan umursamıyor gibiydi.

Tam o sırada Tilly, elinde dikkatle taşıdığı bir ilaç tepsisiyle uşak asansöründen indi. Yeşil çayın ekşi kokusu havayı doldurmuştu. Refleks olarak tepsiyi elinden aldım, Jack'le Sullivan'ın yanından geçtim ve tepsiyi tabutun yanındaki sehpaya bıraktım. Sonra Jack'e döndüm. *Neden hâlâ buradasın?*

Jack bir eliyle Sullivan'ın omzunu tuttu ve merdivene doğru sürükledi. "Zombilerle aran nasıl?" diye sordu.

Sonraki birkaç saat işkence doluydu. Iban dinlenmeye çalışırken hastalık vücudunu mahvediyordu. Tilly'nin ilaçları acısını azaltıyor gibiydi ama ne beklemem gerektiğini bilmiyordum; ne kadar zamanımız olduğunu da.

"Yukarı çıkıp biraz dinlensene hayatım" dedim, yaşlı dostuma. "Ben şafağa kadar onun yanında kalabilirim. Sonra sana her zamankinden daha çok ihtiyacı olacak."

"Çıkacağım birazdan" diye cevap verdi, kendini Iban'ın mücadelesine kaptırmış halde. "Hayat tuhaf değil mi?" dedi, neredeyse kendi kendine konuşur gibi. "Acıyı ve kalp kırıklığını hak eden birçoklarımız kaçabilirken hep yanlış kişiler acı çekiyor."

Kolumu omzuna attım. "Bu ancak çok uzun yaşayan birinin yapabileceği bir gözlem tatlım" dedim, ikimizin de yaşını kastederek. "Gençler, gelip geçici mutluluk fikrini kovalamakla fazlasıyla meşguller. Bilgeliğinse kendi ödülleri vardır."

Bana baktı. "Sanırım taşıyabileceğim kadar bilgeliğim oldu."

Uzunca bir süre bir şey söylemedim. Fiziksel yorgunluğunu hissedebiliyor, bakışlarındaki duygusal bitkinliği görebiliyordum. Beş insanın ömrüne yetecek kadar görkem ve acı görmüştü. "En azından, aramızdan ayrılmaya karar verdiğinde senin için tatlı ve huzurlu bir uyku olacak. Ama şimdi bencillik etmeme ve gitme dememe izin ver. Sana ihtiyacımız var. Benim sana ihtiyacım var."

İç çekti. "Sonsuz uykum konusunda senin kadar emin değilim. Günahlarımdan sonra. Ne kadar çok kişiye yardım etmeye çalışsam da yaratıcımızın, cinayete ve intihara hoş gözle bakacağını hiç sanmıyorum." Uzanıp elimi sıktı. "Ama henüz gitmiyorum." Benden uzaklaşarak Iban'a yaklaştı. "Henüz değil" diye fısıldadı.

Komodinin üzerindeki cep telefonu, kapana kısılmış arı gibi vızıldamaya ve titremeye başladı. Jack'e gülünç yarış arabası saçmalığını kapattırmıştım. Komodinin kenarından düşmek üzereyken yakalayıp açtım.

"Evet?"

"Bay Thorne? Ben Tarney. Bayan Melaphia, size bu numaradan ulaşabileceğimi söyledi. Bu kadar geç saatte rahatsız ettiğim için üzgünüm ama..."

"Sorun nedir?"

"Şey, Jack bana burada tuhaf bir şey olduğu takdirde aramamı söylemişti..."

"Devam et." Tilly'yi kaybetmekle ilgili endişelerim korkuya dönüşmüştü.

"Bir gemi var... limanınızda. Sizinkilerden biri ama henüz program..."

"Hemen bölgeyi boşaltın. Ben ilgileneceğim."

"Jack'i arayayım mı? Dedi ki..."

"Hayır. Adamlarını hemen oradan çıkar. Bunu bize bırak."

"Peki, efendim. Ve açıkç..."

Bağlantıyı kestim ve telefonla uğraşmaya gerek görmedim. Jack'e eski yöntemle ulaşmak için düşüncelerimi açtım ve emirlerimle birlikte korkumu da hissetmesine izin verdim.

Hemen limana gidiyorum. Bela kapıda. Olduğun yerde kal ve diğerlerini uyar.

"Tilly, hayatım, ilgilenmem gereken acil bir konu var." Telefonu kapatıp ona uzattım ve alnına bir öpücük kondurdum. "En çabuk şekilde geri döneceğim. Unutma, kim olduklarını söyleseler bile, kimseyi içeri davet etme."

"Endişelenme, anladım." Bakışlarını Iban'a çevirdi. "Sen dönene kadar onunla ilgileneceğim."

Limana ulaştığımda, görevde olan adamların sonuncusu Tarney'le birlikte karanlıkta gözden kaybolmak üzereydi. Kendi adıma hiç bilinçli çaba harcamadan, sadece aciliyet duygusuyla hareket ederek, Mercedes'i tanımış gibi kapılar ardına kadar açıldı. Kilitler, insanları dışarıda tutmak içindi, vampirleri değil. Hele benim için olmadığı kesindi.

Arabayı park ederken gemiye bir baktım. On beş metrelik tekne, *Windward*. Alçak ve ince gövdesiyle, küçük filomdaki en hızlılardan biriydi. Karanlık ve ıssız görünüyordu ama bunun pek anlamı yoktu. İçerisi ışık geçirmezdi. Şu ana kadar *Windward*'un İrlanda'daki limanda demirli olduğunu sanıyordum ama görünüşe bakılırsa durum farklıydı.

Bu limana en son gelen beklenmedik ziyaretçiyi hatırlıyordum. Hayalet tekne *Kaymaktaşı*, toplayabildiği bütün kötülüğü getiren ve teknedeki bütün ölümlüleri ve ölümsüzleri yok eden Reedrek'i taşımıştı. Bu teknenin kargosu hâlâ yerindeydi.

Tilly'nin evinde hissettiğim korku iki katına çıktı. Teknede vampirler vardı; türümün varlığını hissedebiliyordum. Tuhaf ama tanıdık.

Demek başlıyoruz.

Liman vincine yakın bir yerde gölgelerin arasındaki bir hareket dikkatimi çekerken zihnimde alaycı bir kahkaha yankılandı. Derin bir nefes alarak gücümü topladım. Bu bir tuzaksa başımı çoktan halkaya sokmuştum bile. Bütün bu bekleyiş ve planlama, intikam duygumun üzerine ıslak bir battaniye gibi örtülmüştü. İban'ın çürüyen, ölen görüntüsü zihnimi kavuruyordu. Öfkemle ateşlenen soğuk kanım çene kaslarımı germiş, dişlerimi uzatmış, metalik kan tadını ağzıma getirmişti.

Gölgelerden biri yavaşça bana doğru geldi. "William? Efendim?" dedi, tereddütlü bir ses.

Kan şehvetimin geri çekilerek karşımdakini tanımama izin vermesi için birkaç saniye geçmesi gerekti. "Lamar... Werm?"

Bana doğru yürüdü. Rahat gülümsemesi ortama yakışmıyordu. "Burada ne işin var?" Werm, varlığını sezdiğim vampir olamazdı.

"Arkadaşlarıma limanı göstermek istemiştim." Werm omuz silkti. "Ama sadece biri benimle gelecek kadar cesurdu." Tekrar gölgelerin arasına döndü. "Gel haydi. Seninle tanıştırmak istedi..."

Hoşnutsuz ve uyaran bir hareketle onu durdurdum.

"Ba... Bay Thorne, limanın sahibiyle tanıştırmak istiyorum."

Gölge kıpırdadı ve bize doğru yürüdü. Werm ve arkadaşlarının tarzında giyinmiş olmasına rağmen bu farklıydı. Öfke yayıyordu. Ve vampir taklidi yapan bir ölümlü değildi: Bir vampirdi! Neden Werm bu gerçeği belirtmemişti?

Bu korkmuyordu.

"Nihayet tanıştığımıza sevindim" dedi, tehdit edermiş gibi

keyifle konuşarak. Elini bana uzattığında, haç biçimindeki yara izini gördüm; bir damga demiri yapıştırılmış gibi üst göğsüyle boğazı arasındaki derinin üzerinde uzanıyordu.

İçimde yükselen tiksintiyi bastırarak, onunla yarı yolda buluştum; basit bir selamlaşmanın ötesinde planları olabilirdi. Sesi içimdeki ev özlemini -İngiltere- uyandırmıştı. Yirmili yaşlarının başlarında gibi görünse bile bu vampir yavru değildi. Yaşlı, sağlam bağlantıları olan biriydi. Ama içindeki bir şey kırılmıştı. Tenine dokunduğumda çok çeşitli mesajlar algıladım. Nefret, acı, açlık… ve birine duyulan sevgi…

Birden geri çekildi. Ama tanışıklık duygusu geçmemişti. "Neden bana daha önce gelmedin?" Bölgedeki sıra dışı vampir sayısına o kadar dalmıştım ki kendi kişisel dikkatimi düşürmüştüm. İnsan casuslara dayanmıştım. Werm bana söz ettiğinde dikkatimi daha fazla vermeliydim…

"Üzgünüm" dedim. "Adını alamadım."

Yabancının gülümsemesi dişlerini göstermek gibiydi. "Vermedim ki. Ama seninkini sevdim. Thorne, ha? Fiyakalı bir İngiliz ismi; bir kral adı bile olabilir."

"Amerika'da kral yoktur" dedim, izin vermediğim sürece beni ürkütemeyeceğini göstermek için. Lastiklerin çığlığı sohbetimizi böldü. Bir araba ön kapıdan girdi ve çakıl taşlarının üzerinde yanlamasına kaydı. Kimin geldiğini görmek için bakmama gerek yoktu. Jack'in Corvette'inin tanıdık kükremesi binaların arasında yankılanıyordu. Öfke ve hayranlık arasında seçim yapmak gereksizdi. Artık gelmişti.

Ama Werm biraz sararmaya başlamış gibiydi.

"Hey" dedi, yeni arkadaşına. "Belki de gitsek iyi olur… Colonial ve…"

Jack'in arabası yanımızda dururken yükselen toz hepimizi sardı.

Jack

Çekiş gücünü kaybederek, araba çakıl taşlarının üzerinde kayarken yüzümü buruşturdum. Yepyeni boya mahvolmuştu ama bu endişelerimin en küçüğüydü. Eleanor'un itirazlarına rağmen onu, yanında Reyha ve Deylaud'la birlikte William'ın mahzenine kilitlemiştim ve Sullivan'ı garaja yerleştirmekle meşguldüm. Tam o sırada Olivia beni ofis telefonumdan aramıştı.

Ses tonundan korku içinde olduğunu söyleyebilirdim. Kelimeler ağzından zorlukla çıkıyordu. "Hugo..." diye başlamıştı. "Tekneyle Savannah'ya gelmekte olduğuna inanmak için nedenlerim var. Aslında, çoktan ulaşmış olabilir."

Bu sözlerin anlamını kavrarken bir an başım dönmüştü. Ahizeyi çarparak kapamış ve hemen Corvette'ime atlayarak yola çıkmıştım. Huey'e kendini tanıtma işini Sullivan'a bırakmıştım. Eğer biraz aklı varsa zamanını muhtemelen hızla çürümekte olan Iban yerine çoktan çürümüş olan Huey'le geçirmeyi tercih ederdi. Kimin daha kötü koktuğundan emin değildim. Ama Sullivan'ın kaçmasına izin vererek William'ın emirlerine bir kez daha karşı çıkmaya niyetim yoktu. Özellikle de şimdi. Garajı dışarıdan kilitlemiştim.

Nehre doğru arabamı hızla sürerken Olivia'yla yaptığım telefon konuşmasını zihnimden tekrar tekrar geçirmiştim. Öldü olarak kabul ettikleri casuslardan biri Rusya'dan geri dönmeyi başarmıştı ve diğerleri gibi berbat durumdaydı.

Casus, Hugo'nun klanına sızmayı başarmıştı ama kendisini kabul ettiklerini düşündüğü anda, bir tuzak kurup onu ele geçirmişler ve Bonaventure'larla ilgili bildiği her şeyi anlatana kadar işkence yapmışlardı; özellikle de William ve benim hakkımda bildiklerini anlatana kadar.

"Onlara voodoo kanından söz etmiş mi?" diye sormuştum Olivia'ya.

"Hayır. Söyleyemezdi. Çünkü bilmiyordu" diye güvence vermişti Olivia.

Tanrı'ya şükür!

Limana olabildiğince yaklaşarak frene asıldım ve arabadan fırlayıp William'ın yanına koştum. Çoktan lanet olasıca teknenin önünde duruyordu. Ona diğerlerinden önce ulaşmak, kenara çekmek veya tercihen birlikte kaçmak zorundaydım. Bununla yüzleşmesine izin veremezdim. En azından onu uyarıp, itiraf edene kadar.

Tam yanına ulaştığımda, kamaranın kapısı açıldı ve siluetler dışarı çıkmaya başladı. Nasıl bir şeyle karşı karşıya olursak olalım, kesinlikle sayıca bizden üstünlerdi.

"William... sana söylemem gereken..." Birden donup kaldım. Connie'nin yanından ayrıldığım gece rüyamda gördüğüm vampir, William'ın diğer tarafında Werm'le birlikte duruyordu. Punk tarzı diken diken saçları ve boğazındaki iğrenç yara izi, tıpkı rüyamda gördüğüm gibiydi.

"*Sen*... Hugo musun?" dedim, yanılmayı umarak. Teknedeki vampirlere bakarak sırıttı. Biz anlamadan Savannah'ya sızmayı nasıl başarmıştı?

Teknedeki vampirlerin arasından bir adam öne çıktı.

"Hayır dostum, Hugo o" dedi punk vampir.

"Kaptan Thorne, sanırım" dedi Hugo. Uzun boylu ve güçlü yapılıydı. Uzun sarı saçları pardösüsünün omuzlarına dökülüyordu ve bakımlı, kızıl bir sakalı vardı. Tam bir Viking gibi görünüyordu ama daha temizdi ve elinde kalkanıyla kanlı kılıcı yoktu. Yine de ortalama bir Thor'dan çok daha tehlikeli görünüyordu. Lanet olsun! Rüyam tamamen yanlıştı. İşte kehanetlerle ilgili sorun. Altyazılı Fransız filmlerinde hikâyenin akışını tahmin etmek bile bundan daha kolaydır.

"Beni kötü durumda yakaladın" dedi William, serinkanlılıkla. Bunda ciddi olmadığını söyleyebilirdim.

"William, ben..." diye tekrar denedim.

Şimdi olmaz, Jack, dedi, zihnime.

"Ama..."

Vampir gürleyen bir sesle cevap verdi. "Hugo benim. Adımı daha önce duyduğundan eminim."

"Seni uyarmam gerek" dedim, William'ın kolunu tutarak.

Bunun için sence de biraz geç değil mi? William dikkatini yabancıdan ayırmıyordu.

"Hayır, anlamıyorsun. Mesele o değil, mesele..."

Hugo borda tahtasına yaklaşıyordu. Yüzünü pelerininin kukuletasıyla gizleyen bir kadın öne çıkarak arkasından geldi. İki insan, güvertede durdukları yerden kıpırdamadı.

Buraya kadar uçarcasına yaptığım yolculukta taşıdığım aptalca umut -bir nedenle geride kalmış ve Hugo'yla buraya gelmemiş olması umudu- nihayet yok olmuştu.

Rüyalarınızda zamanın nasıl yavaşladığını bilirsiniz. Felç olduğunuz için durduramadığınız olaylar. Konuşamazsınız.

Hareket edemezsiniz. Kâbusunuz ağır çekimde, acı verici bir şekilde, kare kare ilerlerken çaresizce ve dehşetle izlersiniz. Şimdi olan da buydu. Bir türlü konuşamıyordum.

Kadın bir adım daha attığında, tıpkı rüyamda olduğu gibi sis geri döndü. Limandaki bir direkte güvenlik ışığı üzerine vuruyor, başının etrafında lanetli bir hale yaratıyordu.

"Hayır, adını duyduğumu hiç sanmıyorum" diye yalan söyledi William. Görünüşe bakılırsa üstat vampirler sonuçlarından korkmadan birbirlerine yalan söyleyebiliyorlardı.

"Önemi yok... dostum." Hugo baştan savarcasına elini salladı. "Evim dünyanın öbür ucunda. Normal şartlar altında hiç karşılaşmayabilirdik bile."

William kadını tanımışsa bile belli etmemişti. "O halde ziyaretinizi neye borçluyuz?" Bazen gerçekten yaşlı kan emicilerle kullandığı konuşma tarzına geri dönmüştü.

Hugo artık karaya ayak basmıştı. O yaklaşırken ve elini uzatırken William'ın gerildiğini hissedebiliyordum. "Duyar duymaz geldim" diye cevap verdi, etkileyici dişlerini sergileyen bir sırıtışla. Derin ses tonu, bana başka ne etkileyici yönleri olduğunu düşündürdü.

William onunla tokalaştı. Dışarıdan bakıldığında her şey normal gibi görünse bile gerginliği bir ölümlü bile hissederdi. Bu, insanların, adına diplomatlık dediği şeydi. Keskin algılarımla, biri ayağımın altındaki betona balyozla vuruyormuş gibi hissediyordum.

"Neyi duyar duymaz?" diye sordu William. Babam şimdiye kadar gördüğüm en iyi poker oyuncusu yüzüne sahipti ve yine bu yeteneğini kullanıyordu.

Hugo, William çok komik bir şaka yapmış gibi güldü. William'ın elini bıraktı ve omzunu tutarak, samimi bir şefkat gösterisi gibi hafifçe vurdu. "Reedrek'in soyundan gelen cesur bir kan emicinin, onu sonsuza dek ortadan kaldıracak cesarete ve güce sahip olduğunu tabii ki" dedi. "Hepimizin iyiliği için."

"O senin de baban mıydı?" diye sordu William, tarafsız yüz ifadesini dikkatle koruyarak. "Baban *mı*" yerine "baban *mıydı*" diye sorması dikkatimi çekmişti. "Olanları sen nereden biliyorsun? Babanla psişik bağlantının, binlerce kilometre öteden iletişim kuracak kadar güçlü olduğunu sanmıyorum."

Hugo yine güldü. "Evet, Reedrek benim de babamdı. Nasıl öğrendiğime gelince, sadece dünyanın küçük olduğunu söyleyelim. İnsanların dediği gibi; iyi haber çabuk yayılır."

William gülümsemeye çalıştı. "Gerçekten" dedi. "Demek buraya onun intikamını almaya gelmedin?"

Hugo'nun patlayan kahkahası, dişlerinin görünüşünden daha da korkunçtu. "Ah, hayır! Sadece aptal moruğun gerçekten öldüğünden emin olmak için geldim."

Bir açık yakalayarak William'ı omzundan yakaladım ama elimi silkeledi. Diğer vampir bana aldırmadı ve hafifçe kadına döndü. Yüz ifadesi, ancak kötü ve bir şekilde avcı olarak tanımlayabileceğim bir şeye dönüştü. Gerilirken, William'ın da gerildiğini hissettim.

"Sanırım eşimi tanıyorsun" dedi Hugo ve pelerinli kadına uzandı.

Babamın yüzündeki şaşkınlık, zaten ölü olan kalbimde bir şeyleri daha öldürdü. Şimdiye kadar kaydettiğimiz bütün ilerlemenin -nihayet bana bir dengi gibi davranması, onlarca yıldan sonra birbirimize güvenmeyi öğrenmeye başlamamız- üzerine sifon çekilmiş gibi akıp gidiyordu.

"Çok üzgünüm, William" dedim. "Bunun olmasını istemedim. Böyle değil."

Bana baktı ve anlamayarak gözlerini kırpıştırdı. Artık onu uyarmak için çok geçti. Sadece özür dileyebilir ve beni çabuk öldürmesini umabilirdim.

Kadın Hugo'nun yanına geldi ve Hugo kendi malı olduğunu belli etmek istercesine kollarını ona doladı. Kadın iki eliyle uzandı ve kukuletasını zarifçe arkaya atarak gür sarı saçlarını ortaya çıkardı. Derin ve keskin bir nefes aldım. Tıpkı William'ın ailesinin ölümünü gördüğüm vizyondaki gibiydi. Bakışlarımı William'ın yüzüne çevirdim. Tepkisini görmeyi aslında istemiyordum ama arabayla yolculuk yaparken karşılaşılan berbat bir kaza sahnesi gibiydi. Görüntünün sizi hasta edeceğini bildiğiniz için bakmak istemezsiniz ama elinizde değildir.

"Merhaba, anne" dedi Werm'ün yanında duran genç; onu rüyamdan hatırlıyordum ve şimdi daha da fazla nefret ediyordum. Başından beri bu işin içindeydi. O anda sözlerini idrak edebildim ve hikâyenin geri kalanı bir alev topu gibi üzerime çarptı. Rüyamın çoğunu hatırlıyordum; William onu parçalamamı engellemiş, sivri dişlerimden kurtarmıştı.

Bu benim, demişti William rüyamda. Kendisinin öldürmek istediğini sanmıştım ama demek istediği bu değildi.

Hayatını istiyorum. Babanı istiyorum. Hepsi benim olmalıydı, demişti punk, ben onu kaldırıma yapıştırmadan ve William onu ölümcül öfkemden kurtarmadan önce.

Bu, William'ın ölümlü kanından gelen çocuğuydu; benim gibi iblis doğasının bir ürünü değil. Bu, William'ın gerçek oğluydu. Güdüsel olarak onun benim ve dünyadaki yerim için bir tehdit oluşturduğunu algılamama şaşmamak gerekirdi. Bir kadına, bir çocuğa baktım. Bu daha ne kadar kötüleşebilirdi? *Hayır, söylemeyin,* diye eğlendim, kendi kendime. Bana kötümser diyebilirsiniz ama daha da kötüye gidemeyecek kadar kötü olan bir şey olduğuna inanmam; özellikle de biz vampirler söz konusu olduğumuzda.

Pokerci yüzü buraya kadardı. William'ın yüzünde, dünyası sonsuza dek değişmiş bir adamın mutlak şaşkınlığı vardı. Bir çekicin çeliğe vuruşu gibi daha fazla değişiklik olacaktı. Ben, Melaphia ve en önemlisi Eleanor, bu artçı etkileri en yoğun hissedenler olacaktık.

"William" diye fısıldadı sarışın kadın, gerçek duygularını yanındaki vampirden gizlemeye çalışırcasına perdelenmiş gözlerle bakarak.

"Diana" diye fısıldadı William.

10

William

İnsanların gülünç bir sözü vardır: "Seni öldürmeyen şey güçlendirir."

Bu bir yalandır.

Seni öldürmeyen şey ölmeyi dilemene neden olabilir ya da başka birini öldürmek istemene. Niyetlerimi ve duygularımı gizlemekte ustayımdır. Ama burada, gecenin bir saatinde beş yüz yıldır özlemini çektiğim, yasını tuttuğum bir yüze bakarken gizleyecek duygularım yoktu. *Buz kesilmek* ifadesi hafif kalırdı ve vampirler çok nadiren duygusal yoğunluk altında ezilir. Sonuçta işimiz, amacımız, zevkimiz öldürmektir.

Ancak bu durumda, kendi zayıflığım -uzun hayatımdaki kara delik- beni tam anlamıyla felç etmişti. Kulaklarım şiddetle uğulduyordu. Kolumu kaldırabilirsem uyuşmuş parmaklarım tutup Diana'yı kucaklamak için kendime mi çekerdim yoksa Hugo'nun göğsüne bir yumruk mu indirirdi, bilmiyorum. Ellerim kasılıp kalmıştı ve kalbini tutup sıktığımı düşünürken neredeyse ağırlığını ve ıslaklığını hissedebiliyordum. Aşktan önce öfke. Önce öldürmek... bağışlamaktan önce? Diana bütün bu asırlar boyunca benim varlığımı bilirken uzakta mı kalmayı tercih etmişti? Beni mi suçluyordu?

Aniden nefesim kesildi. Hareket etmezsem yığılıp kalabilirdim. Büyük asi lider William Thorne, kendi aşkı tarafından öldürüldü... ya da nefreti. O anda ikisini ayırabilmek imkânsızdı. Sonsuz bir uzaklıktan konuşan kendi sesimi duydum. Bu inanılmaz bir şeydi çünkü donmuş ciğerlerimde hiç hava kalmadığına yemin edebilirdim.

"Sizin için gerekli düzenlemeleri yapabilmemiz için bugün teknede kalmanızı öneriyorum. Yarın günbatımından sonra size haber gönderirim." Sonra döndüm ve bir ayağımı diğerinin önüne koyarak uzaklaştım. Hugo veya haydutlarından biri o anda sırtıma bir mızrak saplasa onlara teşekkür edebilirdim.

Jack'in dikkatimi çekmeye çalıştığını duydum. Yüzünü zorlukla seçebiliyordum. Önüme geçmemesi gerektiğini bilmeliydi. Her taraftan ihanetle sarılmışken bütün öfkemle ona vurarak yere devirdim.

"Yaşa ya da geber!" diye hırladım. "Umurumda bile değil. Benden uzak dur!"

Yürüyerek uzaklaşırken düşündüğüm tek şey en kolay çözümdü: Gidip en yakın meydandaki bir banka oturmak ve güneşin doğmasını beklemek.

Oğlum hayattaydı. Bir kan emici... benim gibi. Bunları

hak etmek için nasıl korkunç bir günah işlemiş olabilirdim? Hangi tesadüf, onu çocukken kaçtığı yazgıya geri döndürmüştü? Yetişkinliğe ulaşmıştı ve sonra... Reedrek onun için geri dönmüş, bütün ailemi köleleştirme işini tamamlamış olmalıydı.

Diana.

Onu görmek beni mutlulukla doldurmuştu. Ama o mutluluk hemen yerini ihanetin acısına bırakmıştı. Sendeleyerek durdum ve dengemi bulabilmek için bir duvara tutundum. İçimdeki öfke ve nefret ateşi beni neredeyse yere deviriyordu. İkiye katlanmış halde nefes almaya çalışıyordum. Mezarların ıslak havası ve eski kemiklerin kokusu ciğerlerime doluyor, beni çağırıyordu.

Devam etmek zorundaydım. Yürümek, nefes almak zorundaydım. Aksi takdirde, sonucu asla bilemeyecektim; Reedrek'in kazandığı her şeyle ilgili nihai ve acı gerçeği öğrenemeyecektim.

Bir daha durup nerede olduğuma baktığımda, kendimi Colonial'ın kilitli kapılarının önünde bulmuştum. Üç blok sonra evimde olacaktım.

Bütün o kargaşa arasında Eleanor'un endişesi zihnime girdi. Başımı onun yönüne doğru çevirdim fakat ay kadar uzak görünüyordu. Eğer gerçekten lanetlendiysem etrafımdaki herkes benimle birlikte lanetlenmiş demekti. Bir daha Eleanor'a nasıl dokunabilirdim, üstelik Diana...

Dikerek gizlediğim acı damarı açılmış, içindekiler dışarı boşalıyordu. Boğazımdan bir uluma yükseldi ve bastıracak gücüm yoktu. Demir kapıları tutarak sessiz gökyüzüne baktım ve ölen bir kurt gibi uludum; bütün umudu yok eden, gırtlaktan gelen bir sesti. Antik acı, yeniyle öyle bir seste birleşmişti ki hiçbir insan kulağı dayanamazdı. Kapının demir parmaklıklarının elimde büküldüğünü hissettim.

Ailem, gözlerimin önünde bir kez daha öldürülmüştü. Hâlâ yaşadıkları gerçeği, benim hâlâ yaşadığım gerçeği, rahatlatıcı değil acı vericiydi. Ulumam, çok uzun zamandır kontrol altında tuttuğum hayvanı kafesinden çıkarmıştı. Mantıklı düşünceler silinmişti. Göz açıp kapayana kadar parmaklıkların üzerinden aştım. Varlığımı gizlemek yerine, gözler önüne serecektim. Beni öfke yönlendiriyor, önce ölülere götürüyordu. Hepsini tekrar öldürmek istiyordum. Ghede, gerçekten de ölümün *loa*sı. Burada gösterişli bir tören yoktu. Nefretimin amaca, savaşa, yıkıma ihtiyacı vardı. Şanslı ölülerin huzur içinde dinlendiği bu küflü ev, ilk savaş alanım olacaktı.

Ceketimi çıkarıp attım ve gömleğimin kollarını sıvadım. Gördüğüm ilk mezar, Presbyterian rahibi John Martingale diye birine aitti: 1809-1862. Yumruğumu mezar taşına indirdim. "Uyan John! Ateş, korku, düşman! Şeytan nihayet işini yapmaya geldi." Birkaç saniye içinde mezar taşı paramparça bir halde çimenlerin üzerindeydi. İçeri uzandım ve tozların arasında eşelenerek nihayet talihsiz John'ın kafatasını buldum. "Heyhat, zavallı Yorick! Onu tanırdım, Horatio: Sonsuz şakacı, en mükemmel gösteri adamıydı." Kafatasını koltukaltıma sıkıştırdım ve bir sonraki mezar taşına doğru yürüdüm.

Gökyüzü yağmur bulutlarıyla doluydu ama dağılıyordu. Mezarlığın diğer tarafına ulaştığımda, yükselen güneşin tehdidini hissetmeye başlamıştım. İnsanlar hareketleniyordu. Arabaların farları ıslak kaldırımlardan yansıyordu. Canlılara ayrılmış birkaç yılda bir gün daha başlıyor ve insanlar işlerine gidiyorlardı. Taş, toprak ve kemikler arasında yarattığım talana dönüp baktım ama daha yeni ısınıyordum. Zavallı John'ın kafatasını bir elimde tutarak tünellere yöneldim.

"Bu şehrin benim olduğunu söylemiş miydim?" dedim, en yakındaki kıştan daha sıcak hava tünelindekilere. Yağmurdan korunmak için oraya sığınmış üçü erkek biri kadın dört umutsuz ve evsiz insanın önünde eğildim. "William Thorne hizmetinizde. Ve bu da..." John'ın kafatasını kaldırıp onlara gösterdim. "...sevgili Bay John Martingale, şehrin eski önemli dini liderlerinden biri." Grupta biri dışında herkesin dikkatini çekmiştim; o kişiyse derin bir uykudaydı. "Birader! John'ın yaşarken ve ölürken dördünüzün toplamından daha fazlasını yaptığını belirtmeliyim."

Gruptaki tek dişi, erkeklere doğru sokuldu. Demek kötülüğü tanıyordu... Korkmaya başlıyorlardı.

Güzel!

Yaklaştım ve kafatasını iki erkekten daha ufak tefek olanına uzattım. "Şunu biraz tutar mısın?"

Uykuda yürüyen veya gördüklerine inanmak istemeyen birinin yavaş hareketleriyle, adam başıyla onayladı ve mezarlık savaşımdan kalan tozlu ganimeti aldı. Kafatası elimden alınır alınmaz, diğer erkeği boğazından yakaladım ve diğer elimle dişinin boynuna doladım.

"Şimdilik hoşça kal" dedim, kafatasını tutana. "Değerli John'a iyi bak."

Şimdi karşı koymaya başlayan iki talihsizi tünellerin karanlığına sürükledim; onlara istediğimi yapabilirdim. Gerçek bir vampirin basit hayatı çok uzun süredir benden uzaktı çünkü vicdanımla ve acıma duygumla hareket ediyordum.

Acı beni o insani endişelerden uzaklaştırmıştı. İstediğim gibi öldürüp yiyecektim. Dünyanın canı cehennemeydi; hepimizle birlikte.

"Bu mükemmel olmalı" dedim. Dişiyi tünel zeminine nefes nefese bir halde bırakarak, erkeğin boynuna, dişlerimi kafasını gövdesinden ayırabilecek bir şiddetle gömdüm. Kan havaya saçıldı ve arkasındaki duvara, yüzüme, göğsüme fışkırdı. Lanet olsun! Bu kadar iyi kan ziyan olmuştu. Nasıl olup da bu kadar hamlamıştım? Son birkaç kalp atışı sırasında geri kalanları da emdim. Sonra onu yere bıraktım ve ikinci yemeğime geçtim.

Benden uzaklaşmak konusunda küçücük bir umutla birkaç adım sürünerek kaçmaya çalıştı. "İşe yaramaz, hayatım" dedim, yanına oturup onu kucağıma alarak. Bunu ziyan etmeyecektim. "Canını alacağım. Ruhunu da istemediğim için kendini şanslı saymalısın."

Sözlerimle donup kalınca, içimde minicik bir hayranlık kıvılcımı uyandı. Görünüşe bakılırsa ölmek bu şekilde yaşamaktan daha az aşağılayıcı olacaktı onun için. Dişlerim boynuna gömüldüğünde inledi ama çığlık atmadı. Hangi ölümlü -ya da ölümsüz- erkek, bir kadının zihninin veya kalbinin nasıl çalıştığını anlayabilirdi?

Kalbimi beni bombardımana tutan görüntülere kapadım. Güzel bir kadın haliyle Tilly, deri giysileri içinde Olivia, Çingene tavırlı Eleanor... ve Diana. Kurbanım son nefesini verirken ruhunun kayıp gidişini hissettim. O saniyelerde keder beni etkisi altına almıştı. Bu zavallı, çaresiz kurban özgür kalırken ben hâlâ kendi kişisel işkence labirentimde tutsaktım.

Tanrı aşkına, beni şimdi durdurmanı istiyorum. Tünellerin ötesindeki yükselen güneşle karışık beslenmenin sarhoşluğu beni sararken başımı arkaya yasladım ve gerisini hatırlamıyorum.

Jack

Sırtüstü yatarak karanlık gökyüzüne bakarken bir daha asla kalkamamayı diliyordum; güneş yükselene ve beni kül edene kadar burada kalabilirdim. William'ın darbesi yüzünden başım hâlâ zonkluyordu ve sözleri beynimi yerinden sarsmıştı. Gözüne gözükmediğim sürece, babam yaşamamı ya da ölmemi umursamıyordu. Bu, çenemdeki acıdan çok daha fazla acıtıyordu.

Birkaç saniye sonra doğrulup oturduğumda, çoktan gitmişti. Onun yerine, şu küçük punk sersem -adı Will idi- sırıtarak bana bakıyordu. "Büyük, kötü babam sana gününü gösterdi, değil mi?" dedi.

"Davranışlarına dikkat et evlat!" dedi Hugo. "Burada ziyaretçiyiz. Diğer bir deyişle konuğuz. Habersiz olduğu için gelişimizin biraz gerginlik yaratması doğal."

"Evet" dedim, çenemi veya çenemden geri kalanı ovalayarak. "Öyle de denebilir." İfadelerimde hafife almak konusunda yeteneğim olduğunu söylerlerdi.

"Duygularını kontrol altına aldığında, William ve benim

konuşmamız gereken çok şey var" dedi Hugo. "Kendini yeni gerçeklere alıştırması için biraz zamana ihtiyacı var. Başlangıçta onun için zor olacağı kesin."

Senin sayende. Diana'nın varlığını William'a açıklama şekli yüzünden adamın suratına sağlam bir yumruk yapıştırmak istiyordum ama o açıdan ben de çok masum sayılmazdım, dolayısıyla dürtüme karşı koydum. "Çok anlayışlısın." Sayıları fazla olduğundan, ben de diplomatça davranabilirdim. Bir kavgada Werm'ün yanımda olacağına kesinlikle güvenmiyordum. Görünüşe bakılırsa yeni "kanka"sı Will'di.

Şu anda Werm de herkes kadar şaşkın görünüyordu. "Werm, neden artık evine gitmiyorsun?" dedim ve başımla ailesinin oturduğu eve doğru işaret ettim. Kafamdaki şeyler arasında, bir de bu yeni vampirlerin yanında onun güvenliği için endişelenmek istemiyordum.

"O artık benimle, değil mi, dostum?" Will kolunu Werm'ün omzuna attı ve yüzünü buruşturmasına neden olacak bir güçle sıktı. Werm, boyunu aşan bir durumda yüzüne araba farı vurmuş geyikler gibi şaşkın şaşkın bana baktı.

Bir adım atım Will'in gözlerine baktım. Sayıları fazla olsun ya da olmasın, bu sersemin Werm'ü incitmesine izin vermeyecektim. "Dedim ki… o eve gidiyor. Ve sen de William'ın dediği gibi şu tekneye geri dönüyorsun. Hemen!"

"Bizimle gel Will" dedi Hugo. "Jack, William'a bize söylediklerini yapacağımızı ve şu muhteşem tekneyi bir gün daha evimiz olarak kullanacağımızı söyle."

"Söylerim" dedim.

Will yine sinsice sırıtarak döndü ve o kibirli, zıplar gibi adımlarıyla borda tahtasından tekneye döndü. Hugo dönerek kolunu eşine uzattı. Diana yüzünü yine gizlemek için bir eliyle kukuletasını başına geçirmişti. Sadece gözlerini görebiliyordum ama ne düşündüğünü ya da hissettiğini anlayamıyordum.

Hepsi teknedeki kamarada toplandıklarında, yetkililerin gözlerinden uzakta, bir vampir idamı gerçekleştirmek için William'ın başka bir teknesini nasıl havaya uçurduğumu hatırladım. *Kaymaktaşı* harika bir tekneydi ve yok etmek zorunda kalmak hiç hoşuma gitmemişti. Ama ne kadar güzel olursa olsun, bunu havaya uçurmaktan kesinlikle büyük zevk duyardım. Bu, Hugo sorununu kesinlikle çözerdi. Ve teknede kalıp kendimi de havaya uçurursam bu da Jack-William sorununu çözerdi. Aslında bunu yapmak içimden gelmiyor değildi.

William!

O hangi cehennemdeydi? Ona seslenmeye cesaret edemiyordum. Zihinsel durumunu sadece tahmin edebiliyordum. Neden ilk sezgilerimi dikkate alıp ona Olivia'nın, Diana'nın hayatta olmasıyla ilgili söylediklerini açıklamamıştım? Ama ona ve Eleanor'a baktığım her seferinde, voodoo dersinde olduğu gibi bir türlü içim elvermemişti. Ben ne biçim vampirdim? Kalpsiz olmam gerekmez miydi?

Tekneye bakarak başımı iki yana salladım. Atlantik'i aştıktan sonra ciddi bir kapalı alan sorunları olması doğaldı. Arkamı döndüğüm anda kamarada kalacaklarını düşünmek kesinlikle aptallık olurdu. Eğer mümkünse babamla tekrar ilişkimi düzeltmemin tek bir yolu vardı. Onun şehrini korumalıydım. Ama nasıl; sayıları bu kadar fazlayken ve ben tek kişiyken?

Kasvetli gökyüzüne baktığımda, ayın loş ışığının önünde elinde baston taşıyan yaşlı bir adam biçiminde bir bulut gördüm.

İş telefonumu torpido gözünde bıraktığımı hatırladım. Şansıma, hâlâ şarjı vardı. Colonial'a giderken Deylaud'u kontrol etmek için aradım.

"D, William döndü mü?"

"Hayır, Jack, onu görmedim" dedi hayvan adam. "Eleanor'la konuşmak ister misin?"

Onun adını duyunca içimde yeni bir panik dalgası yükseldi. "Hayır!" dedim, biraz fazla yüksek sesle. "Gerard oraya geldi mi?"

"Evet. Kısa süre önce tıbbi malzemelerle dolu bir el arabasıyla tünel girişinden geldi. Tesisteki vampirlerle telefon görüşmesini yeni bitirdi. Onu vereyim."

Gerard telefonu aldığında, "En son gelişmeler ne?" diye sordum.

"Kan bankasında ihtiyacım olan her şeyi buldum ve donanımlarla malzemeleri buraya getirdim. Bu kan örneklerini incelemek için hâlâ zamana ihtiyacım var fakat mikroskop altında bu virüs çok saldırgan görünüyor."

Evet, öyle de denebilir. Iban'ın eriyen yüzünü düşündüm. "Dinle, başka bir şey daha oldu." Ona Hugo'nun gelişini anlattım ve William'ın ölümlü hayatındaki karısının da teknede olduğu gerçeğini atladım. O küçük sırrı şimdilik saklayabileceğimi düşünüyordum. "Buraya Reedrek'in öldüğünden emin olmak için geldiğini söylüyor."

"*Mon dieu*" dedi Gerard. "Benim ne yapmamı istiyorsun?"

"Sen virüsle meşgulsün. Sadece işine devam et. Ben tesise gidip diğerlerini uyaracağım ve verdiğimiz kararı sana bildireceğim. Bu arada, Hugo ve küçük ailesini en azından bir süre kontrolde tutmak için bir planım var." İşe yarayıp yaramayacağı konusunda hiçbir fikrim olmadığını belirtmedim.

"Tobey ve Travis'den en çabuk şekilde batıya dönmelerini istemeyi düşünüyordum" dedi Gerard. "California'daki olayı araştırmaları için. Fakat görünüşe bakılırsa burada bir çatışma olursa onlara ihtiyaç duyabilirsin."

İç çektim. Lanet olsun! Gerçekten sayımız çok azdı. Bütün Yeni Dünya'daki vampir ırkı bir virüs yüzünden yok olma tehlikesiyle karşı karşıyayken Travis ve Tobey'den yanımda kalıp Savannah'yı savunmama yardım etmelerini isteyemezdim. "Onlara geri dönmeleri gerektiğini söylerim" dedim.

Tobey'nin bu kadar çabuk gitmesi fikrinden hoşlanmamıştım. O ve ben, kendisi buradayken küçük bir gece yarışı düzenlemeyi planlamıştık. Belki de kendimiz yapardık. Ayrıca, Travis'le biraz daha konuşmak ve Mayalar hakkında başka neler öğrenebileceğime bakmak istiyordum. Şimdi Hugo beklenmedik bir şekilde gelince, bütün o planlar havaya uçmuştu.

Yeni ve rahatsız edici bir düşünce zihnimde belirdi. "Hey, Gerry!" dedim. "Sence Hugo, içinde kapalı olduğu yirmi beş metrelik mermere rağmen Reedrek'le iletişim kurabilir mi?"

"Sanırım mümkün çünkü Reedrek, Hugo'nun babası. Neden? Hugo'nun Savannah'ya gelme nedeniyle ilgili yalan söylediğini mi düşünüyorsun?"

"Bence yalan söylediğini düşünmeliyiz."

"Evet" dedi Gerard. "Hugo'nun Reedrek'in ortadan kaldırıldığından emin olmak için geldiğini söylemesi çok kolay. Bu, onu dikkatle izlemek için daha da önemli bir neden. William bir yaratığın niyetini, herhangi bir kan emici kadar rahat okuyabilir. Hugo'yla nasıl başa çıkacağımız konusunda bize rehberlik edebilir."

William önce kendini kazıklamazsa tabii. "Evet. Güzel fikir."

"Tanrı yardımcın olsun, dostum!" dedi Gerard. *Bu bir şaka mıydı?* "Ben muhtemelen yarın bu virüsü tanımlamak için geceleyeceğim, bu yüzden gitmeliyim. Dikkatli ol!"

"Olurum. Ayakta olacağına göre, bana bir iyilik yapıp, yarın sabah geldiğinde Melaphia'ya olanları anlatır mısın? Ve onu William'ın biraz... sinirli... olacağı konusunda da uyar."

Gerard kabul edip telefonu kapadı.

O zamana kadar Colonial mezarlığına gelmiştim bile. Kaldırıma yanaştım, arabadan indim ve demir parmaklıkların üzerinden aştım.

Ayaklarımın altındaki ölüler patırtı koparıyordu. Genellikle bu mezarlıktan geçerken huzursuz ruhların mırıltılarını duyardım; yumuşak selamlaşmalar, biraz oturmam için davetler vs. Bitmemiş işleriyle ilgilenmek için artık çok geç olduğunu anlamayanların fısıltılı davetlerinden başka bir şey olmazdı. Ama şimdi huzursuzluğun çok ötesindeydiler; altımda fırıl fırıl dönüyorlardı. Ve aynı ölçüde rahatsız edici bir şekilde, William'ın öfkesinin kokusu da havaya karışmıştı.

Ben daha kırılmış mezar taşlarına ulaşmadan, dostum Gerald Hollis Jennings'in kederli iniltilerini duydum; tabii biz daha tanışmadan önce tozlu kemik yığınına dönüşmüş birine ne kadar arkadaş denebilirse. Jennings birkaç yüzyıl önce at nallarının altında kalarak can vermişti; en azından onu ilk ziyaret ettiğimde bana anlattığı buydu. Ruhu daima sakindi ve dolayısıyla iyi bir dinleyiciydi ama bu gece konuşan oydu.

"John Martingale!" dedi Jennings. Önümdeki sis toplanarak biçimlendi ve sonunda film gibi bir yüzdeki göz boşluklarını gördüm. Jennings daha önce hiç önümde maddeleşmemişti.

"Kim dedin?" diye sordum.

"Şurada." Jennings, bir elini sisten dışarı uzattı -bu gerçekten sağlam bir numaraydı- ve birkaç adım ötedeki bir yeri işaret etti.

Bir toz ve kemik yığınının yanına çömeldim. "Burada neler oldu?" Diğer ruhlar mezar taşlarının arasından yaklaşmıştı.

"William'dı, baban" dedi Jennings. "John'ın kafatasını aldı; zavallı ihtiyar."

"Bu mezar taşlarını da o mu kırdı?"

Ruhlar aynı anda konuşmaya başladı. "Evet" dedi Jennings. "Ona ne oldu öyle?"

"Başımız dertte." Elimden geldiğince dikkatli bir şekilde, John'ın dağılmış kemikleri arasından daha büyük birkaç tanesini aldım. William'ın öfkesinin nedeni kısmen benim hatamdı. Parçaların çıkarıldığı çukura uzandım ve hepsini geri koydum. "Şehirde kötü vampirler var." Diğer kırılmış mezar taşlarına baktım. "Ah, William'dan da kötü… ve benden de."

Ruhların etrafımda toplandığını hissettim. İnsan olsaydım, muhtemelen vücudumdaki bütün tüyler diken diken olurdu ve kendimle hayaletlerin arasına biraz mesafe koymak için en yakındaki ağaca koşardım. Ama insan değildim ve onları, deyim yerindeyse dostlarım olarak görüyordum.

"Yardımınıza ihtiyacım var" dedim. "Siz yolculuk yapabilir misiniz?"

Loa Legba'ya dua edebilmek için üstü açık halde arabamla hızla şehri geçtim. Bu kez gerçekten ciddiyim, inanın bana. Savannah'yı bir mezarlık dolusu yürüyen ölüyle sarılmış bir zombi kasabasına çevirmeye niyetim yoktu. Sadece Hugo ve *Windward*'u, Avrupalı vampirleri teknede ve uygarlıktan uzakta tutabilmek için ölülerle sarmak niyetindeydim. Elbette ki planlarımın birçoğu gibi daima bir şeylerin ters gitmesi olasılığı vardı ama riske girmek zorundaydım.

Elbette ki sadece üç kötü vampir vardı ama hepsi yaşlı ve güçlüydü. Cinsel gücün vampirler arasındaki işleyişinden dolayı, kadınlar daha da güçlü olabilirdi. Şu anda Savannah'daki Bonaventure'lar sayıca onlardan fazlaydı ama bildiğim kadarıyla, gemide sezemediğim başkaları da olabilirdi. Ayrıca, bütün iyi kan emiciler, Iban'ı hortlak halde tutmak için çabalıyordu. Özellikle William vazgeçmiş ve güvenilmez bir haldeyken hiçbir şeyi şansa bırakamazdım.

"Selam, Bay Legba" dedim. "Benim, Jack. Bu kez içmedim. Zombilerle ve diğer şeylerle o ilk ayin için özür dilerim. Bu gece sana sunabileceğim hediyelerim de yok; bundan sonra seni ve gücünü ciddiye alacağıma söz vermek dışında. Ancak senden istemem gereken büyük bir yardım var..."

Dersimi almış olduğumdan, ne istediğim konusunda son derece nettim. Önce hayaletleri limana götürmek -bunun mümkün olup olmadığını bile bilmiyordum- ve sonra da tekneyi korumalarını, kıyıya çıkmak isteyebilecek kan emicileri biraz heyecanlandırmalarını sağlamak zorundaydım.

O gece ikinci kez limana ulaştığımda, Will'i güvertede uzanmış, sigara içerken buldum. Beni gördüğünde, rahat bir şekilde borda iskelesinden yürüdü; sanki şehre gitmek niyetindeymiş gibiydi.

Diğer dünyadan gelecek yardımla ilgili herhangi bir işaret yoktu. Lanet olsun! Onunla kendim ilgilenmek zorunda kalacaktım. Arabadan indim ve o sırada bir şey omzuma süründü. Bu gerçekten de görülecek manzaraydı: Hayaletler, hortlaklar, her büyüklükte ve şekilde geçiyordu. Sürünüyor, havada süzülüyor, kıvranıyor ve tekneye yaklaşıyorlardı. Tuhaf bir görüntüydü ama o kadar öfkeliydiler ki benim bile ödümü patlatmışlardı; ağzı sivri dişlerle dolu benim gibi bir iblisin! En azından bin tane olmalıydı. Bazıları sömürge döneminde gömülmüş gibi görünüyordu. Diğerleri biçimsiz ve nehirden süzülen sis gibiydi. Tanımlayamadığım birkaç iblis bile gördüm. Tam anlamıyla, gerçek bir karanlıklar ordusuydu. Ama bu bir Bruce Campbell filmi filan değildi.

Tam Will'e döndüğümde, sigarasının ağzının kenarından yere düştüğünü gördüm. Bana kaşlarını çatarak baktı, sonra döndü ve kamaranın güvenliğine koştu. Aferin!

Ölü nöbetçiler teknenin etrafında birkaç kat çember oluşturdu ve nehrin üzerinde beklemeye başladı. Will ve diğerleri geçmeye kalkarsa ne yapacaklarını bilmiyordum. Yıldızlara bakarak *Loa* Legba'ya bir selam gönderdikten sonra arabama tekrar bindim ve tesise doğru yola çıktım. Güneş yakında yükselecekti ve bu gecelik işim hâlâ bitmemişti.

Diğer vampirler tabutlarına girmek üzereyken tesise ulaştım. Görünüşe bakılırsa Lucius burada kalmaya karar vermişti ama adamlarını Umut Adası'na geri göndermişti.

Ana salona girdim ve doğruca konuya girdim. "Başladı" dedim.

"Ne demek istiyorsun?" diye sordu Lucius.

"Hugo ve ailesi burada. William'ın İrlanda'daki teknelerinden birini alarak Atlantik'i geçmişler ve nehirden gelmişler. Yarın geceye kadar teknede kalmayı kabul ettiler. Etraflarına nöbetçi diktim. Hugo gerçekten dostça davrandı ve sadece Reedrek'in öldüğünden emin olmak için geldiğini iddia ediyor."

"Hah!" dedi Lucius. "Bizi yok etmeye geldi. Haklısın, savaş başladı."

"Bence öyle düşünmemiz gerek" dedi Tobey.

"Evet" dedi Travis. "Hologramdaki genç hanımın dediklerine bakılırsa yıkımımızı tamamlamak için geldiğini düşünmek zorundayız. Kaç kişiler?"

"Ben üç kişi gördüm" dedim. "Teknenin içinde başkaları da olabilir." Elimle saçlarımı sıvazladım. "William buraya geldi mi?"

Tobey başını iki yana salladı. "Hem virüs hem de bununla nasıl başa çıkacağız? Plan nedir, Jack?"

"Tek bildiğim Gerard'ın, siz iki batılının gidip California'daki klanın başına gelenleri araştırmanızı istediği."

"Bunun iyi bir fikir olduğundan emin misin? Onlar çoktan öldü. Burada daha yararlı olmaz mıyız?" diye sordu Travis.

"Gerard, virüsün Hugo'dan daha büyük bir tehdit olduğunu düşünüyor olmalı" dedi Lucius.

"Bence Lucius haklı" dedim, bunu itiraf etmekten hoşlanmasam da. "Gitmeden önce Gerard'la konuşun. Size hastalanmamak için ne yapmanız gerektiğini söyleyebilir."

"Sanki virüse çoktan maruz kalmamışız gibi" dedi Tobey.

"Bundan söz etmişken" dedi Lucius. "Ben kalıp senin ve William'ın yanında savaşacağım. Ancak adamlarımı eve göndermek konusunda ısrar ediyorum. Hastalandıkları takdirde birbirleriyle ilgilenebilmeleri için diğer ailemle olmaları gerek."

"Nasıl istersen" dedim. "Bu gece yapabileceğimiz başka bir şey yok. Güneş neredeyse doğdu."

"William nerede?" diye sordu Tobey.

Ona bakarak omuz silktim. Yorgunluk etkisini göstermeye başlamıştı; gözlerim yaklaşan güneşin etkisiyle yanıyordu. Ama bodrumdaki fazla tabutlardan birine yerleşip uykuya dalmadan önce yapmam gereken bir şey daha vardı: Olivia'yla konuşmalıydım.

"Tanrı'ya şükür aradın, Jack" dedi. "Endişeden deliye döndüm. Orada neler oluyor?"

Hugo'nun ve yanındakilerin gelişini anlattım. Ona William'ın tepkisinden söz ettiğimde, hıçkırdığını duydum.

"Ne bekliyordun ki?" diye hırladım. "Er ya da geç öğreneceğini sen de biliyordun. Ve şimdi vurulacaklar listesinin başında *ben* geliyorum. Onunla aranda bir okyanus olduğu için sevinmelisin. Ve o okyanus aynı zamanda *benimle* aranda olduğu için de."

"Çok üzgünüm, Jack, gerçekten. Ama bize biraz zaman kazandıracağını sanmıştım. Bunun William'ın kendi güvenliği için olduğunu düşünmüştüm. Senin de tabii."

İç çektim. İşler iyice karışmıştı. "Nihayet eve döndüğünde

casusunun Hugo'nun klanıyla ilgili anlattığı her şeyi bilmek istiyorum. Bu adamlar iğrençleşirse bilmemiz gerekecek başka şeyler var mı?"

"*İğrençleşirse* mi?" Olivia acı acı güldü. "Bu kan emicilerin ne kadar vahşi olduklarını tarif etmek mümkün değil. Küçük Violet'imiz o kadar kötü ısırılmış ki ne kadar insan kanı içse de vücudu bir daha asla tamamen iyileşemeyebilir. Yine de onu kaybedebiliriz. Diş izleri çok sayıda vampire ait." Olivia'nın sesi boğuklaştı. Tekrar başladığında sesi çatlıyordu. "Onu sırayla halletmişler."

Ürperdim. "Telefonu ona ver. Ona bazı sorular sormam gerek. Bu adam ve yanındakilerle ilgili bize söyleyebileceği her şey işimize yarayabilir."

"Bunu yapamam, Jack. Geldikten kısa süre sonra bilincini kaybetti. Bize geri dönmek için gücünü son damlasına kadar zorlamış ve durumu hâlâ kötü. Onu şimdi kanla besliyoruz ama başaramayabilir." Olivia yine hıçkırdı ve beni içine soktuğu duruma rağmen ona acımaktan kendimi alamadım. William'a ne yaptığından söz etmeye bile gerek yok.

"Pekâlâ. Ancak, telefonu kapamadan; bayılmadan önce sana söylediği başka bir şey var mı? Kimlerle yolculuk yaptığı, ne tür oyunlar oynamayı sevdiği, duymuş olabileceği planlar gibi?"

"Evet" dedi Olivia. "Hugo ve klanının Yeni Dünya'ya yola çıktığı konusundaki uyarısı dışında, bir şey daha söyledi."

"Eee?" diye sordum, sabırsızca. "Nedir?"

Olivia derin, titrek bir nefes aldı. "Dişiye dikkat edin, dedi. Aralarındaki en tehlikelisi oymuş."

William

Rüyamda Derbyshire'ı ve düğün günümü gördüm. 1517 yılının 5 Eylül günü, iki yaz önce babasının malikânesinde gördüğümden beri âşık olduğum güzel Diana Bellingham'la evlenecektim. Çok şanslıydım. O Eylül sabahı uyandığımda, İngiltere'nin en mutlu erkeği olduğumu düşünüyordum. Aşktan başka bir şeyim olmasa bile çok ılık bir... kış olacağı yönünde işaretler vardı.

O zamanlar çok güzel bir kızdı; periler diyarında altın bir periye benziyordu. Ve ben, yirmi yaşında daha büyük bir adam olarak, ebeveynlerimiz gibi birleşmemizle ilgili büyük planlarım vardı. Hepimiz birlikteliğimize daha doğumlarımızdan önce karar verildiğine inanıyorduk.

Peki, nasıl olup da her şey cehenneme dönüşmüştü?

O zaman, o gün, hatta sonraki on bir yıl boyunca değil. Diana'nın yüzünü, güneş ışığında parlayan altın rengi saçlarını izliyor ve yeminini dinliyordum. Elini elime koyduğu ve parmağına ağır altın yüzüğü taktığım andan itibaren, onun mutlu esiriydim. Ona verdiğim her mutluluk için bana iki katını iade ediyordu.

Sonra rüyam, düğün gecemizle ve ılık yatağımızla devam etti. O kadar gerçekçiydi ki sıcak nefesini boynumda hissedebiliyordum.

"Bana seni nasıl memnun edeceğimi öğret" diye fısıldamıştı, utangaç bir tavırla. "Bir sürü çocuğumuz olmasını istiyorum ve Mary de bunu yapmak için çok uzun süre yatakta kalmamız gerektiğini söyledi."

Çok uzun süre yatakta. "Bunda sırtüstü uzanmaktan çok daha fazlası var" diye cevap verdim, gülerek.

Yatakta yuvarlanarak kollarını göğsüme dayadı. Hevesini gizlemeye gerek duymadı. "O zaman bana hepsini göster. Ben seninim; kalbimle ve her şeyimle. Karınla gurur duymanı istiyorum."

"O zaman başlayalım kızım. Kocanı öp bakalım." Dudaklarımı dudaklarına bastırdım ve ayırdım. Öpücük üstüne öpücüklerle, her şekilde kendini bana açtı. Kızlığını bozmak için son hamleyi yaptığımda, hafifçe inledi ve ben hareketsiz kaldım. Daha önce görmediğim kadar ciddi bir ifadeyle, yüzümü ellerinin arasına aldı ve gözlerime baktı.

"Ölüm bizi ayırana kadar seni seveceğim" diye yemin etti.

Bu sözler karşısında bir an gözlerimin yandığını hissettim. "Ben de seni" diye cevap verdim.

Ve sonrasında her şeyiyle benim oldu. Onu incitmemek için elimden geleni yaparak, hevesimi dizginleyerek onu aldım. Tohumlarımın yükseldiğini hissetmeme rağmen, birleşmemizin doğal sonunu geciktirmek için elimden geleni yapıyordum. Ama sonra saf hayvani zevk beni kontrolü altına aldı ve bütün vücudum sarsılarak boşaldım. Sonrasında üzerine serilip yattım ve boynumda dolaşan parmaklarını hissettim. Doğrusunu söylemek gerekirse o da bana birkaç şey öğretmişti; masum olduğu için beceri değil ama saf bir tatmin etme isteği.

Yüzümü yatak örtülerine bastırarak gülümsedim. *Demek cennet böyle bir şey. Sana şükürler olsun, Tanrım, Diana için...*

Tam o anda omzumu tutan ellerin beni kabaca çekiştirdiğini hissettim. Diana'nın şaşkın çığlığı omurgamı kaskatı etmişti. Savaşmaya hazır şekilde döndüm ve Reedrek'in kötü yüzüyle, yanında sırıtan Hugo'yu gördüm.

Rüya cennetten cehenneme kaymış, rüyaların sık sık yaptığı gibi başlangıçtan sona atlamıştı. İrkilerek uyandım. Gerçek dünyada zaman geçmiş, güneş yükselip batmıştı. Etrafıma bakınarak çılgınca Diana'yı ararken kendi kişisel cehennemime dönmüş olduğumu anladım. Tünellerin karanlığına geri dönmüştüm ve etrafımdaki insan cesetleri dışında yalnızdım.

Seni öldürmeyen şey güçlendirir.

En yakındaki cesedi iterek giysilerimi silkelemek için ayağa kalktım. Umutsuz bir dava, diğerleri gibi. Giysilerim mahvolmuştu ve ölüm kokuyordu; hem yeni hem de eski ölümler. Önemi yoktu. Bu noktada, seçici kişiliğim gülünç görünüyordu. Kimi etkilemeye çalışacaktım ki? İnsanları mı?

Diana... şimdi Hugo'nun eşi mi olmuştu?

Ama beni ölene dek sevdiğini düşünüyordum; en azından bu kadarı doğruydu. Ama ben, mükemmel aptal, onu ölümün ötesinde de sevmeye devam etmiştim.

Akşamın erken saatlerinde limana döndüğümde, bölgeyi sessiz ve soğuk halde buldum. Daha önce yağan soğuk kış yağmuru dinmişti, fakat havadaki nem kokusu daha fazlasının geleceğini belli ediyordu. Bataklıkların kokusunu taşıyan alçak bulutlar ayı gizliyordu. Vampirler ve ölüm için mükemmel bir gece.

Üzerimde yeni giysilerle Mercedes'imin tamponuna dayanırken ya hep ya da hiç diyerek gelmiştim.

Temizlenmek için Tilly'nin evine gitmiştim, bu arada onu neredeyse kalp krizinden öldürüyordum. Iban'ın acısıyla başa çıkması olağan bir şeydi; oysa benimki onun için yeni ve oldukça sarsıcı bir şeydi. Nedeni; yüzümdeki umutsuzluk veya açık savaş tutkusu olabilirdi. Ya da her tarafımın kan içinde olması.

Yıllardır dost olmamıza rağmen, şu son birkaç gecenin onun için kesinlikle kafa karıştırıcı olduğundan emindim. Ama açıklama yapacak gücüm yoktu; hatta tabutunda hücre hücre çürüyerek ölmekte olan Iban'a bile.

Ben odaya girdiğimde sağlam olan tek gözünü kırpmıştı. Viral çürüme ve Iban'ın doğal vampirsel iyileşme sistemi arasındaki savaş sayesinde, güçlü, aristokratik yüz hatları tanınmaz haldeydi. Eti tutam tutam düşüyor, sonra tekrar oluşuyordu.

"Git buradan... Evine dön!" diye fısıldamıştı. Yeni gelenleri bilmiyordu ve planlarımızda yaratacakları değişiklikler konusunda hiçbir fikri yoktu. Ben de onu bilgilendirmek istemiyordum. Huzur içinde çürümesi daha iyiydi.

Ama eve gidemezdim. Henüz değil; belki de hiçbir zaman. Eleanor'un huzursuzluğu artık neredeyse elle tutulur haldeydi ve zihnimi sürekli meşgul ediyordu. Melaphia bile zihinsel olarak endişesini ifade ediyordu. Cevaplar, planlar için yalvarıyordu ve dolabımdan giysilerimi toplarken yardım etmeyi bile önermişti; ölümlü büyüsüyle kutsadığı mavi voodoo ceketimi bile hazırlayıp Tilly'nin evine göndermişti. Kansız, temiz bir gömleğin üzerine ceketi geçirirken cebinde onun mesajını buldum. Onu asla uzun süre atlatamazdım; özellikle de dikkatimi çekecek yöntemleri olduğunda.

Kaptan, diye yazmıştı sadece, *yalnız değilsin.*

Ah, Mel, ama yalnızım. Her zamankinden daha yalnız çünkü beş yüz yıldır benden gizlenen bir şeyi artık biliyorum; Tanrı veya hatta Reedrek tarafından değil, kalbimin diğer yarısı tarafından gizlenen bir şeyi. *Karım tarafından.* Dönüşümümüz yüzünden sapkınca olsa bile ona olan aşkım hayatta kalmıştı. Ama o beni reddetmeyi seçmişti. Ve oğlum...

Adını söylemişim gibi, *Windward*'un kapağı kalktı ve Will dışarı çıktı.

O anda keskin bir çığlık havayı doldurdu ve Will başını eğerek, üzerinden geçen bir sise pençesini savurdu. Alçaktan uçan bulutlar hayalet gibi görünüyordu. Rüzgârda uluyan ve *Windward*'un etrafında öfkeli eşekarıları gibi dolaşan -sokmaya hazır bir şekilde- bu ruhlardı.

İzlemesi eğlenceliydi ama ölümsüzlere karşı etkisizdi. Yine de belirgin bir düşmanlık sergiliyorlardı.

Efendi Jack, diye fısıldadı biri, esintiyle yanımdan geçerken. Ah, demek bu Jack'in işiydi. Savannah'yı savunması doğaldı çünkü sonuçta kendi kellesi de tehlikedeydi. Onu cezalandıracak bir babası olabilirdi ya da olmayabilirdi ama hem işgal hem de salgın etkili olursa Yeni Dünya'daki diğer vampirlerle birlikte onun da sonunun geleceği şüphesizdi.

Kendime umursamadığımı telkin ettim. Daha fazla yalanla gerçek kişiliğini göstermişti sonuçta. Bu kez anlayışlı olmayacaktım. Kendi kaderinin efendisi olmak istiyorsa kendisi bilirdi. Benim çözmem gereken kendi ikilemlerim vardı.

"Büyük asi lider William Thorne'un en azından üç metre boyunda olacağını sanıyordum" diye alay etti Will.

Arabadan uzaklaşarak ona doğru yürüdüm. Ah, öfke. "Ben de senin toz olduğunu sanıyordum."

Başını yana eğdi. "Sen benim hakkımda ne biliyor olabilirsin ki?"

"Çok şey biliyorum; doğumunda yanındaydım ve..."

"Bu yalan! Beni Hugo dönüştürdü ve ben..."

"*Dikkat et.*" Aşağıdan gelen bir ses onu susturdu. Diana'nın sesi ona benim düşman olduğumu hatırlatıyordu. Eh, en azından onu kendisi öldürüp kan emiciye dönüştürmemişti. Reedrek de öyle. Oğlumun ölümlü ruhunu çalma işi Hugo'ya düşmüştü. Onu sorumlu tutacağım bir şey daha.

Hugo, arkasında Diana'yla Will'in yanında belirdi. Diana dikkatini Will'den ayırmıyor, bana bakmıyordu bile. Aralarında bir sürü düşüncenin aktığını hissedebiliyordum.

"Teknendeki kamara gerçekten birinci sınıf ama bu kadar küçük bir yerden gerçekten sıkıldım. Belli... zevklerin biraz mahremiyet gerektirdiğini sen de takdir edersin" dedi Hugo. Tepkimi görmek için bir an bekledikten sonra devam etti. "Bu Savannah nasıl bir yer? Kiralık evler var mı?"

"Kalmayı planlıyormuş gibi konuşuyorsun."

"Sadece hoş karşılanıyorsak" diye cevap verdi. Bir elini Will'in omzuna koydu ve diğeriyle Diana'yı yanına çekti. Gerçekten aile gibi görünüyorlardı: Hugo Kuzeyli görünüşüyle, Diana altın sarısı güzelliğiyle ve Will, soyunu belli eden kızıl-altın Sakson saçlarıyla. Öfkeli yeşil gözleri dışında onda benden bir şey göremiyordum.

"Buraya gelmekteki amacınız nedir?"

"Aile işi diyebilirsin. Sana Reedrek'in işinin bittiğini görmek istediğimi söylemiştim. Onu öldürmeyi başardıysan bunu bilmek isterim." Başını öne doğru hafifçe indirdi ve bakışlarını gözlerime dikti. "Kendim gördükten sonra gideceğim."

"Sözlerin tehdit gibi gelmeye başladı."

Hugo gülümsedi. "Hiç de değil. Sonuçta biz kardeşiz..." Diana'yı tutan kolunu daha da sıktı. "Farklı olmaktan çok benzeriz. İyi niyetini şimdikinden daha fazla zorlamaya niyetim yok."

İyi niyetim!

Bir fikrin zihnimde belirip üzerinde düşünmeden ağzımdan çıkması enderdir. Ama o anda oldu. "Grubunuzu ağırlayacağım ama çocuk benimle kalacak." Diana hafif bir şaşkınlık nidası çıkardı; doğrusunu söylemek gerekirse, tepkisi hoşuma gitmişti.

"Sen kime çocuk diyorsun?" diye gürledi Will.

Ona aldırmadan devam ettim. "Böylece zevkiniz bölünmez ve ben de barışçıl amaçlarınızla ilgili canlı, nefes alıp veren bir garanti almış olurum."

"Anlaştık" dedi Hugo, parmaklarıyla Will'in omzunu uyaran bir tavırla sıkarken. Yavrusuna neler yapabileceğim konusunda Hugo'nun duygularını algılayamıyordum. "Başını derde sokma" diye emretti, parmaklarını gevşetip Will'i hafifçe ileri itmeden önce.

"Dur!" Diana'nın sesi içimi yine zevkle doldurmuştu. Will'in eline bir şey tutuşturdu, yanından geçerken ve bana yaklaşırken kendimi tuttum. Birkaç saniye sonra hemen önümdeydi; temkinli ama kararlı bir şekilde. Çok da güzeldi. Ona dokunmamak için kendimi çok zor tutabildim. Üzerinde kendisinden çok Hugo'nun kokusu vardı

"Bilmiyor" diye fısıldadı Diana, zorlukla duyabildiğim bir sesle.

"Neyi bilmiyor?" diye sordum, kendimi aptal durumuna düşürmemeye çalışarak.

"Senin onun..." Bunca zamandan sonra gerçekten konuştuğumuza inanamıyormuş gibi gözlerini kırpıştırdı. "Doğal babası olduğunu."

İşte. Sadece fiziksel olarak oğlumun hayatından çıkarılmakla kalmamış, anılarından da silinmiştim. Öfke bütün benliğimi kaplarken uzun zamandır hayal ettiğim bu karşılaşmanın mutluluğunu alıp götürmüştü.

"Bunu onun kaybı olarak göreceğim" diye cevap verdim.

"Ben de öyle."

İçimde öfkeyle dolu samimiyetsiz bir kahkaha yükseldi. Yüzümde bir gülümsemeyle, yalancı, kaltak karımın arkasında duran *oğluna* bakarak başımla işaret ettim. "Gel. Acele et. İlgilenmem gereken işler var." Hugo'ya dönerek ekledim. "Burada kalın. Sana ve... ailene... haber vermek için birini göndereceğim."

11

Jack

Uygunsuz yatak arkadaşlarından söz ederken parlak Hollywoodlu senarist Sullivan ve leş kokulu ahmak zombi Huey, doğaüstü tenceredeki iki bezelye gibiydi. Californialıyı yürüyen cesetle tanıştırmadan bıraktıktan sonra çok şey olduğundan emindim. Ama sanırım, Sullivan gibi hortlaklarla sıkı fıkı olmaya alışkınsanız neredeyse her şeye hazırlıklı olurdunuz.

Günü geçirdiğim tesis binasından garaja ulaştığımda, kâğıt oyunu bütün hızıyla sürüyordu. Sullivan, Huey'e Teksas Hold'em'ın inceliklerini öğretmeye çalışmış olmalıydı ama görünüşe bakılırsa zavallının blöf yapmayı anlayacak zekâsı olmadığını anlayınca vazgeçmişti.

Sullivan oyun masasından kalkarak yanıma geldi. "Iban'dan haber var mı?"

Başımı iki yana salladım. "Hiçbir şey yok. Belki de bu iyi bir haberdir."

İnsan gülümsemeye çalıştı. "Haklı olduğunu umalım."

İçimden bu sersemi ısırmak geldiği her seferinde, kendini kurtaracak bir şey yapıyordu. Iban ve Huey, en sevdiğim iki kişiydi ve Sullivan, Huey'e nazik davranmasının dışında, Iban'a gerçekten sadıktı. Yine de Connie'yle geçirdiği geceyi aklımdan çıkaramıyordum. Ya ona da California virüsünü bulaştırmışsa?

"Ondan neden ayrıldın?" diye sordu, durduk yerde.

Açık sözlüydü. Bunu sevmiştim. Ama Iban'ın hastalığından hemen sonra aklındaki ilk şeyin Connie olması endişe vericiydi. "Karmaşık" dedim.

"Gerçekten. Vampirler daima insanlarla ilişkiye girer. Birbirinize değer verdiğiniz ortada. Bunu Connie'nin davranışlarından açıkça görebildim. Sorun nedir?"

Demek benim onun Connie'yle olan ilişkisini merak ettiğim gibi Sullivan da benim Connie'yle olan ilişkimi merak ediyordu. Belki de gerçekten resimden çıkıp çıkmadığımı veya hâlâ engel oluşturup oluşturmayacağımı öğrenmek istiyordu. "Dediğim gibi karmaşık. Ya siz ikiniz? Ne kadar yakınsınız?"

"Bir beyefendinin bir kadını öptüğünde hissettiklerini asla söylemeyeceğini bilirsin, Jack. Bu soruyu Connie'ye sor ve cevabını kendin al."

Ani öfkemin bütün görüş alanımı kızıla boyamasına bakılırsa gözbebeklerim genişlemişti ve gözlerimin akı kıpkırmızı olmuştu. Korkunç görüntü, Sullivan'ın yüz ifadesinden belliydi. Sullivan bir avcının gözlerine baktığını anlamıştı ve kaçmaya hazırdı. Sanki bunun ona bir yararı olurmuş gibi. Saniyenin milyonda biri kadar kısa bir süre içinde, elim boğazına sarılmıştı. Sullivan hareketi görebilmişse bile sadece anlık bir bulanıklık olarak algılamış olmalıydı ama boğazını saran çelik gibi parmaklarımı hissettiğinden emindim.

"Dinle beni" dedim sakince, diğer kâğıt oyuncularını tedirgin etmemek için. "Connie'ye Iban'ın California'dan buraya getirdiği şeyden bulaştırdıysan seni canlı canlı yerim ve kemiklerini tükürürüm. Anladın mı?"

"Onu incitecek hiçbir şey yapmam. Yemin ederim" dedi Sullivan, boğuk sesle.

Tam o anda William garaja girdi. Will üç adım arkasından geliyordu. William doğruca bana yaklaştı ve -son karşılaşmamızda beni yere devirdiği düşünülürse- kendimi bir dayağa daha hazırladım.

Oyun masasındaki bütün hareket ve sohbet kesilmişti. Çocuklar keyifliyken bile William'dan çekinirlerdi ve şimdi öfkeli olduğunu görebiliyorlardı. Şeytan ve bütün iblisleri peşlerindeymiş gibi kaçıştılar. Huey yeterince hızlı tepki veremediğinde, Rennie geri geldi ve onu elinden tutup götürdü. Huey giderken iki çifti olduğu konusunda hâlâ itiraz ediyordu.

"Lanet olsun Huey, hiç iki çiftten daha iyi bir şeyin olmadı ki" diye tısladı Rennie. "Biri seni Corsica'na geri koyup kapılarını kilitlemeden benimle gel."

Sullivan bıraktığım yerde boğazını ovalıyordu. "William, Iban nasıl? O…" William hızlı ve kesin bir hareketle başını iki yana salladı. Sullivan mesajı anladı. Gerçekte neden geldiklerini öğrenene kadar Will'in virüsü öğrenip Hugo'ya anlatmasına izin veremezdik.

"Sullivan, bu Will. Hugo'nun klanından" dedim, tanıştırma ve açıklama anlamında.

"Ah" dedi Sullivan, kızıl saçlı vampiri incelerken. "Film sektöründe çalışıyor olman mümkün mü? Bana tanıdık geldin."

Will omuz silkti ve dişlerini gösterdi. "Hayır. Beni nereden tanıyacaksın ki? İnsanlarla pek takılmam."

William, neredeyse ürpertici bir soğuklukla bana baktı. Benimle yalnız konuşmak istediğini belli etmek için başıyla mutfağı işaret etti. Will'in işitme mesafesinden çıktığımızda ona döndüm. "William, açıklamak istiyorum. Ben…"

"Sonraya sakla" dedi. "Hayatta kalırsak ihanetinle ve sonsuza dek seninle ne yapacağımla ilgili konuşmak için zamanımız olacak."

William zihnini açtı ve dehşet içinde, yakın zamanda Reedrek ve akrabalarının işkence ettiğini anlattığı vampirleri gördüm. Sonra sahne değişti ve William'ın dün gece tünellerde ne yaptığını gördüm. Masumları öldürmüştü. Hissettiğim şok, beni hareket ettiren ödünç kan kadar derinlere uzandı. Diana ve Will'in varlığına ek olarak benim ihanetim, William'ı korku verici ve köklü bir şekilde değiştirmişti. Tanrı yardımcım olsun. Tanrı -biri- hepimize yardım etsin.

Görüntüler geldikleri gibi çabucak kayboldu. "Sakın yanılma! Artık sana güvenmiyorum ama şimdilik yararlı olabilirsin. Sana tavsiyem, bundan sonra sana söyleneni yapman yoksa tek sözümle bir daha Melaphia ve Renee'yi göremezsin."

Beni bir kez daha yere yıkmış gibi hissettim ama bu seferki daha kötüydü. En zayıf yerime nasıl vuracağını iyi biliyordu; sevdiğim insanlar.

"İşte sana talimatlarım" diye devam etti William. "Hugo, Diana ve tabutlarının tesis binasına taşınması için gerekli düzenlemeleri yap. İnsan refakatçileri teknede kalacak.

Onların etrafına nöbetçi diktiğin ruhları dinlenme yerlerine geri gönderebilirsin. Artık Will elimde olduğuna göre Hugo'nun diğerlerini kontrol altında tutacağından eminim. Çok sahiplenici birine benziyor. Sonrasında, Lucius'u alıp ikiniz de ava çıkın."

Ben itiraz edecekken elini kaldırarak susturdu. "Az önce Gerard'la telefonda konuştum. Hepimizin virüse karşı kendimizi olabildiğince güçlendirmemiz gerektiğini söyledi ve bu insanlardan beslenmemiz gerektiği anlamına geliyor."

"Ama ya Lucius'un birilerini öldürmesini engelleyemezsem?" Zihnimde William'ın tünellerde dilencilere, evsizlere saldırışıyla ilgili görüntüler canlanmıştı ve masumlar söz konusu olduğunda artık umursamadığını bilmek içime dehşet salmıştı.

"Bu, insan seven dostum, senin sorunun" dedi, yeşil gözleri soğuk bir öfkeyle parlayarak. "Ben *oğlumla* birlikte avlanacağım."

Kalbimin atması gereken yerinde yeni bir kıskançlık dalgası hissettim. *Oğlu.* Ölümlü gözler için, William ve ben aynı yaşta görünüyorduk çünkü ikimiz de aramızda asırlar olmasına rağmen dönüştürüldüğümüzde hemen hemen aynı yaşlardaydık. Ama her açıdan, o benim babamdı. Aslında, ölümlü babamın olduğundan çok daha fazla babamdı.

William'ın bana insanları avlamayı öğretişini hatırlıyordum. Bana insanlardan beslenmeyi sabırla öğretmişti; ya hemen kanlarını çabucak ve acısız şekilde boşaltmayı ya da kanlarını, sadece nabızlarını kulaklarımda hissedeceğim noktaya kadar emip, sonra da irade gücümü kullanarak içmeyi bırakmayı ve dilimle boğazlarındaki yarayı kapayıp kendimi anılarından silmeyi. Şimdi ölümlülerin kötülükleriyle haklı çıkarmaya gerek duymadan, umursamazca öldürüyordu. Bunun ne kadarı benim hatamdı? Ve gerçek, ölümlü ve benim gözlerimde *kötü* oğlu onu daha ne kadar yoldan çıkarabilirdi? William artık ahlâk değerlerini -ruhumuzdan elimizde kalan tek şey- bir kenara atmış olabilirdi ama ben aynı durumda değildim. En azından onu uyarmayı denemek zorundaydım.

"William, Will'in neler yapabileceğini gerçekten biliyor musun?"

Bir kez daha elini kaldırarak beni susturdu. "Sakın cüret bile etme. *Sen* değil! Yaptıklarından sonra olmaz. Bütün ihanetinden sonra Will'le ilgili eleştirilerini dinleyeceğimi mi sanıyorsun? Şimdi, talimatlarına iyi uy." Sırtını Sullivan'a dönmüş olan ve zayıf bir ilgiyle en uçtaki siyah bir Lexus'u inceleyen Will'e tekrar baktı.

"Will, onun ölümlü babası olduğumu bilmiyor" dedi William.

Sesindeki acı tonu fark etmemem mümkün değildi. "Neden?"

Babam bu kez beni sadece bakışlarıyla susturdu. "Bunun cevabını vermek için zamanı ve yeri ben seçeceğim. Yeterince açık mı?"

Başımla onayladım. Moralimin daha fazla bozulamayacağını düşünürken Melaphia ve Renee'nin kapıdan girdiğini gördüm. Onların Will'le aynı ortamda bulunmaları fikri sinirimi bozmuştu; özellikle de Will başını kaldırıp havadaki insan kokusunu alırken.

"William!" Melaphia ona koşarak kollarını boynuna doladı. "Bu sabah sen eve gelmeyince çok endişelendim" dedi. Mel'in duygularına karşı hassas olduğumdan, William'ı hayatta gördüğüne sevindiğinin farkındaydım ama yeterince rahatlamamıştı. Bir şey hâlâ onu derinden rahatsız ediyordu ve William bunu biliyordu.

"Az önce Gerard'la konuştum" dedi. "Muhtemelen sen buraya gelirken." *Jack, bizi yalnız bırak.* William gözlerini kapayarak derin bir nefes aldı. Gözlerini tekrar açtığında, yüzünde keyifli bir gülümseme vardı. Bunun zorlama olduğu açıkça görülüyordu. Renee'yle konuşmak için eğildi. "Merhaba hayatım" dedi, onu ellerinin arasına alırken. "Kaç gecedir seni göremedim. Sanırım boyun biraz daha uzamış."

Renee güldü ve onun yanağına bir öpücük kondurdu. "Hayır, o kadar değil" dedi. "Zaten çok uzun zaman olmadı. Bir hafta bile değil."

"Bana uzun geldi" diye mırıldandı William.

"Arkadaşın evine gittiğinde gece yürüyüşüne çıkabilir miyiz?"

"Eğer yarın okulun yoksa evet. Ama şimdi Jack amcanla gitmeni istiyorum. Benim annenle konuşmam gerek."

"Tamam" dedi Renee ve elimi tuttu. Minik elinin soğuk parmaklarının arasındaki sıcaklığı beni neredeyse ağlatacaktı; onun için çok korkuyordum. Onun için yarattığımız küçük ve sıcak dünyanın çökmeye başladığını hissediyordum. Onu oyun masasına doğru sürüklerken William'ı ve Melaphia'yı baş başa bıraktım.

Renee, kendini gülümsemeye zorlayarak ona el sallayan ve yürümeye devam eden Sullivan'la daha önce tanıştığını söyledi. Masaya ulaştığımızda, Will tam önümüzde belirdi. "Hey, selam tatlım. Demek bu küçük güzellik sensin?" Vampir, sivri dişlerini göstermeden baş döndürücü bir şekilde gülümsedi. Güçlü elmacık kemiklerinin altında etkileyici gamzeler belirdi.

Bu adam istediğinde etkileyici olabiliyor muydu? Renee elimi bırakarak ona gülümsedi. Bir an için adamın kollarına atlayabileceğinden korktum. Ona vampirlerden korkması gerektiği hiç öğretilmemişti fakat o da onları benim kadar iyi tanıyabiliyordu. "Bu Will" dedim, sesimi olabildiğince normal tutmaya çalışarak. Şimdilik Renee'yi korkutmak için bir neden yoktu. Binadan ayrıldıkları anda, William'ın Will'e belirgin bir şekilde Melaphia ve kızının kesinlikle zarar görmeyeceğini söyleyeceğinden emindim.

"Normal kâğıtlarla Kız Kurusu oynamayı biliyor musun?" diye sordu Renee, Will'e.

"Hayır, ama eminim sen bana öğretebilirsin." Will, kâğıtları toplamaya başlayan Renee'nin karşısındaki sandalyeye oturdu.

Bütün sezgilerim bana Will'i boğazından yakaladığım gibi dışarı atmamı söylüyordu ama onun Renee'yi burada, herkesin, özellikle de William'ın önünde incitmeyeceğini biliyordum. Yine de onu Renee'nin yanından çekip almamak için kendimi zor tutuyordum. Öldürme dürtüsüne karşı koyarak, yedek cep telefonumu arka cebimden aldım ve onları oyunlarıyla baş başa bırakarak masadan uzaklaştım.

Limuzin filosunun bakımıyla ilgili benimle bağlantıda olan bir arkadaşımı aradım. Gecenin bir yarısında her zamanki fiyatının iki katı karşılığında limana bir araç göndermekten mutluluk duydu. Pahalı antikalar olduğunu söylediğimde, tabutlar için bir kamyon göndermeyi de kabul etti. Yeterince para olduğunda, insanlar çok fazla soru sormaz.

Sonra Werm'ün telefonunu aradım. "Evet?" diye cevap verdi.

"Neredesin?"

"Bana söylediğin gibi evdeyim. Neler oluyor?"

"Hugo'nun takımının kaldığı tekneye gitmeni istiyorum. Onları kontrolde tutmak için etraflarına bir hayalet ordusu diktim ama William durumu kontrol altına aldı. Dolayısıyla, oraya gidip hayaletleri serbest bırakmanı istiyorum. İnsanlar turistleri almaya geliyor ve korkudan ödlerinin patlamasını istemiyorum."

"Onları nasıl serbest bırakacağım ki? Ben ölülerle senin gibi iletişim kuramıyorum."

"Legba'ya dua et. Ona çok nazikçe teşekkür et, babanın şarap mahzenindeki şu pahalı şaraplardan bir şişe sun ve ona hayaletleri evlerine göndermesini söyle."

"Bilmiyorum, Jack. Kulağa çok korkutucu geliyor."

"Kaldır kıçını, sersem! Sen vampirsin! Ayrıca, bunun bir ödülü var."

"Neymiş?" Şimdi ilgisini çekmiştim.

Sabrım taşmış bir şekilde iç çektim. "Benim için bunu yaparsan insanları avlamana izin vereceğim. Ama öldürmek yok. Sadece kalp atışlarını duyana kadar kanlarını içeceksin, sana açıkladığım gibi. Sonra da yarayı kapayacaksın. Anladın mı?"

"Evet, anladım." Sesindeki heyecanı duyabiliyordum. "Alışveriş merkezinde korkutmak istediğim birkaç adam var. Daha sonra görüşürüz." Şeytan beni yavru vampirlerden korusun.

Werm'le konuştuktan sonra William'ın numarasını aradım. Deylaud cevap verdi.

"William ziyaretçilerden ikisinin tesisteki binaya götürülmesini istiyor. Oraya bir kargo kan göndermen gerek."

"İyi kalite mi göndereyim?" diye sordu, görevine sadık bir şekilde.

"Hayır" dedim. "Sığır, hatta domuz kanı olsun. İnsan kanı olmayacak." Hatta fare kanı bile olabilirdi.

"Anladım. Başka bir şey?"

"Sanırım bu kadar."

Deylaud tereddüt etti. "William orada galiba?"

"Evet" dedim. "O... iyi."

"Isis'e şükür" dedi Deylaud. "Burası bir hayli gergindi."

"Öyle mi? Anlatsana?"

"Gerard, Renee'yle birlikte çıkmadan hemen önce Melaphia'yla konuştu. Oldukça heyecanlı bir konuşmaydı."

William ve Mel, garajın uçtaki köşesinde konuşuyordu. Mel'in sırtı bana dönüktü ama uzaktan bile sıkıntısını hissedebiliyordum. Bana dönük duran William ise sararmış gibiydi.

"Neyle ilgiliydi?"

"Duyamadım." Deylaud'un sesinde aptalca bir ton vardı.

"*Senin* işitme gücünle bile mi?"

"Özel konuşabilmek için beni aşağı gönderdiler. Sesindeki gerginliği duyabiliyordum ama kelimeleri seçemedim. Yine de virüsle ilgisi olması gerektiğini düşünüyorum."

"'Teşekkürler dostum" dedim, Deylaud'un beni de en az William'ı sevdiği kadar sevdiği için şükrederken. "Bütün bunlar sona erdiğinde, sana bir biftek ısmarlayacağım."

"Kabul ediyorum" dedi ve ikimiz de telefonları kapadık.

Mutfağa baktığımda, William omzuna babacan bir tavırla elini koymaya kalkıştığında Melaphia'nın sertçe geri çekildiğini gördüm. Bu da neyin nesiydi şimdi? Diğer tarafta Will, Renee'ye komik bir yüz ifadesi yapıyor sonra yüzünü oyun kâğıtlarının arkasına gizliyor, Renee'yi kahkahalara boğuyordu. Küçük kızın bir canavarla "ce oyunu" oynadığını görmek, bir şeyleri yumruklamak istememe neden oldu. Ve son olarak, Connie'nin yazgısı söz konusu olduğunda elinde en kötü kâğıtları tutabilecek kişi olan Sullivan vardı. Bütün bunlar daha ne kadar kötüleşebilirdi?

"Yani bu 'bağışçılar' damağına uyuyor mu?" Lucius burnunu şehrin kolay hedeflerine çevirmişti; yani tünel sakinlerine ve şehir sınırları içinde yaşayan diğer sokak insanlarına. Kışları daima daha fazla oluyorlardı. Kuşlarla birlikte güneye göçüyorlardı. Kulüp civarını da taramıştı çünkü görebildiğim kadarıyla Savannah Sanat ve Tasarım Akademisi'nden öğrencilerle doluydu ve kendisi de sanat brokırı olduğundan, onlara mesleki nezaket gösteriyordu.

Onu şehir dışındaki yirmi dört saat açık alışveriş merkezlerinden birine götürmüştüm, böylece her türden insanla karşılaşabilirdi. Yüksek sosyeteden insanlardan işçilere kadar herkes Wal-Mart'a giderdi. Ama ona üzerinde NASCAR tişörtü veya şapkası olan birini seçerse hemen müdahale edeceğimi söylemiştim. Benim de kendi mesleki saygım vardı.

"Bunun gerçekten ilginç bir kültürel karışım olduğunu itiraf etmeliyim" dedi Lucius, elinde sadece bir şişe şarapla mağazadan çıkıp bir Lexus'a binen iyi giyimli bir kadını izlerken. Üzerinde 8 numaralı üniformasıyla Little E'nin gerçek boyutlardaki resmiyle süslenmiş bir meşrubat makinesine yaslandım.

"Evet, istediğini seç" diye karşılık verdim. İnsan avlamayalı benim için uzun zaman olmuştu. Bu beklentinin beni de heyecanlandırmadığını söylesem yalan olur. Hâlâ nefes alıp veren bir ölümlüden içilebilecek taze ve ılık insan kanı gibisi yoktur. Dişlerim yavaşça uzamaya başlamıştı.

"Keşke Hugo ve klanının niyetleriyle ilgili daha çok bilgim olsaydı."

Bu sözler gerçekten de beklenmedik bir şekilde çıkmıştı ağzından. Bana yem atıyor, kendisine açıklamadığım bir şey olup olmadığını anlamaya çalışıyordu. Ergenlik çağında güzel bir kız makineye yaklaşarak birkaç bozuk para attı. Ona göz kırptığımda, parlak rujla boyanmış dolgun dudaklarıyla gülümsedi. Dişlerim sızlıyordu. Onun gidişini özlemle izledim. *Bir sonrakini kesinlikle alacağım,* diye kendime söz verdim. İlki lekelenemeyecek kadar tatlıydı.

Lucius beklentiyle bana bakıyordu. "Uzun bir hayatım oldu, Jack. Ve sadece hepimizin iyiliğini istiyorum. William'ın sağ kolu olmak gerçekten ağır olmalı. Yardım etmeme izin versene."

Bu adam beni konuşturmaya çalışmıyorsa ne olayım. Sanırım ona Diana ve Will'den söz etmemi sağlamak için etkisi altına almaya çalışıyordu. Aniden, içimi boşaltıp yükümü hafifletme düşüncesi, bir günlüğüne bulutlara tırmanıp dinlenmek kadar çekici gelmişti. Bu adam gerçekten iyiydi. Ama üzerimde gücünü kullanması, ona bir şeyleri açıklamamın iyi bir fikir olduğu anlamına gelmezdi. Yani, belki yardım edebilirdi.

Hayır! Başımı sertçe iki yana sallayarak kendimi toparladım ve voodoo kanının beni başka bir vampirin zihinsel yeteneklerinden korumasını sağlamaya odaklandım.

"Sır nedir, Jack? Benden ne saklıyorsun?"

Derin bir nefes alarak, ilgimi dağıtmak için etrafıma bakındım. İşe de yaradı.

Başka bir fıstık, meşrubat makinesine yaklaştı.

"Beslen Jack, sonra konuşuruz" diye fısıldadı Lucius ve kendi yemeğine yönelmek için gölgelerin arasında gözden kayboldu.

Başımı makineye yaslayarak, genç esmer güzelinin bozukluk bulmak için elini cebine sokuşunu izledim. Mavi hareli gözlerini beklentili bir ifadeyle bana çevirdi.

"İçecek bir şey mi istiyorsun şekerim?" diye sordum.

Flörtçü bir tavırla başıyla onayladı. Makineye dokundum ve bir kutu yuvarlanarak dışarı çıktı. Fonz, yaşlı Jack amcayı durduramazdı.

Almak için eğildi ama kutuyu açmasına fırsat bırakmadan onu kendime çekerek öptüm. Dudakları çilek tadındaydı; teninin yumuşaklığını ve kayısı aromalı şampuanını da algılamıştım. "Kendim de biraz susuz kaldım" dedim. Dudaklarım boğazına kayarken kollarımda zevkle kıvranarak inledi. Dışarıdan bakan biri bizim bir meşrubat makinesinin yanında gölgelere sığınarak kendini şehvete kaptırmış bir çift olduğumuzu düşünürdü.

Bu bir parça bile acıtmayacak tatlım, diye fısıldadım zihnine. *Birazdan yeni gibi olacaksın.*

Dişlerim boynuna gömülürken vücudu sadece biraz kasıldı. Ayaklarını yerden kaldırdım ve onu kendime bastırdım; küçük göğüslerinin göğsüme teması hoşuma gitmişti. Boştaki elimle yuvarlak poposunu kavradım. Nabzı kulaklarımda zonklamaya başladığında, kendimi zorlayarak durdum ama

Şeytan biliyor ya bunu aslında istemiyordum. Daha fazla açlık kalmayana kadar içmeye devam etmek istiyordum.

Ama durdum. William'ın bana ömürler önce öğrettiği şekilde, doğaüstü vampir salyasıyla yarayı kapadım. Bu gece birkaç insan daha avlayacak, hiçbirinden kaldırabileceklerinden fazlasını almayacaktım. Genç kızı sürükleyerek, parayla çalışan bir oyuncak atın bulunduğu gölgelere çektim. Baygın haldeki kızı atın üzerine yerleştirdim, kollarını plastik yeleye doladım ve başını kollarına dayadım. Otoparkta bir sürü müşteri vardı. Hiç şüphesiz onu çok geçmeden bulurlardı.

Bir elimle saçlarını düzeltirken üşümemesi için montunu sıkıca örttüm ve bir sonraki kurbanımı aramaya yöneldim.

William

Will yepyeni Mercedes'imin ön koltuğuna oturdu ve çizmeli ayaklarını ahşap konsolun üzerine dayadı. Jack bile bütün kaba tavırlarına rağmen böylesine güzel bir makineye bu kadar saygısız davranmazdı. "Açlıktan ölüyorum" dedi Will, gösterişli bir şekilde iç çekerek. "Canı cehenneme! Bütün gece arabayla mı dolaşacağız?"

"Konuyla ilgili söz hakkın olduğundan değil ama bilgin olsun diye söylüyorum; güneye, Savannah'nın dışına gidiyoruz. Şehrimde yaşayan insanların hepsini av malzemesi olarak sunmaya niyetim yok." Bu ikiyüzlü sözler bir zamanlar kalbimin olması gereken yeri sızlatmıştı. Kendim daha yakın zamanda böyle bir talan yaratmıştım zaten. Çirkin görüntüyü zihnimden attım. Kendi şehrimde yaptığım şeyler sadece beni ilgilendirirdi. Yabancıların yapmasına izin verdiğim şeyler farklıydı. Diğer yandan, oğlumun yeniden vücut buluşu tamamen yeni ve yabancı bir şeydi.

"Senin şehrin mi?" dedi Will, gülerek. "Ciddi şekilde büyüklük illüzyonlarımız var, öyle mi?"

Bu yorumunu yanına bırakmamın iki nedeni vardı: Birincisi, Will'in beni bir kavgaya -sözel ya da fiziksel- çekmesine izin vermeyecektim. Ve ikincisi, haklıydı. Kesinlikle büyüklük kompleksim vardı ve bu bütün sorunlarım arasında gerçek olan bir kişilik özelliğimdi. Melaphia'yı Gerard'ın haklı olduğu ve Iban'ın hayatta kalmak için sulandırılmamış voodoo kanıyla beslenmesi gerektiğine inandırmak gibi sorunlar. Bunu hepimizin iyiliği için yapmalıydı... benim iyiliğim için.

Jack'in işyerine gelmesinin nedeni, benim böyle iğrenç bir şeyin gerçekleşmesine izin vermeyeceğimi ummasıydı. Bunun yerine, ona itaat etmesini emretmiştim. Iban'ın çürüyen yüzü ve Melaphia'nın pürüzsüz, lekesiz teninin görüntüsü midemi bulandırıyordu. Melaphia'nın sevgisini kaybetmek anlamına gelse bile Lalee'nin soyuna inanmak zorundaydım. Lalee geçmişte birçok kez hepimizi kurtarmıştı.

Kendini koruma güdüsüyle, zihnimi farklı yönlere yönelterek oğluma döndüm. "Bana Hugo'dan söz et. O da oldukça büyüklük takıntılı görünüyor."

Will'in yüz ifadesi değişti. Araba kullanıyor olmasaydım, onu yüz ifadelerini kullanmak konusunda eğitebilirdim. Açıkça, gizli niyetleri ve sıkı bilgileri açıklamamak için çaba harcıyordu. "O..." Dişlerini göstererek bana sırıtmadan önce kendini tutarak sustu. "Eminim zaman içinde onu daha iyi tanırsın."

"Peki, ya annen?"

Sırıtışı yok oldu. Bakışlarını çevirdi, dışarıdan akan ışıkları izledi ve cebinden bir altın parçası çıkardı. Bir yüzük. Bir an parmaklarının arasında oynadıktan sonra bir parmağına geçirdi. Yüzüğe bakarak saygılı bir sesle konuştu. "O bir melektir." Tekrar bana baktı. "Ona dokunursan Hugo hakkında bilmek isteyeceğinden çok daha fazlasını öğrenirsin. Seni öldürmeden hemen önce."

Sessizce güldüm. Hugo beni korkuttuğu için değil; sonuçta hayatımı umursamayalı çok olmuştu. Ama Will, sözde babasının, *karımı* benden şiddetle koruma becerisine çok güveniyordu. "Yani beni yenebileceğinden bu kadar emin misin?"

Daha fazla kibir bekliyordum. Ama aldığım cevap gerçekten uyarı gibiydi. "Hugo istediğini yener ve yoluna çıkanı ezip geçer." Will kendi düşmanca ifadesini takınmadan önce bir an sessiz kaldı. "Sen bu arabayı durdurmadan önce benim mi atlamam gerekiyor? Karnım aç olduğunda gerçekten huysuz olabilirim."

"Bana dönüşümünden söz et."

"Canı cehenneme!" Başını arkaya attı ve geceyle arasında duran tavana hırladı.

"Seni St. Simons Adası'nda güzel bir yere götürüyorum. Bir saate kadar orada oluruz. Bana anlatırsan karnını tıka basa doldurmana izin veririm."

Beş dakika kadar daha sessiz kaldı. Kendi yüz hatlarımı kontrol altında tutarak bekledim.

"Bilmek istediğin nedir?" diye sordu. "Süreci bildiğinden

eminim. Ama oğlun Jack'e bakınca, kurbanlarınla ilgili zevkinden şüpheliyim."

"Jack benim oğlum değil."

"Öyle mi? Eh, bu ona daha sıcak duygular hissetmemi sağladı doğrusu."

"Ve kimsenin kurbanı da değil" diye ekledim. Bu kelimeler ilgisini çekmiş gibiydi.

"Gerçekten mi? Yani o aptal kendisi mi lanetlenmek istedi?"

"Sen kendin istemedin mi?"

"Sanırım istedim ama kendi nedenlerim vardı." Parmağındaki yüzükle oynadı.

Direksiyonun arkasına daha rahat yerleşerek ona kendi düşüncelerini toparlaması için fırsat tanıdım. "Devam et" dedim.

"Anlatacak çok şey yok. Temel olarak, üşüdüğümü hatırlıyorum. Lanet olasıca kemiklerim donup kuru dallar gibi kırılacak sanmıştım."

"İngiltere'de miydin?"

"Hayır, ben..." Will sustu ve bana yandan bir bakış attı. "Annemle birlikteydim."

"O zaman İngiltere'de değil."

"Hayır. Haftalardır yolculuk yapıyorduk. Nerede olduğumuzu bilmiyorum." Soğuğu hâlâ hissediyormuş gibi kollarını göğsünde kavuşturarak pencereden dışarı baktı.

"Sonra Hugo'yla karşılaştın."

Parmaklarını sıktı. "Evet, Hugo'yla karşılaştım" dedi. Uzun süre sessiz kaldı. "Nasıl dönüştürüldüğüm konusunda neden bu kadar meraklısın? Sana yardımı olmayacağını biliyorsun."

"Ne konuda yardımı olmayacağını?"

"Beni tanımak seni güvende tutmaz." Yine o kibirli haliyle sırıttı. "Sana rehin olarak beni vermesi gerçekten komik. Ben sadece en etkili aracıyım. Onun dışında Hugo beni sevmez ki." Başını arkaya yasladı ve bir Kızılderili gibi uludu. Sonra koltukta öyle bir güçle sallandı ki arabayı kontrol altında tutabilmek için direksiyonu daha sıkı kavramak zorunda kaldım. Boğazındaki haç biçimli yara esnedi ve boğan parmaklar gibi göründü. "Ama beni öldüremez. Yine de bunu onun adına senin yapmanı umuyor." Yüzü ve boynu kandan kıpkırmızı olmuş bir halde bana döndü. "İstersen deneyebilirsin… beni öldürmeyi yani." Cevap vermediğimde yine omuz silkti. Açıklamaktan vazgeçti ve arabanın radyosuyla oynamaya başladı. Çok geçmeden kulaklarımıza berbat bir ses doldu. "Biliyor musun?" diye sordu gürültünün arasından bağırarak. "Bu gece ölmezsem Amerika'yı sevmeye başlayabilirim."

St. Simons'taki kulüp, Savannah standartlarına göre bile küçüktü; daha çok dans kulübü olan bir restoran bara benziyordu. Müşteriler de azdı; kışları adada sadece yaz-kış yaşayanlar kalıyordu. Ava başlayan Will, salonun diğer ucunda bir bar taburesine yerleşti. Ben karşı köşede bir masa seçerek sırtımı duvara verdim ve onu izlemeye başladım.

Kısa süre sonra barın diğer ucundaki iki adam yaklaşmış ve iki yanına yerleşmişti. Dışarıdan bakan biri, onları kışın okulu kıran, canı sıkkın üç kafadar olarak değerlendirebilirdi ama Will'in giyimi muhafazakâr değildi. İki adam onu tehditkâr değil, daha çok ilginç bulmuş gibiydi ve çok geçmeden kahkahalar arasında ikinci içkilerini ısmarlamışlardı. Diğer yandan ben, son derece yalnız görünen bir garson kızın ilgisine direnmeye çalışıyordum. Ya zengin olduğumu anlamıştı ya da içimdeki avcıya ilgi duymuştu. Pervaneler, acı verici son birkaç saniyeye kadar alevin gerçek tehlikesini anlayamazlar. Benim de Will kadar beslenmeye ihtiyacım vardı ama barın müşterilerini ve sunacağı katkıyı ortadan kaldırmak çok aptalca olurdu.

Birkaç dakika içinde, Will ve yeni dostları gitmek için kalktı. Adamlardan biri hesabı öderken Will bana doğru bir bakış attı ve onlarla birlikte dışarı çıkmadan önce göz kırptı. Garsona yüklü bir bahşiş bırakarak ben de kapıya doğru yürüdüm. Otoparkta onlara yetiştiğimde, Will'in anlattığı bir hikâyeye veya fıkraya gülüyorlardı.

"Bağışlayın!" dedim ve Will'e yanıma gelmesini işaret ettim. Gruptan ayrılmadan önce adamlardan birinin omzuna dokundu. "Ben bu adamlarla birlikte başka bir bara gidiyorum" diye seslendi uzaktan. Sonra onlara döndü. "Arabada buluşuruz."

"Ciddi misin?" dedim, Will bana yaklaşırken.

Kollarını göğsünde kavuşturdu ve kazayla ya da bilerek, on yıllık acıyı üzerinden atmış gibi bir tavırla gülümsedi. "Ne kaprisli adamsın yahu" dedi, keyifli bir sesle. "Büyük William Thorne'un beni ne kadar hayal kırıklığına uğrattığını anlatamam."

Bu duygunun karşılıklı olduğunu söyleyebilirdim ama şimdi buna zamanım yoktu. "Eğer yemin etmezsen onları arkalarına bakmadan kaçırabilirim. O zaman daha uzun süre aç kalırsın."

Gözlerini devirdi. "Tanrım! Pekâlâ, tamam, onları öldürmeyeceğim." Ben sadece dik dik ona bakmakla yetindiğimde, bir kolunu havaya doğru salladı. "İstersen sen de gel. Lanet olsun, insanlara zarar vermemeliyiz." Sonra başka bir yöne döndü. "Hugo bunları bir duyarsa gülmekten altına edeceğinden eminim."

"Bu konuda sözüne güveniyorum" dedim, elimi uzatarak.

Bu Will'i daha da eğlendirmiş gibiydi. "Pekâlâ, tamam, her neyse."

Benimle tokalaştı ve aceleyle yanımdan uzaklaşırken yüzüğü parmağından alıp cebime attım. "Önden buyur" dedim. "Artık beslenme zamanı."

Will otoparktan koşar adım geçerek kendisini bekleyen adamlara yaklaştı. Okyanusa çok yakındık; dalgaların sesi güçlü ve gezegenin kalp atışları gibi ritmik geliyordu. Hava serin, nemli, tuz ve kum kokuluydu. Will kolunu adamlardan birinin omzuna attı ve diğerine peşlerinden gelmesini işaret etti. Arabaya binmek yerine, caddenin karşısındaki alçak kum tepelerinden okyanusa yöneldiler.

Will adamlardan birini kollarına aldığında, okyanus kıyısındaki karanlığa yeni ulaşmışlardı. Nefes nefese, telaşlı, ateşli fısıltısını duyabiliyordum.

"Haydi aşkım, biraz eğlenelim!"

Sonra adamı dudaklarından öptü; büyük bir açıklıkla. Acı vermeden önce zevk veriyordu. Öpüşmeyi bırakmadan, Will bir kolunu diğer adama uzattı ve onu da yanlarına çekti. Will'in saran cinsel gücü o kadar güçlüydü ki metrelerce uzakta durmama rağmen hissedebiliyordum. Oldukça etkileyiciydi; bu kesinlikle deneyimsiz bir yavru değildi. Daha çok, kanatlarını yeni açmış bir şahin olduğu söylenebilirdi. Ölmüş dostum Alger'ı düşündüm. Ne çift olurlardı; kurgusal des Esseintes ve hatta Beardsley bile onların yanında sönük kalırdı.

Adamlardan biri diz çökerek Will'in kemerini açmaya çalışırken Will de diğerinin gömleğini çıkarıyordu. Sonra herkes emmeye başladı. Will'in kollarındaki adam iç çekerek onu kendisine çekerken Will onun kanını emiyordu ve diğeri erkekliğini daha hızlı emiyordu; adamlar aynı hedefe odaklanmıştı: Will'i memnun etmek.

Will'e kendini kaptırmaması gerektiğini hatırlatmak zorunda kalabileceğimi düşünerek yaklaştım ama böyle bir uyarıya ihtiyacı yoktu. Dişlerini geri çekerek kanlı ağzıyla bana gülümsedi ve ayaktaki adamı yarı baygın halde kumların üzerine bıraktı. Sonra, bakışlarını gözlerimden ayırmadan, diğer adamın başını ellerinin arasına aldı ve adamın aç gırtlağına doğru sertçe pompalamaya başladı.

Orgazm çok şiddetliydi. Will çenesini indirdi ve adamın içişini izledi. Sonra onu ayağa kaldırıp yüzükoyun duvara dayadı. "Bu güzeldi" diye fısıldadı adamın kulağına. "Şimdi kıpırdama çünkü senin için de bir şey var."

Will'in öldürmekle ilgili sözünü tutacağını anlayacak kadar izlemiştim. Otoparka dönerek Mercedes'ime yaslandım. Soğuk, ıssız otoparkta, o gece çaldığım şeyi cebimden çıkardım. Görünüşü bir an nefesimi kesti ve altın ağırlık titreyen avucumu yakmış gibi geldi.

Bu, asırlar önce Diana'nın parmağına geçirdiğim nişan yüzüğümüzdü. Onu ne zaman oğlumuza verdiğini düşündüm. Bunun bana karşı bir tür koruma sağlayacağını mı düşünmüştü? Bir işaret miydi? Yoksa sadece hatalarım için bir ceza mıydı? Azgın bir okyanus dalgası gibi zihnim olasılıklarla dolarken yine aynı şekilde aniden boşaldı. Aşkımızın altın sembolünü fırlatıp atmak isteği öylesine güçlüydü ki. Ama bilinçsiz bir şekilde, onu avucumun arasına alıp sıktım. Cevapların zamanının geleceğine kendi kendime söz verdim. Diana, Savannah'dan ayrılmadan önce ya her şeyi öğrenecek ya da öğrenmeye çalışırken ölecektim.

Çok geçmeden, Will ellerini silkeleyerek arabaya yaklaştı.

"Hiçbir sorun yok, hiçbir karışıklık yok" dedi, etkileyici gülümsemesiyle. Beslendikten sonra morali belirgin şekilde yükselmiş gibiydi.

Sürücü kapısını açtım.

"Ödevimi kontrol etmeyecek misin yani?"

Başımı iki yana salladım.

"Ya sen? Sıra sende dostum."

Açlığım bana bardaki garsonu hatırlattı. O tarafa döndüm. Şimdi güce her zamankinden daha çok ihtiyacım vardı. Bir an sonra arka kapı açıldı ve ana öğünüm elinde bir paket sigara ve çakmakla dışarı çıktı.

Arkamda gülümsediğini bildiğim Will'e bakmadan, yüzüğü tekrar cebime attım ve otoparktan yürüyerek kıza yaklaştım. Bana mı, yoksa verdiğim yüklü bahşişe mi bilmiyorum ama beni görünce gülümsedi. Gülümseyerek karşılık verirken sigara paketini elinden alıp çalılara attım.

"O şeylerin seni öldüreceğini bilmiyor musun?" diye sordum, elini tutup onu karanlığa sürüklerken.

12

Jack

Lucius'u tesise geri götürdükten sonra yürüyerek garaja dönerken Sullivan ve Connie'yi garajın dip tarafında hararetli bir sohbet sırasında yakaladım. Onları gördüğümde olduğum yerde donup kaldım; üzerinde kot pantolon ve bol bir ceketin altında kıvrımlarını kavrayan kırmızı bir bluz vardı. Bir şeye sahip olamayacağını bilmek, neden onu daha çok istemene neden olur? Şimdi onu gördüğüm her seferinde, canım bir öncekinden daha çok yanıyordu.

Werm oyun masasında oturmuş, başını bir eline dayamıştı. Huey ona donmuş bir domuz pirzolası uzattı. "Dondurucudan yeni çıktı" dedi, neşeyle. "Ben yatağa gidiyorum. Herkese iyi geceler." Ufak tefek zombi, yağ çukurunun dibindeki merdivene yöneldi. Omzunun üzerinden Werm'e seslendi. "O etin buzu eridiğinde bana at. Kahvaltı olarak yiyeceğim."

"Atarım." Werm pirzolayı sol şakağındaki kötü görünüşlü bir çürüğün üzerine dayadı ve homurdandı. Connie ve Sullivan'ın duymadığından emin olmak için onlara bir bakış attı. "Hey, Jack, biz vampirlerin hızlı iyileşmesi gerekmez mi?"

"Evet. Endişelenme. O çürük bir saat içinde geçer." Werm henüz yavru olduğundan, iyileşmesi bizden daha uzun sürüyordu. Vampir yaşlanıp güçlendikçe, yaraları da daha hızlı iyileşir. Gerçekten sert ve yaşlı olanlarda derin bir yarık gözlerinizin önünde bile iyileşebilir.

"Sana ne oldu ki?" diye sordum. "Dur, sen söyleme. Beslenmek için dışarı çıktığında, bulabildiğin en büyük, en sert adamı seçtin, değil mi?"

Werm iç çekti. "Chad Stringer. Sadece onu ısırmam gerekiyordu."

"Chad Stringer da kim?"

"Dördüncü sınıftayken her gün okul çıkışında beni evire çevire döven çocuk."

"Ne yaptın ki? Kapısını çalıp onu dışarı mı çağırdın?"

"Hayır!" dedi Werm, sanki asla öylesine aptalca bir şey yapmazmış gibi. "Öyle bir şey değildi. Kulübe gidip, en güzel kadınlarından birini iyi bir amaç uğruna biraz kan bağışlamaya ikna etmeye çalıştım."

"Gönüllü olarak mı yani?"

"Elbette. Bilirsin, William'ın yaptığı gibi."

Gülümsememeye çalıştım. William'ın kadınları ikna becerisiyle -ya da benimkiyle- boy ölçüşebilmesi için daha kırk fırın ekmek yemesi gerekiyordu. "Nasıl gitti?"

"Gerçekten iyi gidiyordu" dedi Werm. "Ufak tefek eski bir

amigo kızla meydanda yürüyüşe çıkmak üzereydim; orada belki onu çimenlere yatırıp işimi görecektim. Sonra Stringer ve hanzo arkadaşları gelip Gotları Tekmele oyunu oynamaya başladı."

"Sonra?"

"Gözüme vurdu ama bununla kalmadı." Werm ağzını açarak sırıttı. "Diğerini görmeliydin, Jack."

"Neyi görecektim ki?"

"Kırık bir çene ve boynunda diş izleriyle çiçekliğe serilmiş baygın bir hanzo."

Şimdi gülümsüyordum. Kim bilebilirdi ki? Küçük adama bir puan. "Seninle gurur duydum evlat" dedim. "Bu birayı hak eder."

"Şey, şarabın var mı, Jack? Babamın mahzeninde uyurken o şeye bir hayli düşkün oldum."

Lanet olsun. Tam da bu çocuk üzerinde iyi bir etki yapacağımı düşünürken... "Mutfağa git ve neler bulabileceğine bir bak. Sanırım Rennie oralarda yaşlı hanım müşteriler için bir şeyler tutuyor."

Yaşlı hanım müşteri ifadesi Werm'ü etkilememiş gibiydi. Alkol bulmak için mutfağa koşturdu.

Werm uzaklaşır uzaklaşmaz, Connie, Sullivan'la birlikte bana yaklaştı. Sullivan omuz silkti ve *Onunla sen ilgilen* dercesine elini salladı.

Connie bana yaklaşırken hayal kırıklığıyla hafifçe homurdandı. "Biri bana neler olup bittiğini anlatacak mı?"

"Ne demek istiyorsun?" diye sordum.

"Gecenin bilmem kaçında Sullivan'ı evimden arıyorsun ve acil bir durum için dışarı koşturuyor. Ondan haber alamadığımda doğal olarak endişelendim. Ama bana sorunun ne olduğunu söylemek istemiyor. Neler olduğunu bana *sen* anlatır mısın, lütfen?"

Garajın ön köşesinde duvara yaslanmış olan Sullivan'a baktım. Garaj kapısı açıktı ve kollarını soğuğa karşı göğsünde kavuşturmuştu. Bir arabanın kaldırıma yanaştığını duydum. Bir kapı çarptı. William'ın yeni Mercedes'inin sesine benziyordu. Ama neden buraya geri gelecekti ki? Sesi izlerken William'ın emri zihnimde gürledi. *Onu burada tut.*

Will.

Lanet olsun!

"Dinle, burada bir... durum var. Yardım etmek için yapabileceğin bir şey yok. Sadece bizim halletmemiz gereken bir mesele ve William da tam olarak bunu yapıyor."

Connie gözlerini kısarak bana baktı. "Bunun şu... her neyle uğraşıyorsan... onunla ilgisi var mı?" Sullivan'a bakarak sesini kıstı. "Aramızda olanlarla?"

O anda, ona her şeyi anlatmak istedim. Sanki bir vampirmiş ve beni etkisi altına almış gibiydi. Belki de konu Connie olduğunda, aslında sonsuza dek etki altındaydım. Ama zaten boğazıma kadar pisliğe batmışken bir polise nasıl ve neden katil olduğumu açıklamaya çalışamazdım. Derin bir nefes aldım ve ona elimden geldiğince doğruyu söylemeye karar verdim. "Doğrudan değil. Hayır."

Sullivan yine dikkatimi çekti. Dışarıda duran biriyle konuşuyordu. Diğer kapılar kapalı olduğundan kim olduğunu göremiyordum. Sullivan'ın yüzünde sanki birkaç dakikadır konuştuğu kişiyi yeni tanımış gibi bir ifade belirdi.

"Bana güvenmemen için sana herhangi bir neden verdim mi?" diye sordu Connie. Tekrar ona döndüm.

"Hayır, elbette hayır." Çaresizlikten kaynaklanan bir öfkeyle saçlarımı sıvazladım. "Sadece çok büyük bir sorun var ve senin de karışmanı istemiyorum." Bir an duraksayarak ona baktım. Dokunma özlemiyle elimi ona uzattım ama sonra tekrar indirdim. "Seni, bunu yapamayacak kadar çok önemsiyorum."

Bütün dikkatim Connie'ye odaklanmışken Sullivan'ın görünmeyen adamla konuşmasının daha da hararetlendiğini fark ettim. California'lının duruşu değişmişti. Duvara yaslanmış hâlde dururken şimdi iki bacağını açmıştı ve kavgaya hazır gibi görünüyordu.

"Ah, Jack!" diye başladı Connie.

Hareket o kadar hızlıydı ki Sullivan'ın ayaklarının yerden kesildiğini ve gözden kaybolduğunu zorlukla görebildim. Connie'nin bana söylemek üzere olduğu şefkatli sözler havaya karıştı. Hemen garaj kapısına koştuğumda, Will'in dişlerinin Sullivan'ın boğazına gömülmüş olduğunu gördüm.

Bütün hızımla Will'in üzerine atılırken hem onu hem de Sullivan'ı yere devirdim ama vampir onu bırakmadı. Parmaklarımı elmacık kemiklerinin altından Will'in yüzüne geçirerek, Sullivan'ı bırakmasını sağlamaya çalıştım. Sullivan'ın yüzü bembeyaz olmuştu ve gözleri şaşkınlıkla iri iri açılmıştı. Will avına sımsıkı tutunmuştu ve Sullivan'ın kanını yudum yudum içtiğini boynundaki hareketlerden görebiliyordum.

Vampirin yüzüne bir kafa darbesi indirerek bir an sersemlettim ve saçlarını tutup bir insanın boynunu kırabilecek -başını koparacak kadar olmasa da- bir güçle arkaya çektim.

Will'in dişleri Sullivan'ın boğazını yırtarak çıktı. Vampir, bir ağız dolusu et koparmıştı ve damarları görünüyordu.

Sullivan henüz ölmediyse bile yakında ölecekti. Gözlerimin öfkeden kızardığını hissettim. Bu iblis, benim bölgemde -kendi dükkânımda- bir kardeş vampirin *compadre*si olarak korumak zorunda olduğum birine saldırmaya nasıl cüret ederdi? William'ın oğlu olsun ya da olmasın, bu küçük sıçan suçunun bedelini ödeyecekti.

Will bana şaşkınlıkla baktı. "Bir genç için çok güçlüsün. En fazla..." Will bana doğru havayı kokladı. "...iki yüz yaşında kokuyorsun. Belki daha da az. Nasıl bu kadar güçlüsün?"

"Bilmek ister misin?" diye sordum. Voodoo kanının içimde yükseldiğini hissettim. Will yaşlı, güçlü bir vampirdi; muhtemelen bildiği çok numara vardı. Ama asla benim gibi biriyle karşılaşmamıştı. Sahip olduğum büyü beni muhtemelen ondan daha üstün kılıyordu fakat henüz emin olamazdım.

"Sorun nedir?" diye sordum. "Adil bir kavgaya alışkın değil misin?"

Çeneme hızlı bir yumruk indirdi ve hemen darbenin etkisinden sıyrılarak çenesine bir sağ aparkat patlattım. Başı oynak başlı bir bebeğinki gibi arkaya savruldu ve hemen ardından elimin tersiyle yüzüne o kadar sert vurdum ki kıçının üstünde kaldırımdan otoparka kadar kaydı. Neyse ki sabahın erken saatleriydi ve sokaklarda kimse yoktu. Hiçbir şeyden haberi olmayan bir insan oradan geçiyor olsa, kesinlikle sağlam bir gösteri izlerdi. Hiçbir şeyden haberi olmayan insanlardan söz etmişken dönüp Sullivan'a baktım. Connie onun yanına gelmişti ve başını kucağına almıştı; Sullivan ise görmeyen gözlerle ağaçlara ve ötesindeki gökyüzüne bakıyordu.

Connie şaşkın gözlerle bana baktı ve tekrar Sullivan'ın cansız bedenine döndü. Öldüğünü biliyordu ve Connie'nin bir sonraki hareketinin polisi aramak olacağının farkındaydım. Zihnimi Werm'e açtım. Onun babası değildim ama yine de voodoo kanı sayesinde onunla telepatik iletişim kurabilirdim. En azından bunu yapabileceğimi umuyordum. *Ofis telefonunun kablosunu kopar,* diye haykırdı zihnim. *Connie'nin oyun masasının üzerindeki çantasından cep telefonunu alıp sakla.*

Gerçekten de Connie, Sullivan'ın cesedini bırakarak ayağa kalkıyordu. Dikkatim dağıldığından, Will'in bana doğru geldiğini görmedim. Bana o kadar güçlü vurdu ki üzerimde onunla birkaç metre ötedeki toprağa düştüm. Göğsüme oturarak yüzüme yumruğunu indirdi. Gözlerimin önünde beyaz noktalar uçuşuyordu. Tekrar vurmak için yumruğunu kaldırdığında, onu üzerimden yana fırlattım.

İkimiz de aynı anda ayağa fırlayarak birbirimizin etrafında daireler çizmeye başladık. "Neden? Neden onu öldürmek zorundaydın?" diye bağırdım.

"Ben sana cevap vermem, ahbap" dedi. Dişlerinde hâlâ Sullivan'ın etinin parçaları vardı. "Sen buna karışmamalıydın."

"Benim yerime gelip işime karışarak bir insanı öldüremezsin."

Başını yana yatırdı. "Arkana baksana. Az önce bu söylediğini yaptım."

Ona doğru atılıp yumruğumu savurdum ama parmak uçlarında sekerek darbeden sıyrıldı. Bana karşılık verdi fakat ben eğilirken darbe omzumu sıyırdı. Olduğum yerde dönerek tekrar ona baktım. Arkasında, Connie'nin geri döndüğünü gördüm. Werm telefonları sakladığından, Connie destek isteyememişti. Ama başka bir şeyi düşünememiştim; daha önemli başka bir şeyi.

Werm'e, silahını da saklamasını söylememiştim.

Şimdi Will'in üç metre arkasında duruyordu ve silahını vampirin sırtının ortasına nişanlamıştı. Bana bakıp başını yana yatırarak atış alanından çıkmamı işaret etti. Will'in dişleriyle Sullivan'ın boğazından sökülen et parçasını görmüş müydü? Görmüş olsa bile neyle karşı karşıya olduğunu anlaması mümkün müydü? Will'e ateş etmesine izin veremezdim. Onu yavaşlatmazdı bile sadece kızdırırdı.

Güç yerine hıza odaklanarak tekrar Will'in üzerine atıldım. Yıldırım hızıyla gelen yumruğumdan kaçamadı. Yumruğum çenesine indi ve Will birkaç adım gerileyerek Connie'ye doğru yaklaştı. Darbemin aradaki mesafeyi azalttığını fark ederek bir küfür savurdum. Will sırıttı ve çenesini ovaladı ama benim üzerime gelmek yerine hızla Connie'ye döndü.

Connie neyle karşı karşıya olduğunu daha önce anlamadıysa bile artık muhtemelen bir fikri vardı. Will kan damlayan dişleriyle onun yüzüne yaklaşırken Connie'nin dehşet dolu ifadesini gördüm. "Selam aşkım!" dedi. "Demek sen de ilgi istiyorsun?"

William bir defasında bana insanların en büyük zayıflığından söz etmişti: Gerçek, insanlık dışı kötülükle karşı karşıya olduklarını anladıkları anla, bu bilgiyi hazmettikleri an arasında geçen tereddüt dolu boşluk. Çoktan öldüklerini biliyorlardı. Evet, çoğu insan, erkek ya da kadın, donup kalırdı; Will'in yüzünü gördüklerinde, tiksinti, korku ve şaşkınlıkla felç olurlardı. Ama Connie onlardan biri değildi.

Tam dibinden, kalbine ateş etti.

Will aşağı baktı sonra tekrar bakışlarını Connie'nin yüzüne kaldırdı. İşaret parmağını göğsünde hızla kapanan yaraya soktu ve dudaklarına götürdü. Parmağındaki kanı yaladıktan sonra konuştu. "Gıdıkladı" dedi. Sonra dudaklarını gererek yüzünü jilet keskinliğinde dişlerle dolu korkunç bir maskeye dönüştürdü.

Connie'nin omuzlarını kavrayarak boğazına daldı. Dişlerinin Connie'nin boynuna değmesine bir santim kala, onu sırtını parçalayacak bir güçle tutup çektim. Aynı anda görünmez bir güç Connie'ye yandan çarparak onu Will'in ellerinden aldı. Voodoo derslerini benim yaptığımdan daha fazla ciddiye aldığı için daha sonra Werm'e teşekkür edecektim. Görünmezliği çok büyük bir yarar sağlamıştı.

O anda öfkem patladı. Will artık hortlak hayatımda ters giden her şeyi temsil ediyordu: Dünyamı sarsan Reedrek, kazayla Shari'nin ve Huey'in ölümüne neden oluşum, Hugo ve Diana'nın ihaneti, Connie'yle yaşadığım cinsel sorunlar, her şey düzelmeye başlamışken William'la bozulan ilişkim. Ve şimdi bu küçük serseri, beni en çok sevdiğim şeyle tehdit ediyordu. Yüzümün en az Will'inki kadar canavarca bir maskeye dönüştüğünü biliyordum.

Parçalanan gömleği bir kenara attım ve boğazına atıldım. Yolumdan çekildi ve bir anda otoparkın kenarına ulaştı. Oradan dönerek bağırdı. "Bu bitmedi! Beni iyi ezberle; bir gün seni öldüreceğim ve sonrasında onu da öldürmeden önce küçük orospunla eğleneceğim." Sonra karanlıkta gözden kayboldu.

Bir yandan, onu öldüremediğim için öfkeliydim diğer yandan, ödlek gibi kaçmasını sağlayacak kadar güçlü olduğum için gururlanmıştım. Voodoo kanı bir puan öndeydi.

Dönüp Connie'nin yüzüne bakmaktansa Will'le bir raunt

daha dövüşmeyi tercih ederdim. Ama başka seçeneğim yoktu. Ayağa kalkmıştı ve Sullivan'ın cesedinin yanında duruyordu. Hemen ortadan kaldırmam gereken bir ceset daha. Yüzümün normale döndüğünü hissettim. *İyi izle küçük kız. Artık gösterip anlatma zamanı geldi. Eh, iyi bir gösteriydi.*

Yüz ifadesinden hâlâ şokta olduğu belliydi ama bilinci yerindeydi. Olanları görmüştü. Artık biliyordu. Ve silahı hâlâ elindeydi.

Bana nişan aldı.

"Devam et" dedim. "İstiyorsan vur beni. Seni suçlamam."

"Ama sana zarar vermez, değil mi? Ona vermediği gibi. Sizi öldürmek için ne gerekir?"

Başımı kaşıdım. Birçok kez bu konuşmanın nasıl olacağını merak etmiştim. Ama hiç böylesi aklıma gelmemişti.

"Geleneksel olarak, bir tahta kazık" dedim, elimi göğsüme koyarak. "Kalbe."

"Ulu Tanrım!" diye fısıldadı Connie. Silah elinden kayıp asfalt zemine düştü.

William

"O nasıl?" diye sordum Tilly'ye.

Tilly başını iki yana salladı. "Hiç iyi değil" diye cevap verdi. "Temizlenmesi için elimden geldiğince yardım ettim ama…"

Bir elimi kapalı kapıya dayadım. Melaphia'nın sıkıntısı çok belli oluyordu. Hâlâ kendisinden istenen şeyin dehşetiyle başa çıkmaya çalışıyordu ve ona ihanet ettiğimi hissediyordu. Ama başka bir şey daha vardı; iyileştirmem gereken bir yara. Elimi kapının tokmağına koydum ama Tilly koluma dokunarak beni durdurdu.

"Iban'ın yanına gittiğinde onu görmeme veya yardım etmeme izin vermedi. Görünüşü bile normal birini delirtmeye yeterdi. Arkadaşın Gerard onu tutmak zorunda kaldı."

Her zaman varlığını sürdüren öfkeme, suçluluk duygusu da eklendi. Benim güzel kızım, Melaphia... O olmamalıydı. "Elinden geleni yaptığını biliyorum. Şimdi onu göreceğim" dedim ve tokmağı çevirdim.

Melaphia, yüzünü duvara dönmüş, yatakta çırılçıplak yatıyordu. Onu daha önce hiç bu kadar savunmasız görmemiştim; sanki bütün büyü gücü son kırıntısına kadar gitmiş gibiydi. Ben olduğumu mu hissetmişti yoksa onu kimin gördüğünü umursamıyor muydu, bilmiyordum. Kapıyı arkamdan kapadıktan sonra yatakta yanına oturdum. Bakışlarını duvara dikmişti. Bir an öldüğünü sandım ama yaşadığına dair kokuyu alabiliyordum ve avucumu yanağına bastırdığımda ılıktı.

"Selam tatlım!" diye fısıldadım.

Gözlerini kırpıştırdı ama onun dışında tepki vermedi. Eğilip alnına bir öpücük kondurdum.

"Çok üzgünüm hayatım. Burada olmalıydım." Cevap gelmedi. "Seni eve götüreyim."

Dönüp bana baktı. "Acıyor."

"Ne acıyor?"

Tilly'nin yaşında bir kadınmış gibi Melaphia yavaşça kollarını açtı. İki kolunda da bileklerinden dirseklerine kadar eti yırtılmıştı ve büyük bir canavar tarafından iştahla çiğnenmiş gibi kıpkırmızı kesilmişti. Görüntü bile yüreğimi burkmaya yetti. Melaphia ölümlüydü; çabucak iyileşemezdi ve yara izleri kalacaktı.

Aniden, gözlerine bakacak cesareti bulamadım. Onun koruyucusu olmam gerekiyordu. "Ben... çok üzgünüm..."

O anda kapı hızla açıldı ve Gerard odaya girdi. "İşe yaradı!" dedi. "Iban şimdiden iyileşmeye başladı."

Melaphia, Gerard'ın coşkusunu fark etmeden, koruyucu bir tavırla kollarını göğsünde kavuşturmak dışında bir tepki vermedi.

"Virüsün göründüğü kadar ölü olduğundan emin olmak için daha fazla kan testi yapmam gerekiyor ama..."

Yatak örtülerini çekip Melaphia'nın üzerine örttüm. "Ağrıkesici bir şeyin var mı?" diye sordum.

"Şey, evet. Ama Iban bebekler gibi uyuy..."

"Iban için değil."

Gerard kendine gelerek Melaphia'ya baktı. "Evet, elbette, ben hemen..."

"Hayır" dedi Melaphia, biraz daha güçlü bir sesle. "Kendi iksirlerim var."

Melaphia'nın kulağına doğru eğildim. "Sana yatıştırıcı bir şeyler vermesine izin ver." Kabul etmesini sağlamak için etkileme gücümü kullanmıştım; büyük ölçüde onun için ama kısmen de kendi huzurum için. Zihnini yatıştırabilirdim ama vücudunu eski haline getiremezdim ve daha fazla acı çektiğini izlemeye de dayanamazdım. "O halde seni eve, kendi yatağına götüreyim."

Ev sözü işe yaramıştı. Başıyla onayladı.

"Haydi, seni giydirelim."

Gerard elinde bir şırıngayla döndüğünde, Melaphia'yı yolda sıcak tutacak kadar giydirmiştim. Tilly onunla ilgilenirken ve omuzlarına geçirdiğim mavi voodoo ceketini düzeltirken ben de Gerard'ı bir kenara çektim. "Çok zayıf görünüyor. Hastalanmayacağından nasıl emin olacağız?"

"Eğer kanı, başka birinin vücudundaki virüsü yok edebiliyorsa o zaman virüsün ona saldırması mümkün değil." Başını iki yana salladı. "Bu kadar hırpalandığı için üzgünüm. Iban, hiçbirimizin görmek istemediği bir canavara dönüşmeye çok yaklaşmıştı."

Iban'ın birine zalimce davranacağını hayal bile edemezdim ama virüsün vücudunu içten dışa yiyişini izlemek korkunçtu. Böyle zor bir durumda hangimizin ne yapacağını kim bilebilirdi ki?

"Bütün çabaların için teşekkürler" dedim. "Uyandığında Iban'a, onun için döneceğimi söyle."

"Söylerim. Mümkün olan en kısa sürede bir aşı hazırlamayı planlıyorum." Tekrar Melaphia'ya baktı. "Ama şu anda daha fazla kan almamalıyız. Çok bitkin görünüyor."

Bu değerlendirmesine kesinlikle katılıyordum.

Gerard acısını dindirmek için Melaphia'ya iğne yapar yapmaz, onu kucağıma alıp odadan dışarı çıkardım. "Beni kendi evine götür; Renee ikizlerle birlikte orada" dedi ve uykuya daldı.

Deylaud kapıyı hızla açtı. Elena salonun diğer tarafındaydı ama gözlerine bakamıyordum. Kucağımda Melaphia'yla yanından geçerken korku ve rahatlamanın yansıdığı acıklı bir ses çıkardı. Ama peşimden gelmedi.

Onu rahatlatacak halde olmadığımı anlamıştı.

Reyha, misafir yatak odasındaki yatağın örtüsünü açtı ve Melaphia'yı kızının yanına yatırdım. Renee uyanmadı ama hayvani bir dürtüyle annesini tanıdı. Dönüp ona sokuldu. İkisinin üzerini örttükten sonra yanaklarına birer öpücük kondurdum. Öldürme gücünün yanında iyileştirme gücüm de var mıydı? Yapabileceğim en iyi şey bir ninni söylemekti. Her zamanki gibi değil; zihinden zihne, korku ve acının içine gömülerek.

Reyha'ya dönerek başımla onayladım. "Sen çıkabilirsin."

Sonraki bir saat boyunca, yatağın yanında oturarak güzel rüyaların birinden diğerine savruldum; özgürce uçmak, yarım binyıldır görmediğim güzel gün ışığı, gündoğumu ve günbatımı. Anılarımla yetinmek zorundaydım. En azından iyi anılardı. İkisinin de huzurlu bir şekilde derin uykuya daldığından emin olduğumda, onları orada yalnız bıraktım.

Eleanor.

Yatak odasının kapısını arkamdan kapatırken kendini kollarıma attı.

"Çok endişelendim..."

Onu hafifçe geri iterek gözlerine baktım. Acısı, taşlaşmış kalbime neredeyse nüfuz ediyordu. Neredeyse. Çoktan kükreyen öfke ateşime bir suçluluk odunu daha ekleyecek kadar. Ama ona öfkeli değildim. Bunların hiçbirinin onunla ilgisi yoktu; sadece onu sakinleştirmek ya da sonunda öldürmek zorunda kalacaktım. Vücudu ve geleceğiyle kendini bana vermişti. Ruhu, benimkiyle eşlik etmek için karanlığa gitmişti ve şimdi hiçbir şey hissetmiyordum.

"Neler oldu? Neredeydin?"

"Meşguldüm."

Tokat atsam onu bu kadar şaşırtamazdım.

"Meşgul mü? İki gündür dışarıd…"

Ofisime gitmek için etrafından dolaştım. "İlgilenmem gereken işlerim vardı."

"Ama…"

Huzursuzluğunu, kürek kemiklerimin arasına saplanan bir bıçak gibi hissedebiliyordum. Ama aniden hafifledi. Durup ona döndüm. Deylaud yaklaşmıştı ve kolunu rahatlatıcı bir şekilde omzuna atmıştı; parmakları kolunun çıplak tenine değiyordu. Düzgün bir şekilde tepki vermeme fırsat kalmadan bana dişlerini gösterdi ve insan sesiyle hırladı.

Bu, duruşumu tamamen dağıttı. Saniyeler içinde onu yerden kaldırmıştım. Onu bir kez sallarken ellerimin arasında nafile bir şekilde çırpındı.

"Bir daha bana meydan okursan topuklarından beynine kadar içini dışına dökerim."

"William!" Eleanor'un kolumu çekiştirdiğini hissettim. "Bırak onu. Lütfen. O sadece…"

"Onu savunma! O benim! İstediğimi yaparım."

Mutfağın bir köşesine sinmiş olan Reyha korkuyla uludu.

"O… hepimiz üzgünüz ve korkuyoruz…" Eleanor'un sözleri, odanın içinde uçuşan bir sineğin vızıltısı gibiydi. Uzaktan geliyordu ama rahatsız ediciydi. Beni durduran,

Deylaud'un gözlerindeki yaşlardı. Az önce kalbini kırdığıma bahse girebilirdim. Onu karşı duvara fırlattım. Duvara çarpıp yere kaydı.

"Birbirimizi anladık mı?" diye sordum.

Eleanor onun yanında dizlerinin üzerine çöktü ama dikkati benim üzerimdeydi. "Evet" dedi Deylaud, boğuk sesle. Reyha onun yanına koştu. Üçünün de şu anda evin efendisiyle ilgili neler hissettiğine şüphe yoktu.

Aniden döndüm ve merdivenden aşağı indim. Diplomasi veya düşünme zamanı değildi. Ofisimin kapısını kilitledikten sonra doğruca kemik kutuya yaklaştım. Babamın altın yüzüğünü kendi elime alırken içim korkuyla doldu. Sonra kabukları yere attım.

Kalp atışından kısa bir sürede, kendimi Bremer-Silk tesisinin önünde buldum. Sözde Yeniden Yapılanma sırasında bedava denebilecek bir paraya aldığım evimde. Sağladığı mükemmel yalnızlık bana büyük keyif verirdi. Yosun kaplı ağaçlar, evin kendisinden de yaşlıydı.

Ama bu akşam tatmin ya da huzur hissetmiyordum; bunun yerine korkum artmıştı. Beni bu noktaya kadar getiren tek şey merakımdı. Bu son birkaç adımsa imkânsız gibi görünüyordu. Yine de *öğrenecektim*. Bilmek *zorundaydım*.

Ve kabuklar beni Diana'ya götürdü.

Onu banyoda zevkle bir şarkı mırıldanırken buldum. Geminin kapalı ortamından sonra her kadın gibi o da iyi bir banyo istiyordu. İnsani özelliklerim olsa o anda olduğum yere yığılabilirdim.

Öylesine güzeldi ki. Onu anlatmak için şair olmak gerekirdi.

Hatırladığım kadar beyaz ama zamandan veya ilgiden etkilenmemiş olan teni, en güzel inciler gibi parlıyordu. Vücudu, doğumun getirdiği dolgunlukla irileşmiş yuvarlak göğüsleri, içimi özlemle doldurdu. Ona dokunamadan geçirdiğim yıllar -hayır asırlar- ölçüsüz bir işkence gibiydi.

Gözlerini kapayarak ve iç çekerek suya uzandı. O zevk sesini duyunca, kendimi onun üzerinde havada süzülürken boğazım alev almış gibi kavrulurken buldum. Islak yanağını görünmez elimle okşadım.

Yine iç çekti. Gözleri bir anda açılıverdi. Nefesimi tuttum. Sanki doğruca gözlerimin içine bakıyor, beni kendine çekiyordu. Öpecek kadar yakına.

Arkamızdaki kapı öfkeli bir gürültüyle açıldı. "Ölümsüz olabilirim ama bütün gece bekleyemem."

Hugo. Banyoya, varlığımın üzerine yağmaya gelen bir fırtına bulutu gibi girmişti. Görünüşe bakılırsa Diana'nın da keyfini kaçırmıştı. Benim yapabileceğimden daha kontrollü bir şekilde Diana tepkisiz kaldı. Görünmez varlığım onları ayırıyormuş gibi kendimi aralarında dengede durmaya çalışırken buldum.

Görüntüsü beni duraksatmıştı. Diana'nın güvenliği için endişeleniyordum. Çıplak vücudu, belinden çizmesiz ayaklarına kadar inen pantolonuyla ve göğsündeki yarım düzine kılıç ya da bıçak yarasıyla karşımda dururken, Hugo bir Viking'e her zamankinden daha çok benziyordu. Kaşlarının çatıklığı değişmez bir ifade gibiydi.

Diana'nın tepkisini bekledim. Nihayet tepki verdiğinde,

beklediğim gibi değildi: Korku yoktu. Aşk yoktu. Sadece içimi ürperten bir şehvet vardı. Aralarındaki ateş, bir demirci ocağının alevi kadar sıcaktı.

Kendimi tam anlamıyla duvara yapışmış hissettim. Yoldan çekilmiş.

Yüzünde Havva'yı andıran bir gülümsemeyle, Diana kokulu bir sabun seçip ellerini sabunladı. "Banyomu bozmaman gerektiğini biliyorsun." Bir kolunu yıkamak için yavaşça döndü. "Belki yardım edersen daha çabuk biter."

Beni şaşırtan bir şekilde, dev yapılı ama itaatkâr Hugo, içeri girip küvetin yanına diz çöktü. Hiç yorum yapmadan ellerini suya soktu ve sabunu Diana'nın elinden aldı. Kaba görünüşlü parmakları Diana'nın kolları, boynu ve göğüsleri üzerinde dans ederken şimdi daha zarif hareket ediyordu. Serin havanın ve Hugo'nun sert avuçlarının dokunuşuyla göğüs uçlarının sertleştiğini gördüğümde, acıyla inlememek için kendimi zor tuttum. Ama Hugo, efendiden çok köleye benziyordu. Diana ellerini mermere koyarak omurgasını gererken Hugo dikkatli bir şekilde onun sırtını sabunladı.

Elleri aşağı, bacaklarının arasına kaydığında, bakışlarımı kaçırdım. Casusluk yaparak ne öğreneceğimi ummuştum ki? İçimdeki son umut kırıntısını da yok etmekten başka elime bir şey geçmemişti; Diana'nın Hugo'yla mutsuz olduğunu, ondan kurtulmak ve bana dönmek isteyeceğini mi ummuştum?

Bu asla mümkün olamazdı.

Kendi aptalca umutlarımı boğarak, gözlerimi kapadım. Tekrar açtığımda, kendimi dışarıda, kibar güneylilerin evin verandası olarak adlandırdığı yerde buldum. Diana'nın kısık gülümsemesi ve Hugo'nun zevk iniltileri hâlâ kulaklarımda yankılanıyordu. Banyo faslının bittiğini ve ikisinin daha mahrem uğraşlara yöneldiğini biliyordum.

Neden hâlâ oradaydım?

Bilmek istediğin şey bu değil miydi? Kabukların sesi havayı doldurmuştu.

Evet. Hayır. Bilmiyorum. Hugo'nun Viking kılıçlarından biri göğsüme saplanmış, kalbimi ve kaburgalarımı parçalayarak aşağı inmiş gibi hissettim. Ama beni umursamıyordu bile: Şu anda karımı düzmekle meşguldü. Başımı kaldırıp gökyüzüne baktım. *Cehennemin bu tarafında bana ait olan tek bir şey gösteremez misin?*

Cevap yoktu.

Tipik.

O zaman beni tekrar...

O sırada çakıl taşlı yolda çizme sesleri duydum ve dönüp baktığımda, Will'in basamakları tırmandığını gördüm. Giysileri kan içindeydi ve yorgun ya da yaralı görünüyordu. Verandada yere çökerek bir kolunu tırabzana attı.

Anne.

Tam başını ahşaba dayamıştı ki kapı hızla ardına kadar açıldı ve Diana dışarı fırladı. Üzerine ipek bir sabahlık almıştı ama ayakları çıplaktı. "Will! Neler oldu?"

Hâlâ çıplak olan Hugo onun arkasındaydı ama geride durarak karanlığı taradı. Beni bir tehdit olarak algılaması hoşuma giderdi ama o anda Will'in yapacağı açıklama beni daha çok meraklandırmıştı. Onu Jack'in yanına bırakmıştım ve şimdi üstü başı kan içinde buradaydı.

Bu, Jack'in kanı mıydı?

"Bunu sana o mu yaptı?" diye sordu Diana.

Beni kastediyordu. Adımı bile söyleyememesi, olabileceği kadar acı verici gelmedi. Hugo'yla paylaştığı yatağa mutlu bir şekilde girdiğini öğrendiğimden beri, artık önemi yoktu.

"Yüzüğünü kaybettim..." dedi Will. "Çok üzgünüm anne."

Diana kaşlarını çatarak Will'in kanlı gömleğini çekiştirdi. "Yaralı mısın?"

"Hayır. Ben değil. Onu öldürmem gerekti..."

Will'in gömleğinin önünü tutan el yumruğa dönüştü ve hareketsiz kaldı. "William'ı mı öldürdün?" diye sordu Diana.

Sesindeki panik tınısı beni biraz da olsa mutlu etmişti. Demek hâlâ onun için bir parça değerim vardı.

"Hayır... ben..."

Belki de bir an için gördüğüm rahatlamayı gizlemek için Diana oğlunun kolunu çekerek onu ayağa kaldırdı. Will annesinin kendisini eve sürüklemesine izin verirken homurdandı. "Kendimi iyi hissetmiyorum."

İkisine yardım etmek yerine, Hugo çıplak vücuduyla kapıyı tıkamıştı; kollarını göğsünde kavuşturarak, bahçeye son bir kez bakındı. Herhangi bir tehdit algılamayınca, geri çekilerek kapıyı sertçe kapadı.

13

Jack

"Hayır" dedi Connie. "Bu mümkün değil. Öyle bir şey yoktur... bir... bir..."

"Vampir" diye özetledim.

Werm yanımda belirdi. "Evet, var."

"Nesiniz siz? Hayalet mi?" Connie, gördüklerine inanamıyormuş gibi gözlerini kıstı. Onu kim suçlayabilirdi ki? Werm'le zamanlamasıyla ilgili konuşmam gerekecekti.

"Ben de vampirim. Seni oradan çeken bendim." Werm, kendisine teşekkür edilmesini bekliyormuş gibi baktı. Oldukça uzun bir süre bekleyecek gibiydi. Connie bizi tutuklamak istiyormuş da neyle suçlayacağını bilemiyormuş gibi bakıyordu. Sonuçta kimseyi öldürmemiştik. En azından onun bildiği kadarıyla.

"Sizden... kaç tane var?"

Connie silahını almak için eğilirken Werm yüzünü buruşturdu. "Ah, şey, ben, Jack ve William ve... ah!"

Werm'ü omzundan yakaladım. "Yardımcı olmuyorsun, sersem!" diye tısladım kulağına.

Werm bir bana, bir silaha baktı. "Na... nasıl yardım edebilirim, Jack?"

"Sullivan'ın cesedini tünellerden William'ın mahzenine götür. Yağ çukurundaki girişin yerini biliyorsun. Deylaud'a olanları anlat ve bu gece bir daha dışarı çıkma."

Werm kıpırdayamadan Connie araya girdi. "O cesedi yerinden kıpırdatmayı aklınızdan bile geçirmeyin. Burası suç mahalli."

"Sullivan bir vampirin hizmetkârıydı ve onun ölümü vampirleri ilgilendirir. Bırak da biz halledelim" dedim.

"Kesinlikle olmaz" dedi.

"Yani merkezdeki meslektaşlarına bir vampirin Sullivan'ın boğazını parçalayışına tanık olduğunu mu söyleyeceksin?" diye sordum.

Buna verebileceği bir cevap yoktu. Silahı havaya doğrultup gözlerini kapayarak şakaklarını ovaladı. Connie güçlüydü ama artık tek bir gecede bundan daha fazlasını kaldıramayacağından şüpheleniyordum. Sonuçta, açıkça önem verdiği belli olan bir adam kollarında korkunç bir şekilde ölmüştü. Ve daha onun kanı kurumadan, ilgi duyduğu başka bir adamın korku kulübünün bir üyesi olduğunu öğrenmişti; en uçuk hayallerinde bile içinde yaşadığı toplumda varlığını düşünemeyeceği kötücül hortlaklardan biri. Bu onun için kesinlikle iyi bir gece değildi.

Werm'e dönerek başımla onayladım. Sullivan'ın cesedini aldı, dikkatle kaldırdı ve garajda gözden kayboldu. Connie gözlerini açmıştı ama Werm'ü durdurmaya çalışmadı.

Silahını kotunun arkasına sıkıştırdı. Sullivan'ın kanıyla kaplanmış ellerine baktı ve ancak o zaman durumun gerçekliğini kavrayabildi.

"Sakın bayılma!" dedim. Eğer yığılacak olursa tutabilmek için ona doğru iki adım attım.

Bana öfkeyle baktı. "Ben! Bayılmam."

"Elbette. Affedersin." Tanrım, bu zordu. Artık her şey ortaya çıkmışken ona anlatmak istediğim çok şey vardı. Anlamasını istiyordum. Ama nereden başlayabilirdim? Önce Sullivan'ın kanını ellerinden temizlemek iyi bir başlangıç olabilirdi. Elbette ki bunu yalayarak yapamazdım. Dükkânın lavabosuna gittim ve bir avuç kâğıt havluyu ıslattım.

Ben kanı temizlerken huzursuz bir şekilde sessizce oturdu. Sonunda havluları benden aldı ve işi kendi bitirdi.

"Kahve ister misin?"

"Kahve mi? Bu saatte kahve mi içmek istiyorsun?" Yine gözleri şaşkınlıkla iri iri açılmıştı ama artık elleri titremiyordu. Kullanılmış havluları top yapıp, Michael Jordan gibi çöp sepetine attı.

Bazen herkesin benim gibi ölümcül olmadığını unutuyorum. Zaman içinde kana ve şiddete alışıyorsunuz. Connie bir polis memuresiydi ve kariyerinde insan çirkinliğine ve kötülüğüne bolca tanık olmuştu. Ama ona anlatmak zorunda olduğum şeylere hazır olması mümkün değildi.

"Kafeinsiz!"

Connie, mutfaktaki eski formika masada oturuyordu ve ben kahve hazırlarken her hareketimi izliyordu. Kafasında sorularını oluşturduğunu ve bazılarını kendisinin cevapladığını tahmin edebiliyordum. *Bir vampir, bu birçok şeyi açıklıyor.*

Suyu kaynatmaya başladıktan sonra karşısına oturdum. "Bir sürü sorun olmalı."

"Öyle de denebilir."

"Ateşle! Kelime anlamıyla değil elbette" diye ekledim silahı hatırlayarak.

"Bir vampir olduğunu söylüyorsun" dedi.

"Evet." Şimdilik iyi gidiyordu.

"William ve şu aniden önümde beliren şu tuhaf, ufak tefek çocuk... Sullivan'ı öldüren canavar... onlar da mı vampir?"

"Evet."

Yavaşça başıyla onayladı. "Sana tekrar soracağım. Sizden kaç tane var?"

"Tutuklayamayacağın kadar çok."

"Soruyu cevapla."

İç çektim. "Bu ülkede mi? Dünyada mı? Açıkçası bunun cevabını ben de bilmiyorum."

"Savannah'dan başlayalım."

"Normal olarak sadece ben, William ve Werm. Arada bir kasabadan geçen bir konuğumuz yoksa." Eleanor'u denkleme katmamıştım; zaten kötü olan ününü daha da mahvetmeye gerek yoktu. Ve dahası, orada burada vampir yaratıyormuşuz gibi görünebilirdi.

"Normalde?"

"Şu anda... ziyaretçilerimiz var."

"Sullivan'ı öldüren gibi."

"Evet" dedim. "Şey, yani, çoğu sorunsuz. Ama daha önce adını duymadığımız bir grup geldi. Onları pek tanımıyoruz. Will onlardan biri."

Connie duraksayarak başka sorular düşündü. Belki de sadece anlattıklarımı hazmetmeye çalışıyordu.

"Sullivan'ın öldürülmesinin vampir meselesi olduğunu ve bunu sizin halledeceğinizi söyledin." Avuçlarını masanın üzerine dayadı. "Tam olarak ne yapacaksınız?"

Aslında karar vermemiştim. Ama şimdi sorduğuna göre ne yapmam gerektiğini bildiğimi fark etmiştim.

"Onu öldüreceğim."

Onu gerçekten öldürecek miydim yoksa hava mı atıyordum? Başka bir şey olmasa bile voodoo kanının beş yüz yaşındaki bir vampirden daha güçlü olup olmadığını anlamak için iyi bir deney sayılırdı. Gerard gurur duyardı. Ben de kobay fare olmuş olurdum.

"Onu öldüreceksin" diye tekrarladı Connie. "Çok kişiyi öldürüyor musun?"

"Hayır. Bazı özel durumlar olmadığı sürece insanları asla."

"O özel durumlar nasıl şeyler?"

Ellerinin masanın üzerinde hareketsiz durduğunu görmekten memnundum. Beni öldüremeyeceğini bilse bile silahına uzanmak istediğini hissediyordum ve Will'in daha önce büyük bir gösteri yaptığının farkındaydım. Göğsünden vurulmak, beş yüz yaşında bir vampir değilsen, gerçekten can yakardı. Bana nereden bildiğimi sormayın.

"Geçen yılki seri tecavüzcüyü hatırlıyor musun?"

Connie'nin gözleri iri iri açıldı. "Hiç basına yansımadı. Sen nereden biliyorsun?"

"Bu kasabada olup bitenler bizim -William ve ben- için en önemli konudur. Kendi yöntemlerimiz var. Sanırım adamın bir gün nasıl aniden ortadan kaybolduğunu hatırlarsın."

"Evet. Hatırlıyorum. Soruşturmaya yardım etmiştim." Connie'nin gözleri parladı. "Ona ne oldu?"

"Tadının tavuğa çok benzediğini söylemekle yetineyim."

"Doğru adamı yakaladığınızı nereden biliyorsunuz?"

"Yine, kendi yöntemlerimiz var. Zihinle ilgili bir şey. Bir insanın bir vampire yalan söylemesi oldukça zordur." Elbette ki vampirlerin kendileri mükemmel yalancılardır. Vampir olmanın nimetlerinden biri.

"Yani o serseriyi öldürdünüz mü?"

"Ben öldürdüm."

Ve Connie çok önemli bir şey yaptı. O gece ilk kez gülümsedi.

Connie'nin gizli kanun bekçiliği yapışımızı onaylaması beni şaşırtmıştı. Aslında bir hayli şaşırtmıştı. Bana hep nizamına uygun, işinin prensiplerine bağlı biri gibi görünmüştü. Bu çelişki ya da kendi adıma onunla ilgili yanlış yargı, ona suçla savaş felsefesiyle ilgili biraz daha soru sormam gerektiğini gösteriyordu ama şimdi bunun zamanı değildi.

"Pekâlâ." Connie yavaşça başıyla onayladı. "Sullivan'ın katiliyle daha sonra ilgileneceğin konusunda sözüne güveneceğim."

Kahve makinesinin düdüğü çalarak suyun kaynadığını haber verdi. Ayağa kalkıp ikimize birer fincan doldururken biraz rahatlayabileceğimi hissettim. Connie beni tutuklamak -ya da daha kötüsü- istermiş gibi bakmaktan vazgeçmişti. Şimdi sadece meraklıydı. Ayrıca, sözüme güveneceğini söylemişti ki bu, en azından bir ölçüde, bana hâlâ güvendiğini gösteriyordu ve bu da beni mutlu etmişti.

"Yani şu vampirlik işi" diye başladı. "Bana uymayacağını düşündüğün bir şey olduğunu söylerken bundan mı bahsediyordun? Vazgeçemeyeceğin bir şey?"

Vampirlik işi. Bu beni neredeyse güldürecekti. Bir hobiymiş gibi söz ediyordu. Üstteki dolaplardan iki porselen kupa aldım. "Evet. Olduğum şeyi değiştiremem. Tekrar insan olmam mümkün olsaydı, inan bana, olurdum. Ama böyle bir seçeneğim yok."

"Sanırım bu seni neden gündüzleri ortalıkta görmediğimi de açıklıyor" dedi. "Yani, vampirlerle ilgili bu konu doğruysa."

"Evet, doğru." Kahve doldurup kupasını ona verdim. "Kitaplarda ve filmlerde vampirlerle ilgili gördüğün birçok şey... örneğin, aynada yansımamızın olmaması, davet edilmeden bir eve girememeniz... bunların hepsi doğru. Yani, bunların vampir hikâyelerinde ortaya çıkmasının da bir nedeni var: Çünkü çoğu -ama hepsi değil- içlerinde gerçeğin özünü barındırıyorlar. Bazen daha da fazlası."

"Yani kahve içebiliyorsun." Connie ellerini ısıtmak için kupayı iki elinin arasına aldı ve kahveyi yudumladı. "Kan da içiyor musun?"

"Evet. Bu da o gerçeklerden biri." Aslında konunun özü demek daha doğru olurdu. Vampirlerle ilgili bir sürü eğlenceli gerçek arasında, bizi gerçekten farklı kılan şey kan içiyor olmamızdı. "Kandan başka şeyler de içebilirim. Kahve, alkol... Neyse... Ama yiyebildiğim tek şey..." Devam edemedim. Connie'ye bir şeyleri itiraf etmek güzeldi ama çok ileri gitmek istemiyordum.

"Ne?" diye sordu.

"Çiğ et." Onunla göz göze gelemediğim için bakışlarımı masaya indirdim.

Bazen ertesi gün okul olmadığında, geceleri Renee'yle birlikte film izlerim. En sevdiği masal olan *Güzel ve Çirkin*'in farklı versiyonları var ve tekrar tekrar izler. Çocukları bilirsiniz. Onlardan birinde Güzel, kuralları çiğneyerek gece dışarı çıkar ve canavarı bir geyiği çiğ olarak yerken görür. Onu hayvanın iç organlarına dalmış halde bulunca o kadar iğrenir ki olanca hızıyla koşarak şatoya geri döner. Başımı kaldırmadan, Connie'nin o anda bana nasıl baktığını tahmin edebiliyordum.

"Her neyse... Ama asla birinin isteği dışında kanını içmediğimi söyleyebilirim" dedim aceleyle. Bu doğruydu. Sonuçta, Wal-Mart olayı benim fikrim değildi. Kan bankasından aldığımız bağışlanmış kandan da söz etmemeye karar verdim. "Hayvan kanıyla yaşayabiliriz ve çoğunlukla öyle yapıyoruz. Masum insanları öldürmüyoruz. Gerçekten. En azından iyi vampirler bunu yapmaz. Ben yapmam. Ama yapan başkaları var..." Artık çenemi tutamıyordum. Bu iyi bir şey değildi. Connie'ye bakmaya cesaret edemiyordum. Hâlâ yanımdaydı ve ağzımdan çıkan her kelimeyi dikkatle dinliyordu.

"Yani sonbaharda dönen şu tuhaf amcanız gibi mi? Adı neydi?"

"Reedrek. Ama amcam filan değildi. Daha çok büyükbabam sayılırdı. Ama gerçek amcam değil; yani insan amcam değil. Ve amacı hiç hoş değildi. Aslını istersen buradayken birkaç ölümlüyü öldürdü ve William'a işkence etti. Bu yüzden, William'la birlikte icabına baktık."

"Onu öldürdünüz mü?"

"Hayır, ama bir yere kilitledik. Bir daha kimseye zarar veremeyeceğini bildiğimiz bir yere."

"Yani iyi vampirler ve kötü vampirler olduğunu söylüyorsun" dedi Connie. "İnsanlar gibi."

"Evet. Öyle de denebilir."

"Sen, William ve Werm iyi adamlar mısınız?"

"Elbette" dedim, aniden patlayarak. "Bunu nasıl sorabilirsin?"

"Affedersin. Bütün bunları hazmetmekte zorlanıyorum, Jack. Yani, şu Will denen adamla sergilediğiniz Drakula gösterisine kendi gözlerimle tanık oldum. Bütün bunları hazmedebilmem için bana zaman tanımalısın."

"Biliyorum. Sanırım biraz alınganım. Asla bir canavara dönüşmek istemedim ama William'ın teklifini kabul ettim. Neye dönüşeceğimi bilseydim ölmeyi tercih ederdim. Ama bunun için yüz elli yıl kadar geç kaldım. Bu kadar zamandan sonra ben bile vampir olmaya hâlâ alışamamışsam senin birkaç dakika içinde alışmanı bekleyemem." Uzandım ve ellerini tuttum.

Connie gerilerek ellerime baktı. "Teninin neden bu kadar serin olduğunu hep merak etmiştim" dedi, boğuk bir sesle. "Sanırım artık biliyorum."

Elimi geri çekerken incinmemeye çalıştım. Haklıydı: Zamana ihtiyacı vardı. Ve ne olduğumla ilgili gerçeğe alışacak zaman bulduktan sonra muhtemelen bir daha benimle bir şey yapmak istemeyecekti ve benim de buna alışmam için bolca zamana ihtiyacım olacaktı. Hortlak hayatımın geri kalanı boyunca. Bunu şimdi düşünmemeye karar verdim.

Connie baştan aşağı üşümüş gibi kollarını ovaladı. "Neden... öbür vampir... Sullivan'ı öldürdü?"

"Kesin olarak bilmiyorum ama öğrenmek niyetindeyim. Anlamsızdı. Will'in Sullivan'ı öldürmek istemesi için bir neden göremiyorum. Ama..."

"Ama?"

"Will ilk geldiğinde arkan onlara dönüktü ama ben onlara bakıyordum. Saldırıya uğramadan hemen önce, Sullivan'ın dışarıdaki Will'le konuştuğunu gördüm. Sullivan başlangıçta çok doğal görünüyordu ve sonra yüz ifadesi değişti; sanki aniden konuştuğu kişiyi hatırlamış gibi."

"Belki de onu daha önceden tanıyordu ve bunu yeni anlamıştı."

"Evet. Ama nereden?"

"Sullivan'ın bir vampirin hizmetkârı olduğunu söylemiştin. İban'ın hizmetkârı mıydı?" diye sordu, ikiyle ikiyi toplayarak. İşte benim kızım bu kadar akıllıydı.

"Evet. Bir fikrin var mı?"

"Belki. Iban hiç Will'le karşılaştı mı?"

"Hayır. Bildiğim kadarıyla. Ne düşünüyorsun?"

"Belki de daha önce bir yerlerde karşılaştılar ve Will, başka vampirlerin -iyi vampirlerin- onaylamayacağını bildiği bir şey yaptı; masum insanları öldürmek gibi. Iban da iyilerden, değil mi?"

"Kesinlikle. Tanıdıklarımın en iyisi." Birkaç gün önce bunu William için de söyleyebilirdim. Hâlâ, tünellerde öldürdüğü masum evsizlerle ilgili gerçeğe alışmaya çalışıyordum. "Bir iz üzerinde olabilirsin. Gidip Iban'la bunu konuşmalıyım. Çok geç olmadan."

"Bunun anlamı ne? Iban'da bir terslik mi var? Geçen gece Sullivan'ı evimden aceleyle almanın nedeni bu muydu?"

Lanet olsun! Çok fazla konuşmuştum. "Evet" diye itiraf ettim. "Evet. Iban bir tür vampir salgınına yakalandı. Durumu kötü. Gerçekten kötü."

"Diğerleriniz de hastalığa maruz kaldınız mı?" Connie endişelenmiş gibiydi. "Jack... tehlikede misin?"

Başımla onayladım. "Connie, bunu sana anlatmanın kolay bir yolu yok ve paniğe yol açmamak için bu konudan başka kimseye söz etmeyeceğine söz vermelisin. Sadece biz vampirlerin geri kalanı değil, siz de tehlikede olabilirsiniz."

Connie'nin gözleri yine iri iri açıldı. "Ah, Tanrım!" dedi korkuyla.

Evet, bu onun için kesinlikle iyi bir gece değildi.

William

Gözlerimi açtım. Vücudumun ağırlığı... Diana'nın parmağımdaki yüzüğü tenimi yakıyor gibiydi. Çekip çıkardım.

Jack, diye seslendim, ofisimin zemininden kalkmadan. Neler olduğunu, Will'in ne yaptığını bilmem gerekiyordu. Jack'i öldürmüş olsa bunu bilir, kendimi zayıflamış hissederdim. Ama Diana'nın varlığını ve Hugo'yla ilişkisini keşfettikten sonra yaşadığım duygusal çöküntüden sonra kendimi umutsuz ve uyuşmuş hissediyordum. İşler göründüğü kadar kötü olabilir miydi?

Jack.

Ne? Cevabı şaşırtıcı bir şekilde öfkeli gelmişti. Hayattaydı ve görünüşe bakılırsa mutlu değildi. Dünyama hoş geldiniz. Cehennem alayına da katılabilirsiniz.

Will ne yaptı? Ellerindeki kimin kanı?

Jack hemen cevap vermedi. Daha çok zorladım ama beni engelliyordu. Doğrulup oturdum ve öfkemi ona odakladım.

Sullivan'dı, diye karşılık verdi Jack.

Sana Will'e dikkat etmeni söylemiştim. Bunun olmasına nasıl izin verirsin?

Hey, o senin... Duraksadı. Nefes aldığını hissedebiliyordum. *Elimden geleni yaptım. Connie onu göğsünden vurdu ama çok geçti.*

Connie mi? Onu işimize karıştırmakla ne halt ettiğini sanıyorsun sen?

Benim yapabileceğim bir şey yoktu. Biliyor musun, bir daha bir dadıya ihtiyacın olduğunda, neden...

Kes şunu! Eğer bana sadakat duymuyorsan en azından bana hâlâ kırk yıl daha hizmet etmek için yeminli olduğunu hatırla. Seninle işim bitene kadar ne dersem onu yapacaksın.

Jack ve ben sonuçta düşman kalmışız gibi görünüyordu. Kendimi kuşatılmış hissediyordum. Çok fazla istek, çok fazla ihtiyaç ve çok az eylem vardı. Şafağa iki saat kalmıştı. Iban'ı Tilly'nin evinden alıp Umut Adası'na götürmenin zamanı gelmişti. Bu ani kargaşayla nasıl başa çıkacağımızı, Iban'a refakatçisinin öldüğünü nasıl söyleyeceğimizi düşünme zamanıydı. Dışarı çıkmak için kapıyı açtığımda, Eleanor'u koridorda beklerken buldum.

Yüzüme dik dik baktı. "Konuşmamız gerek."

Yapmak istediğim en son şey... ama gerekliydi. Eleanor'u durumumuzla ilgili dışarıda tutmaya çalışmanın yararı yoktu. Kâğıttan evimizin üzerine esen güçlü rüzgâr, yakında hepimizi yıkacaktı. Her birimizin savaşa hazır olması gerekiyordu. Başımla onayladım. Döndü ve kendisini takip edeceğimi düşünerek yürüdü. "Söylesene" dedi, korku içinde ve aniden son derece insansı görünerek. Birkaç gün önce yatak odamız olan yere gelmiştik. Yüzlerce yıl yaşamış biri olarak benim için balayımız bir nefesten daha kısa sürmüştü. Eleanor'un sadece bu korkunç belirsizlikle yüzleşmek için kan emiciye dönüşmesi talihsizlikti: Büyük olasılıkla yeni kazandığı ölümsüzlük anlamsız olacaktı ve benimle kan bağı yüzünden ölecekti.

Bu, *Titanik*'te balayı yapmaya benziyordu.

İçeri girip ikimize de birer kadeh kan doldurdum. Kadehi uzattığımda başını iki yana salladı. Israr ettim. "Gerard gücümüzü korumak için hepimizin beslenmemiz gerektiğini söylüyor. Iban'ın hastalığını iyileştiren bir ilaç geliştirdi ama henüz önlem bulamadı." İnsanları avlamamız gerektiğini söylemedim. Bencilce bir şekilde, onun sokaklarda tek başına dolaşmasını istemiyordum. Ancak onu burada tutarak koruyabileceğimi umuyordum. Kadehi almadan önce uzunca bir süre gözlerime baktı.

"Bana ne olduğunu artık umursamadığından emindim."

Ah, kadınlar ve sezgileri. Fiziksel ve zihinsel olarak kendimi çektiğimi hissetmişti. Onunla açıkça paylaştığım duyguları aradım ama Diana'yı görmek, onları neredeyse lanetli babam Reedrek gibi taşa dönüştürmüştü. Kişi, taşı nasıl kırabilirdi? Muhtemelen sadece bir çekiç ve keskiyle.

Ya da güneşin sıcaklığıyla.

"Kim o?"

"Benim... karım."

"Bana karının öldüğünü söylemiştin... yüzlerce yıl önce."

"Evet. Dün geceye kadar ben de öyle olduğunu sanıyordum."

"Yani burada, Savannah'da mı?" Yarı boş kadehi indirerek deri kanepeye yerleşti. Şaşkın gözlerle bana baktı. "Hayatta, bir kan emici ve burada mı?"

Eleanor'un dokunuşuma, güvenceme ihtiyacı vardı ama hiçbirini veremezdim. Olduğum yerde donup kaldım. "Evet. Korkarım öyle."

Uzun süre bakıştık. Sonra şöminedeki bir odun çatırdadı ve gürültüyle yerleşerek beni düşüncelerimden uzaklaştırdı. Kadehimi onunkinin yanına bıraktım, eğildim ve elini dudaklarıma götürdüm. "Baban olarak..." Bileğini öptüm. "Seni korumak için elimden gelenin en fazlasını yapacağım. Burada kalırsan güvende olursun."

Elini çekti ve öptüğüm yeri çürümüş gibi ovaladı. "Beni neye karşı koruyacaksın?" Sonra, ben daha cevap veremeden ekledi. "Gidiyor musun?"

"Evet. Sen burada güvende olacaksın." Benim dışımda herkese karşı. Kalırsam, Eleanor'un ve Melaphia'nın acısını daha da artırırdım; oradan uzaklaşmak, tüm duygusal kapıları kapamak ve sadece hayatta kalmaya odaklanmak zorundaydım.

Teselli veya sevgi için zaman yoktu. Deylaud'a yaptığım gibi öfkemle etrafımdakileri cezalandırmamın anlamı yoktu.

Eleanor ayağa fırladı. "Ona mı gidiyorsun?"

Diana'yı banyoda izleyişimi düşündüğümde, hissettiğim arzu gözlerimden veya zihnimden Eleanor'a yansımış olmalıydı çünkü keskin bir şekilde nefes aldı. "Hayır, ona değil." Zihnimi açtım ve Hugo'nun Diana'yı okşayışının görüntülerini kısa bir an için gösterdim. İçimde yükselen acıyla birlikte.

Eleanor zorlukla yutkundu ve elini kalbinin üzerine koydu.

"Ona değil" dedim tekrar ve uzaklaştım.

Saatler önce çürüyor olduğu düşünülürse Iban tahmin edilemeyecek kadar iyi görünüyordu. Melaphia'nın kanı gerçekten bir sihir yaratmıştı. O sihri paylaşmanın kendisinde yarattığı hasarı düşününce içim burkuldu ama Iban gerçekten minnettar görünüyordu ve beni görür görmez kurtarıcısını sormaya başlamıştı.

Şimdi otururken ve üzerinde Tilly'nin ayarladığı yeni giysiler varken yine eskisi gibi görünüyordu. Yüzünde hâlâ arada bir teninin altında hareket eden şişlikler vardı ama açık bir yarası yoktu ve iğrenç koku kesilmişti. "Her şeyimi ona borçluyum" dedi, Melaphia için. "Ve size de leydim" dedi, Tilly'ye.

Tilly liseli kız gibi kızardı ama sonra kendini toparladı. "Güzel şehrimiz son altmış yılda medeniyetinden bir şeyler kaybetmiş olabilir ama senin kadar çekici ve zarif bir ziyaretçimize hiç kötü davranıldığını duymamıştım."

"Hizmetinizdeyim, hanımefendi" dedi Iban, başıyla onaylayarak.

Gerard tıp malzemelerini arabama yüklerken Iban ve ben Tilly'yle vedalaştık. "Seni hemşirelik görevlerinden kurtarmaya geldim" dedim. "Bitkin görünüyorsun." Benimle bağlantısı yüzünden zarar gören kişilere Tilly'nin adını da eklemek istemiyordum.

"Doğrusunu istersen haklısın. Bu yaşlı vücut artık çok çabuk yoruluyor." Kaderiyle ilgili bir seçim hakkı olduğu zamanı hatırlamışçasına koluma vurdu. Memnun bir şekilde iç çekti. "Ama yine birinin bana ihtiyaç duyması güzeldi. Kısa süre de olsa eski günlerdeki gibiydi. Sen ve ben ölüm kalım meseleleriyle uğraşmayalı uzun zaman olmuştu."

"Evet, öyle. Umarım seni başka bir acil durum için rahatsız etmem gerekmez. Ama bu seferki için çok teşekkür ederim."

Iban'a yardım etmek için yaklaştım.

"Kendim hallederim" dedi, ayağa kalktıktan sonra.

Iban önde, Gerard arkada otururken Umut Adası'na uzanan yola girene kadar sessizdik. "Nereye gidiyoruz?" diye sordu Iban. Şehrime, artık yolları öğrenmiş olacak kadar çok gelip gitmişti.

"Umut Adası'ndaki eve. Günü Lucius'la birlikte geçirebiliriz."

"Tobey ve Travis'i, virüsün kaynağını bulmaları için geri gönderdim" dedi Gerard.

"Güzel" diye karşılık verdi Iban. "Kendimi daha iyi hissettikçe, bu saldırıyla ilgili öfkem de artıyor."

Yolculuğun geri kalanında, Hugo, Diana ve Will'le başlayarak, Iban hastalandıktan sonra neler olduğunu anlattım. Kendi nedenlerimle, onlara Will'in ölümlü oğlum olduğunu söylemedim. Zamanımın çoğunu Hugo hakkında konuşarak geçirdim. Skidaway Nehri'ne bakan evimin salonunda oturduğumuzda, sonunda kötü haberi vermek zorunda kaldım.

"Daha kötü bir haberim var" diye uyardım.

Iban bana şaşkınlıkla baktı.

"Sullivan öldü."

Gerard, Iban'dan önce tepki verdi. "Ne?"

Iban ön taraftaki pencereden dışarı bakarak konuştu. "Onda da virüs vardı." Bu bir soru değil, bir değerlendirmeydi.

"Hayır... yani, belki. Ama onu öldüren bu değildi. Öldürüldü."

Bu kez ölümcül bir sesle Iban karşılık verdi. "Kim?"

"Yeni gelenlerden biri... Will. Sullivan'ın Jack'in dükkânında güvende olacağını düşünmüştüm. Şimdi Jack'e güvendiğim için pişmanlık duyuyorum." Will'i de orada bırakmakla ilgili yanlış hesaplamamdan söz etmedim. Sadece kabuklarla uğraşmaya, Diana'yı izlemeye odaklanmıştım. Kendi kişisel mutluluğumun peşinde koşmak bir kez daha burnumu pisliğin içine sokmuştu ve bu seferki eski bir dostun, Sullivan'ın hayatına mal olmuştu. Melaphia veya Renee'ye olmuş olsaydı kendimi nasıl hissederdim?

"Onu korumak için orada olmalıydım" dedi Iban, Sullivan'ı kastederek. Bana döndü. "Ya da sen bunu yapmalıydın. Bu yeni gelene misilleme yaptın mı?"

"Bu gece konuşmamız gereken zaten bu. Bu evden ya da

çiftlikten, Will, Hugo ve Diana'nın bulunduğu yere uzanan tüneller yok. Hiçbirimiz günbatımına kadar kıpırdayamayız. O zamana kadar hazırlanmalıyız."

Toplantımızın planlama aşaması umduğum kadar iyi gitmedi.

"Sanırım artık yeni bir lider seçme zamanımız geldi" dedi Lucius. "William hepimizi öldürtmeden önce."

Ses çıkarmadım ama odadaki diğer üç vampirin hoşnutsuzluğumu hissedebildiğinden emindim.

"Yani, olanlara bir baksanıza! Bu yeni vampirlerin bir rehineyle kontrol altında tutulacağına dair bize söz verildi. Peki, rehine ne yaptı? Bizden birini öldürdü. Bu ne biçim bir plan?"

"En azından, etkisiz bir plan" dedi Iban, tanıştığımızdan beri gözlerime ilk kez öfkeyle bakarak.

"Geçmişle ilgili duyguların gözünü kör etmiş... ölümlü karınla ilgili" dedi Lucius. "Bunu anlıyorum fakat..."

"Bu hepimizin sonu olacak" diye ekledi Iban, Lucius'un düşüncelerini tamamlayarak.

Neden herkes geçmişimle uğraşmak konusunda kendini özgür hissediyordu? Ama sonuçta, ne önemi vardı ki? Bir savunmam var mıydı? Diana'nın Hugo'yla paylaştığı hayatı gizlice izlemek için kabukları kullanmıştım. Will'in yüzüğünü çalmış, sonra da onu büyük ölçüde kendi başına Jack'in dükkânına bırakmıştım. Aptal! Aptal! Üç kat aptal! Iban'ı memnun edecek şekilde yeterince hızlı karşılık vermediğimde, her saniye öfkesi artan bir şekilde ayağa fırladı. Sullivan'ın ölümü karşısında afallamıştı ama şimdi eski öfkesi benliğini sarıyordu.

İma edilen tehdide karşılık vermek için ben de ayağa kalktım.

"Sullivan benim korumam altındaydı" dedi Iban. "Şimdi klanımın geri kalanıyla birlikte o da öldü. Şu Hugo'yu ve yanındaki herkesi, bir daha dirilemeyecekleri şekilde lime lime parçalayalım derim."

Yatıştırmak için elimi uzattım. "Iban..."

"Bana sakin olmamı söylemeye kalkma! Artık senin barış anlayışın umurumda değil." Öfkesini gizleyemeyerek, ağır maun masayı kaldırdığı gibi salonun diğer tarafına fırlattı. Masa duvara çarpıp ahşap ve sıva parçaları dökülürken Gerard ve Lucius ayağa fırladı.

"Lütfen, Iban. Sullivan için üzg..." Göğsüme indirdiği yumruk beni geriye savurdu. Onunla dövüşmek istemiyordum ve bunun olmaması için elimden geleni yapıyordum. Lucius aniden onu arkasından yakaladı. Iban hastalığı yüzünden eski gücünün sadece üçte birine kavuşmuş olmasına rağmen, onu duvara ancak ikimiz birlikte yaslayıp etkisiz hâle getirebildik.

"Kendi aramızda dövüşmek bize bir şey kazandırmaz eski dostum" dedi Lucius, Iban'ın kulağına tıslayarak. "Bunun yerine, teknede kalan üyelerini ziyaret edelim." Öfkeli bakışlarını bu kez bana çevirdi. "Onları öldürmekten fazlasını yapacağız; onları kullanacağız."

Iban aniden dövüşme isteğini kaybetmiş gibiydi. Gözlerinde yaşlar vardı. "Artık kimsem kalmadı." Bakışlarını gözlerime dikerek konuştu. "Bunu yapan *geberecek!*"

Jack

"Lanet olsun!" William beni engellemişti. Öyle olsun. Bundan sonra kendi yandaşlarıyla devam edebilirdi; ta ki ben şu lanet olasıca orospu çocuğu Will'i öldürene kadar. Sullivan'a olanları yanına bırakmaya hiç niyetim yoktu. Ve kızıl saçlı kan emiciyi ait olduğu cehenneme postalayana kadar Iban'la karşı karşıya gelmek de istemiyordum.

Hiç şüphesiz, William haberi Iban'a vermiş olmalıydı; tabii Iban hâlâ yaşıyorsa. Bunu kendim yapmak zorunda kalmayacağım için memnundum.

Ona verdiğim haberden sonra Connie'yle karşı karşıya gelmek de istemiyordum. Ama başka seçeneğim yoktu. "İnsanların virüsten etkilenip etkilenmeyeceğini bilmiyoruz" dedim. "Sullivan, Iban'dan veya başka bir klan üyesinden hastalığı almış olabilir ve nasıl bulaştığını bilmediğimizden, sana da bulaştırmış olabilir." Düşünmek istemediğim şeyi söze dökmedim: Sullivan ve Connie ne kadar yakınlaşmışlarsa Connie'nin hastalığı kapmış olma olasılığı o kadar yüksekti.

Connie, karşısında boğazına saldıran bir vampir gördüğünde olduğu gibi bu haberi aldığında da cesurdu ama kaşlarının çatılmasından, endişeli olduğunu görebiliyordum. Kim olmazdı ki? "Anlıyorum" dedi sonunda. "Hasta olup olmadığımı nasıl anlayacağım?"

Iban'ın yüzünü düşünerek ürperdim. "İnan bana. Anlarsın."

"Beni korkutuyorsun. Sana bulaştı mı?"

"Hayır. Kesinlikle hayır."

"Temiz olduğumu nasıl anlayacağım?"

"Biri konuyu araştırıyor. Çok zeki bir bilim adamı ve... bizden biri."

"Başka bir vampir mi?"

"Evet. Ona fazlasıyla güveniyorum. Bu işi çözebilecek biri varsa odur. Bu hafta izinde olduğuna göre, evinde oturup bekleyebilirsin."

"Yani böylece başka birine bulaştırmayacağımı mı söylüyorsun?" dedi, yüzü sarararak. Kendisi için korkmuyor olabilirdi fakat Sullivan'la karşılaştığından beri bağlantı kurmuş olabileceği insanlar için korktuğunu görebiliyordum.

"Evet. Gerard'dan bilgi alır almaz sana haber vereceğim. Bu arada, sanırım en azından Sullivan'ın öldürülmeden önce hastalık belirtileri göstermemiş olmasına şükredebiliriz."

Connie dirseklerini masaya dayadı ve başını ellerinin arasına aldı. "Bu gece tüm gördüklerimden ve bana anlattıklarından sonra başım kazan gibi oldu. Hâlâ bir sürü sorum var."

"Sana verebileceğim tüm cevapları vereceğim. Söz veriyorum. Ama şimdilik beklemek zorunda. Güneş neredeyse doğdu."

"Yani uyuman gerek" dedi. "Bir tabutta."

Tabut hakkında tek kelime etmeden başımla onayladım. Benim hatırıma tiksintisini bastırmaya çalıştığını görebiliyordum. En azından kibar davranıyordu. "Güneş doğmadan önce eve gitme şansım olmadığından, kapıyı kilitleyip ofisteki kanepede uyuyacağım. Oraya ışık girmez."

"Gitmeden önce bilmem gereken bir şey daha var."

Tam olarak ne soracağını bilerek derin bir nefes aldım ama ona ne diyeceğimi bilmiyordum.

"O gece aramızda ne oldu Jack? Sevişmeye kalkıştığımızda ne oldu?"

"Bilmiyorum. Bilsem söylerdim. Gerçekten."

"Sana inanmıyorum."

Vampirlerin iyi yalancılığı da buraya kadar.

Tamamen kurumuş olan dudaklarımı yaladım. "Sanırım bunun benim ne olduğumla ilgisi var... ve *senin* ne olduğunla."

"Bu da ne demek? Yani bir vampirle bir insan sevişemez mi? William'la şu arkadaşı... Eleanor için ne diyeceksin?" diye sordu.

Eleanor; bu da başka bir gece anlatılacak başka bir hikâyeydi. "Sorun bu değil. Bir insan ve bir vampir sevişebilir. Genellikle."

"O zaman bizim aramızda neden yürümedi?"

Bir cevap arayışıyla gözlerime baktı. Gerçeği daha fazla gizlemem mümkün olamazdı.

"Melaphia'nın senin özel olduğunu düşündüğünü biliyorsun."

"Evet. Benim bir... psişik filan olduğumu sanıyor, bilmiyorum. O voodoo konusuna pek ısındığımı söyleyemem."

"Bir şekilde insandan öte olduğunu düşünüyor."

"İnsandan öte mi? Bu ne anlama geliyor? Ben neymişim, Jack?"

"Onu doğru anladıysam senin belli... güçlerin veya yeteneklerin olduğunu söylüyor."

Connie, başıma vampirleri yakalayacak büyüklükte bir kelebek filesi geçirecekmiş ve beni hemen Milledgeville'deki akıl hastanesine götürecekmiş gibi baktı. "Ah-ha?" dedi.

"Ve her neysen, vampirlerle uyumlu olamayacağını da düşünüyor. Yağ ve su gibi."

Connie odaya bakınırken olanları düşündü. "Bir tür tepki vardı, değil mi? Neredeyse elektriksel, kimyasal ya da benzeri bir şey. Hatırladın mı?"

Ah, evet, kesinlikle hatırlıyordum. Onunla temas ettiğimde neredeyse alev alıyordum. Melaphia'nın şifalı voodoo tılsımı olmasa buhar olabilirdim.

"Evet" dedim. "Hatırlıyorum."

"Yani Melaphia ne olduğumu biliyor mu?"

"Pek sayılmaz. Anlamaya çalışıyor." Bu kadarı doğruydu. Bildiğim kadarıyla, Mel araştırmasını sona erdirmemişti. Mel'in onun bir Maya tanrıçası olabileceği teorisi üzerinde çalıştığını Connie'ye söylemenin bir anlamı yoktu. Yani, böyle bir bilgi kimin işine yarardı ki? Köklerini bulmak için Belize'a mı gidecekti? 'İçinizdeki Tanrıçayı Ortaya Çıkarın' kursuna mı katılacaktı? Melaphia böyle bir şeyi benden çok daha etkili şekilde açıklayabilirdi; bu yüzden, şimdilik konuyu geçiştirmeye karar verdim. "Sonuçta, senin yüzde yüzde... şey... insan... olduğunu düşünmüyor."

"İnsan olmamak mı? *İnsan* olmamak mı?" Connie tiksintiyle masadan kalktı ve çantasını almak için yürüdü.

En azından bir gecede kaldırabilecekleriyle kaldıramayacakları arasındaki çizgiyi geçtiğimi anlayarak arkasından koştum. "Duygularını incitmek istemedim. Bu gece çok fazla ağır şeyle karşılaştığını biliyorum. Alışkın olmadığın türden şeylerle."

Connie isterik bir şekilde güldü. "Bu, asrın hafife alması. Sen insan olmamakla ilgili çok şey bilirsin, değil mi Jack?"

"Bu seni üzmesin." İnsan olmadığını bildiğim bazı nazik insanlardan söz etmeye çalıştım -Huey gibi- ama bu iddianın sadece kırgınlığını daha da derinleştireceğini hissettim.

"Bana insan dışı bir yaratık olduğumu söylüyorsun ve bunun beni üzmemesi mi gerekiyor?" Connie çantasını omzuna attı, mantosuna sarıldı ve kapıya doğru yürümeye başladı. Birkaç adım sonra olduğu yerde dönerek beni işaret etti. "Sana neden inanayım ki? Asıl sen insan değilsin."

"Çünkü benim için önemlisin. Bu gece söylediğim diğer hiçbir şeye inanmadıysan bile lütfen buna inan."

Artık dayanamayacağı bir duruma gelmişti ve titriyordu. Ona sarılıp göğsüme bastırmak, titremesini dindirmek istiyordum ama bunun yanlış bir şey olacağını biliyordum.

Dakikalar gibi gelen bir süre boyunca, bu gece benimle ilgili öğrendikleriyle bana karşı duyguları arasında bir denge kurmaya çalışıyormuş gibi baktı; her neyse. Sonunda şöyle dedi: "Bunların hiçbiri gerçek değil. *Sen*... gerçek... değilsin."

Connie döndü ve beni, gerçek olmayan hortlak gözlerimle arkasından bakar halde bırakarak çıkıp gitti. Onu bir daha görüp göremeyeceğimi ve görürsem bunun bir kazığın ziyareti olup olmayacağını merak ediyordum.

14

William

Telefonun çalışı toplantımızı böldü. Yararından çok sinir bozan başka bir icat daha.

"Ona ne yaptın?"

Diana'nın vahşi sesi beni şaşırttı; sadece Umut Adası'ndaki kendi evimde beni sorgulamaya cesaret edebildiği için değil aynı zamanda, fiziksel olarak karşı karşıya olsak boğazıma sarılabileceğini anladığım için. Onun öfkesiyle uğraşacak durumda değildim. Kendi başıma yeterince sorunum vardı zaten.

"Neden söz ediyorsun sen?"

"Will" diye tısladı. "Oğlumuz. Sana güvenmiştim."

"Bana güvenden söz etme. Will bizden birini öldürdü. Ona istediğimi yapmak için yeterince haklı nedenim var. Nerede o?" Görünmez gözlerimle onun tesise döndüğünü gördüğümü açıklamaya niyetim yoktu. Kabuklar benim sırrım olarak kalacaktı. Houghton Meydanı'ndan ayrılırken önlem olarak onları yanıma almayı unutmamıştım. Ama emin değildim.

"Burada..." Sesi kısıldı ve toparlanırken boğazını temizledi. "Yaralı. Nasıl olduğunu bilmiyorum. Hatırlayamıyor. Çok zayıf ve kendini toplamakta zorlanıyor. Onu daha önce hiç böyle görmemiştim." Öfkesi tekrar belirginleşti. "Dün gece ona ne oldu?"

Gerçekten, ne olmuştu? Sullivan'ı öldürmüştü. Sullivan, California'dan gelmişti ve California klanından hayatta kalan son insandı. Bu mümkün olabilir miydi? Salgının arkasındaki kişi Will olabilir miydi?

Hem kendimi korumak hem de söylediklerimi hissettirmek için en soğuk sesimle konuştum. "Belki de verdiği zararla daha çok ilgilenmelisin. Yarım saat içinde orada olacağım. Hepiniz olduğunuz yerde kalın yoksa her şey açık bir savaşa dönüşür." Cevap vermesine fırsat tanımadan telefonu kapadım.

"Bu yeni acil durum ne?" diye sordu Lucius.

"Rehinemiz hastalanmış gibi görünüyor" dedim, ifadesiz bir yüzle.

"Sullivan'ı öldüren mi?" diye sordu Iban ve cevap beklemeden devam etti. "Bırak çürüsün."

Iban'ın başına gelenler düşünülürse bu açık bir tehditti. "Ne yazık ki yapamam."

Lucius yemi yuttu. "Neden olmasın?"

Iban'a doğrudan bakmadan gerçeği itiraf ettim. "Çünkü o benim oğlum; dönüşümüm sırasında kaybettiğim ölümlü oğlum."

Kulakları sağır eden bir sessizlik oldu ve Iban ayağa fırladı. "Peki, ya benim dostum; benim için bir oğul gibi olan insan? Klanımın son üyesi?" Ellerini yumruk yaptı ve bana doğru yürüdü. "Onun için adalet nerede?"

Ben cevap veremeden, Gerard ve Lucius, Iban'ın iki yanına geldiler ve ikisi de bana saldırmasını engellemek için kollarına girdiler.

"Haydi, Iban" dedi Lucius, bir çatının kenarında atlamak için duran biriyle konuşurmuş gibi. "Kendinde değilsin. William'ı yeni iyileşmiş başını omuzlarından ayırmak zorunda bırakma. Canın çok yanar ve bu güzel halı mahvolur."

Iban'ın yüzünde yorgun bir umutsuzluk belirdi. Kargaşayla geçen son birkaç günde hayal kırıklığına uğrattığım kişilerden biriydi ama kurtarmak için hiçbir çaba harcamadan Will'in çürümesine izin veremezdim. Ayrıca, kendi kişisel sorunlarım için müttefiklerimin sadakatinden de feragat edemezdim.

Lucius'a döndüm. "Tarafsızlığım konusunda haklısın. İkiniz benim tanığım olacaksınız..." Iban ve Gerard'ı işaret ettim. "...Yeni Dünya'daki vampirlerin liderliğini size teslim ediyorum. Elinizden geldiğince kurtarın onları." Gerard'a döndüm. "Bir dostum olarak, senden gelip oğlumu görmeni istiyorum. Ben yaşadığım sürece hiçbiri sana zarar veremez."

"Elbette" diye cevap verdi. "Sadece senin için değil hepimiz için. Eğer gerçekten kapmışsa bu hastalığı kontrol altına almak zorundayız." Iban'ın kolunu nazikçe sıktı. "Sana gidip iyice dinlenmeni öneririm. Bütün bunlar sona ermeden önce sana ihtiyacımız olacak."

Iban başıyla onayladı ve Lucius onu bir konuk tabutuna yerleştirmeyi önerdi. On beş dakika sonra Gerard ve ben tesisin iki yanı ağaçlıklı yoluna girmiştik.

Daha verandanın basamaklarını çıkarken bir zamanlar cennetim olan bu evin, Diana'yı burada bir kez gördükten sonra bir daha aynı olmayacağını biliyordum. Onun anısı sonsuza dek bende ve burada kalacaktı.

Eski evime başka bir saldırı olarak, Hugo girişi kapamıştı. Şimdi vampir oyunları oynayacak havada değildim.

"Burası benim evim, dolayısıyla içeri davet edilmek zorunda değilim" dedim, bir omuz atarak yanından geçerken. "Ayrıca... eşin benden yardım istedi."

"Karın" dedi, beni olduğum yere mıhlayarak.

O anda Diana odaya girdi; öfkeli ve endişeli görünüyordu. Gerard, Hugo ve bana dik dik baktıktan sonra Diana'ya yaklaştı. "Hasta nerede?" diye sordu. Diana bana baktı.

"Bu Gerard. Bir doktor ve bilim adamıdır" diye açıkladım.

Başıyla onaylamadan önce bir an tereddüt etti. "Buradan" dedi ve onu odadan çıkardı. Peşinden gidip Will'i kendi gözlerimle görmek istiyordum ama önce Hugo'yla uğraşmak zorundaydım.

Düşüncelerimi kapayarak, büfeden bir şişe konyak aldım. Bunu yaparken cilalı yüzeyin üzerinde kullanılmış iki kadeh fark ettim. Kokladığımda, en iyi Lafite Rothschild Bordeaux'larımdan biri olduğunu anladım. Kurumuş ve kan rengini almıştı.

"*Benim* evimde kendinizi evinizde gibi hissettiğinizi görebiliyorum" dedim.

Hugo arkamdan yaklaştı ve dönüp ona bakmamak için kendimi fazlasıyla zorlamam gerekti. Zihnimdeki güvensizliği okuyabiliyormuş gibi güldü. Sonra doldurmam için temiz bir kadeh uzattı.

"Evet. İkimiz de ev sahipliğinden zevk aldık. Karın özellikle ana yatak odasındaki banyoya bayıldı. İyi bir düzüşmeden önce en sevdiği şey banyodur." Ben konyak doldururken Hugo yüksek sesle iç çekti. "Korkarım o heyecanımız sırasında çarşaflarından ve perdelerinden bazılarını yırtmış olabiliriz. Faturayı bana gönder."

İçkiyi doldururken kadehi tutan elimin titrememesi için kendimi zor kontrol ediyordum. Hugo gülümsedi ve büyük bir yudum almadan önce kadehi alaycı bir tavırla kaldırdı.

İçerken boğulmasını umdum. Kendi içkimi yudumlarken duruşuna hayret ettim. Diana, Will'in yaralanmasıyla çılgına dönmüştü fakat Hugo hiçbir şekilde endişeli görünmüyordu. Belki de duygularını gizlemekte daha iyiydi. Sonra Will'in, Hugo'nun benim kendisini öldürmemi umduğunu söylediğini hatırladım. "Will'in durumu seni üzmüş gibi görünmüyor" dedim. "Senin deyiminle, *karım* kadar."

"Haklısın; onunla ilgili hiçbir üzüntüm yok. Bana sormak istediğin bir soru varsa sorabilirsin. Onun dışında, her şeyi karınla hallet."

Bir soru var mıydı? Düşünmeden konuştum.

"Onları seviyor musun?"

Hugo konyağından bir yudum daha aldı ve sorumu duyduğunda, içkiyi püskürtmemek için elini ağzına kapadı. Ağzındakini yuttuktan sonra neredeyse gülmekten kırıldı.

"Tanrı aşkına! Ne yapıyor muyum?" dedi, soluklanmaya çalışırken.

"Onları seviyor musun?" diye tekrarladım, neden dürüst cevap vermesini beklediğimden kendim de emin olamayarak.

Kararlılığım ortamı iyice germiş gibiydi. Olduğu yerde doğruldu, elinin tersiyle ağzını sildi ve bana öfkeli gözlerle baktı. "Ben onlara sahibim. Bu yeterli."

"Ne demek istiyorsun?"

"William" diye araya girdi Gerard. Koridor kapısında, yüzünde asık bir ifadeyle duruyordu. "Salgın" dedi.

Boğazımda bir şeyler düğümlendi. Will'in vampirler arasında bir savaşta iki ayağının üzerinde öldürülmesi gibi bir şeydi. Ama onun çürümesini izlemek başka bir şeydi. Bir an için konuşamayacak kadar şaşkındım ama Hugo hemen tepki verdi. Yarı dolu kadehini fırlatıp attı.

"Diana'yı ondan uzaklaştır!" diye emretti ve Gerard'a yaklaştı.

Yanımdan geçerken onu kolundan yakaladım ve kadehimi onunkiyle aynı yöne fırlattım. "Onun tehlikede olduğunu nereden biliyorsun?" İşte, sonunda asıl sorumu sorabilmiştim.

Hugo kolunu çekip kurtarmaya çalıştı ama onu geriye doğru itip aynı hızla üzerine yürüdüm. "Vampirler her türlü hastalığa karşı bağışıklıdır; bunu senin de bildiğinden eminim. Bu özel hastalıkla ilgili neler biliyorsun?"

"Will'in hastalığa yakalanması değil sadece yayması gerekiyordu" diye hırladı Hugo, elimden kurtulmadan önce. Gerard bize doğru koştu ve ikimiz Hugo'yu tutup hareketsiz kalmasını sağladık. "California'ya gönderilmişti. Buraya değil. Buraya getirmemesi gerekiyordu! Diana'yı çıkarın buradan!"

O anda salonda öyle tiz bir çığlık yankılandı ki büfedeki bütün kristaller patlayarak paramparça oldu.

"Hayır!" Hugo zorlukla yutkundu. Dönüp onun baktığı şeye bakmak zorunda kaldım. Çığlık Diana'dan gelmişti. Yüzünde ölümcül bir ifade vardı ve denizkızı gibi saçları başının etrafında görünmez bir dalgayla sallanıyor gibiydi. Bir silah aradı ve parmaklarını şöminenin maşasına doladı. Öfkeli bir çığlık daha attı ve bu kez bize doğru hızla atılırken ön kapıdaki cam aşağı indi. Kendimi saldırıya hazırladım ama bize ulaşmadan hemen önce Diana'nın hedefinin Hugo olduğunu anladım. Üçümüzü de yıldırım gibi çarpan bir öfkeyle saldırmıştı. Gerard ve ben çarpışmanın etkisiyle yere yuvarlandık. Ama Hugo halıdan birkaç adım ötede duvara mıhlandı.

"Oğlumu zehirleyen sen miydin?"

Maşanın sivri ucu Hugo'nun göğsünü delip arkasındaki duvara gürültüyle saplandı. Duvardan sıvalar döküldü. Hugo acıyla inledi ama kendini kurtarmaya çalışmadı. Onun önünde havada duran Diana sessizleşti ve sanki mümkünmüş gibi daha da öldürücü göründü. Maşayı çekip çıkarırken kancalı ucu Hugo'nun etlerini dışarı çekti ve bu kez maşa karnına saplandı. Öksürdü ve ağzından gelen kan gömleğine yayıldı. Parmaklarından başka hiçbir yerini kıpırdatamıyordu.

"Sana lanet olsun!" Diana bir kobra gibi tıslayarak maşayı geri çekti ve Hugo'nun yüzüne vurmaya başladı. Bir, iki kez; sonunda sakalından kan damlayana kadar. Böyle bir silahla onu öldürmesi mümkün değildi ama ciddi ölçüde zarar vermişti. Yine de bir şekilde onu öldürmeyi başarırsa bu Diana'nın da sonu olurdu çünkü Hugo onun babasıydı.

Bu kez Hugo'nun kanı hepimizin üzerine sıçradı. İzlemeye dayanamıyordum. Hugo'ya karşı hiçbir sempati duymasam da Diana'yı seviyordum. Sanırım benliğimin derinliklerinde, hâlâ benim güzel karım olduğu yönünde küçük bir umudu gizlemiştim. Bir daha asla benim olmasa bile onu böyle hatırlamak istemiyordum. Ayaklarım yerden kesildi ve havada süzülerek Diana'yla avının arasına girdim.

Bir sonraki darbe için maşayı indirdi. Darbenin acı verici etkisine kendimi hazırladım fakat elmacık kemiğime bir santim kala maşa havada durdu. Diana bakışlarını Hugo'dan ayırmamıştı ve niyeti açıkça belliydi. Ama darbeyi durdurmuştu. Belki benim için. Ancak, bir yabancıya aldırmazmış gibi hâlâ Hugo'ya bakıyordu.

"Dur." O anda ağzımdan çıkabilen tek kelime buydu. "Lütfen." Sevdiğim bu ölümcül canavar karşısında duyduğum dehşet yüzünden düşüncelerimi toparlayamıyordum.

Hugo arkamda inledi ve sonra kırılmış çenesiyle birkaç kelime söyledi. "Onu rahat bırak, seni alçak."

Hugo'ya Diana'yı sevip sevmediğini sormuştum. Ne tür bir aşk hayatını ona vermesine neden olurdu ki? Hiç şikâyet etmeden veya açıklamasız. Karşı koymadan. Cevap aslında kendi kullandığı kelimede gizliydi: Sahiplik. Eğer Diana onu öldürürse cehennemde de yanında olacaktı. Dönüp Hugo'ya baktım. İstersem onu öldürmekten hiç kimse beni alıkoyamazdı; Diana dâhil. "Tedavisi ne? Sen yarattıysan etkisiz hale getirmenin yolunu da biliyorsundur."

Kanlar içindeki başını ileri geri salladı ve ağzından kanlı köpükler çıkarak konuştu. "Reedrek. O yaptırdı."

"Kim tarafından ve ne amaçla?"

Hugo yine başını iki yana salladı ve kanlı kırık dişlerini göstererek tükürdü. "Seni bağlamak... veya hepinizi öldürmek için."

Nefretle dolu hava ayaklarımın altında kıpırdandı ve yere indim. Diana, hayret verici gücünü kullanarak Hugo'yu salonun diğer ucuna fırlattı ve ucundan kan damlayan maşayı peşinden gönderdi.

Hugo'nun kanını yüzünden temizlemesi ve kendini toparlaması bir saniyesini aldı. Bir an sonra bana bakıyordu. "Oğlumuzu kurtarabilir misin?"

Gerard'a baktım. Hugo'ya doğru şüpheli bir bakış atarak ayağa kalktı ve omuz silkti. "Bilmiyorum. Bir aşı üzerinde çalışıyorduk ama tamamlamak zaman alacak." Sonra bana döndü. "Jack de bu olaya karıştı mı?"

Ne demek istediğini biliyordum. Sullivan öldürüldüğünde Will'le birlikte Jack de hastalığı kapmış mıydı? Jack'e çok öfkeli olmama rağmen, içim korkuyla sarsıldı. *Jack olmaz.*

Jack olmaz, ne? diye cevap verdi Jack, düşünceleriyle.

Sullivan hastaydı. Will çürüyor.

Lanet olsun.

Jack

Uyku söz konusu bile olamazdı.

Tünellerden geçerek hemen William'ın evine gittim. Neler olduğunu öğrenmek zorundaydım. Gerard virüsü tedavi etmek konusunda ilerleme kaydetmiş miydi? Connie, onu bir dostumun dostuyla tanıştırdığım için ölecek miydi? Bunu aklımdan bile geçiremezdim. Bir vampir olmak, kimseye kendini kaybetme hakkını vermez.

William'ın mahzenine girdiğimde, üzeri çarşafla örtülerek bir ahşap kapının üzerine yatırılmış birini gördüm. Bu Sullivan olmalıydı. Ona doğru koşarken bunun iyi bir fikir olmadığını anladım. Katolik olarak yetiştirilmiştim; eski alışkanlıklardan -*gerçekten* eskide kalmış olsalar bile- kurtulmak zordu. Merdiveni tırmanarak mutfağa girdim. Deylaud yemek yapıyordu ve Reyha iki tepsiyle uğraşıyordu. Tuhaf. Neredeyse gün ışıyordu. Dört ayaklı hallerine dönüşmek için hazırlık yapıyor olmaları gerekirdi. Bunu yaptıklarında nasıl göründüklerini hep merak etmiştim. Kurtadam filmlerindeki gibi miydi?

"Neler oluyor?" diye sordum.

"Jack, geldiğine çok sevindim" dedi Deylaud.

İkizi bana doğru yürüdü ve kollarını belime doladı. "Ben de. Seni uzun zamandır görmedim" dedi Reyha.

"Hemen işinin başına dön kardeşim, çok fazla zamanımız yok" dedi Deylaud, sertçe. Neredeyse havlar gibiydi ve bu ürkütücüydü.

"Ah, evet." Reyha buzdolabına koştu ve bir şey aramaya başladı.

"Melaphia ve Renee için kahvaltı hazırlıyoruz. İkisi de misafir odasında uyuyorlar."

İçimde kötü bir his uyandı. "Neden kendi yataklarında değiller?"

Deylaud bir omlet tavasına peynir serpti ve bana baktı. "Ah, doğru. Sanırım sen bilmiyorsun."

"Neyi bilmiyorum?"

"Melaphia, Iban'ı kendi kanıyla besledi" diye patladı Reyha, bardaklara meyve suyu doldururken. "Buna ne dersin?"

Midem bulandı. Zavallı Mel. Garajda William'la aralarında geçen hararetli konuşmanın konusu bu olmalıydı. Iban'dan hoşlansam da Mel'in onu kendi etinden beslemesi düşüncesi tüylerimi ürpertmişti. Ve ondan böyle bir şey istediği için William'dan da nefret ediyordum. "İşe yaradı mı?"

"Evet. Bu iyi kısmı. Iban şimdi çok daha iyi. Wi... efendimle ve Gerard'la birlikte bir süre önce buraya gelecek kadar iyiydi." Deylaud omleti kesti, dilinmiş salam ve peynirle doldurduktan sonra kızarmış ekmek ve peynir konmuş iki tabağa servis yaptı. Koku o kadar güzeldi ki yine insan yiyecekleri yiyebilmeyi diledim.

"Nereye gittiler?" William'ın gönderdiği zihinsel mesajdan, Will'i görmeye gittiklerini biliyordum ama nerede olduklarını bilmiyordum.

"Sanırım tesise" dedi Deylaud ve parmaklarını yaladı. Boynundaki çürükleri ancak o zaman fark edebildim.

"Sana ne oldu?"

Reyha insan dışı bir sesle inleyerek gerildi ama bir şey söylemedi.

Deylaud gözlerini kırpıştırarak gözyaşlarını bastırmaya çalıştı ve başını iki yana salladı. "İyileşecek. Şu tepsiyi Melaphia ve Renee'ye götürür müsün? Mel'in gücünü toplaması gerek. William onu getirdiğinde bir hayli zayıftı."

"Tabii." Her ne olmuşsa insan hayvan bunu paylaşacak durumda değildi. Belki de sadece zamanı yoktu.

"Acele et" dedi. Doğuya bakan pencerelerin panjur aralıklarından süzülen ilk güneş ışıklarını hissedebiliyordum. "Güneş yükseliyor."

Gömleğinin düğmeleriyle uğraşırken Deylaud'un başı öne doğru uzandı. Masanın diğer tarafında, Reyha basit giysisini üzerinden atıverdi. İç çamaşırı giymemişti ve küçük göğüslerinin uçları serin havayla sertleşmişti. "Bu elbiseyi seviyorum" dedi, vücudu katlanıp öne eğilmeden önce. Avuçlarını yere dayadı.

Deylaud o zamana kadar kendi giysilerinden kurtulmuştu ve gösteri başlamıştı. Kemiklerin değişimi en kötüsüydü. Şey, tabii insan başların köpek başlarına dönüşmesi de öyle. Bir de tüylerin uzaması. El ve ayak parmakları patilere dönüştü. Arkalarından kuyruklar çıktı, boyunları uzadı, omuzları ve kalçaları sinir bozucu çıtırtılarla büzüldü. Her şey fizik ve doğa kanunlarına meydan okuyordu. Eh, bu da yeni bir şey sayılmazdı aslında. Ormana hoş geldin.

Dönüşüm gerçekten tiksindiriciydi. Bakmak istemiyordum ama başımı da çeviremiyordum. William'a hizmetlerinde her on iki saatte bir bunu yaşamak zorunda oldukları da düşünülünce... Bu köpeklere pahalı mamalar almayı kendime hatırlatmalıydım.

Her şey sona erdiğinde, Reyha gerindi, yüzünde köpeksi gülüşüyle bana koştu ve yumuşak başıyla elimi dürttü. Kulaklarının arasını okşayarak mırıldandım. "Benim güzel kızım." Ona bir parça salam verdim ve Reyha kuyruğunu sallayarak hevesle yuttu. Sonra bıraktığı elbisesinin yanına geri döndü, kenarından ağzıyla tutup aldı ve kendi odasına doğru sürükledi.

Deylaud diğer tarafımda belirdi. Salama aldırmadı ama ağrıyan boynunu ovalamama izin verdi. Sanırım biraz rahatlık hiç yoktan iyiydi. Onu da rahatlattıktan sonra mutfağı, merdivene açılan koridordan ayıran kapıya yürüdü ve dönüp bana baktı.

"Geliyorum" dedim. Tepside yiyecek tabakları, iki bardak portakal suyu, bir bardak süt ve bir kupa koyu kahve vardı. Deylaud'un peşinden koridora çıktım. Ön kapının iki tarafında pencerelerden ışık süzülüyordu ama Deylaud yanıma geldi ve kordonları dişleriyle çekiştirip perdeleri kapatarak güneşi kesti. Sonra ciddi bir şekilde oturup, elimde tepsiyle merdiveni tırmanışımı izledi.

Ara kata ulaştığımda, Eleanor yatak odasından çıktı; dönüştürüldüğü geceki kadar vahşi görünüyordu. Aslında iyi bir vampir olarak mahzende tabutunda olmalıydı ama bunun yerine, daha yeni kalkmış gibi görünüyordu.

"Onun hakkında ne biliyorsun?"

Ah, lanet olsun!

"Kim?"

"Benimle oyun oynama. Kim olduğunu gayet iyi biliyorsun."

Tepsiyi koridordaki antika masanın üzerine bıraktım. Ona ne diyebilirdim ki? Ona ne demeliydim? *Üzgünüm, bebeğim, hayatının aşkı beş yüzyıllık özlemden sonra karısını tekrar buldu. Senin için çok üzülüyorum ama hiç duymadın mı? Ölüm kaltağın tekidir.*

"William sana ne anlattı?" diye sordum, temkinli bir tavırla.

"Çıldırmış gibi davranıyor. Melaphia'yla birlikte geldi ve konuşmadı. Sonra neredeyse Deylaud'u öldürüyordu. Ona sorunun ne olduğunu sorduğumda, söylemesi için yalvardığımda, karısının hâlâ hayatta ve burada, Savannah'da olduğunu söyledi. Bu beni nasıl bir duruma sokuyor, Jack? Ne yapmam gerek? Onun için *ruhumdan* vazgeçtim." Bir cevap arayışıyla gözlerime bakarken acısı öylesine gerçekti ki neredeyse kendim de hissediyordum.

"Sana ne diyebileceğimi bilmiyorum, El. Gerçekten bilmiyorum."

Titremesini bastırmak için dudağını ısırdı. Bunun kederin yanında öfkeden de kaynaklandığını hissettim.

"Güzel mi?"

"Evet. Ama senin kadar güzel değil."

"Seninle geleceğim. Şimdilik, sen gidip mahzende biraz uyu. Birkaç dakika sonra yanına gelirim. Günbatımına kadar benim de yapacağım bir şey yok."

Eleanor merdivene yöneldi. Aşağıda Deylaud kuyruğunu sallayarak bekliyordu.

"Bir şeyi biliyorum" diye ekledim. Eleanor dönüp bana baktı. "Artık, bir zamanlar sevdiği kadın değil." Bundan nasıl emin olabildiğimi bilmiyordum ama emindim.

Çenesini kaldırarak gülümsedi ve aşağı inmeye devam etti.

Tepsiyi almak için döndüğümde neredeyse Renee'ye çarpıyordum. "Selam şekerim. Neden yatağında değilsin?"

"Bayan Eleanor'la konuştuğunuzu duydum" dedi. "Ve kahvaltının kokusunu aldım."

"Annen nasıl? O da yemeye hazır mı?"

Küçük omuzlarını silkti. "Hayır. Uzun zaman önce uyandı ve bir şey yemek istemediğini söyleyerek tekrar uyudu."

"Pekâlâ. Bunu kütüphaneye götürelim de annen dinlensin."

Renee benimle birlikte koridorun ucundaki kütüphaneye geldi. William'ın onun için yaptırdığı çocuk boyuna göre olan rafta kendi kitapları vardı. Ahşap bir antika masanın üzerine yıllanmış kitaplar ve haritalar -William'ın onlara sık sık baktığını görmüştüm ama ne aradığını bilmiyordum- yayılmıştı. Ayrıca, bir köşede bir çocuk masası ve sandalyeler -elbette ki antika- vardı. Tepsiyi alçak masaya koydum ve bir yer lambasını yaktım. Çocuk masasında Renee'nin karşısına oturup, dizlerimi göğsüme çektim. Daha küçükken burada çay partileri verirdi. Bazılarına katıldığımı itiraf etmeliyim.

Yiyeceklerini biraz didikleyip portakal suyunu yudumladı ama o da pek aç görünmüyordu.

"Aç değil misin?" Süt bardağını ona doğru ittim.

Başını iki yana salladı. "Sanırım pek havamda değilim."

Renee'nin huzurunun kaçmasından nefret ediyordum. Onun küçük dünyasında sadece pilili elbiseler, pembe saç tokaları, şekerlemeler ve kahkahalar olmalıydı. Bunun yerine, bir vampir savaşının ortasındaydı. Bu beni ifade edilemeyecek kadar üzüyordu. Buna Connie'yle yaşadıklarımı ve William'ın hoşuna gitsin ya da gitmesin Will'le hesaplaştığımda olacakları da eklersem hiç bu kadar umutsuz bir durumda kalmadığımı söyleyebilirim.

"Sen de pek kendinde değil gibisin, Jack amca" dedi Renee ve sütünü yudumladı. "Sorun ne?"

"Partide tanıştığın beyaz altın elbiseli hanımı hatırlıyor musun?"

"Polis olan mı? Ondan çok hoşlanıyorsun, değil mi?"

"Evet, o. Ve evet, hoşlanıyorum. Ama bu gece bir vampir olduğumu öğrendi ve korkarım artık benden hoşlanmıyor. Gerçek olmadığımı söylüyor."

"Gerçek olmadığını mı?" Renee bardağı bıraktı ve bana kulaklarına inanamıyormuş gibi baktı.

"Söylediği buydu" dedim. Yalnızlıkla geçen hayatımda kendimi hiç bu kadar çaresiz hissettiğimi hatırlamıyordum; bir çocukla aşk hayatımı tartışıyordum.

Renee masadan kalkıp kendi kitap rafına yaklaştı. Öğretmeni William kadar dikkatli bir şekilde, doğruca istediği kitabı buldu. Kitapların yazar ve başlıklarına göre sıralandığından emindim. Kitabı raftan aldı, bana yürüdü ve elimi tuttu. Beni odanın diğer tarafındaki sallanan koltuğa götürdü ve beni oturtup kucağıma tırmandı. Artık büyüyordu ve bu tür şeyler için fazlasıyla büyüdüğünü düşünüyordum.

"Kadife Tavşan" dedim, kitabın kapağına bakarak. "Güzel bir kitap."

"Bu özel bir kitaptır" dedi. "Sana özellikle çok önemli bir sayfasını okumak istiyorum."

"Dinliyorum." Ben onu kollarıma alırken o da dikkatle sayfaları çevirdi. Başının tepesi çeneme değiyordu ve saçları pamuk şeker kadar yumuşaktı.

"İşte burada" dedi. "Burada Kadife Tavşan, Deri At'a gerçek olmanın ne anlama geldiğini soruyor." Ve okumaya başladı.

"Hepsi bir anda olmaz" dedi Deri At. "Dönüşürsün. Uzun zaman alır. Kolayca kırılan, keskin kenarları olan veya ken-

dilerini dikkatle korumaya çalışan insanlar, bu yüzden bunu sık yaşamaz. Genel olarak, gerçek olduğunda, tüylerinin çoğu sevgiyle dökülmüştür ve gözlerin sarkmıştır. Eklemlerin gevşemiş, görünüşün bozulmuştur. Ama bunların hiçbirinin önemi yoktur çünkü bir kez gerçek olduğunda, çirkin olamazsın. Anlamayan insanlar hariç."

Renee kitabı kapatıp bana döndü. "Seni seviyorum, Jack amca" dedi. "Bu da seni gerçek yapıyor."

"Teşekkür ederim, bebeğim" dedim. "Ben de seni seviyorum." Kitabı elinden alıp nazikçe yere bıraktım. Sonra beni gerçek kılan küçük kızla birlikte, o tekrar uyuyana kadar koltukta sallandım.

15

William

Hugo'yu alt kattaki tabutlardan birine indirmek için Diana'yla iki tarafından kollarına girdik. Gerard, bütün gün aşı üzerinde çalışmak için şehirdeki evime dönmüştü. Diana, yakın zamanda öldürmek için elinden geleni yaptığı biri için böylesine şefkatli davranarak beni şaşırtmıştı. Hugo'nun zarar görmüş ama iyileşmekte olan vücudunun yanında dururken merakımı söze döktüm. "Neredeyse şafak söktü. Başladığın şeyi bitirmek için onu dışarı sürükleyip güneşin altında bırakmamız yeterdi."

Hugo homurdandı ve bize mahvolmuş yüzünde anlaşılmaz bir ifadeyle baktı. Diana, elmacık kemiğindeki derin kesiğin üzerine düşen saçlarını kenara itti.

Önce benimle konuştu. "Onun için hızlı bir ölüm olmayacak. Bu ihanet yüzünden Will ölürse şu sözde salgını gırtlağından içeri dökmemden önce Hugo'yla benim konuşacak çok şeyimiz olacak. Ve tedavisi de olmayacak." Hugo'ya döndü. "Güzel zaman geçireceğiz, değil mi hayatım?"

Böylesine zehir yüklü olmasa *hayatım* kelimesini kıskanabilirdim. Dışarıdan biri olduğumu vurgulamak istercesine bana yandan bir bakış attı ve Hugo'nun cevabını beklemeden tabutun kapağını kapadı.

Will'in hasta yattığı odaya geri dönerken nefes almak kadar doğal bir aşinalıkla koluna girdim. Anılarla şimdi arasındaki bu kavşak, herhangi bir insanın aklını kaçırmasına yeterdi ve benim aklım zaten yüzyıllardır uçurumun kenarındaydı. Gerçeği hayalden nasıl ayırabilirdim... daha da kötüsü, hatırlananlardan?

Will huzursuz bir uykuya dalmıştı. Henüz Iban gibi belirgin şekilde çürümeye başlamamıştı ama bunun sadece zaman meselesi olduğunu biliyordum. Bu noktada, yakışıklı yüzünde yeşilimsi bir ton vardı. Karımın, oğlumun üzerini örtüşünü izledim; ikisini de yaşamlar önce kaybetmiştim ve dilim hâlâ bunu itiraf edemiyordu.

"Neden benimle bağlantı kurmadın?" Cevap parçalanmış kalbimden kalanları da dağıtacak olsa bile bilmek zorundaydım. "Senin için gelirdim."

Şaşkınlıkla bana baktı. "Ben de sana aynı şeyi soracaktım."

"Bilmiyordum ki..."

"Bilmiyor muydun?" Başını yana yatırdı ve zihninin benimkine dokunduğunu hissettim. Yalan söylediğimi düşünüyordu. Zihnimi kısaca açarak, onu kaybetmenin yaşattığı kederi algılamasına izin verdim. İç çekerek başını iki yana salladı.

"Reedrek bizi sık sık ziyaret ederdi" diye devam etti. "Bana senin fetihlerini ve gücünü anlatırdı. Bütün bir dünyanın senin önünde diz çöktüğünü, beni artık istemediğini söylerdi."

Reedrek hayatımı başka bir şekilde daha mahvetmişti. Her nasılsa Reedrek'in yalanlarını aşabilmeyi ummuştum. Onu gizli mezarından çıkarıp hemen oracıkta öldürebilirdim. Ama onu çabuk öldürmek merhamet olurdu; onu kazayla taşa dönüştürmem bile aslında acısından kurtarmak olmuştu. Reedrek'e en son önereceğim şey merhametin rahatlığıydı.

"Yalan söylemiş" dedim.

"O kadar basit mi?"

"Evet. O kadar basit ve o kadar haince. Onun canavarı olduğum takdirde senin ve Will'in yaşamasına izin vereceğine söz vermişti. Sonra ikinizi de öldürüşünü izlemiştim. Hayatta olduğunu bilseydim hiç düşünmeden ruhumu tekrar verirdim."

Hâlâ kararsız bir şekilde, bu sözlerimi bir kenara itti. "Senden bana kalan tek şey Will." Acı içindeki oğlumuza baktı. "Hugo beni reddedemezdi. Zamanı geldiğinde, Will de benim gibi yaşamayı seçti." Bana baktı. "Hepimiz gibi."

"Ama bu tercihten pek de mutluymuş gibi görünmüyor. Hugo'nun, benim onu öldürmemi umduğunu söyledi. Will yaşamakla ölmek arasındaki farkı umursamıyordu."

Diana'nın yüz hatları sertleşti. "Hugo, herhangi bir mağrur aslandan farklı değil. Genç olanı yemek istiyor. Will'i ancak ona gerçek babasından asla söz etmemem şartıyla dönüştürdü. Bunu asla kabul etmemeliydim. O zaman böyle güçlü değildim ve seni kaybettikten sonra Will'i de kaybetme düşüncesine asla dayanamazdım." Bana yılların ötesinden bakıyormuş gibi baktı. "Bizim dünyamızda *asla* çok uzun bir süredir."

Bu konuda ona karşı çıkamazdım.

"O hâlde artık neyle yaşadığımı biliyorsun; sana bir daha *asla* sahip olamayacağım." Ona yaklaştım ve gözlerime bakması için zorladım. "Beni hiç mi özlemedin?" diye sordum. Uzaklaşmak için geri adım atmak zorunda kaldı.

Bir elini göğsüme dayadı ama itmedi.

"Biraz bile mi?" diye fısıldadım, dudaklarımı dudaklarına yaklaştırarak.

Çenesi kalktı ve nefeslerimiz karışırken dudaklarımız neredeyse değecekmiş kadar yaklaştı. Ama yine cevap vermedi.

Oyuna ısınarak, yakınında kalmaya devam ettim. "Cevap ver yoksa benden hiçbir şey alamazsın."

Aniden nefes alışını görmekten çok hissettim. Kırgınlık mıydı? Arzu mu? Öfke mi? Bilmem mümkün değildi. Zihnimden onunkine uzandım: Beş yüz yıl önce paylaştığımız bir öpücük. İki eşin birleşmesi. İçime akan cinsel gücünün sıvı ateşini hissedebiliyordum. Dişi vampirler, sevişme sırasında iki tarafın da en büyük zevki alabilmesi için erkeğin gücünü emerek güçlenir. Diana'nın tutku çeşmesinin derinliği, bana ikimizin de ruhsuz kalışından beri Hugo'yla aralarında gelişen cinsel bağı hatırlattı. Zevk ve acı konusundaki becerileri, şimdiye dek deneyimlediklerimden çok üstündü.

İçimde bir ses fısıldadı: *Tehlike.*

"Evet..." derken nefesini ağzıma üfledi. Eli enseme kaydı, beni aşağı çekti ve dudaklarımı dudaklarına çekti. Ama zevk uçucuydu.

Annesinin ilgisinde bir değişiklik sezmiş gibi Will inledi ve üzerindeki örtüleri itti.

Diana geri çekildi. "Oğlumuz..." diye mırıldandı. Onun şaşkınlığını hissedebiliyordum. Sonra her ilgili anne gibi Will'in üzerindeki battaniyeyi düzeltti. "Nedir bu... dostun Gerard'ın Will'de bulduğu hastalık?"

Konunun değişmesi beni kendimi toparlamaya zorladı. Geri çekilişi beni itiraf etmek istediğimden daha çok etkilemişti. Önce gerçeği söyleyerek onu korkutmayı düşündüm ama sonra Hugo'ya saldırışını hatırladım. Herhangi birinin korumasına ihtiyacı olan zayıf bir çiçek değildi. Birkaç saniye içinde yine iki yabancıya dönüşmüştük. "Daha önce hiç görmediğimiz bir şey; vücudu içten dışa doğru yiyen lanet olasıca bir çürüme."

"Ama vücutlarımız iyil..."

"Buna karşı iyileşmiyor. Ölmemiz daha uzun sürüyor ama tedavi edilmediği takdirde mutlaka ölüyoruz."

"Tedavisi ne?"

Sanki bir tuzak sezmiştim. Gerçekte, sanırım ben de ona onun bana güvendiğinden daha fazla güvenmiyordum. Melaphia'yla ilgili bütün düşünceleri kafamdan attım ve gerçeğin yarısını açıkladım. "Gerard bir genetik uzmanı. Bir aşı üzerinde çalışıyor ama ne kadar sürede tamamlanacağını ya da işe yarayıp yaramayacağını bilmiyor."

"O halde daha önce bunu gördü. California'da mı?"

"Evet, senin..." Banyodaki sahne bir kez daha zihnimde canlandı. "...*aşığın* sayesinde. Bize anlattığından daha fazlasını biliyor. Tehlikeyi hemen anladı."

Diana kaşlarını çattı. "Eğer biliyorsa kısa zamanda öğrenirim. Reedrek'le planlarına ilgi göstermemem hataydı. Aslında, Will yanımda olduğu sürece umursamadım." Oğlumuza baktı. "Aptalca davrandım… ama artık değil." Gözlerime baktı. "Artık değil."

Reedrek'le planlar. Reedrek'in bana Hugo'yla ilgili yaptığı uyarıları hatırladım. Onları sadece her şeyini kaybetmiş birinin mızıldanmaları olarak algılamıştım. Reedrek, Hugo'nun geldiğini söylemişti; bana Diana'nın hayatta olduğunu söylemişti. Ama dinlememiştim. İğrenç sesini kulaklarımda duymadan bütün sonsuzluğu mutlu bir şekilde geçirebilecek olmama rağmen, belki kısa bir sohbet daha gerekebilirdi. İhanetiyle ilgili böbürlenmesine izin verecektim. Bir bahane uydurarak Diana'nın yanından ayrıldım.

Kabuklar beni çabucak şehrin diğer ucuna taşıdı. Metal tabut hatırladığım kadar iğrenç kokuyordu. Ama Reedrek, hâlâ olduğu yerde donmuş durumdaydı. Onun üzerinde havada süzülürken görünmez ellerimden birini göğsüne dayayarak mezarın soğukluğunu hissettim ve Ghede'ye seslendim.

"Uyan, seni yaşlı sersem!" diye emrettim, Reedrek'e. Avucumun altındaki taş titredi ama değişmedi. "İşte şansın. Uyan ve benimle yüzleş."

Tiz bir vızıltı kulaklarımı doldurdu; bir çığlık gibi. Ses giderek kalınlaştı ve sonunda bir kelime seçebildim.

"Yardıııımm…"

Gerçekten zor durumda olduğu belliydi. Babamın bir zayıflığını keşfetme düşüncesi bile gülümsememe yetti. Görünmez geleceği için saklayabileceklerimden korkmasını sağlamaya kararlıydım.

Elimi kaldırıp ölmüş kalbinin üzerine hızla indirdim. "Uyan!"

Bir sürü çatırtı ve yükselen tozlar arasında, Reedrek taş görünüşünü kaybetmeye başladı. En azından yarı yarıya insan gibi olduğunda, emirlerimi verdim.

"Bana, Hugo'yla birlikte tezgâhladığınız şu hastalıktan söz et."

Reedrek konuşmaya çalıştı ama hareket, dudaklarının antik sıvalar gibi çatlamasına ve kanamasına neden oldu. Yarı vampir, yarı temel taşıydı şimdi. Uzun ve yavaş bir nefes aldı.

"Hugo..." diye fısıldadı. "Geldi..."

"Bana hastalıktan söz et."

Gücünü yokladığını hissedebiliyordum. Bana ulaşmanın bir yolunu arıyordu. "Neredesin?" diye sordu.

"Olmak istediğim her yerdeyim. Şu anda beni aydınlatmana izin vermek için buradayım. Bana yaptıklarını anlat, yoksa seni sonsuza dek sustururum."

Daracık alanda etrafına bakınarak yutkundu. "Kaç kişi öldü?" Sesime dokunabilirmiş gibi bir kolunu kaldırarak tabutun kapağında gezdirdi... ya da boğazımı yakalayabilirmiş gibi.

"Çok fazla" diye cevap verdim dürüstçe. Sonra planladığım yalanı ekledim. "Will öldü ve Hugo hastalığa yakalandı; görülmeye değer bir solucan ziyafeti. Seni kurtarmasını bekliyorsan çok büyük bir hata yaptın."

"Ama..."

"Ama ne? Böylesine tehlikeli bir organizmayı kontrol edebileceğini mi sandın?"

Bu onu şaşırtmıştı. Sonra eski kibrini biraz toplamış gibi oldu. "Yalan söylüyorsun. Bir biyokimyacımız vardı... dünyadaki en iyi biyokimyacı. Hugo ve benim bağışık olduğumuzu söylemişti..."

Şaşkın yüzüne bakarak güldüm. "Nedir bu? Ona inandın mı yoksa? Bana bu kimyacının yerini söyle, yoksa varlığını hatırlayacak kimse kalmayacak."

Reedrek uzunca bir an sessiz kaldı. "Eski Dünya'da iyi gizlenmiş halde. Onu asla bulamazsın." Daha fazla uyanmış olan zihni biraz daha araştırdı. "Sen nasıl kurtuldun?"

"Belki de kurtulamadım. Belki de sana işkence etmekten zevk alan bir hayaletim?"

Yüz ifadesi ekşidi. "Ölümde bir kan emici için hiçbir zevk yok. Ve hayaletlerin tedaviye ihtiyacı olmaz."

"O halde küçük sohbetimiz hâlâ beni eğlendirdiğine göre yaşamaya devam etmeliyim."

"Siktir git!"

Yemi yutmadığımda, tekrar geri adım attı. "Demek oğluna sadece ölümünü tekrar izlemek için kavuştun. Ne güzel." Birden, son karşılaşmamızı hatırlamış gibi baktı. "Onu Yeni Dünya sihrinle kurtarmaya çalışmamana şaşırdım."

"Neymiş o?"

"Voodoo..." diye hırladı. "Damarlarında dolaşan lekeli vahşi kanı."

Onu konuşturmuştum.

"Kendi tedavin varken bizimkine neden ihtiyacın olsun ki?"

Gerard, günbatımından kısa süre sonra döndü. Gündüz saatlerinde Diana ve ben, hastalıkla boğuşarak uyuyan Will'in başında sırayla nöbet tutmuştuk. Bir defa onunla yalnız kaldığımda gözlerini açtı.

"Seni tanıyor muyum?" diye sordu. "Sanki seni tanımam gerekiyormuş gibi hissediyorum."

Başımla onayladım. "William Thorne, son zamanlarda Savannah'lı. Dün gece birlikte avlandık."

Uzun bir süre bana baktı. Teninin altındaki küçük hareketleri görebiliyordum; henüz yarılmamış olan çürük topakları. "O halde dost muyuz?" O anda cevap onun için çok önemli gibi görünüyordu.

"Evet. Dostuz."

"Güzel. Dost edinmek iyidir..." Bir kez daha bilincini kaybederken sesi kısıldı. Diana'nın, yanında Gerard'la arkamdan yaklaştığını hissettim.

"Kötüleşiyor" dedi. Bu bir soru değildi.

"Evet" diye doğruladım.

"Bunu hak etmiyor; Hugo tarafından aldatıldığından eminim."

"Sullivan'ı öldürmesi için kandırılması gerekmedi" diye tersledim.

Diana bana aldırmadan Gerard'a döndü. "Yapabileceğiniz bir şey var mı? Aradığınız tedaviyi bulabildiniz mi?"

"Kesin olarak değil, hanımefendi. En son testlerin sonuçlarını bekliyorum." Boğazını temizledi. "Dışarıda biraz konuşabilir miyiz, William?"

"Elbette."

Diana odadan çıkışımızı endişeli bir yüzle izlerken muhtemelen Gerard'ın benimle ondan gizli ne konuşmak istediğini merak ediyordu. Salondan geçerken Hugo bize seslendi.

"Hâlâ yaşıyor mu?" Gündüz uyuduktan sonra çok daha iyi görünüyordu. Yaraları kapanmıştı ve çene kemiği kaynıyordu. Bütün yüzü hâlâ çirkin bir maske gibi çürüklerle kaplıydı ve çok yavaş hareket ediyor, kanepede yarı yatar pozisyonda oturuyordu.

"Evet" diye cevap verdim. "Ama bu salgını buraya getirmekteki rolü için ölmeyi hak ediyor. Ve bu olduğunda, sen de peşinden gideceksin."

Hugo dikkatle ayağa kalktı. "Bunu aklından çıkarsan iyi olur."

Hugo'nun böylesine dezavantajlı bir durumdayken benimle yüzleşmeyi önermesi, bizi olduğumuz yere mıhladı. "Ölmek için bu kadar acele mi ediyorsun yani?"

Omuzlarını dikleştirip yumruklarını sıkmak dışında cevap vermedi.

Birden anladım. Will ölürse benden çok Diana'yla yüzleşmekten korkuyordu. "Ondan korkuyorsun" dedim şaşırarak.

"Ondan değil" diye cevap verdi. Kolunu havaya doğru salladı. "Bundan. Onun geçmişinden."

Benden. Ölümden değil, kaybetmekten. Umutsuz bir aşk.

"Will'in planınızdaki rolünü anlat."

Hugo yavaşça kollarını göğsünde kavuşturdu. Bir an için cevap vermemeyi seçtiğini düşündüm. Sonra Diana'nın durduğu koridora bir bakış atarak konuştu. "O bir şey bilmiyordu. Sadece virüsü insan kanına taşıması ve böylece klanın içeceği kana karıştırması gerekiyordu. Ona, onlara başka şekilde dokunmamasını söylemiştim."

"Bu Reedrek'in mi, yoksa tek başına senin planın mıydı?" diye sordu Diana içeri girerken.

Hugo bakışlarını indirdi. "Bir anlaşma yapmıştık. Ben Will'i California'ya gönderecektim ve Reedrek de gelip..." Bakışlarını bana çevirdi.

Demek ikimiz de limanda bir sürprizle karşılaşmıştık. O, iyi haberle Reedrek'in kendisini karşılamasını bekliyordu.

Reedrek'le tekrar konuşmak zorunda kalmazsam bu harika olurdu. Bana ve sevdiklerime ne kadar zarar verdiğini artık sayamıyordum. Hugo'nun görüntüsüne de dayanamıyordum. Gerard'la dışarı çıkmak daha iyiydi. Olduğum yerde dönerek, Hugo'yu acısı ve Diana'yla baş başa bıraktım.

"İkimiz de bir aşı olmadığını biliyoruz. Henüz" dedi Gerard, kısık sesle.

Verandada, diğerlerinin duyamayacağı bir yerde duruyorduk.

"Bu noktada saf voodoo kanı tek tedavi" diye devam etti "ve Melaphia, Iban yüzünden ciddi şekilde zayıf düştü. Bu yeni duruma yardım etmek için daha fazlasını veremez."

"Peki, ya benim kanım?" diye sordum. Sonuçta Reedrek işe yarayacağını düşünmüştü. "Lalee'nin kendi kanıyla karışık ve neredeyse saf. Başka şeylerde oldukça etkiliydi."

Gerard bakışlarını uzaklara dikti. Bilgisayar gibi çalışan beyninin olasılıkları ve yüzdeleri hesapladığını neredeyse duyabiliyordum. Ama sonra başını iki yana salladı. "Kesin olarak bir şey söyleyemem ama en fazla ilerleyişi yavaşlatabileceğini düşünüyorum. Ancak, sana en çok ihtiyaç duyduğumuz böyle bir dönemde seni zayıflatmak, kabul edilemez bir risk olur. Üstelik virüse maruz kalma olasılığın da çok yüksek. İkinizi birden kaybedebiliriz."

"Bence bırakın gebersin" dedi üçüncü bir ses. "Beni onu kendim öldürmek zahmetinden kurtarırsınız."

Jack, eve yakın büyük bir manolya çalılığının arkasından çıktı.

"Burada ne işin var?" diye sordum, varlığını hissetmemiş veya canavar arabasının motor sesini duymamış olmama şaşırarak. Onsuz bir yere çok ender giderdi.

Bir şey söyleyecekmiş gibi bir an bana baktı sonra durduğu yerde doğrularak basamakları çıkıp yanımıza geldi. "Hoşuna gitsin ya da gitmesin, ben hâlâ bu şehirde yaşıyorum. İstediğim yere giderim."

"Ve istediğin yalanı söylersin" dedim, başımla onaylayarak.

Gerard aramıza girdi. "Ciddiyim William. Oğlun olsun ya da olmasın, Will'e kanını içirmene karşıyım." Yüzünde acılı bir ifade belirdi. "Ama başka, daha güvenli bir seçenek var."

Zihnim kısmen Will'e, kısmen Diana'ya ve gerisi de Jack'e odaklanmış halde bekledim.

"Renee var."

"Şşş!" diye uyardım hemen. "Burada onun adını bile anma."

"Bu kesinlikle söz konusu bile olamaz" diye hırladı Jack, aynı anda.

Gerard ikimize de bakarak iç çekti. "Biliyorum, biliyorum. Ancak, bir bilim adamı olarak bütün olasılıkları değerlendirmek zorundayım. Bu kararı verebilecek kişi ben değilim."

"Mel'e ne olduğunu gördün mü?" diye sordu Jack, son

iki gündür şehir dışındaymışım gibi. "Sevgili kızımızın bu şekilde acı çekmesine izin vermen kesinlikle mümkün olamaz. Hem de o lanet olasıca piçe yardım etmek için." Bana öfkeyle baktı. "Alınma."

"Alınmadım. Sonrasında Melaphia'yla ilgilenen ben olduğumdan" dedim, Jack'e, "sana katılıyorum. Küçük kızımız söz konusu bile olamaz."

Jack

Biraz gevşedim. En azından, William'la Renee için tartışmam gerekmeyecekti. Ama bu ölümlü oğlunun neredeyse kesin ölümü anlamına geldiğinden, Renee'yi dışarıda tutmak onun için kolay bir karar olamazdı. "Güzel" dedim. "Oğlun gerçekten kötü haber. Ben elinden bıraktırmaya çalışırken Will, Sullivan'ın boğazını söktü. Renee'nin kanından bir damlayı bile içmesine izin vermem; çok değerli kanımızın tek bir damlasını bile."

"Ne demeye çalışıyorsun, Jack? Kendi etimden ve kanımdan olsa bile kurtarmaya değmeyeceğini mi? *Gerçek* oğlumun?" diye sordu William. Ne demek istediği açıktı: Beni artık oğlu olarak görmüyordu. Bunun incitmediğini söylesem yalan olurdu.

"En yakın müttefikimizin güvenilir insan dostunu öldürecek kadar hainken, hayır. İyiyi kötüden ayırma becerini tamamen kaybetmemiş olmana sevindim."

"Bakış açımı mı sorguluyorsun?" diye hırladı William. "Tam olarak bu konu yüzünden iyi niyetimi göstermek için

Bonaventureların liderliğini Lucius'a bıraktığımı öğrenmek ilgini çeker miydi?"

"Lucius mu? Sen delirdin mi?" William'ın acı bakışlarından, habere verdiğim tepkiyi ölçtüğünü biliyordum; benim yerime Lucius'a güvenmesi, suratıma inen başka bir tokattı. "Daha iki gün önce, o kana susamış sersemin mümkün olan en hızlı şekilde vampir yaratmaya ve onları suikastçılar olarak yetiştirmeye başlamamız gerektiğini söylediğini hepimiz duyduk."

Peş peşe gelen iki kasıtlı darbeden sonra William'a en çok inciteceğini bildiğim şekilde vurmak istiyordum. Zihnimi ona açarak, oğluna duyduğum nefretimi ve kokmuş bir et yığını haline gelene kadar çürümesi yönündeki isteğimi algılamasını sağladım.

Boğazıma doğru atıldığında, ölümlü babamın dayaklarının anısı bir keder ve öfke dalgasıyla zihnime doldu. Bileğini yakalayarak durdurdum. "Bir daha bana asla öfkeyle el kaldırma. *Asla.*"

"O zaman bunu yapmak için sebep oluştur ve durma!" diye hırladı ve kolunu çekip kurtardı.

William'la sidik yarışımızın kontrolden çıkmasını istemiyordum. Özellikle de her şey zaten bu kadar altüst olmuşken. Ayrıca, ona olanları kendi açımdan anlatacaksam bu tam zamanıydı. "William, Diana'nın hayatta olmasıyla ilgili yalan söylemek niyetinde değildim. Yani, sana açıklayacaktım."

"Evet, bunu bana Diana tekneden inerken söylemeye çalıştığını hatırlıyorum. Bu sence de biraz geç değil mi?"

"Geç kalmaktan daha fazlası var."

"Olivia da biliyordu, değil mi? Hologramla toplantıya katıldığında benden gizlemeye çalıştığı şey buydu."

"Evet. Bu onun fikriydi; Diana'nın varlığını senden gizlemek."

"Ah, Jack" dedi William, alaycı bir tavırla. "Kendi yalanlarını bir kadına yüklemen ne kadar da centilmence."

"Biraz çeneni kapatıp dinler misin?"

William soğuk gözlerle bana baktı. "Pekâlâ. Açıklama yapmak için sadece bir dakikan var. Sonra gerçek ailemin yanına döneceğim."

"Tamam. Kısaca anlatıyorum: Birkaç gün önce Olivia beni aradı ve içinden atması gereken bir şey olduğunu söyledi. Diana'nın hayatta olmadığı konusunda sana yalan söylemek onu öldürüyordu. Endişelendim ve ona hemen her şeyi açıklamasını söyledim. İkimizin de bu sırrı sana açıklayamayacağımızı çünkü Diana'yı kurtarmak için Hugo'nun klanının karargâhına saldırarak ikimizi de öldürteceğinden korkuyordu."

William kaşlarını çattı. "Seni öldürtmek mi?"

"Evet. Olivia senin oraya gideceğini, benim senin peşinde olacağımı ve bunun iyi bir sonuç getirmeyeceğini biliyordu. Ben senin arkanı kollasam da kollamasam da Hugo, -klanı tarafından sarılmış halde- seni, beni ve seni cehenneme kadar izleyecek kadar aptal olan diğer herkesi öldürürdü. Dolayısıyla, evet, bana bencil diyebilirsin ama en azından öldürülme konusunda ona hak veriyorum."

William söylediklerimi düşündü. Sessizlik uzarken az önce neleri itiraf ettiğimin farkına vardım. Az önce William'a, beni doğal babamın etten kemikten yumruklarından çok daha etkili şekilde dövebileceği bir silah vermiştim: Artık William benim için hâlâ önemli olduğunu -uğrunda ölecek kadar- biliyordu. Lanet olasıca çenem! Hep düşüncelerimden önde giderdi. Az önceki inişli çıkışlı ilişkimizin dengesini değiştirmiştim... bir kez daha. Ve o, karşımda sessizce, düşünceler içinde duruyordu.

"Devam et" dedi.

"Olivia, bize bir şey olduğu takdirde böylesine yeni bir organizasyon olduğu ve henüz yapılanmasını tamamlamadığı için Bonaventurelar adına korkuyordu. Yani, bir düşünsene! Alger'ı yeni kaybetmişti. Seni de kaybetmeye dayanamazdı."

"Bu yüzden Diana'nın varlığını sır olarak tutmak için birlikte komplo kurdunuz."

"Voodoo dersi yaptığımız gün sana açıklayacaktım, yemin ederim. Ama o gün senin Eleanor'la birlikte ne kadar mutlu olduğunu görünce, içim elvermedi. Sana yine de söyleyecektim. Sadece... doğru zamanı bekliyordum."

William bakışlarını ayakkabılarına indirdi. "Sanırım ikilemini görebiliyorum. Eleanor'dan hoşlandığını biliyorum."

Eleanor; "Baba, senin için ölürüm!" konuşmasını aşmak için çok iyi bir taktik. "Dinle, onunla ilgili... onunla konuşmalısın. Bu akşam onu buraya getireceğime söz verdikten sonra onsuz sıvışıp çıktım."

"Beni sonsuza dek şaşırtmaya devam edeceksin ve bu her zaman iyi anlamda da olmuyor. Onu ne demeye buraya getirecektin ki?" diye çıkıştı.

"Senden bazı cevaplar almaya geleceğini söyledi. Kötü durumda, William."

Bunu ona söylerken çok fazla kelime kullanmam gerekmemişti ama Diana'nın hortlak olduğunu öğrendiğimde

Eleanor için korktuğum her şey gerçekleşiyordu. Bana gündoğumundan önce söylediklerinden anladığım kadarıyla, en kötü kısmı, William'ın yardım etmemesiydi. William'ın ilgilenmesi gereken başka konular olduğunu biliyordum ama konuya biraz da Eleanor'un açısından bakması gerekirdi. Henüz yavruydu, hayatta kalmak için babasına ihtiyacı vardı. William, Diana'nın şehre gelmesi ile birlikte, Eleanor'la ilişkisini önemsemez gibi davranıyordu. Ve Eleanor'un sonsuza dek William'la birlikte olabilmek için ruhundan vazgeçmiş olması konusu vardı; hoş, şimdi o sonsuzluk sadece günler sürebilir gibi görünüyordu. Bir de buna William'ı sevdiği gerçeğini ekleyin. Tanrım, kadın olmadığıma seviniyordum.

"Bunu bilmediğimi mi sanıyorsun?" dedi William. "Ama beş asırdan sonra oğlumu buldum ve onunla sadece birkaç saat daha geçirebilirim. Eleanor ve endişelerinin beklemesi gerekiyor."

"Sana bir kadına nasıl yaklaşman gerektiğini anlatmaya kalkışmıyorum ama…"

"O zaman kalkışma."

İç çektim. Artık Eleanor'a yardım etmek için yapabileceğim hiçbir şey yoktu. Ayrıca, birkaç gün veya hatta birkaç saat içinde hepimiz salgının pençesinde olabilirdik. Konu açılmışken; "Şimdi Iban daha iyi mi? Sullivan'ı öğrendi mi?"

"Evet. Neredeyse tamamen toparlandı" dedi William. "Ona saldırıdan söz ettim."

"Iban'ı pek iyi tanımıyorum. Bir vampir için fazlasıyla nazik birine benziyor ama gücünü geri kazandığında…"

"Will hâlâ hayattaysa Iban onu parçalamak için bir saniye bile kaybetmeyecek" dedi William.

Sullivan'ın intikamını almak için benim de Will'i öldürmeye yemin ettiğimi açıklamadım. Connie'ye söz vermiştim ve onu, bu sözümü hatırlatacağını bilecek kadar iyi tanıyordum. Ama şu anda salgın, William'ın oğlunun kanını hem benim hem de Iban'ın ellerinden uzak tutacak gibi görünüyordu.

William bakışlarını uzağa dikti. "Geri kalanını biliyor olabilirsin. Virüsün arkasında kimin olduğunu öğrendik."

"Demek Gerard haklıydı. Bu bir biyolojik silah. Kimmiş?"

"Hugo! Virüsü yayması için Will'i California'ya göndermiş ve sonra da ona burada kendisiyle buluşmasını söylemiş."

Bunu hazmetmek için biraz düşündüm. "Bu yüzden buraya diğerlerinden önce geldi. Hugo ve Diana'nın bindiği tekne gelmeden günler önce Werm'le takılıyordu. Bunu nasıl yapmış?"

"Bilmiyorum. Hugo, Will'in kullanıldığını, bir salgın yaydığını bilmediğini söylüyor."

"Sen de ona inandın mı?" Will'in üst katta çürüyen yüzünü düşündüm ve planı kendisine geri teptiği için sevindim.

"Ben oğluma inanmayı seçiyorum."

Bu vurguya aldırmamak için kendimi çok zorlamam gerekti. "Kanıtlar dikkate alınırsa bu biraz aptalca."

"Neden söz ediyorsun sen?"

"Will garajıma ilk kez geldiğinde, Sullivan'a yaklaşmaktan kaçınıyor gibiydi. Ama Sullivan, Will'i bir yerlerden tanıdığını söyledi. Will ikinci kez geldiğinde -senin bıraktığın gece- Sullivan'ın orada olmasını beklemiyordu ama oradaydı. Dostça konuşuyorlardı ama sonra Sullivan'ın yüzünde tanıyan bir ifade belirdi ve kavgaya hazırlandı.

Will o zaman ördeğe saldıran bir av köpeği gibi üzerine çullandı."

"Yani sen diyorsun ki..."

"Sullivan hastalığı kendilerine kimin getirdiğini keşfetmek üzereydi. Will'i California klanının yakınlarında gördüğünü tahmin ediyorum. L.A. çok büyük olduğundan, şehre gelen yalnız bir vampir çok fazla dikkat çekmezdi. Tabii dostça davrandığı sürece." Will'in Renee'yi ne kadar kolay etkilediğini hatırlayınca, teorim daha da güçlendi. "Will, orada olduğunu senin ve benim öğrenmemize izin veremezdi çünkü hemen olanları anlayacağımızın farkındaydı."

"Yani Sullivan'ı susturmak için mi öldürdüğünü düşünüyorsun? Peki, ya Iban? Will'i o da tanıyabilirdi."

"Evet, fakat bildiğimiz kadarıyla Iban ve Will henüz Savannah'da karşılaşmadılar. Will'in bildiği kadarıyla da California klanından sadece Sullivan buradaydı. Dolayısıyla, Sullivan'ı ortadan kaldırırsa güvende olacağını düşündü. William, bütün bunlar, Will'in virüsü California'ya götürdüğünde ne yaptığını bildiği anlamına geliyor."

William sarardı ve üzgün gözlerle baktı. "Tehlikeyi bilseydi Will kendini asla riske atmazdı. Hugo onu California'ya gönderirken virüsü kendisinin de kapabileceğini söylememiş olmalı. Bu şekilde Hugo hem Will'den kurtulacak hem de Diana'yı kaybetmeyecekti." Ben soran gözlerle bakınca, William devam etti. "Hugo ve Will birbirlerinden nefret ediyorlar."

"Ama Hugo'nun tek amacı Will'den kurtulmak olamaz. Onu öldürmenin daha kolay yolları var; her şeyi bir vampir avcısına yüklemek gibi."

"Haklısın. Konunun sadece Will olmadığından eminim. En büyük ve en başarılı klanımızı ortadan kaldırmak, muhtemelen bütün Bonaventurelar için bir uyarı amacı taşıyordu. Ama Will kendisi hastalığa yakalanmadan virüsü California'ya nasıl getirmiş olabilir?"

"Belki de bunu ona sormalısın."

William başıyla onayladı. "Belki de sormalıyım." Babam bunu söyledikten sonra eve geri döndü ve ben de sallanan koltuklardan birine oturdum. Eleanor'u bekleyecek ve onu şehre geri dönmesi için ikna etmeye çalışacaktım. Ama bunu yapmayacağını biliyordum.

En azından William beni dinlemişti. Emin değildim fakat bana tekrar güvenebileceğini hissediyordum. Bunu zaman gösterecekti. Tabii zamanımız kaldıysa.

16

William

"Will'i kurtarırsan..." Diana yavaşça dizlerinin üzerine çöktü "...istediğin her şeyi yaparım." Sanki fidye vermeye hazır kral görüntüsüyle bana baktı. "Her şeyi."

"Hugo'yu terk edip sonsuza kadar bana bağlanır mısın?" Diana kendini ve geleceğini sunmadan önce bile Will'i kendi kanımla beslemeye karar vermiştim. Asıl zorluk, Hugo ve Diana'ya tedavinin gerçek kaynağını göstermeden nasıl yapacağımdı; Melaphia ve Renee'yi. Kanım Will'i tedavi edemezse zamanı geldiğinde Savannah veya Diana için Hugo'ya meydan okuyamayacak kadar zayıf düşecektim.

Diana elimi tuttu ve beş asır önce Tudor Kralı Henry'ye bağlılık yemini ederken yaptığını gördüğüm gibi öptü. Karıları yüzünden modernlerin hatırladığı tek Tudor Kralı.

"Benim için savaş" diye fısıldadı, bakışlarını yere indirerek.

Elimi başına koydum ve parmaklarımı altın buklelerinin

arasında gezdirdim. Dokunduğumda bütün vücudum ürperdi. "Savaşlar sırayla. Önce Will için elimden geleni yapacağım" dedim. Diana üzerindeki hakkımı talep etmiştim; sonra kolundan tutarak onu ayağa kaldırdım. "Şimdi beni onunla yalnız bırak."

Gözlerinde bir güvensizlik belirtisi sezdim. Tereddüt ediyordu. Sonra verdiği sözü hatırlayarak başıyla onayladı ve Will'e son kez şefkatli bir bakış attıktan sonra odadan çıktı.

Ceketimi çıkarıp gömleğimin düğmelerini açtım. Will, Iban'ın Melaphia'dan beslendiği zamana oranla çok daha iyi durumda görünüyordu. Gerard, Melaphia'nın yaralarının Iban'ın hastalığının ilerlemiş durumundan kaynaklandığını açıklamıştı. Yüzü ve boğazı normal şekilde yutkunmasını engelleyecek ölçüde çürümüştü. Ama dişleri keskin ve uzundu. Beslenme hırsı sırasında o dişler Melaphia'nın kollarını parçalamıştı.

Ben, Will'den daha güçlüydüm. Onu zorla besleyebilirdim.

Avucumu alnına koydum. Teninin insanımsı sıcaklığını hissetmek tuhaftı. Hareket halindeki virüsün yan etkisi.

"Will?"

Gözkapakları titredi ve yavaşça açıldı. Gözlerinin beyazı, çatlamış damarlar yüzünden pembeleşmişti. Kör bir adam gibi bana baktı.

"Seni kurtaracağım" dedim. Dikkatini üzerimde tutabilmek için çaba harcadığı belliydi. "Ama önce bana bu virüsten söz etmelisin."

Anlatacak kadar yaşayamayacağından korkarmış gibi yüzünde bir panik ifadesi belirdi. Kuru dudakları kıpırdarken çatladı. "Lanet olasıca aptal" diye mırıldandı, ağzının kenarlarından kan ve irin akarken. "Bağışıkmış... adi herif!" Homurdanarak gözlerini kapadı. "Acıyor..."

Demek Jack haklıydı: Will ne yaptığını biliyordu. "California klanına hastalığı nasıl bulaştırdın?" Virüsün nasıl yayıldığını bilmek zorundaydım.

"Kanda... kuğuların kanına..."

"Seni kim gönderdi ve karşılığında ne söz verildi?"

Arkasından uzun bir sessizlik oldu ve tekrar bayıldığını sandım. Dikkatini korumasını sağlamak için omuzlarından tutup sarstım. Cevap verirken gözlerini daha sıkı kapadı. "Reedrek... ve babam... Hugo, annemle benim..." İç çekerek gücünü topladı. "...özgür olacağımızı söyledi." Çabalaması bedelini ödetiyordu. Yüzünün bir tarafı yarıldı ve dışarı sıvı aktı. Sıvının altında çıplak çene kemiğini görebiliyordum.

Yarayı elimle kapatarak çenesini açtım. Sol dişimle sağ bileğimin damarında bir delik açtım. Yaradan akan kan diline damlamaya başladığında, Will'in açgözlü ağzı uyanmış gibiydi. Yutkunurken dişleri uzadı. Bir an sonra öksürürken çürümüş et ve sümükle karışmış kanımı püskürdü. Sonra sırtını yataktan kaldırdı ve dişlerini açılmış tenime saplamak istermişçesine ağzı gerildi. İhtiyacı olan kanın tadını alabiliyordu ama içemiyordu.

Vampir dürtüleri hayatta kalmasını sağlamak için çırpınırken onu yatağa bastırıp hareketsiz bıraktım. Ama amacına ulaşmak için gereken güçten yoksundu. Bir şey yapmazsam ölecekti ve kurtarılıp kurtarılamayacağından asla emin olamayacaktım. Hugo'nun tacizlerinden ve işkencesinden kurtulabilir miydi?

Onu bıraktım ve ısırmasına izin verdim.

Acıyla kendi dişlerimi sıktım. Dişlerini neredeyse derinin altındaki kemiğe geçirmişti. Boştaki elimle onu yatağa bastırırken kolumu da beraberinde sürüklemesine izin verdim. O birkaç saniyede tehlikeli iş tamamlanmıştı. O andan itibaren bir ölüm-kalım savaşındaydık.

Kanım Will'in çürüyen çenesinden ve boynundan aşağı akıyordu: Bu hoş bir görüntü değildi. Melaphia'nın çok daha zorunu yaşadığını düşünerek kendimi tuttum. Zihnimin uzaklara, malikâneme sürüklenmesine izin verdim. Melaphia'yla, Jack'le yaptığım gibi iletişim kuramazdım ama o an beni bağışlaması için af diledim. Sadece bana bağlılık yemini etmişti. Iban'a yardım etmesini emretmem adil değildi. Ama bu dünyada ne adildi ki?

Eleanor'un görüntüsü düşüncelerimi doldurdu.

Eleanor'a da adil davranmamıştım. Mutluluğun benden daima kaçacağını bilmeme rağmen, zayıf bir anımda bir kez daha denemeye karar vermiştim. Şimdi varlığımın rahatlığını bile esirgeyerek, onu aşırı uzun ve berbat yaşamıma katmıştım. Doktor Phillip bunu asla onaylamazdı.

Tanrım... ben...

Will inledi ve dişlerinin pozisyonunu değiştirdi. Acıyla yüzümü buruştururken zihnimde tanıdık bir şey hissettim.

Eleanor. Düşüncelerimi yakalamış olmalıydı. Diana'nın gelişinden beri ondan gizlediğim yönümü açtım ve şaşırdım. Aramızdaki mesafe -o Houghton Meydanı'nda, ben tesisteydim- yok olmuştu. Daha kırık ön kapıdan girmeden varlığını hissetmiştim.

Jack'in zihni bana uzandı. *Sana onunla konuşman gerektiğini söylemiştim.*

Jack, onu benden uzak tut! Eleanor, eve dön!

Hayır.

O anda Diana'yla konuşurken sesini duydum. "Nerede o?"

Eleanor, aptallık etme!

Diana'yla insanüstü bir bağlantım olmadığından, ne düşündüğünü bilemiyordum. Ama tanımadığı bir yavrunun Will'i tedavime müdahale etmesine nasıl karşılık vereceği konusunda belirgin bir fikrim vardı.

"Nerede o dedim" diye tekrarladı Eleanor.

Sana buradan gitmeni emrediyorum. Zihnine baskı yaptığımda acıyla inlediğini hissettim. Sonuçta bana aitti.

"Hayır, beni gitmeye zorlama!" diye bağırdı, yüksek sesle.

"O kapıdan uzaklaş!" dediğini duydum Diana'nın.

Jack: "Haydi, El. Şu anda biraz meşgul..."

"Uzak dur benden!" Kapının tokmağı titredikten sonra gırtlaktan gelen bir çığlık ve gürültüler duydum; sanki biri odanın karşı duvarına fırlatılmış gibi. Will yine öksürmeye başlamıştı ve kolumu bıraktığında, bu kez yataktan uzaklaştım. Daha sağlam bir sesle inledi. "Anne."

Çıkardığım gömleğimi kaptım ve kanamayı durdurmak için bileğimi sararken kapıyı açmak için yürüdüm. Karşılaştığım görüntü beni olduğum yere mıhladı. Eleanor tavana fırlatılmış gibiydi; orada avizenin yanında, görünmez bir güçle mıhlanmış halde havada asılı duruyordu. Elindeki oymalı kazık, başının üzerindeki tavana saplanmıştı. Dehşet dolu gözlerle bana baktı. Jack yemek masasının üzerine çıkmıştı ve Eleanor'un boştaki kolunu çekiştiriyordu. Hugo olanları keyifle izliyordu. Buckingham Sarayı'ndaki bir muhafız gibi hareketsiz duran Diana, oğlumuzun yattığı odanın kapısında yanımdaydı.

"İndir onu" diye emrettim, Diana'ya.

"Eğer buradan gönderirsen" dedi Diana. "Beni öldürmeye kalktı."

Ona döndüm. "Sözünü bu kadar çabuk mu unuttun?"

Gözlerini kısarak itaat etti. Şaşkınlık yansıtan hafif bir sesle, Eleanor, Jack'in kollarına düştü. Jack masadan inerken Eleanor'u ayaklarının üzerine bıraktı.

"Onu eve götür" dedim.

"Hayır!" Eleanor ondan kurtularak bana koşarken dikkati benimle Diana arasında bölünmüştü. Belimden yukarısının çıplak olduğunu ve kolumdan akan kanı görerek olduğu yerde donup kaldı. "Neler oluyor?"

Kazığı tutan elini yakaladım -bu, kan oyunlarımızda sık kullandığımız bir kazıktı- ve kazığı elinden aldım. Sonra onu ön kapının bulunduğu yöne doğru çevirdim. "Seni ilgilendiren bir şey yok. Burada olmamalısın." Başka bir zaman olsa ona bir vampiri nasıl öldüreceğini doğru bir şekilde öğretirdim. Elinde bir kazıkla üzerlerine yürümek işe yaramazdı.

"Lütfen... kalmama izin ver." Büyülenmiş gözlerle Diana'ya baktı. "Söz veriyorum, sorun çıkarmayacağım."

Burada tehlikedesin, diye uyardım.

Ama çok geçti. "Bizi tanıştırmayacak mısın?" diye sordu Diana. "En azından, beni öldürmeye çalışan kişiyi tanımak isterim."

Lanet olsun, diye fısıldadı Jack, duygularını zihnime yansıtarak.

Şimdi silahsız kalan Eleanor kollarımın arasında dönerek kolunu belime doladı. Titrediğini hissedebiliyordum. Bir insan olarak dünyasında hiç korku yoktu ama burada kendini derin sulara atmıştı. Ve duyguları doğru olduğundan, onu çok fazla teselli edemezdim. En azından, gerektiği takdirde Jack'in Eleanor'u buradan çıkaracağına güvenebilirdim; gitmek istesin ya da istemesin. Sonra da ben Diana'yla ilgilenebilirdim.

"Eleanor, bu Diana" dedim, kısaca.

Diana elini uzattı ve Eleanor onunla tokalaştı. "Selam" dedi, nefes nefese bir halde.

Diana gülümsedi. "Sen Cuy'ın..."

Çocukluk adımı kullanması ve cümlesini tamamlamaması çok şey anlatıyordu bana.

"Cuy mı?" diye sordu Eleanor.

Diana'nın kahkahaları neşeden çok tehditkâr gibiydi. "Pekâlâ, William diyelim." Eleanor'un elini bırakmadan bana baktı.

"O benim" dedim.

"Bunu görebiliyorum" diye cevap verdi Diana, alaycı bir tavırla gülümseyerek. Aniden Eleanor inledi ve yanımda kaskatı kesildi. Acıyla yüzünü buruşturarak elini Diana'nınkinden çekti.

Bu kaltak. "Canımı yaktı!"

"Artık gitme zamanı" dedim. "Jack?"

"Dur" dedi Eleanor, bakışları çıplak göğsüme dönerken. "Ne zaman eve döneceksin?"

Bu noktada ne söz verdiğimin bir anlamı var mıydı? Onu tehlikeden -özellikle de Diana'dan gelebilecek bir tehlikeden- korumak için her şeyi söyleyebilirdim.

"Yakında."

"Söz mü?"

Vicdanım sızlıyordu. Şu anda hastalığı kapmış olduğumu neredeyse kesinlikle biliyordum. Eve dönmek kabul edilemez bir riskti. "Evet, söz veriyorum. Artık Jack'le git."

Jack

Bir an Eleanor'u sürükleyerek götürmem gerekeceğini sandım ama gururu üstün geldi ve sonunda çenesini kaldırarak koluma girdi. Tanrı'ya şükür! Şu anda saç saça baş başa dövüşen iki dişi vampiri izleyecek havada değildim. Başka zaman olsa hoşuma gidebilirdi ama katil bir virüs hepimizi yerken olmazdı. William'ın kolundaki vampir ısırığına bakarak, Will'i besleme planını gerçekleştirdiğini görebiliyordum. Bu harikaydı. Şimdi yavruları -ben, Eleanor ve Werm- daha da fazla risk altındaydık. Baban öldüğünde, büyük ölçüde kendi başına kalırsın. Oradan hemen çıkmak zorundaydık.

Tam gidecekken Diana'nın arkamızdan konuştuğunu duydum. "Hugo, sen de onlarla git."

Hugo'nun bakışları, aşırı steroid almış Terminatör'ünkü gibiydi. Yüzü, Mike Tyson'la birkaç raunt maç yapmış gibi görünüyordu (ama iki kulağı da hâlâ yerindeydi). William'ın bu yaralarla ilgisi olup olmadığını merak ettim. "Onunla yalnız kalabilesin diye mi? Hiç sanmıyorum" dedi Hugo. "Koluna baksana; artık o da hasta."

Eleanor korkuyla inledi ama görünüşe bakılırsa benden başka kimsenin dikkatini çekmedi.

"Oğlum ölümün eşiğinde" dedi Diana. "Sen de onunla sürüklenmek istemiyorsan sana gözümün önünden kaybolmanı öneririm. Bu hastalık senin hatan."

Hugo'nun kibirli yüz ifadesi silindi. Muhtemelen dişi vampirler erkeklerinin gücünü çektiği için olsa gerek, bu kadından korkuyordu. Bu çiftin birkaç asırdır birlikte olduğu düşünülürse yarasa mağarasının efendisi bu kadındı. Güney'de eski bir deyişimiz vardır: Anne mutlu değilse, kimse mutlu değildir. Ve bu Diana denen kadın hiç de mutlu görünmüyordu.

"İyi bir av hoşuma gidebilirdi" dedi Hugo sonunda. "Çoğunuz ölmeye kararlı olabilirsiniz ama en azından ben yaşamak istiyorum."

Çıkar onu buradan, diye fısıldadı William, zihnime. *Hugo olanları kavrayıp voodoo kanıyla ilgili gerçeğe uyanmadan kanımın Will'in üzerinde etkili olabilmesi için zamana ihtiyacım var.*

Bak, bir çocuk bakıcısı olmadığımı sana daha önce de söylemiştim. Özellikle de Will ve Hugo gibi sersemler için. Ayrıca, bu konuda başarılı da değildim. Gözlerimin önünde Sullivan'a olanlara bir bak.

Dediğimi yap, Jack.

Her ne haltsa. Sabaha kadar El ve ben ölürsek belki o zaman mutlu olursun.

Eleanor'un kolunu daha sıkı tuttum ama Hugo da gelmeyi kabul ettiğinden, artık katır gibi inat ediyordu. Diana'yla William'ı yalnız bırakmak istememesinden dolayı onu suçlayamazdım. Eğilerek kulağına fısıldadım. "Kadının çocuğu burunlarının dibinde çürürken aralarında romantik bir şey olamaz. Endişelenmene gerek yok." Bunun doğruluğundan o kadar da emin değildim ama mecbur kaldığımda gerçekten ikna edici olabilirim.

"Jack?" William, El'in kazığını bana attı. "Hugo sorun çıkarırsa bunu kullan."

Hugo, nefret dolu gözlerle William'a baktı. Ama Diana hiçbirini umursamıyordu.

"Yürü" diye tekrarladı.

William'ı kapıya doğru sessizce itişini hissedebiliyordum. Kotumun paçalarından birini sıyırıp kazığı çizmeme soktum. Eleanor başıyla onayladı ve yürümeye başladık.

Mönüdekiler kendimiz olmadığımız sürece, aslında avlanmak fena bir fikir değildi ama Hugo'nun ve aynı zamanda Eleanor'un kontrolden çıkmamasına dikkat etmek zorundaydım. "Benimle gelin" dedim ve onları spor arabama götürdüm. Oldukça sıkı fıkı bir yolculuk olacaktı.

Tünellere giderken kimseyi öldürmeme kuralını açıkladım. Hugo'nun itiraz etmesini bekliyordum ama muhtemelen Diana'yı William'la baş başa bıraktığı için surat asmaktan başka bir şey yapmadı. Eleanor da daha iyi durumda değildi. Radyoda Carrie Underwood'un "Tanrım, Direksiyona Geç" şarkısı çalarken hepimiz oldukça sessizdik.

"Avımızın polisten veya onları çağırabilecek insanlardan uzakta olması için tünellere gidiyoruz." Ayrıca, öyle kapalı bir yerde Hugo'yu kontrol altında tutmak da daha kolay olacaktı.

Oglethorpe Meydanı'nda vampir kovalamak zorunda kalmayacaktım. Tek sorun, William'ın önceki gece birilerini öldürmesinden sonra sokak insanlarının tünellerden uzak kalacağından endişelenmemdi. Diğer bir deyişle, havuzdaki balıkları tazelemem gerekiyordu. Cep telefonumu çıkarıp 411'i tuşladım.

Beni şehrin su işlerine bağladıklarında, seçenekleri dinledim ve acil durum onarımları düğmesine bastım. "Alo? Bir ana su borusu arızası bildirmek istiyordum."

Eleanor'un yeri -daha doğrusu, yeni yerinin bodrum kapısı- tünellere girmek için iyi bir seçenekti. William, daha birkaç gün önce tünellere açılan bir giriş kazdırmış ve metal bir kapı yerleştirmişti.

Hugo daha sonra kendi başına gitmesini sağlayacak titreşimler almasın diye, Houghton Meydanı'ndaki malikâneden uzak durmuştum. Onun Mel ve Renee'den mümkün olduğunca uzak kalmasını istiyordum.

"Neden sıçanlar gibi kanalizasyonlarda avlanmak zorundayız?" diye sızlandı Hugo.

"Siz yabancılar 'göz önünde olmamak' kavramı hakkında bir şeyler biliyor musunuz? Ayrıca, bunlar kanalizasyon değil. Kanalizasyonu görmek istiyorsan seni atık tesisine götürüp içine bırakabilirim." Bu düşünce, o gece beni ilk kez gülümsetmişti.

Hugo kaşlarını çattı ve bir av köpeği gibi havayı koklamaya başladı. Sonra gerçekten ilginç bir koku almış veya duymuş gibi yüzünde tuhaf bir ifade belirdi. Bu haldeyken bile kulakları ve burnu benimkilerden daha güçlü olmalıydı çünkü ben bir şey algılamamıştım.

"Ben şu tarafa gideceğim" dedi. "Daha sonra burada buluşuruz."

"Ah, hayır, gitmiyorsun. Bir arada kalacağız. Yarın ceset saklamak zorunda kalmak istemiyorum. O yönde insanların seslerin duyuyorum." Uzaktan kazı sesleri geliyordu.

Tuhaf bir ifadeyle, Hugo omuz silkti ve ona söylediğim yere yürüdü. Benden emir almak zorunda kaldığı için rahatsız olduğunu görebiliyordum ama sanırım savaşlarını iyi seçmeyi öğrenecek kadar uzun süre yaşamıştı. Elimde kazık olsun ya da olmasın, bir gün daha hayatta kalmak istiyorsam ona sırtımı dönmemem gerektiğini biliyordum. Eleanor'a gelince; William'ın hastalığa yakalandığını öğrendikten sonra o da savaşma hırsını kaybetmiş gibiydi. Tek kelime etmeden beni izliyordu.

Tünellerde bir kıvrıma yaklaşarak yavaşladık; kazı sesleri artmıştı ve insan sesleri duyuyorduk.

"Durdu. Artık duymuyorum" dedi biri.

"Evet, bu ürkütücü değil miydi?" diye karşılık verdi bir diğeri. "Nereden geldiğini anlayabildiniz mi?"

"Hayır. Ama o ürkütücü fısıltıyı tekrar duyarsam hemen buradan kaçarım." Kazı devam etti.

"Neden buradayız ki? Bir ana boru arızası filan yok. Yanlış alarm olmalı. Burada su, hatta su sesi bile…"

Ancak vampirlerin yapabileceği şekilde sessizce yaklaşarak onları hazırlıksız yakaladık. Adamlar daha tepki veremeden, her birimiz için birer tane olan avlarımızın üzerine çullandık. Benim gibi işçi sınıfından birinden beslenmekten nefret ediyordum ama yemeğe konukları olan bir vampir ne yapabilir ki? Adamlardan birini boğazından yakaladım ve bareti gürültüyle yere yuvarlandı. Diğer ikisinin bağıracak zamanı bile olmadı ama kimse onları duyamazdı zaten.

İlkini bitirdim ve diğerlerinin talimatlarıma uyup uymadığını görmek için avımı bıraktım. Eleanor benden birkaç saniye sonra bitirdi ama Hugo gösteriş yapmak zorundaydı. Omzuna hafifçe vurdum ama kısa boylu, siyah saçlı adamı bırakmadı.

Kurbanın alet kemerinden büyük bir kerpeten çıkardım. "Onu hemen bırak. Yoksa eski günlerde yaptığımız gibi dişlerini çekerim."

Hugo adamı bıraktığında nabzını kontrol ettim. Hâlâ hayattaydı. Yarın bir gaz sızıntısıyla filan karşılaştıklarını düşüneceklerdi. Hugo bambaşka bir hikâyeydi. Beni öldürmek ister gibi bakıyordu. Yeni bir şey var mıydı?

"Ben evime dönüyorum" dedi Eleanor. "Yalnız kalmak istiyorum."

Koluna dokundum ama omuz silkerek uzaklaştı. "Sen iyi misin?" diye sordum.

"Hayır" dedi kısık sesle. "Nasıl olabilirim ki?"

Hugo ona yaklaştı. "Gerçek bir erkeğin korumasına ihtiyacın var. Gerçek bir vampirin."

Eleanor onun gözlerine dik dik baktı. Bir erkeğin sarkıntılığından sinecek biri değildi; sonuçta bu onun işiydi. Hugo'ya bir şey sormak istiyormuş gibi baktıktan sonra bana döndü ve fikrini değiştirdi. "Eve gidiyorum" dedi ve uzaklaştı.

"İşte her yerde görmek isteyeceğin kadar güzel bir kıç" dedi Hugo, Eleanor'un gidişini izlerken.

"Kapa şu lanet olasıca çeneni" dedim, haklı olduğunu düşünmeme rağmen. "Çıkalım buradan."

Ama Hugo kıpırdamadı; durup dinledi. Bir hışırtı duydum ve o tarafa baktıktan sonra tekrar Hugo'ya döndüm. Gülümsedi.

"Bir süre burada dinlenmek istiyorum" dedi. "Özellikle... gürbüz bir insanla beslendiğimde kendimi hep bayılacak gibi hissederim."

Bu ne biçim bir konuşmaydı? Bayılmak mı? Böyle bir şeyi hiç duymamıştım. "Gayet iyi görünüyorsun. Yürü."

"Seni küstah piç" dedi. "Bana sıradan bir hizmetkârmışım gibi emretmeye nasıl cüret edersin?" Cebine uzandı ama daha gözünü kırpamadan, çizmemin içindeki kazık elimdeydi. Sivri ucunu ona doğrultmuştum. Ama bir mendil çıkarıp, oracıkta yığılıp kalacakmış gibi alnını sildi. Gözlerini kapatıp tünelin duvarına yaslandı.

Adam zaman kazanmaya çalışıyordu ama neden? Kaçırdığım şey neydi? Yanlarına geldiğimizde işçilerin söylediklerini düşündüm. Onlara sessizce yaklaşmaya o kadar odaklanmıştım ki sohbetlerine pek dikkat etmemiştim. Ne demişlerdi? Biz gelmeden hemen önce kesilen ürkütücü fısıltılar duymuşlardı.

Hugo'ya döndüğümde dudaklarının kıpırdadığını gördüm.

"Kes artık!" dedim. "Beslendik, artık gidiyoruz." Onu kolundan yakalayıp, Eleanor'un evine doğru sürükledim. İtiraz etti ama çok sürmedi. Bunun nedenini biliyordum. İhtiyacı olan şeyi almıştı.

Reedrek'in nerede olduğunu artık biliyordu.

Yaşlı iblisin gömülü olduğu kan bankasına çok yakın olduğumuzu hatırladığımda iş işten geçmişti. O dikkatsizliğimle, Hugo'yu doğruca ona götürmüştüm. Reedrek hiç şüphesiz adamları duymuş ve zihinlerine uzanmış, muhtemelen temel taşını parçalamaları için onları etkileyebilmeyi ummuştu. Sonra Hugo da gelmişti ve büyükbabam düşüncelerini benden gizlemek için psişik gücünü kullanmıştı.

"Sana ne söyledi?"

"Kim?"

Kazıkla omzuna vurdum. "Beni, seni benzetmeye zorlama."

Hugo güldü. "Denesene."

Onu en yakındaki tünel duvarına öyle sert çarptım ki her taraftan taş parçaları döküldü. Sonra kazığı göğsünün ortasına bastırdım. "Haydi, tekrar başlayalım" dedim. "Sana ne dedi?"

Hugo yine güldü. "Dışarı çıkmak istediğini. Ona çürüyüp gitmesini söyledim. Kısa bir sohbetti."

Boğazına uzandım ama o anda kazığı elimden düşürdü ve dizini karnıma indirdi. Öne kapaklandığımda, boynuma yumruk attı. Beni yakamdan yakalayıp havaya kaldırmadan önce soluklanacak zamanı zor buldum. "Jack, dostum, savaşmayalım. Endişelenmen gereken ben değilim; kendinsin."

"Ne demek istiyorsun?" Kendimi ellerinden kurtardım.

"Şu anda baban ölümlü oğlunu kendi kanıyla besliyor. Küçük Will her anlamda onun kanından; hem bir ölümlü hem de bir vampir olarak. İkisi de çürüyüp ölecek. Bu seni nasıl bir durumda bırakıyor evlat?"

Bu adam kız gibi mendil kullanabilirdi ama onunla karşısındakini ikiye bölmeyi de biliyordu. Haklıydı. William için endişeleniyordum. Will olsun ya da olmasın, Hugo'yu doğruca Reedrek'e götürdüğümü öğrendiğinde, Jackie köpek maması olacaktı.

Lanet olsun! Kazığı alıp tünelde Hugo'nun peşinden devam ettim. Eleanor'un bodrumuna geldiğimizde, metal kapıyı itti. Hugo beton basamakları çıkarak arabaya yürürken bodrumun güneydoğu köşesinde büzülmüş Eleanor'a bir bakış attı. Kadının ne yaptığını anlamak için sadece meraktan duraksadım.

Olduğu yerde sallanıyor, ilahiyle ağlama arasında sesler çıkarıyordu. Bir kristal kâseye yerleştirdiği mumun ışığı önündeki zemini aydınlatıyordu. Titreyen omuzlarının üzerine renkli ipek bir sabahlık almıştı.

Yanına gitmek istiyordum ama düşünceleri ve duaları arasında davetsiz olacağımı biliyordum. Voodoo dersi aldığımız gece, Melaphia, Eleanor'a trajedinin efendisi dediği bir loa vermişti; hem aşk hem de keder tanrıçası. Mel on ikiden vurmuştu. Zavallı Eleanor. Bay Hassasiyet olmayabilirdim ama Diana ve El ile kendimi içinde bulabileceğim bir üçgenle, William'dan daha iyi başa çıkabilirdim.

Güçlü, cesur, güvenli Eleanor, William'ın yanındaki yerinden dışlanmış ve terk edilenlerin duygularıyla baş başa bırakılmıştı; korku, ihanet ve kırgınlık. Acı titreşimi öylesine yoğundu ki basamakların üzerinde durduğum yerden hissedebiliyordum. Terk edilmiş duygusu kendi göğsümde bir sızıyı uyandırmıştı. William'ın karısı -beş yüz yıldan sonra hayatına geri dönen karısı- sadece Eleanor'un bu dünyadaki varlığı için gerçek bir tehdit olmakla kalmamış, kayıp oğul Will de benim yerimi tehdit ediyordu. Tabii bu geceden sağ çıkabilirlerse.

Soğuk bir rüzgâr, Eleanor'un başının üzerindeki çatlaklardan esti; Eleanor ürperdi ve ince sabahlığı vücuduna daha sıkı sardı. İç çekerek mavi-siyah geceye doğru basamakları tırmanırken William'ı beni öldürme zahmetinden kurtarmak için kendimi kazıklamayı düşünüyordum. Sanırım başım olabilecek her şekilde beladaydı.

William

Diana, oğlumuzun hasta odasının karanlık köşesinden bana baktı. "Kim o?"

Gerçekten... kim? Eleanor'un kim olduğunu açıklama ihtiyacı, yaralı gururumla çatışıyordu. Sadakatsiz karıma neden herhangi bir şeyi açıklamak zorunda olacaktım ki?

"O benim yavrum ve aşığım." İşte, söylemiştim. Tepkisini görmek için Diana'yı dikkatle izledim.

Bir an için bakışlarını indirdi; muhtemelen doğru kelimeleri seçmeye çalışıyordu. "Yani eşin değil. Öyle olsa bile, senin için öldürürdü. Seni seviyor."

"Evet. Sanırım seviyor." Eleanor'un elinde kazıkla Diana'nın üzerine yürüyüşünü zihnimde canlandırdım. "Öldürmeye gelince... o benimle birlikte olmayı seçti ve sanırım yatırımını korumaya kararlı." Aşk yerine sahiplenmeden söz etmek daha iyiydi.

"Ve sen de onu seçmişsin. Ama eşin değil..."

Evet. Bunu yapmıştım. Eleanor, ömürler süren varlığımda beni yalnız olmamam gerektiği konusunda ikna eden tek kadındı. Kanlı kolumu silerek gömleği bir kenara fırlattım. "Evet. Onu seçtim. Birçok açıdan birbirimize uyuyoruz. Belirsiz bir gelecek boyunca bana bağlandı."

Diana ayağa kalktı ve Will'in yatağının diğer tarafına yaklaştı. "Yani beni mücadele etmeye zorluyorsun." Nemli gözlerinde meydan okuyan pırıltılarla bana baktı.

"Ne demek istediğinden emin değilim. Şu anda ve onlar geri dönene kadar bütün ilgim senin üzerinde. Hugo geri dönene kadar. Ve..." Elimi Will'in alnına dayadım. "...aramızda bir oğlumuz var." Jack'in Will için canavar dediğini hatırladım. Will'i hareket halindeyken ben de görmüş, gücünü hissetmiştim ama nedensizce öldürdüğünü görmemiştim.

"Will ne tür bir yaratık?" Her ölümlü babanın diyeceği gibi neredeyse *adam* diyecektim. Ama bizim türümüzden olanlar ya aşırı uzun yaşamları boyunca zihinsel ve eylemsel olarak olgunlaşır ya da zamanda ve kişiliklerinde donup kalırlardı. Will'in inatçı bir çocuk olduğunu hatırlıyordum ama o çocuk asla saygısız veya kindar değildi. "Reedrek gibi bir canavar mı?"

"Hayır! Asla!" diye cevap verdi Diana ama öfkesini bastırmakta zorlanıyordu. Gözünden bir damla yaş süzüldü. "Anlamalısın... ben onu koruyamadan, Hugo..."

Bu adı duyunca, Will bir hayaletle savaşır gibi bir kolunu zayıf bir şekilde salladı.

"Senin de farkında olduğun gibi çıraklığımız süresince babalarımıza bağlıyız. Will'i ve kanımı akıtan Reedrek olmasına rağmen teknik açıdan beni de dönüştüren Hugo olduğundan, ikimiz de onun davranışlarını hiçbir şekilde sorgulayamayız. Onu öldüremeyiz de."

Will öksürmeye başladı ve sümük kustu. Diana bir kolunu onun sırtına dayayıp kaldırarak oturttu. O anda Will'in çıplak sırtındaki yara izlerini gördüm; bir örümcek ağı gibi bütün vücudunu kaplamıştı.

"Bunu Hugo mu yaptı?" Yaralar kamçıyla açılmıştı; Will dönüştürülmeden önce yapılmış olmalıydı. İçim nefretle doldu. Hugo'yu daha ilk gördüğüm anda öldürmeliydim. "Neden?"

"Will'e itaat etmeyi öğretmesi gerektiğini söyledi… ölümsüzlüğü sunmadan önce. Böylece yeni…" Diana bakışlarını kaçırdı. "…yeni ailemizdeki yerini öğrenecekti." Tekrar bana baktı. "Müdahale edersem Will'i öldüreceğini söyledi."

"Peki bu?" Will'in göğsünün üst kısmındaki haç biçimli yara izine dokundum. "Bu kesinlikle dönüştürüldükten sonra yapılmış olmalı."

"Evet. Will ilk kaçtığında cezalandırıldı." Hugo'nun zalimliğinin kanıtlarını gizlemek için örtüyü çekti.

Diana'nın koluna girdim ve onu odadan çıkardım. Hikâyesine devam etti. "Will'in çıraklığı sona erdiğinde kaçtı. Bizden ayrılarak Moskova'ya yerleşti."

Demek Olivia'nın casusu hedefe yaklaşmıştı. Rusya'da veya Doğu Avrupa'daydılar.

"Bana yüzlerce mektup yazdı ve çoğunda bana kalabalığa karışabileceğimiz ve kendi hayatımızı sürdürebileceğimiz o şehre gitmem için yalvardı. Ama o zamana kadar…"

"Âşık mı olmuştun?" diye tamamladım ve elimi kolundan çektim. Hugo'yla kalmayı seçtiği açıktı.

"Hayır. O zamana kadar güç kazanmıştım. Hugo'yla daha denktim. Daha önce gördüğün gibi şiddetiyle boy ölçüşebiliyorum. Endişelenmene gerek yok. Hugo'yu oğluma zarar verdiği için cezalandırdım."

Haklıydı; gücü için beni ikna etmesine gerek yoktu. Bunu kendi gözlerimle görmüştüm. Babasını öldüremeyebilirdi ama kesinlikle ölümü dilemesini sağlayabilirdi.

"Neden İngiltere'ye hiç geri dönmedin?"

Bu soru onu şaşırttı ve kendi sorusuyla karşılık verdi. "İngiltere'de korkunç anılardan başka ne kaldı ki?" Ne istediğimi anlıyor gibiydi. "Reedrek tekrar yanımıza geldiğinde ve senin başarılarını anlattığında, Will yanımdaydı. 1812 savaşlarında Napoleon Moskova'yı yaktıktan sonra eve dönmüştü."

1812'de, yani dönüşümümüzden üç asır sonra, Savannah'da Yeni Dünya'daki evimi kuruyordum. Kendi babama karşı çıkarak. Reedrek hiç şüphesiz bizi sonsuza dek ayrı tutmak için Diana'ya o yalanları söylemişti.

"Reedrek'in neden bizi seçtiğini hiç düşündün mü?" diye sordum. "Neden seninle aramızdaki bütün sevgi ve bağlantıyı yok etti… ve Will'le?"

Diana omuz silkti. "Bana bir defasında, bize harika bir hediye verdiğini ve bunu iyi değerlendirmemizi sağlamaya kararlı olduğunu söylemişti."

"Benim iyi kullanma fikrimle onunki çatışıyor" diye cevap verdim. "En kötü oğlu olmak için elimden geleni yaptım."

Diana gülümsedi ve elini yanağıma koydu. "Senden daha azını da beklemezdim" dedi.

Aniden aramızdaki hava cinsel güçle dolmuştu. Ama ona ellerimle dokunmak yerine, zihnine uzandım ve ayrıldığımızdan beri içimde taşıdığım duyguları ve boşluğu hissetmesini sağladım. *Yaşamda ve bu varlıkta, seni hep istedim, hep diledim ve hep özledim. Ruhumu kaybettiğimde, bir parçam seni aramaya gitti.*

Dudakları benimkine yaslanırken nemli ve yumuşacıktı. Bütün vücudum titredi ve gözlerimi kapatarak şimdiyi ve geçmişi taradım.

"Hayatım, dikkatli olmalıyız" diye fısıldadım öpüşmemizin arasında. "Güneş tepede olmasına rağmen, bebeği uyandırabiliriz."

Diana bütün vücudunu benimkine yasladı. "Şimdiye kadar buna alışmış olmalıydı. Öyle olmasaydı, doğmazdı."

"Ama ben..."

"Şşşş..." Bluzunun düğmelerini açtı ve elini kendi göğüs uçlarında gezdirdi. Sadece bir dokunuşla sertleştiler ve süt akıtmaya başladılar. Acı çekiyormuş gibi inledi. "Yemin ederim patlayacakmışım gibi hissediyorum."

Görüntü benim de inlememe neden oldu; pantolonumun fermuarını patlatma tehlikesiyle karşı karşıyaydım. Bakışlarımı ondan ayıramıyordum.

"Zor durumdaki bir hanıma yardım etmeyecek misin?" İç çekerek bana döndü. "Eminim Will buna aldırmaz..."

İstekli oluşu nefesimi kesiyordu. Bir bebek gibi memesini emmemi istiyordu.

"Ben..." Bunu ben de istiyordum ve ikimizi de mutlu etmeye karar verdim. Emmeye başladığımda kollarımda kasıldı.

"Ah, yavaş aşkım. Çok... ahh..."

Kendi sözlerini yalanlarcasına, beni kendine daha çok çekti. Göğüs uçları daha da sertleşti ve tek tek ikisinden de emdim. Anne sütünün tatlılığı bütün duyularımı esir almıştı.

Eteğini yukarı kaldırmaya çalıştı. "Lütfen, Cuy, şimdi..."

Ne istediğini, ikimizin de ne istediğimizi biliyordum ve fermuarımı indiriyordum. Sonra öyle bir sertlikle içine girdim ki Will rahatsız olarak ağlamaya başladı. Ah, evet, tatlılar bitene kadar yemeğin beklemesi gerekecekti.

Geçmişten şimdiye dönerek, Diana'nın ağzına kendiminkiyle cevap verdim ve dilimi diline uzattım ama yumuşaklık yerine dişleriyle karşılaştım. Bu tezat beni iliklerime kadar titretti. Bir daha asla evlendiğim güzel ve masum olmayacaktı. Ve bir daha asla en çok istediğim şeye sahip olamayacaktım...

"Ah, bu hiç de hoş değil." Hugo'nun sesi aramızdaki erotik havayı sarstı. Bir şekilde bize sinsice yaklaşmıştı; Jack'in arabasını veya başka bir aracın sesini duymamıştım. Elbette ki kulaklarım o anda sadece kendi kanımın gümbürtüsüyle doluydu; kendimi kasıtlı olarak dünyaya kapadım.

Sadece Diana'nın bakışlarını yakalayacak kadar geri çekildim. Aşığıyla ilgilenmeden önce onun tepkisini görmek istiyordum. Gözleri teslimiyetle yumuşamıştı ama isyankâr bakıyordu. O anda gerçekten sadece beni istiyordu ve sonuçlarına razıydı.

"Git buradan" dedim, karımı bırakmadan.

"Hayır" diye cevap verdi Hugo.

İsteksizce Diana'dan uzaklaştım ve babasıyla yüzleşebilmek için sırtımı ona döndüm.

"Medeniyet sınırlarımı zorluyorsun" dedim.

"Sen de sabrımı" diye cevap verdi, onunla konuşuyormuş gibi Diana'ya dönerek. Diana yanımda duruyordu.

"Bu arada, Will nasıl?" diye sordu. Soru hem öfkemi kabartmış hem de şüphe uyandırmıştı. Hugo neyin peşindeydi?

"Daha iyi" dedi Diana. "Ama henüz iyileşmedi. Senin yüzünden."

"Ah, demek kahramanımız onu kurtaramadı."

"En azından bir şeyler yapıyorum" dedim.

"Evet, neden ona ilacı vermedin?"

Diana da sabrı taşmak üzereymiş gibi görünüyordu. "Sen neden söz ediyorsun? İlaç filan yo..."

Tepkim hızlıydı. Hugo'yla aramdaki mesafeyi bir anda aşıverdim. Bir sonraki nefesimi onun verdiği havadan aldım. Yüzümü onunkine yaklaştırarak sırtını verandanın direğine dayadım. "*İlaç filan yok*" diye hırladım.

Hugo keyifli görünüyordu. "Babamız Reedrek bana öyle demedi."

"Bana neyden söz ettiğini hemen açıklayacaksın" diye emretti Diana. Bir sessizlik oldu. Baba ve yavru iletişim kuruyor, beni konuşmalarının dışında bırakıyorlardı.

Diana'nın bir sonraki sözü banaydı. "Voodoo kanı ne?"

Demek gerçekten Reedrek'le konuşmuştu... ama onu nasıl bulmuştu? Hugo'yu asla gözümün önünden ayırmamalıydım ama Will ve Diana'yla o kadar meşguldüm ki... "Damarlarımda dolaşıyor. Tedavi ediyor ama ilaç değil" diye yalan söyledim.

"Neden kahramanına kanını oğlunu kurtarmak için kullanmayacağını sor" dedi Hugo.

"Cuy?" dedi Diana, şaşkınlıkla. "Hugo'nun bu konuda doğruyu söylediğini hissedebiliyorum. Neden bana söylemedin?"

"İlaç yok" diye tekrarladım, kelimelerimi Hugo'nun yüzüne tıslayarak.

Hugo gülümsedi. "Yalancı." Sonra benden uzaklaştı. "Reedrek'i öldürdüğün konusunda da yalan söyledin."

Hugo kendisine yaklaşırken ve kolunu omuzlarına atarken, Diana sessiz kaldı. Bu, Diana'yla kurduğum bağlantıya doğrudan bir saldırıydı. Reedrek ona, yine bizi yok edebileceği silahlar vermişti ve bu kez Yeni Dünya'daki ailem de tehdit altındaydı. Ama ne olursa olsun, Melaphia ve Renee'yle ilgili sırrı ele veremezdim.

"Neden benden şüphe ediyorsun? Will'i kurtarmak için hayatımı tehlikeye attım. Bir tedavi üzerinde çalışıyoruz. Gerard..."

"Bize Renee'den söz et" dedi Hugo.

17

Jack

Hugo'yu tesise bıraktığım ve oradan ayrıldığım için kendimi korkak gibi hissediyordum. Eve girmeli, William'la yüzleşmeli ve yaptığım şeyin sorumluluğunu üstlenmeliydim. Hugo'yu Reedrek'in mezarına iletişim kurabileceği kadar yaklaştırmak, son zamanlarda yaptığım en aptalca şeydi. Eh, bu ve kazayla bir zombiyi ayağa kaldırmak. Dokunuşu beni neredeyse elektrik şokuyla yok edebilecek bir Maya tanrıçasıyla aşk yaşamak. Sanırım bu aptallıklar haftamdı.

William yakında küçük hatamı öğrenecekti. Reedrek'in bize en fazla zararı vermek için Hugo'ya ne söylemiş olabileceğini düşünerek kafa patlatıyordum.

Elbette ki voodoo kanı.

Iban ve Lucius'u kontrol etmek için Umut Adası'na yönelirken kafam çatlıyordu. Iban'ın iyileşmeye devam edip etmediğini kendim görmek, zihinsel durumunu değerlendirmek istiyordum ve ne tür yaramazlıkların peşinde olduğunu anlamak için Lucius'u da görmem gerekiyordu. Lucius'un hâlâ güç tutkunu biri olduğunu düşünüyordum.

Araçlarından birinin çıkıp bana doğru geldiğini gördüğümde, William'ın evinin araba yoluna neredeyse girmiştim. William'ın arabalarıyla ben ve Rennie ilgileniyorduk; dolayısıyla, hepsini dişlerim kadar iyi tanıyordum. Yolun ortasında kayarak durdum ve önlerini kestim.

Iban, Lexus'un yolcu koltuğundan inerek bana yaklaştı. "Hâlâ hayatta mı?" diye sordu, gözleri parlayarak.

"Kim?" Direksiyonun arkasından atlayıp karşısına dikildim.

"Kim olduğunu gayet iyi biliyorsun. Katil."

"Bildiğim kadarıyla hâlâ hortlak" dedim.

"Uzun sürmeyecek. William, beni Will'in ölmek üzere olduğuna inandırdı ve bunu yaparken bana neredeyse boğazını söktürüyordu. Sonra ben voodoo kanıyla iyileştiysem Will'in de iyileşebileceğini düşündüm."

"Will'in, bu haldeyken Melaphia'dan beslenmesine izin vereceğimizi düşünmüyorsun sanırım?"

Lucius sürücü koltuğundan inmişti ve yanımıza gelip aramızda durmuştu. "Kızına ne dersin?" dedi, suçlayan bir tavırla.

"Bunu ağzına bile alma. Renee'ye kimse dokunmayacak. Hugo bebeğimizi ele geçirirse altın yumurtlayan kaz muamelesi yapar."

"Diyorsun" dedi Iban, soğuk bir tavırla. "Ancak, William'ın tek oğlunu kurtarmak için elindeki her şeyi veya *herkesi* kullanacağını düşünüyorum. Her neyse. Will'in acısını kendim

dindireceğim ve bu arada Sullivan'ın intikamını alacağım."
Arabaya doğru bir adım attı.

"Dur" dedim ve Iban durup bana döndü. "Bir şeyi unutuyorsun."

"Neymiş?" diye sordu sabırsızca.

"Sullivan'ın cesedi William'ın mahzeninde. En azından onu hak ettiği şekilde uğurlamamız gerekmez mi?"

"Ben onu California'ya geri götüreceğim."

"Tobey'nin tırı olmadan, kendin tek parça halinde California'ya dönmen bile yeterince zor olacak. Ayrıca, cenazeye davet edebileceğin kimse de yok." Ünlü kurnazlığım yine iş başındaydı.

Iban karnına yumruk atmışım gibi baktı ama sözlerimin doğruluğunu açıkça anlamıştı. "O halde sen ne öneriyorsun?"

"Onu tesisteki aile mezarlığına gömelim." Artık iyice coşmuştum ama her şeyi düşünmüşüm gibi davranmaya çalışıyordum. "Bunu seninle konuşmak için geliyordum. Bana ertesi geceye kadar zaman tanırsan gerekli tüm ayarlamaları yapabilirim. Hiçbir şeyi düşünmene gerek yok. Sadece yarın günbatımından bir saat sonra tesise gel."

Iban temkinli ve kararsız görünüyordu. Lucius kolunu onun omzuna attı. "Jack haklı, dostum" dedi, bana anlamlı bir bakış atarak. "Biraz dinlenmen gerek. İntikam için yeterince zaman olacak. Genç Will sonsuza kadar çürüyebilir. Dostunun anısını onurlandıracak bir törenle uygun bir mezara gömüldüğünü görürsen sen de biraz rahat edersin ve ona hak ettiği gibi davranıldığını bilirsin."

Beklemediğim bu yardımı için Lucius'a içimden teşekkür

ettim. İstediğinde gerçekten diplomatik davranabiliyordu. Belki de etkileme gücünü şimdi Iban'ın üzerinde kullanıyordu. Öyle olsa bile bu kez minnettardım.

Lucius'un duygusallığı Iban'ı az da olsa etkilemiş gibiydi. "Pekâlâ, Jack. Eve gidip senin aramanı bekleyeceğiz."

Tanrım, zor kurtuldum. Lucius'un, Lexus'u çevirdiğini görür görmez ben de Corvette'imi şehre sürdüm.

William, diye seslendim.

Evde kimse yoktu. Belki de sonunda benimle iletişimini tamamen koparmıştı.

William!

Ne? diye cevap verdi sonunda. *Çabuk söyle.*

Iban ve Lucius, Will'i öldürmek için oraya geliyordu. Sullivan için tesiste bir cenaze töreni hazırladığımı söyleyerek onları Umut Adası'na geri gönderdim. Sana biraz zaman kazandırdım. Hugo'yu öldürüp -çabucak- Will'le Diana'yı mahzenine götürmeni ve kilitlemeni öneririm. Yarın akşam cenaze töreni için tesiste bizimle buluş ve Iban'ı sakinleştirmeye çalış. Ben gidip Sullivan'ın cesedini alacağım ve bir tabutla kıyafet hazırlayacağım.

Anladım, diye cevap verdi. *Bunu yap. Seninle daha sonra ilgileneceğim.*

Sonra gitti ve rahat bir nefes aldım. Benimle daha sonra ilgilenmek? Belki de Reedrek yüzünden babamın kafamı koparmasından kurtulabilirdim. Belki de kurtulamazdım. Bunu ancak onu gördüğümde anlayabilecektim.

Güneş doğmadan önce neler yapmam gerektiğini zihnimden geçirmeye başladım. Önce; ölü bir adamı arabayla gezintiye çıkar!

William

"Ondan uzak dur, seni lanet olasıca alçak!" diye hırladım, Hugo'yu saçlarından yakalayıp Diana'nın yanından çekerken. Bir an için Jack'in mesajı dikkatimi dağıtmıştı ama özellikle birkaç kelimesi hâlâ zihnimde yankılanıyordu. *Hugo'yu öldür… çabuk.* Harika bir fikir.

"Will'e bağışıklığı olduğunu söyledin; ikinizin de bu hastalığa karşı bağışıklı olduğunuzu." Kolumu boynuna doladım. "Sözlerinin gerçekliğini test edelim." Dişlerimi çıkararak başını yana çekip boynunu açtım. Bir boğa gibi karşı koydu ve neredeyse elimden kurtuluyordu.

"Endişelenme…" dedim. "Seni hemen öldürmeyeceğim. Çürümeni izlemeyi tercih ederim. Virüsün damarlarımda dolaştığını şimdiden hissedebiliyordum."

"Haaaayıırr!" diye bağırdı Diana ve üzerimize atıldı. Hugo'yu benden kurtarmaya çalışırken bir yandan da yüzümü itti. Boğuşarak eşyaların üzerinden yuvarlandık. Diana hâlâ aramızdaydı. "Kaç!" diye emretti, Hugo'yu kapıya doğru iterek. "Hemen tekneye dön! Ya da nereye gidersen! Çık buradan!"

Beni kolayca kalbimden kazıklayabilirdi. Hugo onu ve oğlunu satmış olmasına rağmen, Diana hâlâ onu dünyasında istiyordu.

Hugo karanlıkta kayboldu ve birkaç saniye sonra arabalarımdan birinin motorunun çalıştığını ve hızla uzaklaştığını duydum. Diana açık kapıda durmuş, bana bakıyordu.

"Neden?" diye sordum. Ama en son ihaneti öfkemi kontrol edemeyeceğim bir seviyeye taşımıştı. Çıplak göğsümden kan akıyordu. *"Neden?"* Kızıl sis patladı ve yoluna çıkan her şeyi kanıma buladı.

Diana gözlerini kırpıştırdı ve titreyen parmaklarından biriyle yüzündeki kana dokundu. Dehşete kapılmıştı. "O benim... Will'in babası. Onu öldürürsen onun gücünü kaybederiz." Zorlukla yutkundu. "Will ölürse... sen ölürsen... ben yalnız kalırım." Bu beklediğim cevap değildi.

Yavaşça çömelerek yere oturdu. "İlaç olmadığını söyledin. Şimdi hepimiz öleceğiz."

Efendisi Hugo dışında. Artık bu entrikalardan bıkmıştım: Hugo'nun zamanı gelmişti. "Ben ölmeyeceğim" dedim ve öfkemin yarattığı sisi geri çağırdım.

Diana'nın gözleri yaşlıydı. "Ne demek istiyorsun?"

"Çünkü bir ilaç var."

Dik dik bana baktı.

"İhtiyacın olan her şeyi topla. Will'i şehre götürüyoruz."

Jack

Şehirdeki malikâneye giderken cep telefonumdan bütün ayarlamaları -en azından aklıma geldiği kadarıyla- yapmıştım. Tarney, William'ın depodaki koleksiyonundan güzel bir antika tabut getiriyordu. Gecenin bir yarısında onu uyandırmayı başardıktan sonra Rennie karavana atlayıp en kısa sürede tesise gitmeye razı olmuştu. Sonra Connie, Tilly ve Werm'ü aramış, hepsini törene çağırmıştım. Hepsi geleceğini söylemişti.

Cenaze töreninin detaylarını zihnimden geçiriyordum. Tabut; tamam. Mezarın kazılması; tamam. Konuklar; tamam. Konuşmacılar: William ve Iban; tamam. Bir cenaze için başka ne gerekirdi?

Kaskatı bir ceset.

Fazla konuşkan olmamasını umuyordum. Ölülerle ne sorunum vardı benim? Yani benim de onlardan biri olmam dışında. Sanırım, William ve Melaphia'nın dediği gibi bu bir hediyeydi. Bazen paketini açmamış olmayı dilediğim bir hediye. Bu gerçekten ürkütücü olabilirdi.

Melaphia şans eseri çiçeklere yardım etmişti. Sullivan'ın cesedinin yanına plastik bir kutuda otlar bırakmıştı ve battaniyeyi kaldırdıktan sonra üzerine, saçlarına ve gözlerine serptiğini görmüştüm. İki elinde birer kuru ağaç tutuyordu. Düzenlemeyi bozmaktan nefret ediyordum ama cenazenin onur konuğunu yola çıkarmak zorundaydım. Onu Corvette'e aldım ve yolcu koltuğuna oturttum. Ölüm sertliği gelip geçtiğinden, onu kumanda etmem zor olmayacaktı.

Bir an onu bagaja koymayı düşündüm ama ufak tefek Huey'i bile oraya sığdıramadığımı hatırladım. Corvette'in bagajı, normal boyda birini alamayacak kadar küçüktü ve Sullivan benim korumam altındayken öldürülmesine izin vermiş olmam bir yana, Iban'ın onu parçalara ayırmamdan hoşlanacağını hiç sanmıyordum.

Bu yüzden onu ön koltuğa oturttum ve başını arkalığa yasladım. Polisler tarafından durdurulursam sıkı bir içki gecesinden sonra sızan arkadaşımı evine götürdüğümü söyleyebilirdim. Tabii boğazındaki yarığı fark etmedikleri sürece. Eve döndüm ve birinin antredeki dolapta bıraktığı kaşmir bir atkı bulup dikkatle boynuna sardım. Evet, işte olmuştu. Sorun çözülmüştü.

Sürücü tarafına dolaşıp arabaya bindim.

"Arabanın üzerini kapatmayacak mısın?"

Ah, lanet olsun! Etrafıma bakınarak canlı birini aradım ama aslında sesin nereden geldiğini biliyordum. "Sullivan, sen misin?" diye sordum sonunda.

"Burada başka kimseyi görüyor musun, Sherlock?"

"Alaycı olmana gerek yok" dedim.

"Ah, öyle mi? Ölü olmayı bir de sen denesene."

Cesedine bakarak sırıttım. "Hey, vampirim."

"Ne demek istediğimi biliyorsun. En azından sen hareket edebiliyorsun."

"Bak dostum! Gerçekten üzgünüm. Will'in sana saldıracağı konusunda hiçbir fikrim yoktu. Hemen yanınıza uçtum ama çok geçti."

"Biliyorum. Endişelenme. Kötü ruhlarla takılmanın sonucu bu. Alınma."

"Alınmadım. Ama ne demek istiyorsun?"

"Demek istediğim şu ki vampirler arasında yaşamanın tehlikeli olduğunu her zaman biliyordum. Kendi türlerini çekerler ve kan emicilerin hepsi iyi değildir. Muhtemelen uzatmaları oynuyordum zaten."

Hiç bu şekilde düşünmemiştim ama haklıydı. William ve ben, kötüler -Reedrek, Hugo ve sırada kim varsa- gelmeden önce ömürler boyunca rahat yaşamıştık. Ama bu, sevdiğimiz insanlar için iyi olmamıştı; Mel, Renee ve Connie. Bu moral bozucu bir düşünceydi.

"Dişle yaşayan dişle ölür; söylemek istediğim sadece bu" dedi. "Gerçekten, arabanın üzerini kapamayacak mısın?"

"Neden?"

İç çektiğini duydum. "Çünkü bu saç modeli için yüz dolar verdim ve Yaratıcı'ma dönerken saçlarımın parmağımı prize sokmuşum gibi görünmesini istemiyorum."

Şartlar farklı olsa şu anda gülmekten çatlayabilirdim ama böyle bir şey yapacak havada değildim. "Zamanımız yok."

"Hey, dostum, benim zamandan bol bir şeyim yok. Bu arada, nereye gidiyoruz?"

"Cenazene. Kendi cenazene geç kalmak istemezsin, değil mi?"

"Sanırım hayır. Ama saçlarımın kötü olmasını da istemem."

Uzandım ve atkıyı saçlarını da saracak şekilde düzeltip çenesinin altından bağladım. Boynundaki yarık hâlâ gizliydi. "İşte" dedim. "Daha iyi oldu."

"Sanırım yeterli olması gerekecek" dedi. "Aksesuarlarla aran iyi. Eşcinsel olmadığından emin misin?"

"Teşekkürler ve evet, eminim."

Melaphia'nın onun üzerinde kullandığı bitkiler hiç şüphesiz Huey ve Shari'nin üzerinde kullandıklarıyla aynıydı. İstediği buysa bir açık tabut töreni için yeterince iyi görünüyor ve kokuyordu. Caddeye çıkarak tesise yöneldim.

"Peki, sonsuza kadar dinlenme yerim neresi olacak?"

"Tesisteki aile mezarlığı. Ormana yakın. Orayı seveceksin."

"Diğer her yer kadar iyi görünüyor" dedi özlemle. "Iban benim için ailem gibiydi ve burada kimseyi tanımasam bile iyi bir yere dikilebilirim. Bu arada, Iban nasıl? Hâlâ…" Sesi titredi.

"İyileşti" dedim. "Melaphia onu kendi kanıyla besledi ve özel kanı onu iyileştirdi. Bu Gerard'ın fikriydi."

"Tanrı'ya şükür" dedi Sullivan.

"Dinle, bir şeyi bilmem gerek. O gece Will sana neden saldırdı? Konuştuğunuzu gördüm ve aniden bir sokak köpeği gibi boğazına saldırdı." Kırmızı ışıkta durduğumda, Sullivan vücudunu kontrol edemediği için öne savruldu ve kafasını konsola vurdu. Onu tekrar doğrulttum ve hâlâ kanlı olan ceketini düzelttim. Chandler tesise geri dönerse onu temizleyebilirdik. Chandler kan lekeleri konusunda bir sihirbazdı.

"Teşekkürler dostum" dedi. "Evet, bunu neredeyse unutmuştum. Beni duyabildiğine sevindim çünkü bu önemli. Virüsü bize getiren Will'di. Son birkaç saatimi zihnimde parçaları birleştirerek geçirdim ve çözdüğümden eminim."

"Ben de bundan korkuyordum. Klana nasıl girdi?"

"Bir gece nöbette olan vampiri tatlı dille kandırdı. Biliyorsun, kendi grubumuzu oluşturmuştuk. Bizi meraklı insanlardan koruması gerekiyordu… ve avcılardan da."

"Bunu duymuştum" dedim. "William sizin her şeyi düşündüğünüzü söylemişti."

"Görünüşe bakılırsa durum öyle değil. Will dişini bile göstermeden aramıza karışmayı başardı. Onu sadece bir kez görmüştüm ve ona güvenmemek için hiçbir nedenim yoktu. Aslında, boğazımı parçaladığı geceye kadar onu unutmuştum."

Yani son kez gördüğünde, diye düşündüm. "Neden Iban onu tanımadı?"

"Bildiğim kadarıyla, Iban onunla hiç karşılaşmadı. Bana gelince, ben de sadece bir klan partisinde onu salonun diğer ucunda görmüştüm. Biri onu bana şehirdeki yeni vampir olarak işaret etmişti ama kendimi tanıtma fırsatım olmamıştı. Ertesi gün buraya gelmek için yola çıktık ve onu hemen unutuverdim."

"Peki, virüsü nasıl yaydı ve *sen* nasıl kaptın?"

"*Kaptım* mı?" dedi hayalet, şaşırarak. "Bunu nereden biliyorsun?"

"Çünkü seni ısırdıktan sonra Will de hastalandı."

"İşte bu güzel. Umarım hepsi çürür." Sullivan bir an düşündükten sonra devam etti. "Kuğular olmalı."

"Kuğular mı? Yani vampirler hasta kuğularla beslendikten sonra hastalanıyor."

"Tifolu Mary adını hatırlıyor musun?" diye sordu Sullivan. "En basit haliyle biyolojik savaş."

"Yani sana nasıl bulaştı?"

"Artık ne önemi var?" Sullivan iç çekti. "Zaten öldüm. Aslında, sürüş tarzına bakılırsa ikimizin de ölü olmamız iyi. Yeni bir hız rekoru kırmaya filan mı çalışıyorsun?"

Dişlerimi sıktım. İnsanlar sürüş tarzımla ilgili sızlandığında ne kadar sinirlendiğimi daha önce söylemiş miydim? Sullivan'ın Connie'yle birlikte geçirdiği zamanı düşündükçe daha da öfkeleniyordum. Risk altında olup olmadığını bilmem gerekiyordu.

"Neden önemli olduğunu sana söyleyeyim" dedim. "Connie'ye bulaşıp bulaşmadığını bilmem gerek. Şimdi sana tekrar soracağım: Bu hastalığı nasıl kaptın?"

"Bunun seks yoluyla bulaşıp bulaşmadığını öğrenmek istiyorsun" dedi Sullivan. "Ben sadece insan kadınlarla seks yaparım ama bazen vampirlerin benden beslenmesine izin veririm, yani verirdim. Sana ne diyebilirim ki? Will'i gördüğüm gece partideki kız vampirlerden birinin kanımı emmesine izin verdim. O şekilde kapmış olmalıyım. Connie'ye bulaştırmama gelince; rahatlayabilirsin. Seks yapmadık. Beni öpmezdi bile. Senden başka bir şey düşünemiyordu ki."

Oturduğum yerde, omzumdan on tonluk bir yük kalkmış gibi rahatladım. Tanrı'ya şükür. "Yani... Connie hâlâ beni mi düşünüyor?"

Sullivan güldü. "Evet. Aranızdaki sorun ne?"

"Uzun hikâye."

"Dediğim gibi dostum, zamandan bol bir şeyim yok."

William

Diana, Will -biraz daha güçlüydü ama hâlâ Diana onu destekliyordu- ve ben eski malikânemden ayrıldığımızda, hasarı incelemek için durdum. Evim... mobilyalarım, cam eşyalar, perdeler, hatta duvarlar ve tavan bile paramparçaydı. Diana adında bir hortlak kasırganın hayatımdan geçtiği çok belliydi.

Chandler manzarayı görünce öfkelenecekti. Kendi kişisel hasarıma öfkeleniyor, bir kısmına da hayret ediyordum. Ah, aşk ve beklentiler. Başka bir zaman ve başka bir yaşamın sembolü olarak portrem hâlâ şöminenin üzerinde duruyordu. Bundan sonra hiçbir şey aynı olamazdı.

Genellikle Chandler'ın kullandığı Lincoln limuzinde Will ve Diana'yla birlikte Houghton'daki malikâneye dönerken Eleanor'u hatırladım. Arabadaki telefonu kullanarak Deylaud'u aradım ama Melaphia cevap verdiğinde mutlu oldum.

"Ayakta ne işin var?"

"Dünden beri hep uyudum. Artık Renee'nin okula gitmek için kalkması gerek."

Onu eve getirdiğim zamankinden çok daha güçlü gibiydi. Ama vicdanım hâlâ sızlıyordu. "Sen nasılsın?"

"Daha iyiyim, Kaptan."

Daha iyi, o kadar mı? demek istedim. Ama ne bekliyordum ki? Benim isteğimle bir canavara yem olmuştu. "Güzel. Bunu duyduğuma sevindim."

Yolcu koltuğunda oturan Diana dönüp bana baktı; muhtemelen sesimdeki endişe tonu dikkatini çekmiş olmalıydı.

"Şimdi neredesin?" diye sordu Melaphia. "Eve dönmelisin. Konuşmamız gerek."

"Zaten oraya geliyorum… konuklarımız var. Daha sonra konuşmamız gerekecek. İkiniz de gitseniz iyi olur. İkiniz de evinize geri dönün." Diana'nın yanında Renee'nin adını söylememeye karar vermiştim.

"Arkadaşın Gerard, Renee'den kan örnekleri aldı."

"Evet." Aşı için. "Bunun için teş…"

"Bana henüz teşekkür etme. Kimsenin Renee'ye dokunmasına izin vermeyeceğimi biliyorsun; özellikle de bana olanlardan sonra."

"Ben de öyle. Asla."

Tekrar konuşurken sesi daha sakindi. "Pekâlâ. Eve dönüyoruz. Müsait olduğunda gelip beni gör."

"Geleceğim, söz veriyorum. Şimdi Eleanor'la konuşmam gerek."

"Konuşamazsın. Burada değil. Konuşmamız gereken diğer mesele de o."

"Ne demek istiyorsun? O nerede?"

"Bilmiyorum. Eşyalarını topladı ve sana bir mesaj bıraktı. Deylaud'u da yanında götürdü."

Sevimsiz bir sürpriz bütün tüylerimi diken diken etti. Deylaud izin almadan evden ayrılırsa bir daha geri dönmesine izin vermeyeceğimi biliyordu. Onun gibi bir yaratık için, efendisine hizmet edememek işkence olurdu ve güvenini kaybetmek hayatını kısaltırdı. Onuru ve ölümsüzlüğü kalmazdı. Yine de ona kızmakta zorlanıyordum; Eleanor'u sevdiğini biliyordum. Belki de Eleanor'un ona benden daha çok ihtiyacı olduğunu düşünmüştü.

"Anlıyorum. Söylediğin için teşekkür ederim. Yakında görüşürüz." Telefonu kapadım ve direksiyonu sıkı sıkı tuttum.

"Yeni küçük aşk kölen kaçmış mı yani?"

Cevap verme zahmetine girmedim.

Diana başını arkaya yaslayarak iç çekti. "Ah, seninle ne çiftiz ama. Birbirimize umutsuzca tutunabilmek için diğer herkesten vazgeçmeye hazırız."

Fırsatı varken Hugo'dan vazgeçmediği gerçeğini yüzüne vurmadım. Bunun yerine Eleanor'a odaklandım.

Sen neredesin?

Cevabının gelmesi uzun sürdü.

Umurunda mı?

Umursadığımı biliyorsun. Yakında güneş yükselecek. Eve dönmelisin.

Orada olacak mısın?

İşte zor kısmı buydu. *Evet, diye cevap verdim. Ama yalnız değilim.*

Acıyla inlediğini hissettim. *Onu mu getiriyorsun?*

Evet. Birini daha. Sen neredesin?

Nerede olduğumu hissedemiyor musun? Hep bilirdin.

Belli bir yerde olurdun.

Artık değil.

Bu ne demek?

Senin dışında başka dostlarım da var demek.

Bana meydan okuduğu için hoşnutsuz olduğumu hissetmesini sağladım. *Hangi başka dostlar?*

Cevap can sıkıcıydı. *Tami'yle birlikteyim; kızlarımdan biri. Ev yandığından beri Courtland Bed&Breakfast'ta kalıyorlardı. Faturayı ödeyen sen olduğun için hatırlarsın.*

Ah, Eleanor. Köşeye sıkışsa bile asla kolayca sinmezdi. Diana'yla felaketle sonuçlanan karşılaşmasından sonra Will'in ve benim vücutlarımızda dolaşan virüs de düşünülürse bizden uzak durması en iyisi olurdu ama bana danışmaması hoşuma gitmemişti. *Güneş yükseldiğinde uyumak bir yana, gizli bir yerde olmalısın.*

Deylaud, Courtland'ın bodrumunda bize yer hazırladı bile... evim tamamlanana kadar.

Pek yalnız sayılmazdı. En azından korunacaktı ama onun gelecek birkaç ay boyunca şehrin diğer ucundaki tozlu bir bodrumda uyumasına izin vermeye niyetim yoktu. *Bunun Deylaud için bedelini anlayabiliyor musun?*

Bunu bir an düşündü. *Bu onun hatası değil. Ben... Benim yüzümden onu incitmeyeceğine söz ver.*

Onu incitmeme gerek yok... seni de. Benim irademle desteklenmeden yapacağınız her şey sizi o ya da bu şekilde incitecek. İkiniz de bana aitsiniz.

Ben de öyle sanıyordum.

Başka bir şeye inanmıyorsan buna inan. İyi uyu.

Diana sessizliğime şaşırmış olabilirdi ama kendi düşüncelerine dalmış gibi görünüyordu. Duygular ve beklentiler beni kendi kalbimin ördüğü bir örümcek ağına hapsediyordu. Kendimi bir ağdan kurtardığım her seferinde, bir diğeri onun yerini alıyordu.

Reyha beni kapıda karşıladı. "Kardeşim gitti" diye uludu, teselli edilemez bir halde. "Bizi... beni terk etti." İki bin yıldan uzun süre yaşamış olan bu nazik yaratık için, böyle bir şey ilkti.

Onu göğsüme bastırarak saçlarını okşadım. Onarmam gereken bir kırık kalp daha. "Evet, biliyorum tatlım."

"Onu geri getirmemiz gerek..." Diana'nın Will'i destekleyerek yanımda durduğunu fark etti. Gözlerini kırpıştırdı ama bana daha sıkı sarıldı. "Kimsiniz?"

Döndüm ve Reyha'yla Diana'yı yüz yüze getirdim. "Bu..." Neredeyse *karım* diyecektim. "Bunlar Diana ve Will."

Reyha burnunu çekerek başıyla onayladı ve tekrar bana döndü. "Gidelim mi? Nerde olduğunu biliyor musun?"

Cevabımı daha kolay yutulur hale getirmek için başının tepesine bir öpücük kondurdum. "Nerede olduğunu biliyorum. Ama henüz gitmiyoruz."

"Ama..."

"Artık yapmam gereken başka şeyler var." Kendimi onun parmaklarından kurtararak Diana'nın Will'i aşağı indirmesine yardım ettim.

Mahzene girerken Gerard başını kaldırıp bize baktı. "Melaphia yolda olduğunuzu söyledi." Biz Will'i toplantı için getirilmiş fazla tabutlardan birine yatırırken yanımıza yaklaştı. "Daha iyi görünüyor."

"Evet, sanırım kanım iyi geldi."

Gerard durdu ve eleştiren bir gözle bana baktı. "Sen nasılsın?"

Gerçeği söylemenin en iyisi olacağına karar verdim. "Ben... kendimi farklı hissediyorum. Söyleyebileceğim tek şey bu."

Gerard kolumu tuttu ve gömleğimi iterek bileğimdeki ısırık izlerini inceledi. Şimdiye kadar neredeyse iyileşmiş olmaları gerekirdi ama hâlâ kırmızı ve şiştiler. Bileğim sıcaktı.

"İkinizden de kan örnekleri almalıyım."

"Cuy bir ilaç geliştirdiğinizi söyledi" dedi Diana.

Tıp çantasıyla uğraşan Gerard başını kaldırıp baktı; Diana'ya değil, bana. "Sonuçlar çok iyi görünüyor. Yakında emin olacağız" dedi.

Diana gelip yanımda durdu. "Lütfen oğlumu iyileştirin."

Gerard o zaman ona baktı. "Hanımefendi, hepimizi iyileştirmek niyetindeyim."

Gerard kan örneklerini alıp Will'in boynundaki atardamara iğne yaptı. Sonra hepimize dinlenmemizi tavsiye etti. "Jack aradı. Yarın gece katılmamız gereken bir cenaze töreni var."

Diana'yı Eleanor'un tabutuna yatırıp kendiminkine uzanmam geri kalan dakikalarımı aldı. Diana'nın varlığının önemi -Eleanor'a verdiğim hediyelerden birini sahiplenmesi- dikkatimden kaçmamıştı. Eleanor asla kendi tabutunda uyumadığından ve hep benimkini paylaştığından, bunun bir önemi olmadığını düşündüm. Sonra Diana'nın kollarımda uyuması düşüncesi benliğimi sarstı. Son birkaç gündür onun yakınında olmama rağmen, gelecekte neler olabileceğini hiç düşünmemiştim. Karımın hayatıma tekrar girişi benim için birçok açıdan yabancıydı. Sanırım o da benim için aynı şeyi söylerdi. Ne umabileceğimi kestirmek zordu; kimin kalbi daha güçlüydü, kimin güveni yıkılacaktı?

Sorun tahmin ettiğimden daha büyüktü ve bu düşünceyle, sandığımdan daha kısa sürede uykuya daldım.

Bir kıkırdama beni uyandırdı. Bir vampirin karanlık dünyasında alışılmış bir şey değildi bu. Dışarıda güneşin battığını hissedebiliyordum. Uyanık kollarımı ve bacaklarımı yokladım; vücudum normal görünüyordu ve önceki akşam hissettiğim tuhaflık yoktu. Tabutumun kapağını açarken başka bir kıkırdama duydum. Doğrulup oturarak odayı taradım. Diana'nın yattığı tabut kapalıydı. Gerard bir köşedeki kanepede uyuyakalmıştı. Renee ve Reyha'yı şöminenin yanında yerde otururken görene kadar dikkatimi çeken bir şey olmadı, tabii yanlarındaki Will'i de.

İçim sızladı. "Anlaşılan kendini daha iyi hissediyorsun" dedim.

Cevap olarak gülümsedi.

Renee yerden kalktı. Will'e ancak özlem olarak tanımlayabileceğim bir bakış attıktan sonra zıplayarak bana doğru geldi. "İyi akşamlar" dedi, nazikçe. "Will bana kâğıt oynamayı öğretiyor. Primero denen bir oyun. Bunu çocukken öğrendiğini ve İngiltere kralının oynadığını söyledi."

Tedirginliğimi gizlemek için kendimi zorladım. Renee'nin Will'le yalnız olması hoş bir görüntü değildi. "Anlıyorum" dedim ve bir elimle örgülerini okşadım. "Annen burada olduğunu biliyor mu?"

Yüz ifadesi hemen değişti. "Hayır efendim." Bakışlarını indirdi. Reyha bana yaklaşırken bütün gün uyumamış gibi görünüyordu.

"Sanırım eve gitmen gerek. Reyha'yı da yanına al. Bizim yapacak işlerimiz var."

Renee hayal kırıklığını gizlemekte zorlandı. Bir evden diğerine koşarak gidecek kadar büyüdüğünden beri, uyandığımda yanımda olmayı seviyordu; bu günün en sevdiği saatiydi. Elini kaldırarak Reyha'nın başını okşadı. "Tamam" dedi. Ama kolundaki bir çürük dikkatimi çekmişti. Delik yara gibiydi. Will bu çocuğa dokunduysa onu kendim öldürecektim. Bileğini nazikçe tutup kolunu çevirdim.

"Koluna ne oldu?" Hatamı anlayamadan cevap verdi.

"Bay Gerard test için benim..."

Reyha benden daha hızlı düşünerek havladı ve araya girdi.

Tuhaf durumu normale çevirmek için elimden geleni yaptım. "Anladım. Evet, şimdi hatırladım. Tamam, eve git ve annene yakında onu ziyaret edeceğimi söyle." Onu kendim sürüklemek zorunda kalmadan oradan gitmesini istiyordum. Ayrıca, uzakta kalmasını da emretmek istiyordum ama bu her şeye tuz biber ekerdi.

Reyha, Renee'nin peşinden gitti ama havlaması Gerard'ı uyandırmıştı. Ardından Diana da uyandı. Will yerden kalktı ve annesinin kalkmasına yardım etti.

"Çok daha iyi görünüyorsun" dedi Diana, uzun parmaklarını Will'in saçlarında gezdirirken. Will'in gülümsemesi her zamanki sırıtışından farklıydı.

"Evet anne. Sanırım iyileştim."

"Bunu göreceğiz" dedi Gerard. Sonra bana döndü. "Sen kendini nasıl hissediyorsun?"

Gömleğimin kolunu sıvayarak gösterdim. İzler gitmişti.

"Bir savaşı kazandık" dedi Gerard, omzuma vurarak. "Buradan." Will'e gidip, tıp malzemelerinin bulunduğu sehpanın yanındaki koltuğa oturmasını işaret etti.

Diana yumuşak bakışlarla bana yaklaştı. Elimi tutarak kulağıma eğilip fısıldadı. "Artık iyi olduğunu bildiğimize göre yalnız kalmak için gidebileceğimiz bir yer var mı?"

Sesinin sıcaklığı içimdeki ihtiyaç duygusunu kabarttı. Gözlerimi kaparsam belki bir zamanlar çok sevdiğim canlı, nefes alan, ölümlü kadını bulabilirdim. Boğazım cevap veremeyeceğim kadar kurumuştu. Sadece onu geçide, merdivene ve yatak odasına sürükledim.

Daha kapıyı kapamadan beni öpmeye başlamış, kollarını boynuma dolamış ve bana sımsıkı sarılmıştı. Kollarımdaki vücudu çok tanıdıktı ama...

"Tadın farklı" dedim, kelimelerim ağzında kaybolurken.

Kalçalarından boynuna kadar bütün vücudunu bana yasladı. "Senin de öyle." Gözlerime bakarak, elini göğsümden aşağı, gizleyemediğim sertliğime indirdi. Yaramaz bakışlarla gülümserken bulduğu şeyle çok ilgilendiği belliydi. "Ama vücudun aynı."

Parmaklarını doğru yerlere bastırırken nefesim kesildi. Dudaklarımı boynuna indirdim ve bluzunun düğmelerini açtım. Yüzümü ellerinin arasına alıp çenemi kaldırarak beni durdurdu.

"Will'i kurtardığın için teşekkür ederim" diye fısıldadı, ayda asılıymışım gibi bakarak. Gözlerinde gördüğüm yoğun minnet, soğuk kalbimi ısıttı. Ama bu duygunun arkasından başka bir rahatsız edici düşünce geldi.

"Minnetini istemiyorum" dedim. Bu bir yalandı. Bana vermeye istekli olduğu her şeyi istiyordum. Hepsinden öte, hâlâ onun aşkını, vücudunu ve birkaç bin yıllık geleceğini istiyordum. Ya hep ya hiç. Hugo'nun canı cehenneme.

"Fark etmez. Yine de minnettarım. Şimdi senin için bir şey yapmak istiyorum."

Dudaklarımı dudaklarına bastırdım. "Sanırım tam olarak kaldığımız yeri hatırlıyorum."

"Sevişmek değil. Henüz değil."

Şimdi gerçekten şaşırmıştım. Elini mahrem yerlerimden çekmeden bunu söylemesi... "Bana hayır diyor olamazsın" dedim, inanamayarak.

Gülümsedi. "Hayır, öyle değil. Sadece... yakında diyorum."

Sabrımı zorlamayı hâlâ bildiğini itiraf etmeliydim; yoksa iştahımı artırmak mı istiyordu? "Sen neden söz ediyorsun?"

Derin, uzun bir nefes aldı ve gözlerini kıstı. Elini sertleşmiş organımdan çekerek yukarı kaydırdı ve solgun, zarif boynuna düşen tatlı kokulu saçlarını çekti. "Beni ısırmanı, benden beslenmeni istiyorum."

Cevap veremeyecek kadar şaşkın gözlerle kadifemsi tenine baktım.

Bana bakarak devam etti. "Eğer sevişirsek... güç kaybedersin. Will'i besleyerek kaybettiğin gücü geri kazanmanı istiyorum. Onu kurtarırken kaybettiğin gücü. Bana kendininkini sunmak yerine, benim gücümü al. Senin daha güçlü olmanı istiyorum, daha zayıf değil."

Elleri yine boynuma dolandı ve başımı aşağı çekti. "İstediğim şey... ben..." Dişlerim yerini bulurken inledi.

Ben de inlemiş olabilirim ama o anda ağzım emmekle meşguldü. Ballı şarap ve serin esinti kokuyordu. Hepsinden öte... tadı yuvam gibiydi.

Jack

Sullivan'ı, William'ın tesisteki gardıroplarından birinden giydirdiğimde ve onu güzel meşe tabutuna yatırdığımda, insan konuklar -Tilly ve Connie- gelmişti. Rennie gün boyunca çukuru kazmıştı.

William da gelmişti ve Iban'ı sakinleştirmeyi başarmıştı. Sullivan hazır olduğunda, Iban onunla biraz yalnız kalmak istedi; bu yüzden Lucius, New York'taki klanını aramak için telefona gitti. William, uzun bir yürüyüş olacağı için Tilly'yi kucağına almayı teklif etmişti ve bu konuda bir irade savaşı yaşamışlardı. Werm gelmişti ve Gerard'la konuşuyordu. Bu da Connie'yi ağırlama işini bana bırakmıştı.

Siyahlar içinde çok güzel görünüyordu. "Geldiğin için teşekkürler" dedim. Sullivan'ın onun hâlâ beni düşündüğünü söylediğini hatırlıyordum ve birkaç saniye için canlı olmadığımı unutmuştum.

"Sorduğun için teşekkürler." Gergin bir tavırla diğer vampirlere bakınırken benimle göz göze gelmekten kaçınıyordu. Sanırım gerçek olduğuna inanmadığın bir yaratığın gözlerine bakmanın anlamı yoktu. "Burada güvende olduğumdan emin misin?"

"Evet, güvendesin. Bunlar uygar vampirler ve öyle olmasalar bile ben seni korumak için buradayım. Ayrıca, virüsü kapmadığını öğrendim, dolayısıyla her açıdan güvendesin."

"Tanrı'ya şükür" dedi, rahatlamış bir şekilde. "Iban nasıl?"

"Fiziksel açıdan çok daha iyi. Sana sözünü ettiğim şu adam -bilim adamı- bir tedavi geliştirdi ve işe yaradı. Duygusal açıdansa berbat durumda. Sullivan en iyi dostuydu."

Connie başıyla onayladı. Başını William'a ve Tilly'ye doğru eğerek konuştu. "Şu ikisi arasında ne var? Kadın da bir vampir mi?"

Güldüm. "Hayır. Ama isteseydi bu seçeneği her zaman vardı. O, William'ın en eski ölümlü dostu. Yetmiş yıl önce gerçekten olay yaratmışlar. William ona hâlâ hayran. Şimdi cenaze için soğukta bekliyor diye William ona kızıyor."

"Bir ilişkileri mi vardı?" Connie'nin sesi zorlama görünüyordu; sanki ciddi bir şey hakkında doğal konuşmaya çalışıyormuş gibi.

Kelimelerle değilse bile duygularıyla kalbini bana açmasını isteyerek gözlerine baktım. "William onun lanet olasıca kocasını öldürdükten sonra derin bir ilişki yaşamışlar. William ona bir kraliçe gibi davranmış. Tilly'ye sonsuzluğu önermiş ama Tilly reddetmiş. William asla onun isteğinin dışına çıkmamış; hiçbir konuda. Bugüne kadar Tilly'nin istekleri onun için emir olmuş. Sana vampirler hakkında bir şey söyleyeyim: Güçlüyüz ve öldürülmemiz zordur. Sadakatimiz de öyle… ve aşkımız."

Connie'nin gözleri nemlendi. "İblisler sevebilir mi?"

"Bundan hiç şüphe etme."

Başıyla onayladı ama ne hissettiğini bilemiyordum. Duygularını kendine saklıyordu.

Salonun çift kanatlı kapıları açıldı ve Iban gözlerinden süzülen yaşlarla dışarı çıktı. William, Lucius ve Gerard, Sullivan'ın kapalı tabutunu taşımak için yanına gitti.

Connie elini ağzına koydu ve gözleri iyice ıslandı. Sonra aniden hatırlayarak bana döndü. "Bunu yapan canavarı söz verdiğin gibi öldürdün mü?"

"Hayır" diye itiraf ettim. Babamla neredeyse mahvolmuş ilişkimden geri kalanları kurtarmak için ona verdiğim sözden geri dönmek zorunda olduğumu nasıl açıklayabilirdim ki? "Yapamam. Durum çok karmaşık" dedim.

"Bu birçok zor soruya cevabın olmalı." Connie gözlerini kıstı. "Eh, dediğin gibi kendi güçlerim varsa belki onları kullanır ve vampir öldürmeyi kendim öğrenirim, ne dersin?"

Sonra olduğu yerde döndü ve ön kapıdan çıkarak diğerleriyle birlikte mezarlığa yöneldi. Tam o anda Connie'nin vampirlerin gerçekliği ve benim onlardan biri olduğum fikriyle boğuştuğunu fark ettim; tam onunla bir ilerleme kaydettiğimi sanırken hortlak olmadan önceki halimden bile çok daha beter durumda olduğumu anladım. Connie'nin türümü öldürmek için güçlerini kullanma düşüncesi, Reedrek'ten veya Hugo'dan kaynaklanan korkularımdan daha da büyüktü. Dahası, yüz elli yıldır hiç bu kadar korkmamıştım. Az önce onu tanıdığım vampirlerin neredeyse hepsiyle tanıştırmıştım.

Bunu üzerimden atmaya çalıştım ama mezarlıkta diğerlerine katılırken kan emiciler için zor zamanların daha yeni başladığını hissediyordum.

18

William

Gece, nefesini tutmuş gibiydi. Okyanustan karaya doğru hiç rüzgâr esmiyor, kuzeybatıdan soğuk gürlemiyordu. Sadece sessizlik vardı; ölümün nefesi kadar hareketsiz.

Ve gözcüler: Kalp atışlarımızın veya sıcaklığımızın olmamasından endişe duymadan yas için toplanan ruhlar.

"Sullivan... güvenilir dost, ölümlü yoldaş, Iban'ın sadık oğlu... öldü." Aceleyle kazılmış mezarın etrafında toplanan gruba seslenirken Iban yanımda duruyordu.

Geri kalanlar yosunlu taşların arasına dağılmıştı: Lucius, Gerard, Jack, Lamar ve ölümlüler; Connie ve sevgili Tilly'm. Eleanor katılmayı reddetmiş, benden uzak kalmayı tercih etmişti. Gelmeyenler zaten burada istenmiyordu: Hugo, Diana ve katil... Will.

"Onun ölümü hepimize bir işaret. Birkaç hafta içinde, Yeni Dünya tarihimizdeki herhangi bir zamandan çok daha fazla kardeşimizi kaybettik. Geçmişteki anlaşmazlıklarımız ne olursa olsun, şimdi güç almak için birbirimize destek olmak zorundayız." Iban'ın yakıcı bakışlarını üzerimde hissedebiliyordum. Herkesten çok onunla konuştuğumu biliyordu.

"Ne yazık ki burada cenaze törenini yönetecek bir din adamımız yok. Ancak, Sullivan için Dylan Thomas'tan, bu dünyada çok az zaman geçirmiş olan başka bir insandan bir şeyler aktarmak istiyorum:

İlerlemiş yaş, günün sonunda yanmalı ve çılgınca bağırıp çağırmalıdır;

Öfke, ışığın ölümüne karşı öfke."

Iban'a doğru eğildim. "Eklemek istediğin bir şey var mı?"

Duygularını kontrol edebilmek için çok büyük bir çaba harcıyor gibiydi. "Söyleyeceklerim buradaki hiç kimse için teselli edici olamaz; özellikle de Sullivan için. Naaşı üzerinde bir tartışmayla anısını lekelemeyeceğim."

Başımla onayladım. Iban'ın öfkelenmek için her türlü haklı nedeni vardı ve Sullivan'ın öldürülmesi konusunda yakında tekrar konuşacağımızı biliyordum. Onun yanından ayrılarak Tilly'ye yaklaştım. Bir kolumu omuzlarına dolayıp diğerini dizlerinin altından geçirerek onu kucağıma aldım. "Kuştüyü kadar hafifsin" dedim, kırılganlığı karşısında duyduğum endişeyi gizlemek için çabalarken. Son dileğini gerçekleştirmem için uzun zaman geçmesi gerekmeyeceğini artık biliyordum. Ama onun ölümünü hızlandırmaya, gitmesine izin vermeye hazır değildim.

İç çekti. "Kimse ne aşırı zengin ne de aşırı zayıf olabilir" dedi. "Ama herkes aşırı yaşlı olabilir."

"Daima senden yarım binyıl daha yaşlı olacağım" diye cevap verdim, her zamanki alaycılığımla. Son elli yıldır bu tartışmayı birçok kez yapmıştık. Tanışıklığımızın ilk yirmi yılında, geleceği düşünmeyecek kadar umursamaz veya meşguldük. "Bu akşam bizimle kalmak ister misin?"

"Hayır, sanırım istemem." Artık eve ulaşmıştık. Onu ayaklarının üzerine indirdim. Göğsüme hafifçe vurdu. "Cenazeler beni yoruyor." Sonra Iban'ın Jack'le sohbet ettiği yere yürüdü. Üzerinde konuşacak çok şeyleri var gibi görünüyordu. Tilly, Iban'a yaklaşıp ona sarıldı. "Daha fazla keder, daha fazla acı yok" diye fısıldadı kulağına. Iban başıyla onayladı ve bir an derin derin gözlerine baktı. Sonra Tilly'yi kolunun altına alarak onunla birlikte evin ön tarafına ve yaşlı dostumu bekleyen arabasına doğru yürüdü.

Tilly'nin gittiğini görmek beni bir açıdan sevindirmişti. Geri kalanlarımız sevimsiz konuları tartışmak zorundaydık ve işin kavgaya dönüşmesi büyük olasılıktı. Jack'e yaklaştım.

"Bütün bunları organize ettiğin için teşekkür ederim." Ölümlü oğlumun neden olduğu bu cenaze törenini aslında benim organize etmem gerekirdi.

Jack bu ifademe şaşırmış gibi baktı ama hemen toparlandı. "Evet, şey, kendimi sorumlu hissettim ve..."

"Evet. Ve insan kalıntılarıyla ilgilenmeye alışkınsın."

"Onları boş bira kutuları gibi arkamda bırakmak yerine daha fazla saygı gösterdiğimi kastediyorsan, evet, haklısın."

Bu kavgacılığı aslında beni gülümsetmişti. Kendimi eve dönmüş gibi hissediyordum. Dünyam azgın bir okyanus dalgasıyla alabora olduktan sonra bu rahatlatıcıydı. Boğulmaktan kurtulmuştum ama şimdi zihnimi dolduran tek bir düşünce vardı... *Diana*. Onun tadı aklıma geldiğinde çene kemiklerim daha da çok sızlıyordu.

Jack'in başının üzerinden küçük aile mezarlığına baktım. Connie arkada kalmıştı ve bizden olabildiğince uzak duruyordu. Onu suçlayamazdım. Bizim aramızdayken kendini aslanların arasındaki koyun gibi hissediyor olmalıydı. "Sanırım polis kız arkadaşını evine göndermelisin. Burada olanlar cesurca kaldırabileceğinden ağır olabilir."

Jack yüzünü buruşturdu. "Onun cesareti için değil. En kötümüzü iş üzerinde gördü zaten; şu lanet olasıca Will piçi sayesinde. Ama yine de göndereceğim çünkü asıl bize karşı Kirli Harriet gibi davranmasından korkuyorum..."

"O zaman onu da öldürmek zorunda kalabiliriz."

Jack kaşlarını çattı. "Demek istediğim bu değildi." Daha fazla tartışmak yerine, verandadan ona doğru yürüdü.

Connie'yi öldürmeye zamanım da niyetim de yoktu ama diğerlerinden emin olamazdım.

"Jack?" Durup dönerek ellerini beline koydu.

"Ne?"

"Unutma! Will hasta ama Hugo hâlâ oralarda. Reedrek'ten öğrendiğimiz bir şey varsa o da sevdiklerimizin tehlikede olduğu. Bunu Connie'nin açıkça anlamasına dikkat et."

Jack başıyla onayladı ve uzaklaştı.

Biri omzuma dokundu. "William... yani, efendim."

"Evet Lamar?" Ona döndüğümde, Werm ona vurmamı beklermiş gibi sindi ve hatları hafifçe şeffaflaştı. Diken diken saçlarının gözden kaybolmasının iyi bir gelişme olduğunu düşündüm.

"Merak ediyordum da… yani… Will nasıl? Jack bana onun hasta olduğunu söyledi ve… tekrar soramıyorum çünkü çok öfkeli…"

"Will şimdi iyi" diye cevap verdim ama iyileşmesinden söz ettiğimde düşüncelerim tekrar Diana'ya ve vaat edilmiş ödülüme döndü. Buna sadece saplantı diyebilirdim. Evde beni bekleyen cennet. Heyecanımı zorlukla gizleyebiliyordum. Sonunda yine benim olacaktı.

"Onu ziyaret etmem mümkün mü? Yani, saldırgan olduğunu biliyorum ama bana zarar vermez. Biz arkadaşız."

Herkes oğlumu bu şekilde mi görüyordu? Kontrolden çıkmış vahşi bir hayvan gibi mi? Onun ölmesini istemelerine şaşmamak gerekirdi. Daha cevap veremeden, zihnimi okumuş gibi konuşan Iban'ın sesini duydum.

"O köpeğin arkadaşa filan ihtiyacı yok. Yakında gebereck."

"Iban, lütfen…" Yanımızdan geçerek, Sullivan'ın hâlâ açık olan mezarına doğru yürüdü.

Werm yerinden fırlamaya hazır görünüyordu. "Gidebilirsin" dedim. "Houghton'daki evimde." Uzaklaşmasına fırsat vermeden ekledim. "Werm… ona Iban'ın kan davasından söz etme. Fikrini değiştirmeyi umuyorum."

"Peki, efendim."

Jack

Tilly evine dönmüşken Connie geride kalan tek insandı. Tek başına mezarın başında duruyor, bundan sonra ne yapacağını bilemiyormuş gibi görünüyordu. Yanına ulaştığımda Iban da oradaydı ve dalgın gözlerle dostunun açık mezarına bakıyordu.

"Keşke onunla sadece bir kez daha konuşabilseydim" dedi, sesi titreyerek.

"Ah" diye başladım. "Bunu bilip bilmediğinden emin değilim ama ben ölülerle konuşabiliyorum. İstersen size seve seve aracı olurum. Bir tür... tercüman gibi."

Iban gözlerini kırpıştırdı. "Evet. Evet, Jack, lütfen. Bunun benim için anlamı çok büyük." Bir an düşündü. "Nereden başlasam? Sullivan, yıllar boyunca benim için yaptığın her şeye teşekkür etmek istiyorum. Dostluğun, kabullenişin, anlayışın için. Ve... cesaretin için. Çok az insan bir iblisin gözlerine bakacak, oradaki iyilik kalıntısını görebilecek ve ona dostum diyebilecek kadar cesur olabilir."

Iban'ın sözlerine tepkisini görmek için Connie'ye bir bakış attım. İri iri açılmış gözleriyle bana bakıyordu. Iban'ın ifadesinden mi etkilenmişti yoksa ölülerle iletişim kurabilmeme mi şaşırmıştı, bilmiyordum. "Sullivan seni duyabildiğini söylüyor" dedim. "UCLA sinema akademisinde seninle tanıştığı güne şükrettiğini söylüyor. Gece kurslarına katıldığı için çok mutlu olduğunu."

Iban'ın gülüşü bastırılmış, boğuk bir hıçkırıkla birlikte çıktı. "Dostluğumuz seni bir canavarın elinden zamansız ölümüne götürse bile tanıştığımız güne şükrediyorsun. Çok üzgünüm *amigo*, yıllar önce yemin ettiğim gibi koruyamadım seni. Sana yeterince dikkat etmedim ve şimdi bunun bedelini ölümlü yaşamınla ödedin."

"Sullivan kendini suçlamaman gerektiğini söylüyor. Senin sayende, çoğu insanın iki ölümlü ömre sığabilecek kadar şey yapabildiği için teşekkür ediyor."

Iban, tabutun masif ahşap kapağından içeriyi görebiliyormuş gibi açık mezara bakıyordu. "Sana yemin ederim ki intikamını alacağım. Senin kanını katilinin damarlarından emeceğim ve etlerini kemiklerinden ayıracağım. Ölümsüzlüğüm üzerine yemin ederim."

"Teşekkür ederim, eski dostum" diye tekrarladım Sullivan'ın adına. "Kendini suçlama. Savunmamı indirerek ölümcül hatayı yapan bendim. Will'in ne olduğunu biliyordum. Benim için ölümsüz yaşamını riske atma. Varlığının geri kalanına devam etmelisin. Sinema sektöründe dediğimiz gibi; bu film bitti. *Adios.*"

"*Vaya con Dios**" dedi Iban, hıçkırıklar arasında. Eve doğru sendeleyerek yürüdü ama birkaç adım sonra durarak yanımıza geri döndü. Elini Connie'ye uzattı. Connie kabul ettiğinde, Iban onun elini dudaklarına götürdü ve eğilerek öptü. "Geldiğin için çok teşekkür ederim tatlım. Bunun Sullivan için çok anlamlı olduğunu biliyorum. Benim için de öyle."

Connie başıyla onayladı. "Kaybın için çok üzgünüm. Onu sevdiğini biliyorum." Bana yandan bir bakış atarken, koyu Latin gözleri benimkilere kilitlendi. Kalbim hâlâ atıyor olsaydı, o anda ayarlanması gereken eski bir sekiz silindirli araba gibi teklerdi. *Onu sevdiğini biliyorum,* diye tekrarladım zihnimden. Mesajı açıktı. Artık ona söylediğim şeye inanıyordu; bir iblis sevebilirdi. Bunu Iban'da görmüştü.

Iban başıyla onayladı ve elini çekti. "Hoşça kal!" dedi. "Hayatının son birkaç gününde, senin kadar güzel ve tatlı bir hanımın arkadaşlığının tadını çıkardığı için Sullivan adına mutluyum."

"Sadece birkaç gün için olsa bile onu tanımak da benim için güzeldi."

---

* "Tanrı seninle olsun."

Iban son bir kez eğildi ve tekrar eve yöneldi.

"Seni arabana götüreyim" dedim, Connie'ye. Ona iyi olup olmadığını sormak istiyordum ama sonra fikrimi değiştirdim. Az önce bir sürü vampirin arasına gözünü kırpmadan girmişti. Bunun üzerine, bir de ölülerle konuşabildiğimi ve onların cevap verebildiğini öğrenmişti. Sadece bu bile herhangi birine hazmetmesi gereken çok şey verirdi. Dakikalar önce yüz ifadesi yumuşak olmasına rağmen, şimdi bakışları kaçamaktı. Zihinsel motorunun saniyede bin devir döndüğünü görebiliyordum.

"O katil canavarın peşinden gidecek kadar *yürekli* biri olduğu için memnunum."

Amaçladığı darbe yerini bulurken yüzümü buruşturdum. "Sana dediğim gibi, benim Will'in peşine düşmem çok karmaşık bir konu. Bunun William'la ve vampir politikalarıyla ilgisi var. Bir gün sana hepsini açıklayacağım." Ama kafasında benim cesaretimden -ya da cesaretsizliğimden- daha önemli şeyler olduğunu görebiliyordum. "Ne düşünüyorsun?" diye sordum tekrar. "Yani, *gerçekten* ne düşünüyorsun?"

Artık arabasının yanına gelmiştik. "Son birkaç gündür gördüğüm her şeyi düşünüyorum. Özellikle de bu cenazede gördüklerimi ve duyduklarımı. Ölülerle konuşabilme yeteneğini ve şimdiye dek varlığını hayal bile etmediğim olasılıkları."

"Hangi olasılıkları?" diye sordum. Arabasına bindi ve kontağı çevirmeden önce bana son kez sert bir bakış attı.

"Sence bir ara... benim için de tercümanlık yapabilir misin? Bağlantı kurmam gereken birkaç kişi var. Bu bir ölüm-kalım meselesi."

"Evet, sanırım olabilir. Hikâye nedir?"
"Karmaşık."

William

Hepimiz salonda toplanmıştık. Diana ve Will'i önceki gece şehre götürdükten sonra biz gün boyunca uyurken ortalığın temizletilmesi için Chandler'dan tesis binasına profesyonel temizlikçiler getirmesini istemiştim. Kırık mobilyalar kaldırılmış, duvardaki ve tavandaki delikler yamanmıştı ama henüz yeniden boyanmamıştı. Tıpkı grubumuzdaki anlaşmazlıkların çoğunun hâlâ iyileşmediği gibi.

Ev sahibi olarak sohbeti ben başlattım. Iban geri dönmeden önce söylenmesi gereken şeyleri gözden geçirmek istedim.

"Gerard'ın zekâsı sayesinde, salgını durdurabilecek bir panzehir geliştirdiğimize inanıyoruz. Birçok açıdan, ilk darbenin California'ya inmesi bizim için bir şanstı..."

"Onlar için o kadar şanslı değildi" diye araya girdi Lucius.

Kaşlarımı çatarak ona baktım. "Hedef New York da olabilirdi." Sonra genel olarak gruba döndüm. "Son birkaç saattir kendi klanlarınızdan haber aldınız mı?"

Gerard ve Lucius başlarıyla onayladı. "Iban, Tobey ve Travis'ten de haber almış. İyiler ve katliamı araştırıyorlar" dedi Lucius. Will itiraf etmiş olduğundan, ben neler olduğunu zaten biliyordum. Ama Will'i hayatta tutmayı umuyorsam bu bilgiyi paylaşmak için hiç de uygun bir zaman değildi.

"Hâlâ çok dikkatli olmamız gerek. Şimdiye kadar tedavi teke tek düzende işe yaradı. Ama saf voodoo kanı az olduğu için tedavi edebileceğimiz kişilerin sayısı konusunda sınırlıyız. Ben eve dönmeden ve stoklarımızı artırmadan önce bütün bir klan daha etkilenirse başımız ciddi derde girer."

"Ve elimizdeki azıcık ilacı, ölmeyi hak eden birini kurtarmak için kullandık" dedi Iban, arkamdan yaklaşarak.

"Will bizim kobayımızdı; yani senden sonra" dedi Gerard. "Artık ilacın kan olduğunu ve hastalığın ancak bu kanla tedavi edilebileceğini biliyoruz; William'ın açıkça bağışıklı olduğunu da. Yani ısırılma yoluyla bulaşmasından bahsediyorum. Hastalıklı kuğulardan beslendiğinde neler olabileceğini bilmiyorum." Kaşlarını çattı. "Taşıyıcılar için daha kolay bir test geliştirmem gerekecek.

"William? Melaphia'nın benimle Minnesota'ya gelmesi için ikna…"

"Bu hayatta olmaz" diye cevap verdi Jack, benden önce. Beni iterek yanımdan geçti. "Hepimiz çürüyüp ölsek bile umurumda değil. Mel'e hiç kimse daha fazla acı vermeyecek."

"Senin için konuşması kolay Jacko, sonuçta, muhtemelen sen de bağışıklısın" diye cevap verdi Lucius. Ayağa kalktı. "Ve yanlış hatırlamıyorsam William, Yeni Dünya klanlarının liderliğini bana bırakmıştı, dolayısıyla bu benim kararım…"

Jack ona yaklaştı. "Bunu rüyanda görürsün, seni sers…"

Telefonun sinir bozucu sesi konuşmaları böldü. Salondaki herkes donup kaldı ama kimse telefona cevap vermek istiyor gibi görünmüyordu. Üçüncü çalışında Werm'de zayıf bir huzursuzluk algıladım. Henüz düşüncelerini yansıtmakta ustalaşmamıştı fakat korkusunu yansıtabiliyordu.

"Sorun nedir?" dedim, ahizeyi kaldırarak.

"William! Evinde… kötü bir şey…"

"Yavaşla ve net konuş. Evime ne olmuş?" Birden içimde bir huzursuzluk belirdi. Diana. Hugo, Diana'yı almak için geri mi dönmüştü? Reyha onu asla içeri sokmazdı...

"Bilmiyorum. Buraya geldim ve..." Bir kez hıçkırdı ve soluklanmaya çalıştı. "Bütün kapılar ve pencereler açık. İçeri girmeye korkuyorum. Kötü bir şey..."

"Gözden uzak bir yer bul ve izlemeye devam et. Hemen geliyorum."

Yirmi dakika sonra, beşimiz evimin önünde duruyorduk. Werm'ün yakınlarda olduğunu hissedebiliyordum ama çalılıkların arasında yerini tespit etmeye zamanım yoktu. Olduğun yerde kal, diye emrettim. Görünmez durumdaysan, öyle kal. Bütün odalardaki ışıklar yanıyor olsa da ev tehdit altında görünüyordu. Ardına kadar açık duran pencereler ve kapılar bana *Kaymaktaşı*'nı hatırlatmıştı. Bir hayalet gemi yerine, şimdi aceleyle terk edilmiş bir hayalet evimiz vardı. Werm haklıydı: Burada kötü bir şeyler olmuştu. Diana ve Will'i eve getirdiğimde Melaphia ve Renee'yi uzaklaştırdığım ve Eleanor da kendi başına kalmak istediği için memnundum. Bu Hugo'nun marifeti olmalıydı. Diğer herkes tesisteydi. Eğer Diana'nın canını yaktıysa onu kimse elimden kurtaramazdı.

Diğerlerine dönüp başımla onaylayarak ilerledim.

Ben arkaya dolaşacağım, diye fısıldadı Jack, zihnime.

Kısa süre sonra, evin üst katlarının boş olduğunu gördük. Peşimde diğerleriyle aşağı indim. Başka bir kötü işaret daha: Melaphia'nın sunaklarında genellikle yanar durumda olan mumlar sönüktü. Bu asırda bunun olduğu sadece tek bir zamanı hatırlayabiliyordum ve o da Melaphia'nın annesi Seraphina'nın öldüğü geceydi. Mahzenden bir vurma sesi geldi ve kendimi herhangi bir saldırıya hazırladım.

Odaya girdiğimde içimdeki hava boşalmış gibi geldi. Burada bir savaş olmuştu; hem fiziksel hem de metafiziksel bir savaş. İçim korkuyla doldu. Melaphia uzak dururdu... tehlikeyi biliyordu...

Jack arkamdaki merdivenden koşarak indi. "Reyha'yla Deylaud nerede?" diye sordu, sessiz kalmaya gerek duymadan.

Odanın kendisi boştu ama onun konuşmasından sonra iki şey oldu. Vuruş sesi tekrar başladı. Daha az ama daha güçlü bir şekilde. Ve tiz bir köpek iniltisi tüylerimi ürpertti. İki ses de kapalı tabutlardan birinden geliyordu. Kapağı açmaya çalıştım ama kilitliydi. Bir anahtar aramak yerine, Jack şöminenin yanındaki demir maşayı aldı ve kilidin üzerine üç kez indirdi. Tahta parçalandı ve kilit taş zemine yuvarlandı.

Diana... Dudaklarımda onun adıyla kapağı ittim. Karşılaştığım görüntü neredeyse dizlerimin bağını çözdü.

Kan içindeki elleri ve hırpalanmış yüzüyle tabutta yatan Melaphia'ydı. Vuruş sesini çıkaran da oydu; geri kalan son gücüyle sağlam İngiliz meşesini yumrukluyordu. Yanında Reyha köpek biçiminde yatıyordu. Onun da yüzü kan içindeydi ve arka bacakları kırılmış gibi görünüyordu. Şaşkınlıkla bana bakarak inledi. Yaraları onu köpek benliğine geri çekilmeye zorlayacak kadar ağır olmalıydı.

"Lanet olsun!" Cebimdeki mendili çıkararak, titreyen parmaklarımla Melaphia'nın ağzındaki köpüklü kanı silmeye çalıştım. Savaşmak için peşimden oraya gelen diğerleri aynı anda konuşmaya başladı. "Sessiz olun!" diye gürledim. "Buranın her santimini arayacağız. Jack, tünellere bak!" Emrimi yerine getirmek için döndüğünde ekledim: "Tek başına çok uzaklaşma." Başıyla onayladı. Ailemize verilen zarara öfkeli gözlerle son bir bakış attıktan sonra uzaklaştı. Hugo uzun zaman önce gitmiş olsa iyi ederdi.

Diğerleri ipuçları ararken ben de teselli edici bir tavırla elimi Reyha'nın omzuna koydum ama bakışlarım Melaphia'nın üzerindeydi. "Neler oldu hayatım? Bunu kim yaptı?"

Gözleri yaşarırken ilk konuşma girişimi başarısız oldu. Öksürdüğünde ağzından biraz daha kan geldi ve beni öldürebilecek tek bir kelime söyledi.

"Renee..."

Jack

O lanet olasıca üç kan emici pisliği bulduğumda Tanrı'dan yardım dileneceklerdi.

Tünelin kapısı içeriden açıktı. Yani ya buradan çıkmışlardı ya da William'ın evindeki birileri dikkatsiz davranmıştı. William, Werm ve ben sık sık burayı kullandığımızdan, havadaki vampir kokusu sıra dışı bir şey değildi. Yine de gözlerimi kapadım ve hangi kokuları yakalayabileceğimi anlamak için havayı derin derin içime çektim. Vampir kokusunun dışında başka bir şey daha vardı.

Eleanor'un parfümü.

En son ne zaman buradan geçmişti? Benim koku duyumla -ortalama bir vampirinkinden en az iki kat daha güçlüydü- günler önce geçmiş bile olsa kokusunu alabilirdim.

Bu yoldan geçsinler ya da geçmesinler, uzun zaman önce gitmiş olduklarını hissettiğimden, herhangi bir yönde çok fazla uzaklaşarak zaman harcamadan tünellere şöyle bir baktım. Aradığım bütün süre boyunca bu felaketle ilgili kaçırdığım bir şey olduğunun farkındaydım; zihnim düşünmeme ya da inanmama izin vermiyordu. Ne olduğunu bilmek istemiyordum ama öğrenmek üzere olduğumun farkındaydım.

Birkaç dakika sonra koşarak mahzene geri döndüm. Gördüğüm ilk şey, Gerard'ın iniltiler arasında yatan köpeğin karnını elleriyle yokladığı ve iç yaralarını değerlendirmeye çalıştığıydı. Aynı anda Werm'e bir şeyler fısıldıyor, o da titreyen elleriyle köpeğin bacaklarını sargı beziyle ve mutfak sandalyelerinden birinin kırık ayağıyla sarıyordu. Reyha'nın acıyla bakan nazik gözlerinin görüntüsü, içimi öfke ve kederle doldurdu.

Ama beni asıl mahveden Melaphia'nın görüntüsüydü. Üzerinde örttüğü bir battaniyeyle oturduğu koltuktan dümdüz karşıya bakarken William onu olanlarla ilgili sorguluyordu. William'ın sesinden sakin kalmak için kendini ne kadar zorladığını hissedebiliyordum ama daha önce hiç duymadığım bir şey daha vardı: Panik. Benim korkusuz, yenilmez babam, hissettiği panik duygusunu bastırmaya çalışıyordu.

Zihnimin beni korumaya çalıştığı şeyin ne olduğunu ancak o zaman anlayabildim.

Renee gitmişti.

William dönüp bana baktı. Başımı iki yana salladım. Sadece, "Bir şey yok" diyebildim.

Dikkatini tekrar Mel'e çevirdi. Sanki geri kalan son gücünü, bize tabutun içinde olduğunu belli etmek için harcamış gibiydi. Nihayet özgür kaldığında, gücü de tükenmişti. "Tekrar dene hayatım" diye yalvardı William. "Denemelisin. Neler oldu ve buradan ayrıldıklarında nereye gidiyorlardı?"

Melaphia'nın önünde diz çöktüm. "Lütfen, Mel, Jack amcan için. Bize onu nereye götürdüklerini söyle." Maman Lalee'nin kanıyla ona ulaşmaya çalıştım. *Konuş,* diye emrettim.

Bakışları gözlerime odaklanmaya başladı ve aniden bir çığlık attı. "Bebeğimi büyülediler! O kızıl saçlı şeytan onu büyüledi ve o da dördüyle birlikte tünellerden gitti. Reyha ve ben onu geri almaya çalışıyorduk!"

"Dördü mü?" William'ın kızıl sisi yükseliyordu ama aynı zamanda şaşkındı da. Ama ben Melaphia'nın ne demek istediğini anlamıştım çünkü birkaç dakika önce tünellerde aldığım kokuyu hatırlıyordum.

"Eleanor!" dedim.

Melaphia başıyla onayladı ve kan kusarak tekrar öksürük krizine tutuldu. William'a baktı. "Onu geri getir yoksa annelerimizin ruhları adına..."

"Getireceğim. Sana söz veriyorum. Ölümsüz varlığıma sebep olsa bile kızını geri alacağım." William, Melaphia'nın yanında çömeldiği yerden doğrularak ayağa kalktı. Ben de onunla kalktım.

Onyıllar boyunca babamın en ölümcül halini görmüş olduğumu sanıyordum. Katillerin bağırsaklarını deştiğini, tecavüzcülerin canlı canlı derilerini yüzdüğünü, haydut vampirleri ateşe vererek küle dönüşene dek korkunç ölümlerini izlediğini ve çığlıklarını dinlediğini görmüştüm. Benliğinden yayılan kızıl öfke sisinin zararsız görünen bir kalabalığı öfkeli ve linç isteyen bir güruha dönüştürüşüne tanık olmuştum.

Ama onu asla şimdi olduğu kadar ölümcül görmemiştim. Yüzü mermer gibi bembeyaz olmuş, gözbebekleri bir kedininki gibi uzamış ve kan kırmızısı bir renk almıştı. Nihayet ağzını açarak emirler yağdırmaya başladığında, mahzenin loş ışığında dişleri keskin birer kılıç gibi parladı. Yerden sadece yarım metre yükselmiş olmasına rağmen boyu üç metre gibi görünüyordu.

"Gerard! Melaphia ve Reyha'yla ilgilen. Yaralarını tedavi et ve onları hayatın pahasına koru. Werm, Gerard'a yardım et ve sana söylediği her şeyi yap. Jack, benimle gel."

Lucius ve Iban bizimle araba yolunda buluştu. "Dışarıda hiçbir şey bulamadık" dedi Lucius.

"Tek bir ayak izi, tek bir vampir kokusu bile yok" diye ekledi Iban.

"Gelin" dedi William, Mercedes'ine yönelirken. "Jack, sen kullanıyorsun."

"Nereye?" diye sordum, sürücü tarafına geçmek için kaputun üzerinden atlarken.

"Limana" dedi William. "Bu makinenin gidebileceği en yüksek hızla."

Başka bir gece olsa bu gerçekten eğlenceli olabilirdi. Ama bu gece değil. Arabanın kontağını çevirdim ve cehennemden fırlayan ölümsüz yarasalar gibi hareket ettik.

Zavallı sersemler. Onlar için acımaktan kendimi alamadım.

İki insanı teknenin ana kamarasındaki bir dolapta korku içinde saklanırken bulduk ama vampirlerden iz yoktu. İnsanları dolaptan çıkardığımızda Rusça konuşmaya başladılar. "*Nyet Angliski!*"* dedi ikisi birden.

---
* İngilizce bilmiyoruz.

William ikisine de bakarak dişlerini gösterdiğinde ve geceyi seven yol arkadaşlarıyla ilgili bildiklerini hemen anlatmalarını yoksa ikisini de canlı canlı yiyeceğini söylediğinde, ikisi de sustu ve korkuyla birbirlerine baktılar. Biri altına işedi. Bazen koku duyunuzun bu kadar keskin olması sevimsiz durumlar doğurabiliyordu.

"William, bunların vampir *compadre*si olduğunu sanmıyorum. Vampirler hakkında bir şey biliyorlarsa ne kadar gizlemeye çalışsalar da mutlaka öğreneceğimizi bilirlerdi. Bence bunlar sadece tekneyi süren denizciler."

"Bana bırakın" dedi Lucius. "Ben onlardan bilgi alabilirim."

Lucius'un onlara işkence edip kişisel köleleri yapacağı konusunda itiraz etmek için ağzımı açtım ama William elini kaldırarak beni susturdu. Zihnini bana açarak, bu noktada ölümlülere ne olduğuyla ilgilenmediğini anlamamı sağladı. Lucius'a döndü. "Pekâlâ. Bunlardan işe yarar bir şey öğrenebilirsen ana binaya gel."

William, Iban ve ben tekrar karaya çıktığımızda, Iban öfkeyle bağırdı. "Hangi cehennemde olabilirler? Bu lanet olasıca şeytan oğlunu Jack'in ya da benim öldürmemize izin verseydin, bunlar olmayacaktı!"

Iban'ın William'a kırgınlığı ve öfkesi öylesine güçlüydü ki onunla kan bağım olmasa bile hissedebiliyordum. Babamın duyguları da taşma noktasına yakındı ama kendini kontrol edebiliyordu. Şimdilik. O sessizlikte ben araya girdim.

"Aklıma gelen tek yer var" dedim ve onları Mercedes'e yönlendirdim. "Hugo ve Eleanor'u tünellerde avlanmaya götürdüğümde, El ana binaya dönmeyi reddetti. Şu anda sadece bodrum halinde olsa bile kendi yerine gitmek istediğini söyledi. Hugo yerini gördü. Benim aklıma gelen tek yer orası."

"Pekâlâ" dedi William. O yolculukta Hugo'yu Reedrek'in o kadar yakınına götürmem konusunda beni azarlamayı düşündüyse bile bunu yapmadı. Şu anda sadece Renee'ye odaklanmıştı.

"Ayrıca" dedim, "Deylaud'a ne olduğunu da görmemiz gerek."

"Eğer o itin bu işte parmağı varsa..."

"Renee'yi incitecek bir şeyi asla yapmayacağını sen de biliyorsun. Lütfen onu incitme" diye yalvardım.

William acı içindeydi. "Gerekmeyecek ki."

Vampirler ve Renee, Eleanor'un yerinde de değildi. Ama Deylaud oradaydı ve o kadar berbat durumdaydı ki ona bakmaya dayanamadım. Eski sadık hizmetkârını gördüğü anda, William'ın Deylaud'a duyduğu öfke tamamen silindi. İnsan biçiminde baygın halde bodrumun zemininde yatarken titriyordu. Nefesi hızlı ve sığ, nabzı zayıftı.

"Ona ne olmuş böyle?" diye sordu Iban.

"İsyankârlığının bedelini ödüyor" dedi William.

"Bu da ne demek?"

"Deylaud ve kardeşi -ikizi- Reyha mistik yaratıklardır. Bir Prusya kralı ölüm döşeğindeyken onları benim hizmetime verdiğinde yemin etmişlerdi" dedi William. "Atalarının, firavunların mezarlarını koruduğu gibi gündüzleri uyuduğum yeri koruyorlardı. Hizmetleri karşılığında onlara iki şey verilmişti; hem insan hem de köpek biçimine bürünebilme yeteneği ve ölümsüzlük. Eğer eski efendileri olan krala yeminlerini bozarlarsa bunlar ellerinden alınacaktı. Deylaud, ben Eleanor'un yanında kalmasına izin vermeden evimden ayrıldığında ödeyeceği bedeli biliyordu. Eleanor'u bu kadar çok sevdi."

"Yani ölüyor mu?" Bu kelimeler ağzımdan zorlukla çıkmıştı. Deylaud ve Reyha, beni dönüştürürken William'ın yanındaydılar. İkisini de ne kadar sevdiğimi hiç şimdiki kadar anlamamıştım.

William uzun zamandır refakatçisi olan dostunun üzerine eğildi. "Eleanor nerede?" diye sordu, Deylaud'a. Bana döndü. "Etrafa bakın."

Deylaud inledi ve olduğu yerde büzüldü.

Bodrumun kapısını ve arkasındaki tüneli kontrol ettim. Eleanor'dan iz yoktu.

"Onu neden burada ölüme terk etmiş?" diye sordum.

William sadece başını iki yana salladı. "Onu arabaya götür. Eve geri götürmek zorundayız. Hemen!"

Deylaud'u kucağıma alıp Mercedes'e yöneldim. Iban yanımda gelerek arka kapıyı açtı ve elimizden geldiğince dikkatli bir şekilde yerleştirdik. Deylaud'un başını köpek biçimindeymiş gibi okşarken kulağına fısıldadım: "Dayan dostum. Daha ne olduğunu bile anlamadan iyileşmezsen bana da Jack McShane demesinler."

Ben William için geri dönerken Iban onun yanında kaldı. Bodrumun kenarına yaklaştım ve karanlık boşluğa baktım. En yakındaki sokak lambasının ışığından yararlanabilmek için gözlerimin uyum sağlamasını bekledim ve keskin görme yeteneğim sayesinde, William'ı Eleanor'un sunağının bulunduğu köşede gördüm. Deniz suyu koyduğu bardak parçalanmış, parçaları gecedeki ölümcül minik yıldızlar gibi dağılmıştı.

William parçaların yanında ayakta duruyordu ve sanki son kezmiş gibi kokusunu içmeye çalışırcasına Eleanor'un ipek şalını yüzüne bastırmıştı.

William

Kabuklar beni bekliyor, daha içinde durdukları kemik kutuya dokunmadan bana sesleniyorlardı. Çağrı son derece güçlü ve telaşlıydı; ailem böylesine dağılmışken kanımdaki voodoo bağlantısı beni korumak için yükseliyordu.

Lalee kanını savunmama ya da intikamını almama yardım et.

Biz hayaletleri kovalarken Melaphia kalkıp sunaklarını yenilemek için ısrar etmişti. Werm'ü çırak olarak alıp, mumları yeniden yakmıştı ve şimdi dizlerinin üzerinde çökmüş halde kendi büyüsünü yapıyordu.

Neler olduğunu, kimin kime ne yaptığını sorgulayacak zaman yoktu. Renee'yi bulmak zorundaydım. Diğerlerini mahzende bırakarak kutuyla ve Renee'nin en sevdiği kitaplardan biriyle birlikte dışarı çıktım. Daha kabuklar taşa değmeden, karanlık ve soğuk suların üzerinde uçmaya başlamıştım bile. Bir an için bu beni şaşırttı. Mantığım bunun olamayacağını söylüyordu. Tekneyi limanda bırakmışlardı. Başka bir tane mi çalmışlardı?

O anda, Atlantik üzerinde ince bulutların arasından doğuya doğru ilerleyen jetin ince gövdesini gördüm. Sudan gitmiyorlardı; üzerinden uçuyorlardı. Sanki somut değilmiş gibi metalin içinden geçerek içeri girdiğimde Hugo'yla burun buruna geldim. Madde olmadığımı düşünmeden, önce onu öldürüp sonra soru sorma dürtüsüyle boğazına atıldım. Ellerimin teninden geçişini görmenin yarattığı şaşkınlık beni kendime getirdi.

Çünkü o anda Renee'yi görmüştüm.

Bir masada Will'in karşısında oturuyordu. Gülüyordu ve oynadıkları oyunu kazanmak için son kâğıtları topluyordu.

Renee, diye seslendim.

Kendimi duyurmak için yeterince güç topladığımdan mı yoksa kabuklar Renee'yi antik kanına çektiği için mi bilinmez, küçük kız bana döndü. Korkmuyordu. Durumu sakince değerlendirdiğini hissedebiliyordum. Bir uçak yolculuğuna çıkmıştı ve yakında evinde olacaktı.

Will öyle demişti.

Geri çekilişini hissetmiş gibi Will onun saçlarıyla oynayarak güldürdü. Sonra kendi ölümcül etkileyiciliğini kullanarak, masanın etrafından dolaştırıp kucağına aldı. Renee gülerek ona sarıldı.

"Yine kazandın, küçük canavar. Sanırım sana daha zor ustalaşacağın oyunlar öğretmem gerekecek. Tabii birkaç el kazanmama izin vermezsen."

Sonraki saniyelerde, bu korkunç geceyi daha da kâbusa çeviren başka bir sevimsiz manzarayla karşılaştım. Renee, Will'e öyle bir aşkla baktı ki olduğum yere mıhlanıp kaldım. Saf, idealist, çocukça bir aşktı ama... sonuçta aşktı. Bu tür bir aşkın varlığı beni iyice ezmişti. Onu sadece fiziksel olarak kaçırmakla kalmamışlardı; aynı zamanda Will onun kalbini de çalmıştı.

Bakışlarım bir an için onlardan uzaklaştı ve Diana'ya döndü. Hugo'nun karşısında mesafeli bir şekilde oturuyordu. İhanetini anlamak bütün benliğime saplanan buzdan bıçaklar gibiydi. Bu planı isteyerek izlediği açıkça ortadaydı.

"Sanırım gayet kazançlı çıktık" dedi Hugo, ayağa kalkarken.

Diana'nın bakışları hareketi izledi ama konuşmadı.

Hugo arka taraftaki bir kapıya doğru yürüdü. Uzun boylu iri vücudu, jetin küçük kabininde daha da dev gibi görünüyordu. Elini tokmağa koyduğunda bir an tereddüt etti ve sonra bir tepki beklercesine Diana'ya döndü.

Diana'nın yüz hatlarından ne düşündüğü anlaşılmıyordu ama bu kez konuştu. "Ne istersen yap."

Bir plan peşinde olduğu belli olan Hugo omuz silkti ve kapıyı açtı. Beklenmedik bir şekilde, korkuyla karışık tanıdık bir huzursuzluk hissettim. Hugo'nun peşinden kapıdan geçtim.

Alanın büyük bölümünü kaplayan lüks görünüşlü bir yatağın bulunduğu bir yatak odasıydı. Ve o yatağın tam ortasında Eleanor'um bağdaş kurmuş halde ve gülümseyerek oturuyordu. Yüzünde en profesyonel ifadesi vardı; önemli müşterilerle veya düşmanlarla karşılaştığında takındığı ifade. Bu ifadeyi bana asla göstermezdi. Korkuyor olabilirdi ama aynı zamanda akıllıydı ve hayatta kalmaya kararlıydı.

Bana neden ihanet ettiğini düşünmekle zaman harcamadım. Önce ben ona ihanet etmiştim. Ama Hugo'nun, evime bu korkunç saldırıyı gerçekleştirmek ve Renee'yi ele geçirmek konusunda yardım etmesi karşılığında ona ne önerdiğini merak ediyordum.

Hugo gömleğinin en üstteki iki düğmesini açtıktan sonra başından çekerek çıkardı. "Şimdi ödeme zamanı" diye hırladı. "Söz verdiğim gibi ondan kurtuldun."

Demek mesele buydu. Onu babasından özgür kılmaya söz vermişti. Sonuçlarını açıklamadan, sadece canımı yakmak için onu benden almıştı. Ve Eleanor da gitmişti.

Yalan söylüyor, diye fısıldadım.

Eleanor hafifçe irkildi. Beni duymuştu. Ama Hugo fark etmemişti çünkü kemerini çözmekle meşguldü. Eleanor doğal bir tavırla bakışlarını odada dolaştırdı.

Seni serbest bırakmadım. Hâlâ benimsin. Hugo kanımıza müdahale edemez.

Durumun soğuk gerçekliğini kavramış olmalıydı çünkü soğuk, acı gerçeği uzaklaştırmak istercesine kollarını vücuduna doladı.

Şimdi çıplak olan Hugo yatağın üzerinden uzandı ve parmaklarını Eleanor'un cüppesine geçirdi. "Çıkar şunu" diye emretti, onu çarşafın üzerinden kendine doğru çekerek. Tek bir hareketle Eleanor'u çırılçıplak bıraktı ve yüzükoyun yatırdı. Arkasında bir aygır gibi durarak bacaklarının arasına girdi ve aletini içine itti.

Seni nereye götürüyor? diye sordum.

Bilmiyorum, diye cevap verdi, Hugo arkasında gidip gelirken. Sonra yüksek sesle yutkundu ve dişlerini sıktı; Hugo onu belinden yakalayıp kaldırmış ve daha derine girebilmek için arkaya doğru çekmişti. Güçlü darbelerle, Hugo dişisini hiç düşünmeyen bir köpek gibi homurdanarak devam ediyordu.

Boşalırken tutuşunu güçlendirdi ve Eleanor'un omzunu vahşice ısırdı. Eleanor acıyla inledi; Hugo'nun amacı beslenmek değil dişisinin teslim olmasını sağlamaktı. Bana bile sonsuzluk gibi gelen bir süreden sonra Hugo o an için işini bitirmiş olarak geri çekilirken Eleanor rahatladı. Ama Eleanor'un gitmesine izin vermek yerine, ağır bacaklarından birini üzerine bastırarak, tekrar hazır olana kadar onu yatağa mıhladı. Yüzü yastığa bastırılmış halde yatan Eleanor hiç kıpırdamadı.

"Artık onun sevdiği herkes bana ait" dedi Hugo. Parmakları Eleanor'un saçlarını yakaladı ve onu kendine bakmaya zorladı. Eleanor ona baktığında, daha da bastırdı ve gözlerini yaşarttı. "Buna ne dersin?" diye sordu.

"Sanırım bu... kazandığın anlamına geliyor" dedi Eleanor, acıyla. Sonra bana ve genel olarak ortama sessizce ekledi: *Öfkeliydim. Üzgünüm.*

19

William

Kabukların kıpırdadığını ve beni rüzgârda fazla yükselmiş bir uçurtma gibi geri çektiğini hissettim. Gözlerimi açtığımda, Melaphia taş bankta yanımda oturuyordu ve yüz ifadesi kış rüzgârından bile daha soğuktu.

"Bebeğim nerede?" diye sordu, Renee'yi bulduğumdan şüphe duymayarak.

Kabuklar kemik kutuya geri dönerken oturduğum yerde dikildim. Haberi daha iyi göstermeye gerek yoktu; sadece gerçeği söylemek zorundaydım.

"Atlantik'in ortasında" diye cevap verdim. "Will ve diğerleriyle birlikte."

Melaphia'nın elleri kucağında daha da sıkı birleşti. "İyi mi onlar?"

"İyi ve şu ana kadar büyük bir macera yaşıyor." Kelimelerimi dikkatle seçmeye çalışarak ayağa kalktım. "Şu anda Will'e sadık. Onu seviyor."

Ancak o zaman Melaphia tuttuğu gözyaşlarını serbest bıraktı. Kendini toparlayarak çenesini kaldırdı ve bir kraliçe tavrıyla baktı. "Will'i bu eve ve bize sen getirdin." Parlayan bakışlarını gözlerime dikti. "Onu geri almak için ne yapacaksın?"

"Ne gerekiyorsa."

"Yemin eder misin? Bu Will'in ölümü anlamına gelse bile?"

Diz çökerek soğuk ellerini ellerimin arasına aldım. "Yemin ederim." Başımı eğerek, yeminimi mühürlemek için ellerini öptüm.